Unterrichtsentwicklung in Netzwerken

D1641112

Netzwerke im Bildungsbereich

herausgegeben von
Herbert Altrichter, Nils Berkemeyer,
Harm Kuper, Katharina Maag Merki

Band 1

Waxmann 2008
Münster / New York / München / Berlin

Nils Berkemeyer, Wilfried Bos,
Veronika Manitius, Kathrin Müthing (Hrsg.)

Unterrichtsentwicklung in Netzwerken

Konzeptionen, Befunde, Perspektiven

Waxmann 2008
Münster / New York / München / Berlin

Bibliografische Informationen der Deutschen Nationalbibliothek
Die Deutsche Nationalbibliothek verzeichnet diese Publikation in
der Deutschen Nationalbibliografie; detaillierte bibliografische
Daten sind im Internet über http://dnb.d-nb.de abrufbar.

Gedruckt mit freundlicher Unterstützung
der Stiftung Mercator, Essen.

ISBN 978-3-8309-1970-4
ISSN 1866-0460

© Waxmann Verlag GmbH, 2008
Postfach 8603, 48046 Münster
Waxmann Publishing Co.
P.O. Box 1318, New York, NY 10028, USA

www.waxmann.com
order@waxmann.com

Umschlaggestaltung: Pleßmann Kommunikationsdesign, Ascheberg
Umschlagfoto: © Tobias Geissler, www.photocase.de
Satz: Stoddart Satz- und Layoutservice, Münster
Druck: Hubert & Co., Göttingen
Gedruckt auf alterungsbeständigem Papier,
säurefrei gemäß ISO 9706

Alle Rechte vorbehalten
Printed in Germany

Vorwort der Reihenherausgeber

Die Buchreihe *Netzwerke im Bildungsbereich* greift ein hoch aktuelles bildungspolitisches wie zivilgesellschaftliches Thema auf. Die Bedeutung von Netzwerken im Bildungsbereich lässt sich allein an der Anzahl staatlich oder zivilgesellschaftlich geförderter Netzwerkprojekte, die in den letzten Jahren initiiert worden sind, ablesen. Für den Schulbereich können exemplarisch benannt werden: *Internationales Netzwerk innovativer Schulen* (INIS; Bertelsmann Stiftung), *Qualitätsentwicklung in Netzwerken* (Kultusministerium Niedersachsen), *Schulen im Team* (Stiftung Mercator). Für den außerschulischen Bereich kann beispielsweise das Projekt *Lernende Regionen* (Bundesministerium für Bildung und Forschung) angeführt werden.

All diese Projekte setzen auf das Potenzial von Netzwerken zur Erzeugung von Innovationen sowie für deren Transfer.

Die dadurch ausgedrückte Hoffnung scheint nicht ganz unberechtigt, beachtet man den international und interdisziplinär mittlerweile gut ausdifferenzierten Diskurs über die Leistungsfähigkeit von Netzwerken. Zum einen werden Netzwerke als Koordinationsmechanismus zwischen Staat und Markt betrachtet. Dabei werden sie als Governance-Mechanismus konzipiert und aufgrund ihrer Eigenschaften wie Wissensbasierung und Flexibilität als besonders Erfolg versprechend diskutiert. Zum anderen betrachtet man Netzwerke als eine Form der sozialen Steuerung, die die Eigenschaften anderer Steuerungsmodelle – etwa Organisation oder Markt – kombiniert, um deren Nachteile wechselseitig abzubauen und deren Vorteile wechselseitig zu stärken. Neben einem berechtigten Optimismus, der mit der Gründung von Netzwerken verbunden ist, bleibt allerdings die empirische Frage, ob und unter welchen Bedingungen Netzwerke in diesem Sinne als Steuerungsmodell realisiert werden können.

Unter dem Stichwort der Praxisgemeinschaften taucht der Netzwerkbegriff eher in einer sozialpsychologischen Variante auf. Hier stehen Aspekte des wechselseitigen Lernens, des Austauschs von Ansichten und Einsichten als berufsunterstützende Momente im Vordergrund. Netzwerke im Schulsystem sind insbesondere vor dem Hintergrund der Kooperation von Lehrkräften und der Professionsentwicklung von Bedeutung. Vieles spricht dafür, dass die Schule nicht die einzige maßgebliche Einheit für den kollegialen, fachlichen und professionellen Austausch von Erfahrungen ist. So wurden beispielsweise im Sinus-Projekt gute Erfahrungen mit schulübergreifenden Kooperationen gemacht.

Für den Bereich der Erziehungswissenschaft sind viele dieser Diskurslinien neu und entsprechend noch nicht etabliert. Vor diesem Hintergrund haben wir uns dazu entschlossen, mit *Netzwerke im Bildungsbereich* eine Reihe herauszugeben, die theoretische und empirische Arbeiten beinhalten soll, um so die Netzwerkkonzeption für den Bildungsbereich zu durchleuchten und Potenziale der Netzwerkarbeit herauszuarbeiten.

Den Auftakt der Reihe bildet der Band „Unterrichtsentwicklung in Netzwerken", der anlässlich des von der Stiftung Mercator geförderten Projekts „Schulen im Team" entstanden ist. Er verbindet das Netzwerkthema mit einer zentralen Herausforderung von Schulen: der Unterrichtsentwicklung.

Wir hoffen, mit der Reihe einen breiten Leserkreis in den Bereichen Bildungspolitik, -administration, Bildungspraxis und Bildungsforschung zu erreichen und so einen gerade beginnenden Diskurs nachhaltig zu fördern und zu unterstützen. Über Anregungen und Rückmeldungen zur Reihe und den in ihr erscheinenden Bänden freuen wir uns.

Schließlich möchten wir uns herzlich beim Waxmann Verlag für die Bereitschaft der Einrichtung einer neuen Reihe sowie die kompetente und freundliche Unterstützung bei der Erstellung dieses ersten Bandes bedanken.

Dezember 2007

Herbert Altrichter,
Nils Berkemeyer,
Harm Kuper,
Katharina Maag Merki

Inhalt

Robert Faulstich & Julia Kreimeyer

Bildung stiften – Netzwerke bilden

Unterrichtsentwicklung im Fokus der Stiftung Mercator

Engagement, das darauf zielt, den Kindern und Jugendlichen unserer Gesellschaft unabhängig von ihrer sozialen und kulturellen Herkunft bestmögliche Bildungschancen zu eröffnen, nimmt unweigerlich auch den Bereich von Schule in den Blick. Schule ist eine der zentralen Institutionen, die sich für die Bildung junger Menschen verantwortlich zeichnet. In der Schulzeit werden die wesentlichen Grundlagen dafür gelegt, dass die nächste Generation sich in der Welt von morgen behaupten und sie verantwortungsvoll mitgestalten kann. Gleichzeitig bescheinigen die internationalen Vergleichsstudien und Lernstandserhebungen der letzten Jahre gerade dem deutschen Schulsystem erhebliche Qualitätsmängel und Selektionswirkungen. Grundlegende, umfassende Bildung und damit gesellschaftliche Teilhabe erweisen sich als schwierig und in hohem Maße als abhängig von der Herkunft und der ökonomischen Situation von Kindern und Jugendlichen.

Damit ist bereits mehr als ein Grund für die Stiftung Mercator genannt, sich mit einem Projekt genau in diesem Bereich gestalterisch einzubringen. Mit „Schulen im Team" tut sie das auf eine besondere Art und Weise sowie mit einem international anerkannten Partner aus der Wissenschaft an ihrer Seite, dem Institut für Schulentwicklungsforschung an der Technischen Universität Dortmund. Unterrichtsentwicklung ist eine der unumstrittenen Antworten auf die oben skizzierten Probleme. Diese ist untrennbar mit Lehrerqualifizierung verbunden. „Schulen im Team" zielt auf beides und initiiert dazu Netzwerke.

Netzwerke leben von der Verknüpfung vorhandener Potenziale. Sie stehen nicht nur für eine Vielfalt von Sichtweisen und Zugängen, sondern auch für die gemeinsame Suche nach dem Besseren. In Netzwerken lassen sich Ressourcen bündeln, neue Ideen entwickeln und umsetzen. Vor diesem Hintergrund findet sich der Netzwerk-Gedanke in vielen Projekten der Stiftung Mercator wieder und ist konzeptioneller Grundsatz im Vorhaben „Schulen im Team".

Netzwerke bilden, um voneinander und miteinander zu lernen

Bei aller Kritik am deutschen Bildungssystem darf jedoch nicht übersehen werden, dass in Schulen vielfach sehr erfolgreiche Unterrichtsmodelle für die Zukunft entwickelt und bereits hier und heute angewendet werden. „Schulen im Team" baut genau auf diese Qualität sowie auf die Motivation und die Potenziale vor Ort. Praxiserprobte Ansätze zu stärken, das ist ein Ziel des Projekts. Dabei geht es weniger um Prämierungen besonderer Modelle, wie sie oftmals in Wettbewerben und Initiativen von Stiftungen oder Politik vorgenommen werden. Diese zielen vorrangig auf eine breite öffentliche Aufmerksamkeit. „Schulen im Team" geht vielmehr einen neuen Weg und baut auf einen direkten Transfer erfolgreich erprobter Unterrichtsmodelle innerhalb der Schulnetzwerke. Das Projekt unterstützt die Zusammenarbeit über die Grenzen der eigenen Schule hinaus finanziell, inhaltlich und organisatorisch und stellt den Lehrerinnen und Lehrern mit den Netzwerken einen Raum zur Verfügung, ihr Wissen in einer selbst zu gestaltenden konstruktiven und kreativen Atmosphäre weiterzugeben. Das geschieht beispielsweise durch Erfahrungsaustausch, die Weitergabe von Unterrichtsmaterial oder Hospitationen. Mit diesem Projektdesign möchte die Stiftung Mercator alle Beteiligten ermutigen, voneinander zu lernen.

„Schulen im Team" fördert und fordert noch mehr. Im Austausch unter Experten werden die Lehrerinnen und Lehrer gleichsam zu Fragenden, die miteinander lernen. In Zusammenarbeit gilt es auch diejenigen Weiterbildungs- und Entwicklungsbedarfe zu identifizieren, die durch die im Netzwerk vorhandenen Ressourcen allein nicht abgedeckt werden können. Diese Überlegungen orientieren sich an den konkreten Situationen in den beteiligten Schulen. Gemeinsam suchen Lehrerinnen und Lehrer nach maßgeschneiderten Lösungen für die eigenen Probleme. Antworten auf ihre Fragen müssen sie dabei nicht selbst erfinden. Sie müssen nichts neu denken, was andere schon gefunden haben. In diesem Punkt steht vielmehr die Projektleitung durch das Institut für Schulentwicklungsforschung den Netzwerken beratend zur Seite. Ihre Aufgabe ist es, den Netzwerken Zugang zu entsprechender Fachexpertise zu ermöglichen, so dass aktuelle fachdidaktische und lerntheoretische Erkenntnisse aus der Wissenschaft in der Praxis des Schulalltags nutzbar gemacht werden können. Dazu gehört zum Beispiel sowohl die gemeinsame Diskussion und Erprobung ausgewählter fachdidaktischer Ansätze aus der Literatur wie auch der zielgerichtete Besuch von Weiterbildungsveranstaltungen. Mit diesem Projektansatz hat „Schulen im Team" eine Richtung eingeschlagen, gleichzeitig die Unterrichtsentwicklung sowie die Weiterqualifizierung von Lehrerinnen und Lehrern bedarfsorientiert zu beraten, zu planen und – durch Bündelung regionaler Ressourcen – umzusetzen.

Netzwerke bilden im Spannungsfeld zwischen Selbstorganisation und Moderation

„Schulen im Team" baut auf die eigene Stärke sowie das Selbstverständnis der beteiligten Lehrerinnen und Lehrer, stets weiterlernen zu wollen. Selbstorganisation wird gefordert: von den beteiligten Schulen und vor allem von den Netzwerkkoordinatorinnen und -koordinatoren. Sie werden als Experten für ihre eigenen Fächer und für den Unterricht ihrer Schülerinnen und Schüler verstanden. In ihre Hände wird die inhaltliche Verantwortung für die Netzwerkarbeit gelegt, ohne dass sie mit den vielschichtigen Aufgaben der Netzwerkbildung und Unterrichtsentwicklung alleine gelassen werden. Denn das Projektleitungsteam vom Institut von Schulentwicklungsforschung unterstützt die Netzwerkarbeit durch Moderation und die Bereitstellung von Strukturen. Es bietet einen Rahmen und fachliche Unterstützung für eben diese selbstverantworteten Prozesse zur organisatorischen und inhaltlichen Gestaltung der einzelnen Netzwerke. Dazu gehören beispielsweise

Fortbildungs- und Meilenstein-Veranstaltungen oder auch das Prozedere zur Mittelbeantragung, das als Leitfaden und Reflexionsinstrument für die Netzwerkarbeit betrachtet werden kann.

Netzwerke bilden für Nachhaltigkeit

In einem vielschichtigen Projektansatz wie von „Schulen im Team" stellt sich auf mehreren Ebenen die berechtigte Frage nach der Nachhaltigkeit von erbrachten Leistungen und erzielten Erfolgen. Auch in diesem Punkt liegt eine Antwort im Netzwerkprinzip.

In der Startphase gilt es nicht nur die Arbeit der Koordinatorinnen und Koordinatoren in den einzelnen Netzwerken auf ein arbeitsfähiges und viel versprechendes Fundament zu stellen. Gleichzeitig muss bereits die hohe Bedeutung von nachhaltigen Strukturen innerhalb der Schulen berücksichtigt werden, auf deren Basis die Ergebnisse der Zusammenarbeit auch über die zwei Netzwerkkoordinatorinnen und -koordinatoren hinaus im Fachkollegium zum Tragen kommen können. In diesem Punkt sind insbesondere die Schulleitungen gefordert, die im Projekt engagierten Lehrerinnen und Lehrern dabei zu unterstützen, das Netzwerk auch in die Schule zu knüpfen. Für einen nachhaltigen Transfer in die einzelnen Schulen hinein benötigt das Projekt funktionierende Netzwerke als „doppelten Boden": Die einzelnen Schulen sind möglichst breit in die inner- und außerschulische Netzwerkarbeit von „Schulen im Team" einzubeziehen. Gelingt dies, so kann hier eine gute Grundlage geschaffen werden, um eine solche Form der Zusammenarbeit für eine gemeinsame Unterrichtsentwicklung auch über die Projektlaufzeit hinaus aufrechterhalten zu wollen und zu können.

Ein langfristiges Ziel von „Schulen im Team" liegt unter anderem darin, den spezifischen Projektansatz, Fachunterricht in Netzwerken weiterzuentwickeln, in vorhandene und entstehende Strukturen rund um den vielschichtigen Bereich „Schule" und konkreter „Schul- und Unterrichtsentwicklung" zu implementieren. Eine solche nachhaltig tragende Verankerung in die regionale Bildungslandschaft ist bereits zu Beginn des Projekts mit zu bedenken und im Projektverlauf gemeinsam mit den politischen Entscheidern von Kommunen und Land auszuloten.

Netzwerke bilden Projektpartnerschaften

Zur Entwicklung und vor allem erfolgreichen Durchführung des Gesamtprojekts bedarf es eines stabilen und tragfähigen Netzwerks, das sich in der Zusammenarbeit der verschiedenen Projektpartner widerspiegelt. Mit dem Institut für Schulentwicklungsforschung an der Technischen Universität Dortmund hat die Stiftung Mercator einen renommierten Partner aus der Wissenschaft für den Bereich der Unterrichtsentwicklung gewinnen können. Die Unterstützung der Schulen in ihrer Netzwerkarbeit sowie die wissenschaftliche Begleitforschung zu deren Ergebnissen liegen damit in kompetenten Händen. Doch um Schul- und Unterrichtsentwicklung nachhaltig verbessern zu können, braucht ein solches Vorhaben wie „Schulen im Team" auch die Unterstützung der bildungspolitischen Entscheidungsträger.

Für das Erreichen der hochgesteckten Projektziele ist es von großer Bedeutung, dass „Schulen im Team" bereits in der Entwicklungsphase ideelle und inhaltliche Unterstützung durch das Ministerium für Schule und Weiterbildung des Landes NRW (MSW) erfahren hat. Seit Beginn der Projektdurchführung im Sommer 2007 ist das MSW auch finanzieller Kooperationspartner von „Schulen im Team" und ermöglicht an den teilnehmenden Schulen Freistellungen für die Netzwerkarbeit.

Die Projektpartnerschaft der Stiftung Mercator, dem Institut für Schulentwicklungsforschung und dem nordrhein-westfälischen Schulministerium wird durch den Projektbeirat von „Schulen im Team" in ein noch breiteres und facettenreicheres Netzwerk eingebunden. Die Projekt-Städte Duisburg und Essen unterstützen das Projekt gemeinsam mit Vertreterinnen und Vertretern aus Bezirks- und Landesregierung sowie aus dem wissenschaftlichen und praktischen Umfeld von Schule und Schulentwicklung. So hat sich ein hochkarätiger Beirat aus Administration, Praxis und Wissenschaft zusammengefunden, der das Projekt in den folgenden Jahren als „kritischer Freund" begleiten wird.

Netzwerke bilden Schülerinnen und Schüler

„Schulen im Team" steht mit dem Netzwerk-Gedanken, dem hohen Einsatz der Schulen, der motivierten Mitarbeit der Netzwerkkoordinatorinnen und -koordinatoren sowie der Zusammenarbeit der Projekt- und Kooperationspartner auf einem viel versprechenden Fundament. Die Stiftung Mercator ist davon überzeugt, mit diesem Projekt die Unterrichtsentwicklung in den Schulen nachhaltig verbessern zu können. Damit werden die Netzwerke letztendlich genau in den Dienst derjenigen gestellt, denen die Stiftung Mercator mit ihrem Engagement umfassende Bildungschancen und eine gerechte gesellschaftliche Teilhabe ermöglichen möchte – den Kindern und Jugendlichen unserer Gesellschaft. „Schulen im Team" hat demnach ein übergeordnetes Ziel: Netzwerke bilden Schülerinnen und Schüler.

Nils Berkemeyer, Wilfried Bos, Veronika Manitius & Kathrin Müthing

Einleitung

Die Entwicklung des Unterrichts ist ein fortwährender Prozess, der wesentlich auf die öffentliche Diskussion der gewählten Reformwege innerhalb wie außerhalb der Schule angewiesen ist. Es ist also notwendig, aus laufenden Prozessen heraus zu berichten und nicht ausschließlich am Ende solcher Reformschritte feststehende Ergebnisse zu liefern. Aus einem solchen prozessorientierten und prozessoffenen Verständnis von Schulentwicklung heraus ist die Idee zu diesem Band entstanden. Eine zentrale Motivation bestand darin, die Grundideen sowie die ersten Schritte des Projekts *Schulen im Team – Unterricht gemeinsam entwickeln* einer breiteren Öffentlichkeit vorzustellen, um so frühzeitig den besonderen Ansatz des Projekts zur Diskussion stellen zu können. Entsprechend haben die Herausgeber Wissenschaftlerinnen und Wissenschaftler, die sich alle intensiv mit dem Thema Unterrichtsentwicklung befasst haben, gebeten, aus ihren Projekten und Erfahrungen weitere Perspektiven auf die Frage nach Bedingungen und Möglichkeiten der Entwicklung des Unterrichts aufzuzeigen. Entstanden ist so ein Band, der vielfältige Einsichten anbietet und diese erstmalig bündelt.

Der hier vorgelegte erste Band der Reihe „Netzwerke im Bildungsbereich" gliedert sich in vier Teile. Im Teil A stellen die Herausgeber, die zugleich die wissenschaftliche Begleitung des Projekts „Schulen im Team" durchführen, die theoretischen Grundlagen des Projekts vor, erläutern das konkrete Projektdesign, wobei insbesondere auf den Prozess der Vernetzung und das Steuerungsinstrument der Finanzierung eingegangen wird. Es folgt eine Darstellung der Auftaktveranstaltung zum Projekt, da mit dieser bereits eine erste Zwischenbilanz der Startphase des Projekts gezogen werden konnte. Teil A endet mit „Stimmen zum Projekt", in denen Vertreter des Beirats „Schulen im Team" ihre Sichtweise auf das Projekt vorstellen.

Teil B des Bandes greift ausführlich das Thema der Unterrichtsentwicklung auf, wobei ganz gezielt unterschiedliche Perspektiven in den einzelnen Beiträgen eingenommen werden. Hans-Günter Rolff arbeitet in seinem Beitrag Gemeinsamkeiten aus derzeit diskutierten Ansätzen zur Unterrichtsentwicklung heraus und formuliert vor diesem Hintergrund sein Modell einer reflektorischen Unterrichtsentwicklung.

Hanna Kiper beginnt mit einer sehr grundlegenden und detaillierten Darstellung dessen, was allgemein als Qualität von Unterricht diskutiert wird. Mit der Vorstellung einer integrativen Theorie des Unterrichts liefert Kiper dann eine Folie, die zahlreiche Orientierungspunkte für die Entwicklung des Unterrichts liefert.

Der Beitrag von Christoph Höfer und Petra Madelung stellt mit dem Modell „Lehren und Lernen für die Zukunft" ein spezifisches Konzept der Unterrichtsentwicklung vor, wie es derzeit im Modellvorhaben Selbstständige Schule erprobt wird.

Holger Gärtner berichtet über ein spezifisches Programm zur Unterrichtsentwicklung, das die gemeinsame Videoanalyse von Unterricht vorsieht und zudem auf der interschulischen und somit netzwerkbasierten Kooperation von Lehrkräften fußt. Neben der konzeptionellen Darstellung werden auch Befunde berichtet, die für eine breitere Erprobung des Ansatzes sprechen.

Aus den Niederlanden wird das dort bereits seit langem erprobte System des Schüler-Monitorings vorgestellt. Die detaillierte Darstellung zeigt, welche Informationen von einem solchen System zu erwarten sind und welchen Stellenwert sie im Rahmen einer Förderdiagnostik einnehmen können.

Der Teil B des Bandes wird von zwei fachdidaktischen Beiträgen abgerundet. Damit soll konzeptionell darauf hingewiesen werden, dass Unterrichtsentwicklung immer an die Entwicklung des Fachunterrichts angebunden sein muss.

Das Autorenteam um Inge Blatt stellt ein Konzept zur Lese- und Sprachförderung vor, das auf einem sprachsystematischen Ansatz basiert. Hierbei steht neben dem Lesepatenmodell die testdiagnostische Begleitung des Förderkonzepts im Fokus.

Stephan Hußmann stellt Wege eines modernen Mathematikunterrichts vor, wobei er insbesondere über eine veränderte Aufgabenkultur berichtet, die nachhaltig zu einer Veränderung des Unterrichts beitragen kann.

Teil C des Bandes greift eine weitere wesentliche Perspektive für die Entwicklung des Unterrichts auf, in dem Unterrichtsentwicklung in den Kontext von Qualitätsmanagement gestellt wird.

Zunächst stellen Michael Jäger und Maike Reese Prinzipien eines netzwerkbasierten Projektmanagements zur Unterrichtsentwicklung vor und verdeutlichen, dass Unterrichtsentwicklung auf Kooperation basieren muss, die wiederum organisiert und gemanagt werden muss.

Martin Bonsen beleuchtet die Rolle der Schulleitung bei der Implementation und Pflege von Prozessen der Unterrichtsentwicklung und zeigt, dass gutes Schulleitungshandeln eben nicht auf Verwaltungshandeln beschränkt ist, sondern gerade in der Fürsorge und Unterstützung gelingender Unterrichtsarbeit zu sehen ist.

Sabine Schwebel stellt in ihrem Beitrag Kernelemente der Öffentlichkeitsarbeit an Schulen vor und gibt damit eine wesentliche Orientierung für einen an Schulen bislang noch wenig beachteten Bereich.

Nils Berkemeyer beschließt diesen Teil des Bandes mit zwei Beiträgen. Zunächst stellt er Grundlagen schulinterner Evaluation als Teil schulischen Qualitätsmanagements vor, wobei neben Systematisierungen auch konkrete Hinweise auf Methoden und Verfahren zu finden sind. Im zweiten Beitrag geht er der Frage nach, wie es gelingen kann, Wissen aus Innovationsnetzwerken in die Organisation Schule zu implementieren. Vor diesem Hintergrund beleuchtet er mit der Schulleitung, den schulischen Steuergruppen und professionellen Lerngemeinschaften drei organisationale Gremien, die für Transferprozesse besondere Relevanz besitzen.

In Teil D des Bandes werden empirische Befunde aus unterschiedlichen schulischen Netzwerkprojekten vorgestellt. Kathrin Fußangel und Cornelia Gräsel präsentieren Befunde aus dem Projekt Chemie im Kontext (CHIK), das auf der Vernetzung von Fachlehrkräften in sogenannten Sets basiert.

Imke Krebs und Manfred Prenzel stellen den unterrichts- und schulnahen Implementierungsansatz im Rahmen von SINUS und SINUS-TRANSFER vor und berichten zudem aktuelle Befunde aus dem Projekt.

Dagmar Killus stellt Ergebnisse vor, die auf der Methode der Netzwerkanalyse beruhen und sich insbesondere mit der Frage von Zentralität und Peripherie im Netzwerk befassen.

Beendet wird der Band mit einem Beitrag von Nils Berkemeyer, Veronika Manitius und Kathrin Müthing, die erste Ergebnisse aus dem Projekt „Schulen im Team" berichten, welche entsprechend die Startphase netzwerkbasierter Unterrichtsentwicklung betreffen.

Teil A:
„Schulen im Team" – Unterricht gemeinsam entwickeln

Nils Berkemeyer, Wilfried Bos, Veronika Manitius & Kathrin Müthing

„Schulen im Team": Einblicke in netzwerkbasierte Unterrichtsentwicklung

1. Einleitung

Die Entwicklung des Unterrichts ist eine der derzeit größten Herausforderungen für Schulen in Deutschland. Die Notwendigkeit, diese Entwicklungsaufgabe anzunehmen, ergibt sich nicht nur aus dem bekannten mittelmäßigen Abschneiden deutscher Schulen bei internationalen Leistungsvergleichsuntersuchungen wie TIMSS, PISA 2000, PISA 2003, IGLU 2001, IGLU 2006, sondern auch aus den ersten Ergebnissen der Inspektionsbesuche in den verschiedenen Bundesländern, die übereinstimmend ein Qualitätsdefizit des in Deutschland erteilten Unterrichts bemängeln. Die Begründungen für eine Weiterentwicklung des Unterrichts müssen aber nicht nur ausgehend von Defizitszuschreibungen erfolgen, sondern sind auch in einer sich insgesamt verändernden Kindheit und der diese Veränderungen begründenden lebensweltlichen Umwelten einerseits und einer sich stetig weiterentwickelnden didaktischen und lerntheoretischen Forschung andererseits zu suchen. Anders formuliert: Wer zum einen veränderten Lernvoraussetzungen bei Schülerinnen und Schülern begegnet und zum anderen über neue und womöglich auch effektivere Wege der Gestaltung von Lernprozessen verfügen kann, der ist nachdrücklich auf die Notwendigkeit der Weiterentwicklung des Unterrichts angewiesen und zwar nicht allein aus der Tatsache extern erzeugten Drucks, sondern idealerweise aus einem professionellen Selbstverständnis heraus.

Damit ist aber nur eine Seite eines insgesamt deutlich komplexeren Sachverhalts benannt. Es ist zwar möglich und in Teilen auch sinnvoll, den eigenen Unterricht experimentierend und forschend weiterzuentwickeln, führt aber auch schnell an die Grenzen dessen, was Lehrpersonen neben ihren anderen Tätigkeiten leisten können. Mit diesem Hinweis sollen Lehrkräfte keineswegs aus der Pflicht genommen werden, sondern vielmehr die Notwendigkeit hervorgehoben werden, entsprechende Unterstützungssysteme zu etablieren. Diese können dabei ganz unterschiedlich aufgefasst werden und strukturiert sein. Unterstützend wirken können Rückmeldungen aus externen Leistungserhebungen, Besuche der Schulinspektion, der Besuch von Fortbildungen, die Hospitation bei Kollegen, Formen kollegialer Fallberatung, schulinterne Lehrerfortbildungen, Feedbacksysteme, die Kooperation mit außerschulischen Partnern sowie mit Schulen der gleichen oder einer anderen Schulform. Alles kann unterstützend wirken, genauso wie es als zusätzliche Belastung empfunden werden kann. Die Frage ist also, wann ist ein Unterstützungssystem eine wirkliche Unterstützung?

Der folgende Teil des Bandes „Unterrichtsentwicklung in Netzwerken" möchte ein spezifisches Unterstützungssystem (Schulen im Team), das sich der lokalen

Vernetzung von Schulen als Instrument zur Entwicklung des Unterrichts bedient, vorstellen. Im ersten Abschnitt soll die im Projekt verfolgte Verbindungslinie von Unterrichtsentwicklung und Netzwerkarbeit theoriebasiert und konzeptionell vorgestellt werden, um nachfolgend das konkrete Projektdesign mit seinen spezifischen Eigenschaften darzustellen. Dabei wird den Aspekten der Vernetzungsstrategie sowie der Projektsteuerung ein besonderer Stellenwert zugewiesen. In deskriptiver Weise wird mit der im Anschluss daran folgenden Dokumentation der Auftaktveranstaltung des Projekts gezeigt, wie diese zugleich eine erste inhaltliche Zwischenbilanz für die teilnehmenden Schulen sein kann. Teil A endet mit „Stimmen zum Projekt", die weitere Perspektiven auf das Projekt „Schulen im Team" repräsentieren. Erste empirische Befunde aus dem Projekt werden in Teil D dieses Bandes vorgestellt.

2. Netzwerke als professionsgemäße Organisationsform für die Unterrichtsentwicklung

„Schulen im Team" versteht sich als theoriebasiertes Reformprojekt (theory-based change, vgl. MCLaughlin & Mitra, 2002). Projekte, die sich in solch einer Hinsicht begreifen, verfolgen drei zentrale Ideen: Sie legen Leitprinzipien fest, formulieren zunächst entsprechend der Leitprinzipien ein Projektdesign und setzen schließlich auf die Co-Produktion und flexible Implementation der adressierten Projektteilnehmenden (vgl. ebd., 302). Kapitel zwei wird sich ausführlich mit der Darstellung der Leitprinzipien des Projekts „Schulen im Team" beschäftigen.

2.1 Leitprinzip I: Netzwerke bieten Innovationspotenzial

Formen und Typen von Netzwerken sind überaus vielfältig. Zur besseren Orientierung sollen daher zunächst einige Unterscheidungen eingeführt werden, die letztlich dabei helfen, das hier vorzustellende Schulnetzwerk „Schulen im Team" besser einordnen zu können.

Zunächst kann angelehnt an soziologische Überlegungen das Netzwerk als eine von zumeist drei Koordinationsformen zur Steuerung menschlichen Verhaltens unterschieden werden. Dabei bezeichnet es neben den Koordinationsformen Markt und Hierarchie eine hybride Form der Koordinierung, die weder einseitig durch das Medium Macht (Hierarchie) noch durch das Medium Geld (Markt) bestimmt wird. Vielmehr sind Netzwerke durch das Medium des Wissens gekennzeichnet (vgl. Willke, 1998, 137). Weitere wesentliche Eigenschaften dieser Koordinierungsform sind die Orientierung am Austausch, wechselseitige Abhängigkeit der Akteure sowie Interesse und Vertrauen als Interaktionsmodus (vgl. ebd.; Weyer, 2000). Weitergehend kann hinsichtlich ihrer Form differenziert werden zwischen Netzwerken, die formal bestehen und dabei den Akteuren explizit nicht als Netzwerk gegenwärtig sind und Netzwerken, die als solche für alle Akteure klar erkennbar und von diesen auch als solche bezeichnet werden können. Nur letztere sind im Folgenden für uns von Interesse.

Schließlich lassen sich hinsichtlich ihrer Interessensausrichtung persönliche (private) Netzwerke von Unternehmensnetzwerken und hier wiederum strategische Netzwerke und Innovationsnetzwerke unterscheiden (vgl. Aderhold, 2005). Strategische Netzwerke finden sich häufig zwischen Großunternehmen und haben zum Ziel, die jeweilige Marktposition zu stabilisieren oder zu verbessern. Dies gilt im Prinzip auch für Innovationsnetzwerke, wobei diese explizit auf die Erzeugung neuer Produkte oder Problemlösungen ausgerichtet sind (vgl. Pyka & Küppers, 2002).

Neben solchen typologischen Unterscheidungen (vgl. zur Übersicht Bernecker, 2005) bietet die Literatur zahlreiche Merkmalslisten, die Netzwerke weiter konkretisieren. Mit Rückgriff auf Weyer (2000) können dabei folgende zentrale Kennzeichen von Netzwerken genannt werden:

Gemeinsame Basisintention: Die Netzwerkakteure verfolgen ein gemeinsames übergeordnetes Ziel.

Freiwilligkeit der Teilnahme: Dies meint in einem soziologischen Sprachgebrauch, dass jeder Netzwerkakteur jederzeit über eine Exit-Option verfügt. Wer diese als Akteur nutzt, riskiert allerdings, dass eine Wiederaufnahme in das Netzwerk problematisch sein kann, da das Vertrauen zum Akteur erschüttert ist, womit zugleich ein weiteres Merkmal benannt ist.

Vertrauen: Ohne ein Mindestmaß an Vertrauen sind zielorientierte Kommunikation und Kooperation kaum denkbar. Vertrauen ist dem entsprechend der unsichtbare Kitt, der Netzwerbeit ermöglicht. Analog kann das gemeinsame Interesse als ihre Antriebsfeder betrachtet werden.

Potenzialität und Kooperation: Netzwerke sind insgesamt als Potenzial oder Reservoir an Kooperationsmöglichkeiten zu betrachten. Kooperation im Netzwerk kann dann als Aktualisierung von Potenzialität bezeichnet werden (vgl. hierzu insbesondere Aderhold, 2005).

Diese wenigen Beschreibungen genügen, um die große Affinität von Netzwerken zur Schulentwicklung anzudeuten. Schließlich sind zahlreiche Merkmale in Verbindung mit dem Thema Organisationsentwicklung der Einzelschule bekannt, so beispielsweise die Forderung nach vertrauensvoller Kooperation, dem Austausch und der Entwicklung von Ideen etc. (vgl. Dalin 1999; Dalin & Rolff, 1990). Im Grunde lassen sich Prozesse der Organisationsentwicklung selbst als Versuch einer koordinierten Vernetzung innerhalb der Einzelschule rekonstruieren. Darum verwundert es nicht, dass einige weiterführende Überlegungen bereits für den Bereich der Schulentwicklung vorliegen, wobei wir uns nachstehend einerseits auf die angloamerikanische Diskussion und den dortigen Erkenntnisstand wiedergebenden Aufsatz (vgl. Little & Veugelers, 2005) sowie auf aktuelle Ergebnisse aus einer deutschen Netzwerkstudie (vgl. Dedering, 2007) beziehen.

Auch der angloamerikanischen Diskurs geht davon aus, dass „initiatives to promote school-to-school networks are rooted in the assumption that cooperation among schools, driven by a shared interest in learning, can yield improvements at multiple levels, thus helping to promote systemwide change" (Little & Veugelers, 2005, 277).

Für Schulen, die sich an Schulnetzwerken beteiligen, sind drei konkrete Vorteile erwartbar, die die Autoren in der Verbesserung der Positionierung in der Schullandschaft, als Nutzung zuvor nicht verfügbarer Ressourcen und als Lerntransfer ausmachen.

Aus den Erfahrungen eines Netzwerkes, in dem sich wiederum zehn Netzwerke zusammengeschlossen haben (International Networks for Democratic Education, INDE), werden nun neun zentrale Erfahrungen in Bezug auf das Lernen in Netzwerken und die Organisation von Netzwerken berichtet, wobei sich diese Ausführungen konkret auf die zehn untersuchten Schulnetzwerke beziehen, die wiederum immer eine Universität als Netzwerkpartner haben (vgl. im Folgenden Little & Veugelers, 2005, 286ff.):

1. Netzwerke können als Ort horizontalen Lernens zwischen Lehrkräften aufgefasst werden, wobei neues Wissen konstruiert wird. Die direkte Anwesenheit der Personen wird als Vorteil für das Lernen hervorgehoben.
2. Netzwerke können Praxisgemeinschaften ausbilden, die zu gleichen Anteilen dazu führen, dass sich die einzelnen Netzwerkschulen einerseits anpassen und andererseits weiter in ihrem Sinne profilieren.
3. Netzwerke sollten nicht durch eine Person oder eine kleine Gruppe gesteuert werden, sondern sich eine eigene Agenda, einen Kooperationsvertrag geben, in der/dem Entscheidungsprämissen verankert sind.
4. Netzwerke können als Brücke zwischen der persönlichen und schulischen Entwicklung betrachtet werden. Insofern scheinen sie besonders geeignet für eine professionsorientierte Schulentwicklung (vgl. hierzu auch Combe, 1999; Berkemeyer et al., 2008).
5. Netzwerke sind vor allem dann wirksam, wenn sie „fluid" bleiben, also starre Strukturen vermeiden und die Organisation an den jeweiligen Bedürfnissen der Mitglieder ausrichten.
6. Die gemeinsame Philosophie eines Netzwerks sollte den Mitgliedern ausreichend Raum lassen, um eigene Schwerpunkte verfolgen zu können.
7. Für die Netzwerke hat es sich als günstig erwiesen, neben den schulischen Netzwerkpartner einen weiteren Partner zu haben, „that transcends the participating schools" (Little & Veugelers, 2005, 288).
8. Netzwerke können aufgrund der in ihnen versammelten und neu entstandenen Expertise zu wichtigen Partnern der Schulpolitik werden.
9. Für den Start der Netzwerkarbeit ist die Entwicklung des Gefühls der Zugehörigkeit und Verantwortlichkeit (ownership) ausschlaggebend.

Die hier vorgestellten neun Aspekte lassen sich sowohl als Potenziale als auch als Merkmale von Schulnetzwerken lesen und bieten somit in Hinblick auf die Erklärung von Ermöglichungsformen im Netzwerk einen theoretischen und bezüglich der Benennung von Merkmalen einen evaluativen Zugang. Wenngleich mit dieser erfahrungsbasierten Liste ein wichtiger Fundus für die Netzwerkarbeit vorliegt, bleiben die Relationen der einzelnen Merkmale unberücksichtigt und auch die

Bedeutsamkeit der jeweiligen Aspekte wird von den Autoren nicht unterschieden, so dass offensichtlich wird, dass noch viele Fragen bezüglich der Art und Weise, wie Netzwerke unter welchen Bedingungen funktionieren, offen bleiben.

Diese Lücke kann noch nicht durch die derzeit aktuellste und umfassendste Studie zur Schulnetzwerkarbeit im deutschsprachigen Raum (vgl. Dedering, 2007) gefüllt werden, wie die nachfolgende Zusammenfassung der zentralen Befunde zeigen wird.

Dedering (ebd., 276ff.) verweist auf folgende fünf Aspekte der Netzwerkarbeit, die allesamt unmittelbar aus der Analyse des Internationalen Netzwerks innovativer Schulen (INIS) gewonnen wurden und entsprechend für diese Netzwerkform gültig sind:

- Die Arbeit in Schulnetzwerken fördert die Kommunikation und Verständigung über Ziele und Verläufe in Schulentwicklungsprozessen. Netzwerke haben dabei die Funktion eines Motors für die Arbeit in der Einzelschule.
- Schulnetzwerke können hilfreich bei der Rezeption und Verarbeitung von Rückmeldungsdaten sein. Dies gilt vornehmlich, wenn die Netzwerkpartner die Daten vergleichend analysieren und interpretieren.
- Schulnetzwerke tragen zur Kompetenzentwicklung in den Bereichen Evaluation und Schulentwicklung bei.
- Durch die spezifische Arbeit des Netzwerks kommt es zu einer Etablierung von Managementprozessen, so dass die Entwicklungsarbeit insgesamt systematischer verläuft.
- Der Erfolg der Netzwerkarbeit hängt schließlich von den jeweiligen Ressourcen, Kompetenzen und Strukturen ab, die durch die jeweiligen Einzelschulen in den Prozess eingespeist werden.

Die hier vorgestellten Befunde bestärken die Annahme, dass Netzwerke sowohl für die persönliche als auch für die schulische Entwicklung einen bedeutenden Stellenwert einnehmen können. Problematisch hierbei ist, dass die Befunde Netzwerkarbeit und Leistungen, die in den Netzwerken erbracht werden, mit Transferergebnissen vermischt werden, so dass auch hier noch keine hinreichende Systematisierung über Gelingensbedingungen der Netzwerkarbeit einerseits und dem Transfer von Ergebnissen der Netzwerkarbeit in die Einzelschule andererseits vorliegt.

2.2 Leitprinzip II: Fokus auf Unterrichtsentwicklung

Unterrichtsentwicklung wird ganz allgemein als ein Bestandteil von Schulentwicklung verstanden, die wiederum von Rolff (1998) als Trias einer systematisch aufeinanderbezogenen Unterrichts-, Organisations- und Personalentwicklung konzipiert wird. Vereinfacht kann gesagt werden, dass Unterrichtsentwicklung auf Inhalte, Methoden und Verfahren des Unterrichts und der in ihm stattfindenden Interaktion und Kommunikation, die Organisationsentwicklung auf den Aufbau eines Organisationsbewusstseins und dies widerspiegelnde Organisationsstrukturen und die Personalentwicklung auf den Aufbau professioneller Kompetenzen abzielt. Dabei ist schnell ersichtlich, dass sich die drei Entwicklungsrichtungen einander zum Teil bedingen und/oder ergänzen. Für die Frage nach der Gestaltung ist dabei zunächst entscheidend, dass mit dem Entwicklungsbegriff auf eine Veränderung des Status quo abgehoben wird und somit die Zielbestimmung der Veränderung oder die Richtung der einzuschlagenden Entwicklung von immenser Bedeutsamkeit ist. Zur Bestimmung der Ziele können nun unterschiedliche Referenzsysteme herangezogen werden, wie beispielsweise Arbeiten aus der allgemeinen Didaktik, spezifische reformpädagogische Ansätze, aber auch einer immer fundierter werdenden Schul- und Unterrichtsforschung.

Neben der Orientierung an einem oder mehreren Referenzsystemen (diese müssen sich keineswegs ausschließen) stellt sich die Frage, wie die Entwicklung des Unterrichts zu organisieren ist. Eines der bundesweit sehr verbreiteten Modelle ist die „Pädagogische Schulentwicklung nach Klippert", die von einer schulweiten Entwicklungsarbeit ausgeht. Im Fokus stehen das Methodentraining und das eigenverantwortliche Arbeiten. Dieses Konzept wurde beispielsweise in Modellversuchen wie Schule & Co. (vgl. Bastian, 2007) und Selbstständige Schule NRW (vgl. Höfer & Madelung in diesem Band) weiterentwickelt. Der in diesem Modell gewählte allgemein didaktische Zugang führt zu einer Entdifferenzierung der je fachspezifischen Anforderungen an die Entwicklung des Unterrichts. Nicht zuletzt deshalb werden aktuelle Programme der Unterrichtsentwicklung mit deutlichem Fachbezug initiiert und realisiert (vgl. zum Überblick das Themenheft „Fachbezogene Schulentwicklung" im Journal für Schulentwicklung 2007). Unterrichtsentwicklung im Projekt „Schulen im Team" hat ebenfalls im Fachbezug den entscheidenden Ausgangspunkt, wie bereits bei der Vernetzung der Schulen sichtbar wird (vgl. Kap. 3).

Für das Verständnis der Bedingungen der Möglichkeit, Unterricht zu entwickeln, bedarf es also zunächst eines Modells, das Faktoren aufgreift, die bei der Entwicklung relevant werden können und diese in einen systematischen Zusammenhang bringt, ohne dass damit zugleich ein programmatisches Verständnis von Unterrichtsentwicklung bezeichnet wäre. Ein solches Modell hat Helmke (2003) vorgelegt (vgl. Abb. 1).

Das Modell nimmt alle vier bereits oben benannten relevanten Bereiche für die Entwicklung des Unterrichts in unterschiedlicher Gewichtung auf: Lehrkräftemerkmale (individuelle Bedingungen), organisationale Rahmenbedingungen (schulinterne Faktoren), externen Unterstützungssystemen (schulexterne Faktoren) und Schülermerkmale (Akzeptanz). Diese Bedingungen rahmen nun den eigentlichen Entwicklungsprozess, der von Helmke in sechs Sequenzen konzipiert ist. Zu Beginn stehen Informationen über Unterrichtsqualität und Unterrichtsentwicklung. Diese können in der Anwendung des Modells auf einen konkreten Fall entsprechend einer bzw. mehrerer Bedingungsvariablen zugeordnet werden. So könnte beispielsweise eine Information durch die Schulleitung oder eine schulinterne Fortbildung ins Kollegium getragen werden. In der nächsten Sequenz stellt sich die Frage, wie und ob überhaupt die entsprechende Information wahrgenommen, also rezipiert worden ist. „Gibt es nach einer Informationsveranstaltung oder einer Fort-

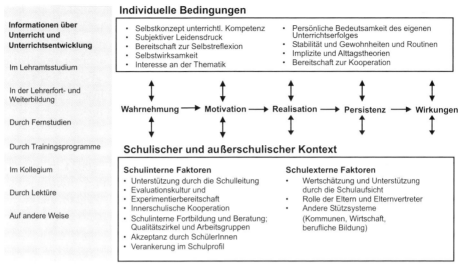

Abb. 1:   Sequenzmodell der individuellen, sozialen und institutionellen Bedingungen der Veränderung des eigenen Unterrichts (Helmke, 2003, 200).

bildung ein gemeinsames Verständnis"?, könnte hierfür eine prüfende Leitfrage sein. In der dritten Sequenz fragt Helmke nach der Wirkung der wahrgenommenen Information bezüglich der je lehrkraftspezifischen Motivationslage. Dies ist insofern hoch bedeutsam, als dass ein gemeinsames Verständnis längst noch nicht bedeutet, dass auch eine geteilte Motivationslage vorliegt, also die Bereitschaft, die Information auch in Handlung umzusetzen. Die vierte Sequenz geht von Ergebnissen der Volitionsforschung aus und unterscheidet zwischen der Bereitschaft etwas zu tun (z.B. ein Schülerfeedback einzuholen) und der Realisation. Oftmals werden Belastungsfaktoren zur Erklärung des Bruches zwischen Motivation (ich würde gerne) und Realisation (ich tue es auch) angegeben. Darum ist die Frage nach den Bedingungen der Realisation bei gemeinsamen Entwicklungsprojekten besonders bedeutsam. In der fünften Sequenz rückt die Frage der Persistenz, also die Beharrungskraft der umgesetzten Information (z.B. regelmäßiger Einsatz einer neuen Unterrichtsmethode) in den Fokus der Betrachtung. Hierbei wird betont, dass Veränderungen, die einen einmaligen Ereignischarakter besitzen oder nur unsystematisch und zufällig im Alltag Anwendung finden, problematisch sind. Die abschließende Sequenz rückt nun die Wirksamkeit der Veränderungsmaßnahme in den Blick. Schließlich sind Entwicklungsbemühungen nur dann erfolgreich, wenn sie – wie im Falle der Entwicklung des Unterrichts – das Lernen der Schülerinnen und Schüler erleichtern und somit bessere Lernleistungen (bezogen auf fachliche, soziale und persönliche (Lernstrategien, Anstrengungsbereitschaft, etc.) Kompetenzen bzw. eine tiefere Durchdringung des Lerngegenstands erzielen. Diese Forderung ist natürlich berechtigt, aber auch problematisch, da die Wirksamkeit kaum vorhergesagt werden kann. Insofern bleibt Entwicklung immer eine riskante Aufgabe, für die die Schuleffektivitätsforschung mittlerweile aber einige wesentliche Qualitätsmerkmale formuliert hat, so dass die Güte der eingespeisten Information, die Ausgangspunkt der Entwicklung ist, nicht nur beurteilt, sondern auch gesteuert werden kann. Dabei kann nicht nur über Einzelinformationen bestimmt werden, sondern mitunter in Ansätzen auch über das System, in dem unterrichtsrelevante Informationen ausgetauscht werden, also Anlässe entstehen.

2.3   Leitprinzip III: Unterrichtsentwicklung basiert auf der Integration von Ergebnissen der Schulentwicklungsforschung und der Schuleffektivitätsforschung

Eine aus unserer Sicht wichtige Differenzierung, die Helmke (2003) in seinem Modell nicht vornimmt, ist die Unterscheidung zwischen Informationen über die Qualität des Unterrichts (Schuleffektivitätsforschung) und solchen, die etwas über den Weg der Veränderung aussagen (Schulentwicklungsforschung). Wie oben bereits am Beispiel der pädagogischen Schulentwicklung angemahnt, kann eine Vernachlässigung dieser Unterscheidung dazu führen, dass nur ein Wissens- bzw. Informationstyp rezipiert wird. Notwendig für die Entwicklung des Unterrichts sind aber Informationen über die Inhalte der Entwicklung und die möglichen Wege, wobei letztere womöglich erst vor dem Hintergrund der jeweiligen schulischen Gegebenheiten anzupassen oder gar neu zu entwickeln sind.

Wissenschaftlich fundiertes Wissen über die Qualität von Unterricht liegt mittlerweile recht differenziert vor. Häufig finden sich Merkmalslisten guten Unterrichts, die auf allgemeine Aspekte der Unterrichtsgestaltung und Durchführung hinweisen (vgl. Helmke, 2003; Meyer, 2004). Fachspezifische Befunde liegen ebenfalls vor, sind allerdings längst noch nicht so weit verbreitet (vgl. z. B. Prenzel & Allolio-Näcke, 2006). Derzeit wird zunehmend über den Nutzen dieser Listen diskutiert. Zwar können diese Listen orientierend wirken, zügleich sind sie aber auch abschreckend, weil sie kein Wissen über die Implementation dieser Qualitätsmerkmale enthalten, kurz: Ergebnisse der Schuleffektivitätsforschung stehen weitgehend unverbunden neben Erkenntnissen der Schulentwicklungsforschung. Zudem wird kritisiert, dass die bekannten Merkmalslisten zu statisch sind und es künftig notwenig sein wird, die „dynamic relations between the multiple factors associated with effectiveness" (Creemers & Kyriakides, 2006, 349) zu identifizieren. Die Autoren postulieren vier Gütekriterien für Modelle, die sich mit der Erklärung von Schuleffektivität befassen:

1. Effektivitätsmodelle benötigen Faktoren auf unterschiedlichen Systemebenen (Schüler, Klasse, Schule etc.).
2. Faktoren, die für eine Ebene benannt sind, sollten in einem relevanten Zusammenhang stehen.
3. Es wird angenommen, dass sich die Vielfalt der Faktoren zu ähnlichen Dimensionen zusammenfassen lässt, so dass einerseits Faktorengruppen als multidimensionale Konstrukte aufgefasst werden und andererseits das Modell sparsam bleiben kann.
4. Das Modell geht nicht davon aus, dass alle Zusammenhänge linear sind. Entsprechend wird die Suche nach Wendepunkten einzelner Variablen bedeutsam (vgl. ebd., 352).

Für die Beobachtung der relevanten Faktoren werden fünf „Messkategorien vorge-schlagen:

1. Frequenz (frequency): Wie häufig ist das Qualitätsmerkmal zu beobachten?
2. Fokus (focus): Hierbei wird gefragt, ob ein Faktor sehr konkret oder eher all-gemein beobachtet werden kann und wie viele Ziele bzw. Absichten (purpose) mit ihm verbunden sind.
3. Phase/Stufe/Zeitpunkt (stage): Qualitätsmerkmale lassen sich prinzipiell immer beobachten und können sich über die Zeit verändern und verändern andere Qualitätsfaktoren mit der Zeit.
4. Qualität (quality): Die Dimension Qualität berücksichtigt die jeweiligen Eigen-schaften und die mit ihnen in Verbindung gebrachten Wirkungen des zu mes-senden Faktors.
5. Differenzierung (differentiation): Hierbei steht die Beobachtung unterschiedli-cher Realisierungsformen eines Faktors im Vordergrund.

Um diese zunächst sehr komplizierten Dimensionen zu veranschaulichen, sollen nachstehend die fünf Dimensionen anhand des Qualitätsfaktors *Strukturierung des Unterrichts* erläutert werden. Die Beobachtung der Frequenz rekurriert auf die Häufigkeit und die entsprechende Dauer eines Strukturierungsmoments (z.B. Zusammenfassung der Ergebnisse). Unter dem Gesichtspunkt Fokus wird erfragt, auf welche Phasen des Unterrichts sich die strukturierenden Momente richten. Zudem wird geprüft, inwieweit unterschiedliche Ziele zugleich mit der Struktu-rierung verfolgt werden. Mit der Dimension *stage* wird danach geschaut, ob sich strukturierende Unterrichtselemente als konstant erweisen und inwieweit sie sich an verändernde Unterrichtsinhalte oder -bedingungen anpassen. Die Qualitätsdi-mension kann anhand von Beobachtungen, die einschätzen, ob die Strukturaufga-ben nicht nur von den Schülern verstanden wurden, sondern ob sie ihnen auch dabei helfen, die Struktur des Unterrichts zu verstehen, erfasst werden. Die Dimen-sion der Ausdifferenzierung richtet ihren Blick schließlich auf die Frage nach der Vielfalt strukturierender Maßnahmen und ihrer Passung zum Interaktionsprozess (Unterricht).

Noch steht die Schuleffektivitätsforschung am Beginn einer solch differenzier-ten Betrachtung und ebenso noch vor der Herausforderung, diese Ansprüche und die möglicherweise daraus resultierenden Ergebnisse mit Erkenntnissen der Schul-entwicklungsforschung zu verbinden. Nachstehend möchten wir durch die Explika-tion des Verständnisses von Unterrichtsentwicklung im Projekt „Schulen im Team“ und die Vorstellung eines Rahmenmodells zur netzwerkbasierten Unterrichtsent-wicklung einen Beitrag zu dieser Aufgabe leisten.

Unterrichtsentwicklung lässt sich zunächst durch zehn Merkmale konkreti-sieren, die sich jeweils auf einen spezifischen Entwicklungsgegenstand (System, Organisation, Unterricht, Personal bzw. Lehrkräfte sowie Schüler) beziehen und insofern auch auf die Mehrebenenstruktur von Unterrichtsentwicklungsprozessen verweisen.

1. Unterrichtsentwicklung hat ihren Ausgangspunkt im Fach bzw. in einer spezifischen Kompetenz, die wie beim Lesen alle Fächer betreffen kann (Unterrichtsentwicklung).
2. Unterrichtsentwicklung orientiert sich in kritischer Absicht (Was ist hilfreich? Worauf muss geachtet werden? Was ist eher hinderlich für die Entwicklung?) auch an externen Rahmenbedingungen wie Lernstandserhebungen und Bildungsstandards (Systementwicklung).
3. Unterrichtsentwicklung setzt bei den Bedarfen der Einzelschule an und kann insofern nicht als generalisiertes Konzept eingeführt werden (Unterrichts- und Organisationsentwicklung).
4. Unterrichtsentwicklung wird verstanden als Problemlöseprozess und basiert daher auf professioneller Kooperation, einem fachbezogenen Austausch (Unterrichtsentwicklung, Personalentwicklung).
5. Unterrichtsentwicklung zielt immer auf eine Erweiterung professioneller Handlungskompetenz (Personalentwicklung).
6. Unterrichtsentwicklung muss zu Beginn oder im Verlauf des Prozesses Schülerinnen und Schüler einbeziehen (z. B. Schülerfeedback), auch um die Akzeptanz und das Verständnis für neue Unterrichtsformen zu wecken (Unterrichtsentwicklung).
7. Unterrichtsentwicklung muss nach und nach systematisiert werden, so dass Diagnostik, Gestaltung von Lernarrangements, Aufbereitung von Lernmaterialien und Formen der Evaluation des Unterrichts in einen systematischen Zusammenhang gestellt werden (Unterrichtsentwicklung).
8. Unterrichtsentwicklung benötigt Kommunikationsstrukturen. Nur so können notwendige Austauschprozesse und reflexive wie evaluative Auseinandersetzungen mit dem Entwicklungsgegenstand erfolgen (Organisationsentwicklung).
9. Unterrichtsentwicklung benötigt externe Impulse, um Problemlösekapazitäten der eigenen Schule zu erweitern oder sichtbar zu machen (Systementwicklung, Organisationsentwicklung).
10. Unterrichtsentwicklung ist immer auch Transfer- und Implementationsprozess und muss entsprechend mit den bekannten Widerständen rechnen (vgl. den Beitrag zum Transfer von Berkemeyer in diesem Band).

2.4 Leitprinzip IV: Unterrichtsentwicklung netzwerkbasiert gestalten

Aus diesen Leitsätzen sowie dem Wissen über Netzwerkpotentiale lässt sich nun folgendes Rahmenmodell netzwerkbasierter Unterrichtsentwicklung konzipieren (vgl. Abb. 2).

Das hier vorgestellte Rahmenmodell netzwerkbasierter Unterrichtsentwicklung konkretisiert und modifiziert das Sequenzmodell nach Helmke (2003, s.o.). Dabei wird zunächst das Projekt „Schulen im Team" mit seiner Netzwerkstruktur als Ausgangspunkt angenommen. Innerhalb und zwischen den Netzwerken kommt

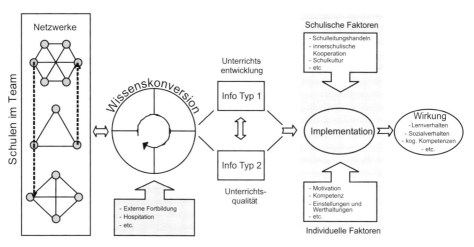

Abb. 2:   Rahmenmodell netzwerkbasierter Unterrichtsentwicklung

es nun zu Informationsgewinnungsprozessen. An dieser Stelle führen wir mit dem Modell der Wissenskonversion ein neues Theorieelement ein, das den Entstehungsprozess von Informationen und weitergehend dann auch von Wissen erklären kann (vgl. hierzu Berkemeyer et al. in Teil D dieses Bandes). Vereinfacht formuliert besagt das Modell der Wissenskonversion, dass die Umwandlung impliziten Wissens in explizites Wissen und weiter dann von explizitem Wissen wieder in implizites Wissen (Routinisierung) in vier Phasen verläuft (1. Sozialisation, 2. Externalisierung, 3. Kombination, 4. Internalisierung). Es folgt eine Unterscheidung der Wissensformen in Informationen zu Typ 1 (Unterrichtsentwicklung) und Informationen zu Typ 2 (Unterrichtsqualität). Diese Unterscheidung wird im Modell als relevant angenommen, da über die Relationierung dieser beiden Wissensformen bedeutsame Hinweise für das Gelingen des Implementationsprozesses erwartet werden. Das weitere Modell fasst nun unter dem Begriff der Implementation die Sequenzen zwei bis fünf bei Helmke zusammen, wobei darauf hinzuweisen ist, dass dieser Implementationsprozess bereits als Wissenstransfer aus einem Netzwerk in die jeweiligen Einzelschulen konzipiert ist und insofern die Verbindung zwischen Systemebene (hier das Projekt „Schulen im Team") und der Einzelschulebene darstellt. Letztlich gilt es wie im Sequenzmodell nach Helmke (2003) auch, in diesem Modell die Wirkungen des Entwicklungsprozesses zu erklären. Zu erklärende Variablen können das Lernverhalten der Schüler und Schülerinnen sein, aber ebenso Veränderungen ihrer kognitiven Leistungen.

Unter Einbeziehung der Forderungen von Creemers und Kyriades (2006) können in einem nächsten Schritt die bislang im Modell noch unspezifizierten Variablen (dies gilt für den Bereich der innerschulischen Prozesse) weiter bestimmt werden. Eine so vorzunehmende Konkretisierung gibt wiederum Hinweise für den Entwicklungsprozess, so dass das Modell einerseits für die Erklärung von Entwicklungsverläufen herangezogen werden kann und andererseits einen orientierenden Rahmen für die Planung und Gestaltung von Entwicklungsprozessen liefert. Angesichts der Vernetzung von Schulen als Ausgangsbedingung in diesem Modell können nun noch die theoretischen Annahmen aus Abschnitt 2.1 als ergänzende Hinweise in das Modell integriert werden. Die These dabei ist, dass Netzwerke für den Austausch und die Produktion neuen Wissens besonders geeignet sind. Wissensgenerierende Netzwerkprozesse wiederum können mit Hilfe der Wissenskonversion nach Nonaka (1994) in vier Phasen unterschieden werden, so dass zugleich eine „Produktionstiefe" von Wissen angegeben werden kann.

2.5 Leitprinzip V: Chancen und Risiken im Blick behalten

Mit der Entwicklung eines Rahmenmodells netzwerkbasierter Unterrichtsentwicklung lassen sich nun relativ präzise Chancen und Risiken zumindest aus einer theoretischen Perspektive ablesen, so dass das Rahmenmodell nicht nur eine orientierende Wirkung für die Gestaltung von Unterrichtsentwicklungsprozessen, sondern zugleich auch ein kritisches Potenzial zur Reflexion der jeweiligen konkreten Ausgestaltungen bietet. Nachstehend soll auf drei Risiken und Chancen verwiesen werden, ohne damit bereits alle weiteren Chancen und Risiken netzwerkbasierter Unterrichtsentwicklung benannt zu haben.

1. Netzwerkbasierte Unterrichtsentwicklung setzt funktionierende Netzwerke voraus: Im Abschnitt 2.1 wurden einige Merkmale, die funktionierende Netzwerke auszeichnen, benannt. Zentral sind beispielsweise symmetrische Tauschbeziehungen sowie ein funktionierendes Kommunikationsnetz, weil nur so Vertrauen als „Netzwerkkitt" entstehen kann.
2. Netzwerkbasierte Unterrichtsentwicklung muss Informationen aus der Schulqualitätsforschung und Schulentwicklungsforschung kombinieren, da nur so die Qualität der Entwicklungsvorhaben gewährleistet werden kann. Durch die Netzwerkbasierung wird eine Kumulation dieser Informationstypen ermöglicht und so rationale Entwicklungsentscheidungen begünstigt. Es muss aber darauf geachtet werden, dass sich die Netzwerkkommunikation nicht einseitig auf einen Informationstyp richtet.
3. Netzwerkbasierte Unterrichtsentwicklung kommt nicht ohne eine Einbindung in die am Netzwerk beteiligten Organisationen aus, die über die am Netzwerk teilnehmenden Personen hinausgeht. Es besteht also das Risiko, dass es funktionierende Netzwerke gibt, die die relevanten Informationen zur Entwicklung des Unterrichts zusammengefügt haben, aber diese nicht in den Organisationen implementieren können.

Unter welchen Bedingungen sich netzwerkbasierte Unterrichtsentwicklung nun als Chance bzw. als Risiko für welche Einzelorganisation erweist, wird am Ende des Projekts „Schulen im Team" sicherlich ein zentraler Befund sein.

3. Das Projekt „Schulen im Team"

Das Projekt „Schulen im Team" wurde gemeinsam von der Stiftung Mercator und dem Institut für Schulentwicklungsforschung als Unterstützungsangebot für vornehmlich weiterführende Schulen in Duisburg und Essen entwickelt. Vorab konnten die Städtevertretungen von Duisburg und Essen und im Verlauf der Startphase auch das Ministerium für Schule und Weiterbildung (MSW) vom Projektkonzept überzeugt werden, so dass im administrativen Bereich eine breite Unterstützung vorliegt. Das MSW hat sich mit der Bereitstellung von Entlastungsstunden für die Schulen entschlossen, Kooperationspartner des Projekts zu werden.

Der Start des Projektes war im Februar 2007, Projektende ist Juli 2010. „Schulen im Team" setzt auf eine netzwerkbasierte Unterrichtsentwicklung mit deutlichem Fachbezug und konnte mit dieser Idee zahlreiche Schulen in Duisburg und Essen gewinnen. Trotz des großzügigen finanziellen Rahmens – den zehn Schulnetzwerken stehen in den Schuljahren 2007/2008 bis 2009/2010 insgesamt bis zu 600.000 Euro zur Verfügung – konnten nicht alle interessierten Schulen in das Projekt aufgenommen werden. So startete das Projekt nach einem Sondierungsprozess im Juni 2007 mit ersten Treffen der 40 teilnehmenden Schulen. Damit wurde die maximale Anzahl von Schulen (geplant wurde mit 30 bis max. 40 Schulen) in das Projekt aufgenommen.

Das Institut für Schulentwicklungsforschung übernimmt in diesem Projekt nicht nur die Begleitforschung, sondern auch die Leitung und Durchführung des Projekts. Nachfolgend sollen Einblicke in die konkrete Projektarchitektur gegeben, über Ziele informiert und die Strategie des Projekts vorgestellt werden. Beginnen werden wir aber mit einer Darlegung des bildungspolitischen Hintergrunds, der Anlass und Orientierung für die Projektkonzeption gewesen ist.

3.1 Anlass und Hintergrund

Die Entwicklung und Konzeptionierung des Projekts ist vor dem Hintergrund aktueller bildungspolitischer und damit verbunden schulischer Herausforderungen zu verstehen. So erklärt sich der Ansatz auch hinsichtlich einer sich insgesamt verändernden Schulgovernance (Brüsemeister, 2004). Innerhalb dieser neuen Governance muss eine auf Nachhaltigkeit angelegte Schulentwicklung immer als Prozess im Mehrebenensystem Schule verstanden werden. Dies drückt sich aktuell in der Umgestaltung der schulischen Governance (vgl. Altrichter et al., 2007) aus, wie beispielsweise in der Einführung von Bildungsstandards, der flächendeckenden Testung von Schülerleistungen (System Monitoring), der Einführung von Inspektoraten zur Prozesskontrolle von Schule und Unterricht, u.v.a.m. Insgesamt handelt es sich hier um Anforderungen an die Einzelschule wie aber auch an das Gesamtsystem (dies wird nicht immer berücksichtigt), die letztlich alle der Entwicklung von Schulqualität dienen sollen und sich dabei insbesondere auf die Verbesserung der Leistungen von Schülerinnen und Schülern im fachlichen und sozialen Bereich richten.

Angesichts der intendierten und z.T. bereits realisierten Maßnahmen innerhalb dieser neuen Schulgovernance ist die Frage nach Möglichkeiten und Strategien der Unterstützung für Schulen bislang noch zu wenig erörtert. Genau hier bietet das Projekt „Schulen im Team" ein spezifisches Angebot, um Schulen in Duisburg und in Essen bei der Bearbeitung der anstehenden Herausforderungen, insbesondere der Weiterentwicklung des Unterrichts zu unterstützen.

Die Konzeptionierung des Projekts fußt auf drei Prämissen:
1. Die Einzelschule wird als entscheidende Gestaltungseinheit aufgefasst (Fend, 1986; Rolff, 1993). Nur innerhalb der Einzelschule kann ein verbesserter Unterricht realisiert werden und nur innerhalb der Einzelschule können die Entwicklungen der einzelnen Schülerbiographien für die entsprechenden Zeiträume nachhaltig gefördert werden.
2. Damit einhergehend sind wir allerdings der Meinung, dass mit der 1. Annahme weder vorausgesetzt werden darf, dass alle Schulen in gleichem Umfang über Veränderungskapazitäten (capacity of change) verfügen, noch dass
3. auf eine gesamtsystemische Entwicklung verzichtet werden kann.

Unter Berücksichtigung dieser Annahmen erscheint es plausibel, dass durch einen systematischen Erfahrungsaustausch der Schulen im Kontext von Vernetzungsprozessen, womit ja auch die Zusammenführung einzelschulspezifischer Kompetenzen ermöglicht wird, sowie durch eine professionelle interschulische Bearbeitung von wesentlichen Teilaspekten einzelschulischer Entwicklung, die am Projekt beteiligten Schulen diesen Entwicklungsaufgaben besser begegnen können (vgl. Jäger, 2004; Prenzel et al., 2005). Die Vernetzung von Schulen soll dabei nicht zu einer Vereinheitlichung von Schulen führen, sondern Räume eröffnen, in denen Lösungsmöglichkeiten und Entwicklungswege gemeinsam reflektiert werden, um sie im Kontext der Einzelschule bedarfsgerecht zu erproben und später natürlich zu implementieren. Dabei gehen wir von der wissenschaftlich mittlerweile gut untermauerten These aus, dass durch inner- und interschulische Kooperation die Problemlösekapazität gesteigert und die Entwicklungsarbeit mittelfristig durch Synergien erleichtert wird (vgl. Terhart & Klieme, 2006). Die Systementwicklung ist im Projekt insofern mitberücksichtigt, als die Projektdurchführung in enger Kooperation sowohl mit verantwortlichen Personen der jeweiligen Schulträger, der zuständigen Schulaufsicht als auch dem MSW reflektiert und ausgestaltet wird. Konkret werden beispielsweise ab 2008 Kooperationsmöglichkeiten und Transferperspektiven für das Projekt mit den beiden regionalen Kompetenzteams[1] geprüft.

---

1   Kompetenzteams sind ein Ergebnis der in NRW getroffenen Entscheidung, die Lehrerfort- und -weiterbildung zu dezentralisieren. Sie werden von der zuständigen Schulaufsicht geleitet und bestehen aus zahlreichen Moderatoren für spezifische Bereiche der Schulentwicklung.

3.2 Projektziele

Die übergeordneten Projektziele können wie folgt formuliert werden: Förderung von Schulkooperationen, Unterrichtsentwicklung mit Fachbezug, Professionalisierung der Lehrkräfte, Erforschung der Netzwerkarbeit sowie der Transfer von Best-Practice-Beispielen.

Im Einzelnen lassen sich diese Zielbereiche dann thesenartig präzisieren:

1. Eine gezielte Vernetzung von Schulen in Form interschulischer Netzwerke, in denen gezielt an datengestützt erhobenen und intersubjektiv geprüften konkreten Entwicklungsbedarfen der Schulen gearbeitet wird, führt zu einer Verbesserung der fachlichen und/bzw. sozialen Leistungen von Schülerinnen und Schülern.
2. Allgemeinbildende Schulen verbessern ihre Innovationsfähigkeit durch die Vernetzung mit Schulen in einer eng begrenzten Region (Stadtteil).
3. Interschulisches Netzwerkwissen wird in die jeweiligen Einzelorganisationen flächendeckend (Jahrgang, Fachkonferenz, Organisation) transferiert. Dies gelingt durch die Nutzung der bereits vorhandenen bzw. im Verlauf des Projekts aufzubauenden innerschulischen Infrastruktur zur Qualitätsentwicklung.
4. Lehrkräfte treiben ihre eigene Professionalisierung mit Kolleginnen und Kollegen aus Nachbarschulen voran, indem sie gemeinsame Lernprozesse beispielsweise bei regelmäßigen Netzwerktreffen und gegenseitigen Hospitationen aktiv gestalten, reflektieren und die Umsetzung der Lernergebnisse evaluieren.
5. Die Zufriedenheit der Lehrkräfte steigt, weil in den Netzwerken erarbeitete Lösungen zu einer Qualitätsverbesserung der schulischen Arbeit führen.
6. Die interschulischen, regional begrenzten Netzwerke entwickeln eine nachhaltige Infrastruktur, die auch über das Ende des Projekts hinaus Bestand hat, indem sie sich sukzessive mit der Administration vernetzen, Prozesse und Erfolge dokumentieren und anderen Schulen in neuen Netzwerken zur Verfügung stellen.
7. Unter Rückgriff auf die Erfahrungen der Netzwerkakteure wird ein Manual zum Transfer der Projektergebnisse erstellt. Das Manual dokumentiert sowohl den Entstehungsprozess und die Organisation der Netzwerke, als auch die dort erarbeiteten Problemlösungen zur Verbesserung des Unterrichts.
8. Schülerinnen und Schüler erhalten verbesserte Lerngelegenheiten durch die in den Netzwerken entwickelten Strategien zur Unterrichtsverbesserung und können so ihre Kompetenzen nachhaltig verbessern.
9. Das Gesamtprojekt wird umfangreich evaluiert und auf seine Wirksamkeit hin überprüft. Die Ergebnisse werden in einem Abschlussbericht dargestellt und veröffentlicht, um so den Transfer der Projektinhalte zu gewährleisten.

3.3 Netzwerkstruktur, Projektverlauf und wissenschaftliche Begleitung

Die im Projekt „Schulen im Team" gewählte Form der Vernetzung basiert auch auf den in Kapitel 1 vorgestellten Erkenntnissen der sozialwissenschaftlichen und erziehungswissenschaftlichen Netzwerkforschung.

Im Einzelnen lassen sich die entstandenen Netzwerke wie folgt charakterisieren (zum Vernetzungsprozess vgl. Abs. 3.3):

• Die Schulen eint ein gemeinsames Interesse an der fachlichen Entwicklung des Unterrichts, wobei zunächst ein Fach gemeinsamer Ausgangspunkt der Entwicklung ist.

• Im Sinne der Adressierbarkeit hat jede Schule zwei Netzwerkkoordinatorinnen und Netzwerkkoordinatoren benannt, die für die Arbeit im Netzwerk und die Kommunikation dieser Arbeit innerhalb der sie entsendenden Einzelschule verantwortlich sind (vgl. Abb. 3).

• Die Netzwerke sind möglichst so konzipiert, dass Schulen in lokaler Nähe (Stadtteil, benachbarter Stadtteil) miteinander vernetzt sind, damit personale Anwesenheit im Netzwerk erleichtert wird.

• Als Mitglieder der gleichen Profession kann zudem eine gewisse Vertrautheit (zunächst vornehmlich in der Sache) angenommen werden. Das Vernetzungsprinzip „lokale Nähe" kann dieses Vertrauen zusätzlich stärken (im Sinne von Lokalpatriotismus). Zugleich birgt es die Gefahr, dass der vom Netzwerk selbst unabhängige Wettbewerb um Schülerinnen und Schüler negativ auf die Vertrauensbildung wirkt. Dies gilt vor allem bei Netzwerken, in denen Schulen gleicher Schulform eines Stadtteils miteinander kooperieren. Für die Startphase der Vernetzung spielte dieser Aspekt jedoch keine Rolle, wie die Befunde aus der Analyse von 40 Interviews mit den Netzwerkakteuren zeigen konnte (vgl. Manitius et al., 2008).

• Die Strategie des Projekts setzt des Weiteren auf die Selbstorganisationsfähigkeit der Netzwerke, so dass diese möglichst entsprechend ihrer Interessen und der durch die Einzelschulen in das Netzwerk eingespeisten Strukturen, Denk- und Erwartungsmuster operieren können.

• Elemente der Fremdorganisation werden durch die Projektleitung (hier ist zunächst offen, ob sie Teil der Netzwerke sein wird oder eher externe Adresse eines übergeordneten Gesamtnetzwerks, also des Gesamtprojekts) eingespeist. Dies erfolgt einerseits in Form von Fortbildungsveranstaltungen, die sich auf die Stärkung der Selbstorganisationsfähigkeit richten (vgl. Jäger & Reese in diesem Band) und zum anderen in Form der Mittelbeantragung, für die bestimmte Kriterien vorgesehen sind (vgl. Abs. 3.5).

Innerhalb der gebildeten Netzwerke arbeiten die von den Einzelschulen ernannten Netzwerkkoordinatorinnen und Netzwerkkoordinatoren gemeinsam an der Fokussierung von Arbeitsschwerpunkten, an der Zielfindung, an der Entwicklung von geeigneten Interventionen und eines geeigneten Konzeptes für den Transfer

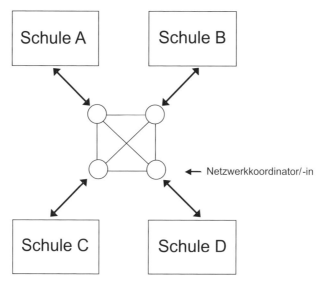

Abb. 3:   Beispiel für die formale Netzwerkstruktur im Projekt „Schulen im Team"

in die eigene Schule, wo es letztlich die Maßnahme zu erproben und zu bewerten gilt. Hierbei erfahren die Netzwerke zum einen finanzielle Unterstützung durch ein jährliches Netzwerkbudget von bis zu 20.000 Euro (vgl. Abs. 3.5) und werden zudem begleitend systematisch durch das Projektteam des Instituts für Schulentwicklungsforschung beraten, beispielsweise in der Auswahl einer geeigneten Fortbildung. Außerdem können die Beteiligten auf eine ständig mit aktuellen Informationen, Hinweisen und Materialdownloads eingespeiste Homepage zurückgreifen, in die ein Forum integriert ist, das ausschließlich für die Netzwerkbeteiligten einen geschützten Raum für den Austausch über die Grenzen des eigenen Netzwerks hinweg bietet.

Insgesamt zielt die Vernetzung im Projekt auf eine teilmoderierte bottom-up-Entwicklung der Schulen ab, die als eigenständige Organisationen aufgefasst werden und entsprechend über eigene Rationalitäts-, Erwartungs- und Deutungsmuster verfügen. Vor dem Hintergrund dieser Prämisse erscheint es bislang folgerichtig, die Netzwerkarbeit der Schulen nur durch eine minimale Regelungsdichte (z. B. durch die Mittelbeantragung) zu strukturieren. Die Strukturation (im Sinne von Giddens, 1997) der Netzwerke erfolgt vielmehr über die Strukturen der Schulen und die im Netzwerk strukturierend wirkenden Handlungen der Personen selbst. So liegt es vornehmlich an den Netzwerkakteuren selbst, inwieweit die Vernetzungsbemühungen im Verlauf des Projekts ausgeweitet werden.

Die Netzwerkaktivitäten sind über die Projektidee in einzelne Phasen der Projektdurchführung strukturiert: Die erste Phase beinhaltet die Bewerbung der interessierten Schulen sowie die datengestützte Zusammenstellung der Netzwerke (vgl. Abs. 3.4). Seitens der Projektleitung gilt es hier, die Vernetzung organisatorisch vorzubereiten, indem sie neben allgemeinen Informationsveranstaltungen auch die große Auftaktveranstaltung, welche die Bedeutung des Projektes veranschaulicht, plant. Innerhalb der nächsten Phase, der eigentlichen Startphase, beginnt die Vernetzung der Schulen und die erste Klärung von Arbeitsschwerpunkten in den Netzwerken und die Benennung der verfolgten Ziele (vgl. Kap. 4) findet statt. Hier steht die Projektleitung den Netzwerken wie auch in der nächsten Phase vorwiegend beratend, motivierend und gegebenenfalls moderierend zur Seite. Die dritte Phase kann als Arbeitsphase bezeichnet werden, da hier konkret an Innovationen und deren Umsetzungsmöglichkeiten gearbeitet wird. Daran anschließend erfolgt der Transfer in der vierten Phase, die fünfte Phase steht für die Ausweitung der Netzwerke nach Ende des Projekts. In dieser Phase wird die Einbeziehung der Projektpartner wie den Städten Duisburg und Essen besonders wichtig für die Überführung der Projektstrukturen in die Regionen: mithilfe gemeinsam entwickelter Unterstützungssysteme zur Betreuung können dann weiterhin innovative Lösungen aus der Praxis für die Praxis angeboten werden. Konkret mündet dieses Wissen dann in einem instruktivem Manual „Vernetzung". Es zeigt sich jedoch bereits jetzt, dass transfervorbereitende Elemente geplant und z.T. auch schon im Interesse eines funktionierenden Transfers umgesetzt werden müssen. Dies wird beispielsweise in einer aktuell beginnenden Kooperation mit den Kompetenzteams der Städte Duisburg und Essen sichtbar.

In diesen Projektverlauf lassen sich auch die Elemente der wissenschaftlichen Begleitforschung einordnen, welche als integraler Bestandteil der Projektidee zu verstehen sind. Die Evaluations- und Forschungsbemühungen richten sich dabei auf die Überprüfung der im Projekt definierten Zielbereiche, wobei sowohl quantitative als auch qualitative Verfahren genutzt werden. Die Evaluation des Projektes erfolgt über die Erhebung von Leistungsdaten der Schülerinnen und Schüler sowie über die Abfrage von Einschätzungsdaten von Lehrkräften (ganze Kollegien). Die Netzwerkkoordinatorinnen und Netzwerkkoordinatoren werden zudem im regelmäßigen Rhythmus über teilstrukturierte Interviews zur Netzwerkarbeit befragt und ergänzend werden qualitative Fallstudien in einzelnen Netzwerken sowie Dokumentenanalysen (z.B. Mittelantrag) durchgeführt. Mithilfe dieser erhobenen Datensets lassen sich die Projektziele evaluieren und Schlussfolgerungen formulieren, z.B. ob sich das Projekt als wegweisendes Programm im Bereich der Schulentwicklung für zukünftige Vernetzungsvorhaben etablieren konnte.

Die Grundlagenforschung fokussiert die Generierung von netzwerktheoretischen Erkenntnissen, um so beispielsweise die Ereignisse und Akteurswahrnehmungen näher zu untersuchen oder nach der Rolle des Netzwerkkoordinators und damit verbundenen möglichen Strategien und Entwicklungen zu fragen. Insgesamt können hier die Untersuchungen auf drei Ebenen rekurrieren: die Ebene Einzelschule (z.B. Paarvergleiche, Gelingensbedingungen von Transfer), die Netzwerkebene (z.B. Rolle Netzwerkkoordinator) und die Ebene Gesamtnetzwerk (z.B. Entwicklungsverlauf von Innovationen, gibt es einen Idealtypus, etc.).

Die einzelnen Zeitpunkte der wissenschaftlichen Erhebungen sind in nachstehender Tabelle 1 dokumentiert.

Tab. 1: Übersicht über die wissenschaftliche Begleitforschung im Projekt Schulen im Team 2007–2010

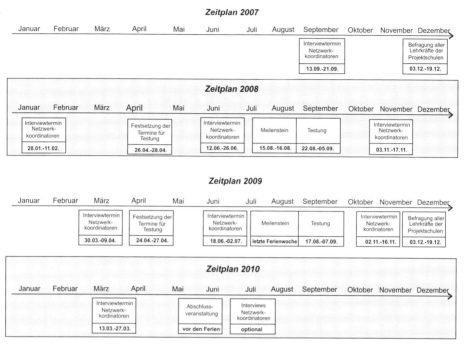

3.4 Informationsarbeit und systematische Vernetzung zu Beginn

Um das Projekt „Schulen im Team" nach seiner konzeptionellen Entwicklung sukzessive in der Öffentlichkeit bekannt zu machen, wurde es im Dezember 2006 einem breiteren Kreis der Schuladministration vorgestellt. Hierzu zählten die Vertreterinnen und Vertreter des Ministeriums für Schule und Weiterbildung (MSW) sowie Vertreter und Vertreterinnen der für die Projektdurchführung ausgewählten Städte Duisburg und Essen und der zuständigen Schulaufsicht. Im Nachklang dieser Veranstaltung wurden noch zwei weitere Projektpräsentationen in den ausgewählten Städten durchgeführt, damit die regionalen Vertreterinnen und Vertreter über das Projekt informiert werden konnten und so das Projekt als ergänzendes Element der bestehenden Schullandschaften Akzeptanz finden konnte.

Die vorgestellte Projektidee wurde insgesamt sehr positiv aufgenommen, was dazu führte, dass das Projekt in eben dieser Form allen interessierten Duisburger und Essener Schulen auf zwei weiteren Infoveranstaltungen vorgestellt wurde. Eingeladen wurden alle Essener und Duisburger Schulen mit einer Sekundarstufe I. Nicht zuletzt aufgrund dieser breit angelegten Informationspolitik (Anwesenheit vor Ort, postalische Einladung der Schulen) gingen bis zum Bewerbungsschluss am 30.03.2007 über 50 Bewerbungen beim Institut für Schulentwicklungsforschung ein.

Um sich für eine Teilnahme am Projekt bewerben zu können, mussten die interessierten Schulen einen ausführlichen Bewerbungsbogen ausfüllen, der neben

Fragen zum Schulprofil und zur -organisation, der Ausstattung etc. auch die Möglichkeit bereitstellte, Wünsche zu Arbeitsschwerpunkten und Kooperationspartnern anzugeben. Zudem wurden die Bewerber aufgefordert, möglichst realistische Einschätzungen bezüglich ihrer Stärken und Schwächen zu treffen, damit Entwicklungsbedarfe und -potentiale aber auch besondere Vorteile besser eingeschätzt und somit die Schulen besser gefördert werden können. So sollten die Schulen z. B. den wahrgenommenen Förderbedarf in den Unterrichtsfächern Mathematik, Naturwissenschaften, Deutsch und Fremdsprachen und den Förderbedarf der Sozialkompetenz anhand einer vierstufigen Antwortskala („trifft nicht zu" bis „trifft zu") bewerten, um den selbst wahrgenommenen Förderbedarf zu erfassen.

Aus ersten vorbereitenden Sitzungen ergab sich eine Nivellierung des Projektdesigns, die sich auf die Möglichkeit der Teilnahme von Grundschulen bezieht. Es wurde interessierten potenziellen Netzwerken, die zum Übergang Klasse 4/5 arbeiten wollen ermöglicht, gezielt Grundschulen anzusprechen und diese mit in das Netzwerk aufzunehmen.

Die erste projektgruppeninterne Auswahlsitzung der möglichen Netzwerke fand im April 2007 statt. Anhand der in den Bewerbungsbögen angegebenen Daten bezüglich möglicher Kooperationswünsche der verschiedenen Schulen wurde zu diesem Treffen eine Aufstellung vorbereitet, in welcher die Schulen nach eben diesen Wünschen in verschiedene Cluster eingeordnet wurden. Schulen, die keine Kooperationswünsche angegeben hatten, wurden pro Stadt jeweils in einem Restcluster aufgeführt.

Die Zusammenstellung der Netzwerke erfolgte daraufhin durch ein mehrstufiges Verfahren, in dem zuerst die Kooperationswünsche der Schulen (sofern möglich) berücksichtigt wurden. Der nächste Schritt der Netzwerkzusammenstellung richtete sich nach den gewünschten Arbeitsbereichen der Schulen und in einem weiteren Schritt wurde die räumliche Nähe der Schulen zueinander bedacht. Durch diese Vorgehensweise konnten zu diesem ersten Termin 10 vorläufige Netzwerke gebildet werden, die noch Möglichkeiten zur Veränderung offen ließen, um Meinungen der Vertreterinnen und Vertreter der Stiftung und der Städte einfließen zu lassen. Um dieses Vorhaben umsetzen zu können, wurden die ersten Vorschläge nebst einer Präsentation über die Bewerbersituation (deskriptive Daten aus den Bewerbungsbögen) in einer Sitzung mit den entsprechenden Vertreterinnen vorgestellt. Im Anschluss an diese Sitzung wurden 10 Netzwerke festgelegt und deren Vertreterinnen über ihre Aufnahme in das Projekt in Kenntnis gesetzt. Um die Schulen, welche nun miteinander vernetzt werden sollten, einander näher zu bringen, wurde an jedes Netzwerk ein Paket mit Kurzprofilen über ihre Netzwerkpartner zugesandt. Diese Profile enthielten neben allgemeinen Informationen wie z. B. den Adressen der Schulen auch den vorläufigen Arbeitsschwerpunkt (dieser leitete sich ja aus den Bewerbungsbögen ab) des Netzwerkes, einige Angaben zum selbst eingeschätzten Förderbedarf und den Rahmenbedingungen der Schulen sowie einen Index über bisherige Qualitätsentwicklungsunternehmungen, welche ebenfalls im Bewerbungsbogen aufgelistet werden konnten. Ein beispielhaftes Profil, so wie es die Schulen von sich und ihren Partnerschulen erhalten haben, ist in Abbildung 4 dargestellt.

Schulen im Team
Unterricht gemeinsam entwickeln

Schulprofil

Allgemeine Informationen der Schule

Name:	Max-Mustermann-Realschule
Adresse:	Monika-Muster-Straße 7
Schulform:	Realschule
Stadt:	Duisburg / Essen
Schulnummer:	1234567
Netzwerkpartner:	… Auflistung der entsprechenden Schulen
Netzwerkschwerpunkt:	Neue Ansätze im Mathematikunterricht, gemeinsame Entwicklung von Curriculumbausteinen
Netzwerkbetreuer:	ein Mitarbeiter des Projektteams „Schulen im Team"

Detaillierte Informationen der Schule

Standorttyp:	Typ 1
Index „materielle Rahmenbedingungen"[1]:	2,67
Zusätzlich passende Angebote zum Netzwerkschwerpunkt:	Mathematik: Hausaufgabenhilfe; Lernstudios; zusätzliche Unterrichtsstunden
Index zur Aktivität in der Qualitätsentwicklung[2]:	7,00
Förderbedarf im gewählten Schwerpunktbereich:	Mathematik: Trifft zu
Welche Unterstützung ist Ihres Erachtens nötig, um die Arbeit zu intensivieren?:	Lehrerfortbildung, Schüler-AGs, Ausstattung mit elektronischer Medien/Software
Bisherige Teilnahme an Projekten zur Förderung der Schulentwicklung:	Keine Angaben
Bisherige Teilnahme an Längerfristigen Fortbildungen:	Kooperatives Lernen, Kooperationsschulformfortbildung, Methodentraining
Wurde an Ihrer Schule bereits eine Schulinspektion bzw. Qualitätsanalyse durchgeführt?:	Nein

---

[1] Index materielle Rahmenbedingungen: Gebildeter Mittelwert aus den Angaben 10.1&10.3-10.7 (1= „Sehr schlecht", 2= „eher schlecht", 3= „eher gut", 4= „sehr gut")

[2] Index Qualitätsentwicklung: Max. 10 Punkte. Für jede angegebene Aktivität wurde ein Punkt vergeben und als Index aufaddiert

Abb. 4: Exemplarisches Schulprofil für „Schulen im Team"

Um einen Einblick in die Bewerbersituation zu erhalten, werden an dieser Stelle exemplarisch Ergebnisse zum wahrgenommenen Förderbedarf der Schulen und zu ihren bisherigen Bemühungen zur Qualitätsentwicklung dargestellt, die auch als Grundlage für die entsprechenden Angaben in den Schulprofilen dienten.

Bezüglich des wahrgenommenen Förderbedarfs bleibt zunächst festzuhalten, dass alle Bewerberschulen durchaus davon überzeugt sind, dass sie Bedarfe haben, die es zu beheben gilt (vgl. Abb. 5). Allein das Einreichen der Bewerbung stellt natürlich schon die Bewusstheit von Bedarfen dar, die in diesen Angaben noch einmal konkretisiert werden konnten.

Besonders auffällig ist, dass jede Bewerberschule Förderbedarf in Mathematik sieht, und dieser zudem am häufigsten wahrgenommen wird, was sich auch letztendlich in der großen Zahl an Netzwerken mit einem Arbeitsschwerpunkt in diesem Bereich widerspiegelt (vgl. Tab. 3).

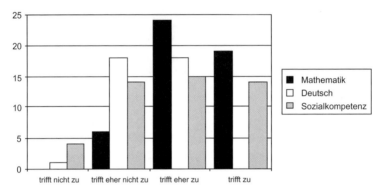

Abb. 5: Absolute Nennungen wahrgenommenen Förderbedarfs nach ausgewählten Fächern (N=51)

Generell zeigt sich, dass die Bewerberschulen ihre wahrgenommenen Schwächen kommunizieren. Keine der Bewerberschulen gibt an, in keinem Fach einen Förderbedarf zu sehen, wobei dies sowohl für Nennungen der Kategorie „trifft nicht zu" als auch der Kategorie „trifft eher nicht zu" gilt. Das bedeutet, jede Schule hat zumindest in einem Fach angegeben, Förderbedarf zu erkennen („trifft eher zu" und „trifft zu").

Die bisherigen Unternehmungen zur Qualitätsentwicklung zeigen ein gemischtes Bild bei den Bewerberschulen. Die Schulen hatten die Möglichkeit, anhand einer Auswahl die Aktivitäten anzukreuzen, die sie bisher umgesetzt haben oder umsetzen (vgl. Tab. 2) und zudem in einem Punkt „Sonstiges" weitere, nicht aufgelistete Aktivitäten anzugeben.

Tab. 2:   Bisherige Aktivitäten zur Qualitätsentwicklung

	Ja*	Nein*
Problemdiskussion & Verbesserungsvorschläge	96%	2%
Entwicklungsprioritäten gemeinsam vereinbaren	82%	10%
Erstellung Leitbild/Schulprofil	78%	12%
Erstellung vollständiges Schulprogramm	72%	18%
Einsatz standardisierter Leistungstests	50%	42%
Systematische Bestandsaufnahme	40%	50%
Festlegung von Leistungsstandards	30%	58%
Festlegung von Qualitätsindikatoren	14%	76%
Sonstiges	34%	14%

* Abweichungen der Prozentsumme von 100 ergeben sich durch Enthaltungen versch. Schulen auf einzelne Fragen

Anhand dieser Daten wurde ein Index zur Qualitätsentwicklung aufaddiert, welcher den Schulen auf dem Schulprofil (s.o.) zurück gemeldet wurde. Dieser Index gibt Auskunft darüber, wie aktiv die jeweilige Schule bislang bezüglich der Qualitätsentwicklung gewesen ist. Aufgrund der reinen Addition wird hier lediglich die Quantität der Entwicklungsvorhaben berichtet, eine Gewichtung bezüglich der Qualität wurde für diese erste Auswertung nicht vorgenommen. Aber auch in der Quantität zeigen sich deutliche Unterschiede. Maximal wurde ein Indexwert von 8 vergeben, das Minimum lag bei einem Punkt. Der Mittelwert liegt bei x;= 4,98, was bedeutet, dass an den Bewerberschulen bisher durchschnittlich etwas mehr als die Hälfte der Maßnahmen zur Qualitätsentwicklung durchgeführt wurden. Die Tabelle 2 zeigt die entsprechenden Aktivitäten nach Zustimmungshäufigkeit sortiert. Von nahezu allen Schulen (96%) werden somit Probleme und Vorschläge im Kollegium diskutiert, während 78% der Bewerberschulen angeben, ein Leitbild bzw. Schulprofil erstellt zu haben usw.

Insgesamt kann bilanziert werden, dass ein, wie in diesem Projekt durchgeführtes, breit angelegtes Bewerbungsverfahren positiv zu bewerten ist. Es ermöglicht eine gezielte Auswahl und Zusammenstellung der Schulen. Zudem liefern die zurückgemeldeten Schulprofile Anregungen zum Austausch bei einem ersten Aufeinandertreffen der Netzwerkakteure.

Auch das Auswahlprinzip über Wünsche, gemeinsame Ziele (Arbeitsschwerpunkte) und regionale Nähe haben sich bislang bewährt und sind zudem in Anlehnung an Grundlagen zu beginnenden Kooperationen (zur Übersicht vgl. Manitius et al., 2008) theoretisch abgesichert.

3.5 Möglichkeiten der Projektsteuerung durch Finanzierung

Sowohl Bildungspolitik und Bildungsadministration als auch die Erziehungswissenschaft diskutieren zunehmend über Möglichkeiten einer effektiven Steuerung des Gesamtsystems Schule mit dem Ziel, Bildungschancen zu verbessern, Unterrichtsqualität zu steigern und Kompetenzen von Schülerinnen und Schülern zu

stärken. Instrumente, die dabei als Erfolgsgaranten dienen sollen, sind beispielsweise Leistungsmessung von Schülerinnen und Schülern, die Inspektion von Schulen, Formulierung von Bildungsstandards, Einführung zentraler Abschlussprü-
fungen sowie Professionalisierung der Beschäftigten durch eine Neuordnung der
Lehrerausbildung und die Verbesserung von Unterstützungssystemen zur Lehrer-
weiterbildung.

Eine weitere Form der Steuerung wird in der politikwissenschaftlichen Diskussion (vgl. Görlitz & Burth, 1998) als Finanzierung bezeichnet. Hiermit sind Strategien gemeint, die „an das ökonomische Nutzen-/Kosten-Kalkül von Adressaten
appellieren. Den Adressaten wird unterstellt, dass sie sich ökonomisch rational und
eben deshalb auch programmgemäß verhalten" (ebd., 261). Diese Strategieaus-
richtung hat in den letzen beiden Dekaden zunehmend die öffentliche Verwaltung
erreicht und berührt damit zum Teil auch den Schulbereich. Unter dem Stichwort
des New Public Managements wird beispielsweise die Budgetierung als wesentliches Steuerungsinstrument diskutiert (vgl. Schedler & Proeller, 2003).

Im Folgenden soll exemplarisch ein System der Steuerung durch Finanzierung
vorgestellt werden, wie es im Schulentwicklungsprojekt „Schulen im Team" prak-
tiziert wird.

Jedes der zehn Netzwerke im Projekt kann pro Schuljahr über bis zu 20.000
Euro verfügen, wobei jährlich jeweils 10% dieses Budgets von der Projektleitung
für netzwerkübergreifende Angelegenheiten zurückgehalten werden. Innerhalb dieses Rahmens wurde beispielsweise im ersten Jahr (zu Projektbeginn) eine zweitä-
gige Fortbildung zum Thema Netzwerkmanagement organisiert und durchgeführt.
Im Falle, dass dieses Budget (20.000 Euro pro Jahr) nicht vollständig von der Projektleitung genutzt wird, fließt das Geld anteilig an die zehn Netzwerke zurück.
Die Entscheidungshoheit über die inhaltliche Verwendung dieses Budgets liegt
allein bei der Projektleitung, die sich die Verwendung allerdings formal durch die
Stiftung Mercator genehmigen lässt.

Das verbleibende Geld (zunächst 18.000 Euro pro Jahr) wird durch die Projektleitung verwaltet und kann von den Netzwerken in Form von drei Antragsvarianten
abgerufen werden, welche im Folgenden näher erläutert werden:

1. *Auslagenrechnungen:* Hier wird den Netzwerken die Möglichkeit eingeräumt,
   kleinere Beschaffungen ex post bei der Projektleitung einzureichen. Diese prüft
   die Auslagen und veranlasst die Erstattung des Geldbetrags bei projektspezifischen Ausgaben, also solchen, die zur Förderung der in den Netzwerken formulierten Arbeitsschwerpunkten dienen.

2. Antrag für *Kleinstanschaffungen:* Diese Antragform ist als Vereinfachung des
   vormals einzigen Verfahrens der Mittelbeantragung (siehe 3.) entstanden. Sie
   ist dazu vorgesehen, Anschaffungen zu beantragen, die an sich noch keinen
   projektförmigen Charakter aufweisen. Eine Anschaffung besitzt dann projektförmigen Charakter, wenn mit ihr umfangreichere Planungsaktivitäten im Sinne
   des Projektmanagements (vgl. Jäger & Reese in diesem Band) verbunden sind.
   Kleinstanschaffungen sind entsprechend Anschaffungen, die späteren große
   Mittelbeantragungen vorangehen, sie dienen entsprechend zur Information und
   Vorbereitung der Beteiligten.

3. *Mittelbeantragung:* Diese Form der Beantragung kann als eigentliches Herzstück der Projektsteuerung durch Finanzierung betrachtet werden, weil mit dieser Form vier zentrale Funktionen verbunden sind:
- Projektcontrolling
- Beratung
- Netzwerkmanagement
- Reflexionsanlass

Betrachtet man die dargestellten Anforderungen an die Mittelbeantragung wird schnell deutlich, dass vor allem die Funktionen b–d zentral für die Steuerung durch Finanzierung sind. Eine Mittelbeantragung enthält wesentliche Aspekte des Projektmanagements, wie Zeitplanung, Zuschreibung von Verantwortlichkeiten, Evaluationskonzept und Transferansatz. Als ein Beispiel für die ersten eingereichten Anträge zur Mittelfreigabe wird folgender erster Antrag eines der Netzwerke im Projekt vorgestellt:

Mittelbeantragung des Netzwerks X im Projekt „Schulen im Team"

a) **Netzwerkname:**   **Netzwerk X „XX"**

b) **Antragsdatum:**   27.11.2007

c) **Netzwerkbetreuerin IFS:**   XX

d) **Ansprechpartner des Netzwerks:**   XX

e) **Kurzbeschreibung des Vorhabens:**
- Anschaffung von Materialien zum Messen von Größen und zur Veranschaulichung von Flächen und Körpern
- Fortbildungsmaßnahme für Mathematiklehrer und Netzwerkkoordinatoren zum Thema „Mathematik zum Anfassen" – „Mathematik begreifen" im Mathematikum Gießen

f) **Antragsvolumen:**   lt. Anlage ca. 11.900 €

1. Beschreibung der Maßnahme:

a) Gegenstand der Maßnahme:
- Anschaffung von Materialien zur Veranschaulichung von Flächen und Körpern.
- Anschaffung von Messinstrumenten zur Bestimmung von Zeit, Längen, Gewichten, Flächen und Rauminhalten.
- Lehrerfortbildung im Mathematikum Gießen

b) Ziele der Maßnahme:
Wir, die Schulen des Netzwerks XX, möchten die Inhalte des Mathematikunterrichts in den Jahrgangsstufen 5 und 6 für die Schüler begreifbarer machen.

Mit Hilfe anschaulicher Materialien sollen die Inhalte „Größen" und damit zusammenhängend „Flächen" und „Körper" in Alltagssituationen erkundet werden. Anfassbare Modelle sollen einen besseren Zugang zum Thema ermöglichen.

Nach unabhängigen Beobachtungen aller Schulen unseres Netzwerkes werden die Grundbegriffe im Zusammenhang mit Größen bei unseren Schülern nur rudimentär beherrscht. Der Bezug zu Alltagssituationen fehlt weitgehend. Mit Hilfe der anzuschaffenden Materialien sollen diese Bezüge zur Alltagswelt hergestellt werden. Messungen sollen mit verschiedenen Instrumenten durchgeführt werden.

An und mit den Modellen kann geschätzt, geknobelt und experimentiert werden. Mathematik soll sich damit vom abstrakten Umgang mit Zahlen und Formeln zum lebendigen Bestandteil unseres Lebens wandeln. Mit den hier gesammelten Erfahrungen können später auch Abstraktionen erzielt werden.

c) Alternativen zur gewählten Maßnahme:
Alternativen zur tatsächlich durchgeführten Messung sind in theoretischen Betrachtungen von Größen, Flächen und Körpern zu sehen, die jedoch die Alltagsbezüge vernachlässigen und somit keine direkte Verbindung zur Welt der Schüler zulassen. Um den Schülern einen Zugang zum „Lernen durch Anfassen" zu ermöglichen, gibt es keine Alternativen zum Messen und Begreifen.

Eine Alternative zum Besuch des Mathematikums in Gießen stellt die Ausstellung „mathematik be-greifen" (7. November 2007 bis 1. Februar 2008 im Museum für Antike Schifffahrt in Mainz) dar, die jedoch noch weiter von Duisburg entfernt ist und sich im Wesentlichen an das Vorbild „Mathematikum" in Gießen anlehnt.

d) Auswahlprozess:
Die anzuschaffenden Messinstrumente und Materialien wurden aus einer Vielzahl von Angeboten verschiedener Verlage (Arnulf Betzold, Wiemann Lehrmittel, Lehrmittel-Service H. Späth, SCHUBI) nach intensiven Beratungen im Kreis der Netzwerkkoordinatoren und der beteiligten Mathematik-Fachkonferenzen auf der Basis von Einsetzbarkeit und Preis-Leistungs-Verhältnissen ausgewählt.

Einige Produkte werden wegen günstigerer Bezugspreise direkt bei Haushaltswaren-Geschäften bzw. Discountern besorgt.

e) Didaktische Begründung der Maßnahme:
Es bedarf unterschiedlicher Zugänge zum Mathematikunterricht. Die Beschränkung auf eine lediglich verbale Begriffsbildung ist im Hinblick auf eine zunehmende Zahl von Schülern aus Familien mit Migrationshintergrund immer weniger geeignet, Mathematik zu „verstehen". Es bedarf einer Mathematik zum Anfassen, um mathematische Zusammenhänge zu begreifen. Hierzu sollen Materialien, die zum Handeln auffordern, bereitgestellt werden. Mathematik soll im Alltag sichtbar gemacht werden, die Erfahrungswelt einbezogen und Freude beim Umgang mit mathematischen Problemen geweckt werden. Modelle und begreifbare Materialien unterstützen das Lernen der Schüler, indem sie das Vorstellungsvermögen einer dreidimensionalen Mathematik verbessern. Durch die Vielzahl unterschiedlicher Materialien kann jeder Schüler selbst arbeiten und Erfahrungen sammeln. Es können unterschiedliche Arbeitsweisen und Lernerfahrungen (offener und differenzierender Unterricht) zugelassen werden. Ganz im Sinne einer alten chinesischen Weisheit „Ich höre und ich vergesse. Ich sehe und ich erinnere mich. Ich tue und ich verstehe." (Konfuzius ca. 500 v. Chr.), fühlen wir uns den didaktischen Ansätzen vieler namhafter Mathematikwissenschaftler, die vom Ansatz her eine „Mathematik zum Anfassen" als Grundlage für ein „Mathematik-Verstehen" fordern, verpflichtet.

„Den Aufgaben und Zielen des Mathematikunterrichts wird in besonderem Maße eine Konzeption gerecht, in der das Mathematiklernen als ein konstruktiver entdeckender Prozess aufgefasst wird. Der Unterricht muss daher so gestaltet werden, dass die Kinder möglichst viele Gelegenheiten zum Selbsttätigen Lernen in allen Phasen eines Lernprozesses erhalten… Die Aufgabe des Lehrers besteht darin, herausfordernde Anlässe zu finden und anzubieten, ergiebige Arbeitsmittel und produktive Übungsformen bereit zu stellen und vor allem eine Kommunikation aufzubauen und zu erhalten, die dem Lernen aller Kinder förderlich ist" (Heinrich Winter, 1985 zitiert nach Günter Schmidt: „Mathematik zum Anfassen" im alltäglichen Mathematikunterricht, Mathematikunterricht 4 – 2006). Vgl. auch Beutelspacher in diversen Kolumnen in Bilder der Wissenschaft.

f) Wen erreicht die Maßnahme? Wer wird beteiligt?

Mit den anzuschaffenden Materialien werden schwerpunktmäßig die Schüler der Jahrgangsstufen 5 und 6 in Einführung, Festigung, Übung und Begriffsbildung der mit „Größen" zusammenhängenden Begriffe angesprochen. Eingebunden in die Erarbeitung von Unterrichtsbausteinen und deren Umsetzung sind Mathematikkollegen der Jahrgangsstufen 5 und 6 und interessierte Kollegen anderer Jahrgangsstufen, die die Materialien für Anwendungen in höheren Jahrgangsstufen nutzen können (Waage für den Umgang mit Gleichungen, Magnetbaukästen zur Erarbeitung geometrische Zusammenhänge etc.)

g) Transfermöglichkeiten im Kollegium bzw. zwischen den Netzwerken:

Der Transfer erfolgt im Kollegium über die Fachkonferenzen Mathematik. Hier findet eine regelmäßige Information über die Netzwerktreffen statt, Rückmeldungen werden eingeholt und an die Netzwerkkoordinatoren der anderen Schulen weitergeleitet. An jeder Schule wurden Arbeitsgruppen, bestehend aus Netzwerkkoordinatoren und Fachkollegen aus den Klassen 5 und 6 gebildet, die Unterrichtsbausteine entwerfen, erproben und über Erfahrungen mit den Bausteinen Rückmeldungen geben. Diese gelangen über die Koordinatoren in die Netzwerktreffen. Die Koordinatoren sind per E-Mail ständig untereinander verbunden und tauschen regelmäßig Informationen aus.

Die Fortbildung zum Thema „Mathematik zum Anfassen" im Mathematikum Gießen wird ebenfalls über die Fachkonferenzen in die Fachschaften der Schulen transferiert. Zahlreiche Bücher, Kataloge und Spiele wurden von den Kollegen in Gießen gekauft und werden den anderen Fachkollegen in Pausen, Freistunden und auf Fachkonferenzen präsentiert und erläutert.

Die Unterrichtsbausteine werden nach Anschaffung der notwendigen Materialien von den meisten Kollegen der Jahrgangsstufe 5 eingesetzt, die Unterrichtsvorhaben dazu werden koordiniert (gemeinsam entwickelt, durchgeführt und reflektiert) und es werden regelmäßige Treffen der beteiligten Kollegen durchgeführt. Die erarbeiteten Unterrichtsmaterialien, Klassenarbeiten bzw. Lernzielkontrollen werden durch einen Koordinator gesammelt, gesichtet und den beteiligten Netzwerkschulen umgehend zugänglich gemacht.

Nach Abschluss der Unterrichtsreihe in Klasse 5 sollen die verwendeten Methoden und Medien kritisch reflektiert und motivierende Erfahrungen in der Fachkonferenz erläutert werden, so dass im kommenden Jahrgang 5 ein möglichst flächendeckender Einsatz der Unterrichtsbausteine erfolgen kann.

Die Fachkonferenzen beschließen eine obligatorische Nutzung der Materialien bei der Einführung von Größen in der Jahrgangsstufe 5 ab dem Schuljahr 2008/09. Ein erster, zeitnaher Einsatz ist in Teilen der Jahrgangsstufe 5 vorgesehen, um eine erste Evaluation vornehmen zu können.

h) Woran wird der Erfolg der Maßnahme gemessen?

Durch die Arbeit mit speziellen Messinstrumenten erlangen die Schüler ein besseres Verständnis für Größen. Größen werden genauer zugeordnet. Fachbegriffe werden fachrichtig genutzt. Auch ähnliche Körper oder Flächen können unterschieden werden. Es erfolgt eine sachgerechte Anwendung der Größenbegriffe. Umrechnungen von einer Einheit in eine andere gelingen aufgrund gemachter Erfahrungen besser.

(Ein Eingangstest zu Beginn des Schuljahres 2008/09 und Diagnosetest zum Vergleich mit der Ausgangslage erfolgt Mitte des 2. Schulhalbjahres (März bis Mai 2009).)

Zu Beginn des Schuljahres 2008/09 werden inhalts- und prozessbezogene Kompetenzen im Sinne der Kernlehrpläne im Fach Mathematik ermittelt. Als Instrument dient die Diagnose 5 der Fachberatung Mathematik Online (FaMa Online). Ein Vergleich mit der Ausgangslage erfolgt Mitte des 2. Schulhalbjahres (März bis Mai 2009). Hierfür wird ein weiterer Test erstellt.

i)   Instrumente der Evaluation:
Um den Lernfortschritt der Schüler im Vergleich zum Eingangstest (durchgeführt zu Beginn des Schuljahres 2007/2008) zu erfassen, muss noch ein Diagnosebogen entworfen bzw. aus getesteten Aufgaben zusammengestellt werden. Die Unterstützung durch das IFS ist zugesagt worden.

Im der ersten Erprobungsphase in diesem Schuljahr sollen die Unterrichtsbausteine auf ihre Praktikabilität überprüft und geeignete Rahmenbedingungen für einen erfolgreichen Einsatz gefunden werden. (Vgl hierzu auch h) Erfolg der Maßnahme).

2.   Projektmanagement:

a)   Zeitplan
*   Anschaffung der Materialien im November/Dezember 2007 (Magnetbaukästen im Oktober 2007 wegen eines günstigen Angebotes)
*   Erarbeitung von Unterrichtsbausteinen zum Thema Größen von September bis Januar 2008
*   Einsatz des Materials und der Unterrichtsbausteine in den 5. Klassen der Netzwerkschulen von Januar bis März 2008
*   Analyse der Rahmenbedingungen für den Einsatz der Unterrichtbausteine und Verbesserungen an den Unterrichtbausteinen (April bis Juni 2008)
*   Eingangstest der 5er Klassen (August 2008)
*   Einsatz der Unterrichtsbausteine in den Klassen 5 der Netzwerkschulen (November 2008 bis Januar 2009)
*   Testung der beteiligten Schüler zur Überprüfung des Lernerfolgs (Mai bis Juni 2009)

b)   Ressourcen des Projektes
Alle Netzwerkkoordinatoren sind für die Entwicklung der Unterrichtsbausteine, die Information der Fachkollegen und den Transfer an ihrer Schule verantwortlich. Die Materialauswahl erfolgt durch die Koordinatoren in Abstimmung mit den Arbeitskreisen an den Schulen. Die Bereitstellung der Materialien erfolgt möglichst in einem separaten Raum (Fachraum/Lernwerkstatt Mathematik) an jeder Netzwerkschule. Ein Austausch der Medien wird über die Netzwerkkoordinatoren ermöglicht.

c)   Verantwortlichkeiten
Die Verwaltung der Medien erfolgt über vier Materialpools (jeweils ein Pool an jeder Schule), aus dem auch die anderen Netzwerkschulen Lehrmittel für Unterrichtsvorhaben ausleihen können. Jede Schule bestimmt einen Verantwortlichen, der die Nutzung koordiniert.

d)   Risikoanalyse
Verschiedene Unterrichtsveranstaltungen, die des angeschafften Materials bedürfen, können innerhalb einer Schule bzw. innerhalb des Netzwerkes zeitlich kollidieren. Dies macht Absprachen notwendig. Einzelne Kollegen könnten sich nicht an Absprachen und Beschlüsse der Fachkonferenzen halten. Hier sollen die Fachkonferenzen beobachten und ggf. durch regelmäßiges Zusammenarbeiten von Fachkollegen gegensteuern.

e)   Ressourcen des Gesamtprojektes
Neben ausführlichen Beratungen innerhalb des Netzwerkes, haben wir uns durch das IFS und durch Gespräche mit Prof. Dr. Albrecht Beutelspacher (Mathematikum Gießen) beraten lassen. Dieser steht nach eigener Aussage auch in Zukunft für eine produktive Begleitung unseres Projektes zur Verfügung.

Das Verfahren der Mittelbeantragung ist dabei nicht mit der Genehmigung der Mittel beendet. Erst mit der Einreichung eines Kurzberichts, in dem über die realisierten Projektschritte Auskunft gegeben wird, kann das Verfahren als abgeschlossen angesehen werden. Diese Form der Rechenschaftslegung ist zentral für die Auseinandersetzung mit der Mittelbeantragung und zugleich Voraussetzung für einen erneuten oder weiterführenden Antrag. Eine Ausnahme von dieser Regelung wird gemacht, wenn das Projekt durch neu aktivierte Kolleginnen und Kollegen auf eine breitere Basis gestellt werden soll oder der Erfolg der zunächst beantragten Maßnahme durch eine zusätzliche Maßnahme, die im Vorfeld nicht erkennbar gewesen ist, gesichert werden muss.

Insgesamt folgt die Finanzierungsstrategie im Projekt „Schulen im Team" drei Prämissen:
1. Weder ein Netzwerk noch eine Einzelschule verfügt unmittelbar über das Netzwerkbudget.
2. Es werden nur solche Anträge genehmigt, die vom gesamten Netzwerk unterstützt werden und einen erkennbaren gemeinsamen Entwicklungsschwerpunkt und -prozess vorweisen können.
3. Die Anträge müssen den vom Netzwerk bearbeiteten Schwerpunkt und somit die Ziele des Projektes erkennbar fördern.

Aus diesen Anforderungen ergeben sich notwendigerweise Arbeitsprozesse innerhalb des Netzwerks wie auch zwischen Netzwerk und Projektleitung, die als günstig angenommen werden, da sie sowohl Aspekte des Netzwerkmanagements, der Beratung sowie der Selbstreflexion bedingen.

Die Verfolgung eines gemeinsamen Entwicklungsziels kann grundsätzlich in zwei Varianten geschehen: Zum einen können sich die Schulen eines Netzwerks dazu entscheiden, gemeinsam eine Fortbildung zu einem bestimmten Thema zu besuchen; geeignetes Unterrichtsmaterial anzuschaffen; für einen kurzen Zeitraum Personal einzustellen, um systematische Hospitationen zu ermöglichen, etc. In dieser Variante findet von Beginn an eine gemeinsame Entwicklungsarbeit statt, in der unterschiedliche Erfahrungen in ein gemeinsames Vorhaben eingespeist werden und im Anschluss für die je unterschiedlichen Schulrealitäten angepasst und genutzt werden. Dies ist die im Projekt favorisierte Arbeitsform.

Zum anderen besteht für ein Netzwerk die Möglichkeit, dass sich die Einzelschulen oder Subgruppen aus dem Netzwerk dazu entschließen, zunächst getrennt voneinander unterschiedliche Strategien zur Erreichung des gemeinsamen Ziels zu erproben. Diese Variante wird aber nur dann gefördert, wenn ein überzeugendes Transferkonzept im Antrag enthalten ist, so dass deutlich wird, dass nach einer getrennt gestalteten Arbeitsphase zu Beginn, ein intensiver Austausch sowie die Erprobung der in den jeweiligen Einzelschulen erstellten Strategien erfolgt.

Im Rahmen des Projekts sind solche Anträge nicht förderungswürdig, die lediglich einzelschulische Interessen verfolgen, nur einem Teil des Netzwerks nützlich sind oder nicht in erkennbarer Verbindung zum festgelegten Arbeitsschwerpunkt stehen. Problematisch – wenngleich verständlich – sind Anträge, die darauf abzielen, Leistungen, die eigentlich durch den jeweiligen Schulträger zu erbringen wären, zu beantragen. Solche Anträge werden lediglich dann gewährt, wenn der Anschaffungsgegenstand für den gemeinsamen Entwicklungsprozess im Netzwerk unabdingbar ist.

Schließlich gilt für alle Mittelbeantragungen, dass sie dem Konsensprinzip unterliegen, also von allen Netzwerkbeteiligten unterstützt werden.

Für die Projektleitung sind die Mittelbeantragungen in zweierlei Hinsicht hoch relevant. Zum einen erhält sie hierüber einen detaillierten Einblick in die Vorhaben der einzelnen Netzwerke und zum anderen hat sie die Möglichkeit, durch Beratung und in Einzelfällen womöglich auch Intervention durch Nichtgenehmigung eines Antrags auf die Zielverfolgung im Projekt Einfluss zu nehmen. Entscheidend ist hierbei aber der erstbenannte Aspekt. Der Einblick in die konkreten Arbeitsvorhaben ist für die Leitung eines Projekts dieser Größe nicht leicht, für eine zielführende Leitung jedoch notwendig. Daher ist es sinnvoll, strukturelle Vorkehrungen zu etablieren, die einen solchen Einblick notwendig machen. Dies geschieht durch das Verfahren der Mittelbeantragung sowie durch im Kontext der wissenschaftlichen Begleitforschung alle drei-vier Monate anberaumten Interviews mit einem der Netzwerkkoordinatoren je Schule (vgl. Teil D, Berkemeyer et al. in diesem Band).

Darüber hinaus ist es der Projektleitung durch das Verfahren der Mittelbeantragung möglich, Rechenschaft gegenüber dem Auftraggeber (Stiftung Mercator) abzulegen. Dies erscheint bei einem Fördervolumen von insgesamt ca. 1,2 Mio. Euro als plausibel und erforderlich.

3.6 Resümee

„Schulen im Team" ist ganz sicherlich ein hoch interessantes, innovatives und ambitioniertes Reform- und Entwicklungsprogramm, mit dem die berechtigte Hoffnung verbunden ist, erfolgreich die Qualität von Unterricht zu verbessern. Dies liegt nicht nur an einer hervorragenden Ausstattung des Projekts, sondern auch an der gelungenen ersten Vernetzungsphase der Schulen, die sich bisher als überaus engagierte und kompetente Partner erwiesen haben. Natürlich sind solche Aussagen aus Sicht des Projektteams erwartbar. Um unsere Einschätzungen, Erwartungen und Beurteilungen zum Projekt abschließend zu bündeln, sollen sechs zentrale Thesen eines international anerkannten Bildungsreformforschers als Reflexionsfolie für das Projekt herangezogen werden, um so unsere bisherigen Einschätzungen zu objektivieren (vgl. nachfolgend Levin, 1994, 194).

1. Ziele sollten moderat sein. Das Versprechen, Großes in kurzer Zeit zu vollbringen, führt zumeist nur zu großen Enttäuschungen.
2. Das Design von Reformprogrammen sollte auf sich verändernde soziale Kontexte eingehen.
3. Ziele sollten sich auf diejenigen Aspekte von Schule richten, von denen eine Verbesserung des Schülerlernens zu erwarten ist.

4. Um dauerhafte Wirkungen zu erzielen, benötigen Reformen behutsame und umfassende, den Nutzen der Reform unterstützende Prozesse.
5. Reformprogramme sollten sich als Gelegenheiten zum Lernen verstehen.
6. Forschung und Evidenz sollten eine wichtige Rolle im Reformprozess spielen.

Zu 1) „Schulen im Team" hat sicherlich eine Reihe ambitionierter Ziele als Gesamtprojekt. Entscheidend ist jedoch, dass die konkreten Ziele innerhalb des vom Projekt vorgezeichneten Rahmens von den Schulen aus ihrer Bedarfslage heraus formuliert werden (siehe hierzu ausführlich Abs. 4).

Zu 2) Es ist zu Beginn dieses Abschnitts dargestellt worden, dass sich „Schulen im Team" auch als Projekt versteht, was spezifisch auf eine sich neu gestaltende Schulgovernance reagiert.

Zu 3) „Schulen im Team" setzt die Priorität eindeutig auf die Verbesserung des Fachunterrichts und somit auf die Verbesserungen der Lernbedingungen und der Lernmöglichkeiten der Schülerinnen und Schüler.

Zu 4) Das Projekt wird in Bezug auf Nachhaltigkeit einerseits frühzeitig Transfermöglichkeiten genauso wie die Einbindung bereits institutionalisiereter Partner (z.B. Kompetenzteams) prüfen und andererseits selbst durch die Dokumentation der Prozesse Materialien für eine nachhaltige Verbreiterung des Ansatzes entwickeln und bereitstellen. Hierzu zählen ein Manual Vernetzung genauso wie eine Sammlung und Kommentierung der einzelnen Entwicklungsvorhaben.

Zu 5) „Schulen im Team" setzt von Beginn an auf Lernprozesse. Dies wird allein daran ersichtlich, dass auf standardisierte Interventionsprogramme, die „nur" angewendet werden müssen, verzichtet wird. Dabei finden Lernprozesse auf allen Projektebenen statt, also auch die Projektleitung versteht sich als „Lerner". Dies ist für die zu erstellenden Produkte (vgl. 4.) notwendige Voraussetzung.

Zu 6) Die Rolle des IFS als Berater und Begleitforscher begünstigt die Einbindung von Forschungsergebnissen in den Prozess. Die Interviews mit den Koordinatoren (vgl. in Teil D Berkemeyer et al.) sind hierfür ein Beispiel. Aber auch die Nutzung bereits bestehender Forschungen und daraus ableitbarer Entscheidungen (Evidenz) wird im Projekt in besonderer Weise bei der Beantragung der Mittel berücksichtigt, da hierbei die Berücksichtigung fachdidaktischer Forschung genauso obligatorisch ist, wie die eigenständige Überprüfung der angestrebten Entwicklungsprozesse.

Die Überprüfung des Projekts „Schulen im Team" anhand der sechs Qualitätsmerkmale von Schulreformprojekten hat gezeigt, dass „Schulen im Team" wesentliche Merkmale erfolgreicher Projekte berücksichtigt. Wir dürfen also auf die kommenden Ergebnisse gespannt sein.

4.   Die Auftaktveranstaltung – Projektbeginn und erste Zwischenbilanz zugleich

Für den offiziellen Start des Projektes „Schulen im Team" wurde ein halbes Jahr nach der Projektausschreibung eine Auftaktveranstaltung in der in Duisburg neu errichteten Mercatorhalle durchgeführt. Zu diesem Zeitpunkt war bereits die endgültige Netzwerkkonstituierung abgeschlossen, die Netzwerkkoordinatorinnen und Netzwerkkoordinatoren waren benannt, eine erste gemeinsame Fortbildung zu Fragen des Projektmanagements hatte schon stattgefunden mit allen Projektbeteiligten (vgl. Jäger & Reese in diesem Band) und mindestens einmal haben sich die Netzwerke für den ersten Austausch, das gegenseitige Kennenlernen und die ersten Zielkonkretisierungen bereits getroffen. Das weist auf eine Besonderheit des Projektes hin: Die Netzwerkschulen konnten bereits zum offiziellen Projektstart eine erste Zwischenbilanz ziehen und entsprechend eine Ergebnissicherung der gemeinsamen Arbeit über die auf der Veranstaltung vorgestellten Netzwerkplakate präsentieren (vgl. Abs. 4.2).

Die gemeinsam vom Projektträger (Stiftung Mercator) und dem projektdurchführenden Forschungsinstitut (Institut für Schulentwicklungsforschung) ausgerichtete Veranstaltung richtete sich in erster Linie an die beteiligten Netzwerkschulen, deren Netzwerkkoordinatorinnen und Netzwerkkoordinatoren und Schulleitungen. Eingeladen wurden zudem auch Projektpartner wie die Stadtvertretungen aus Duisburg und Essen, der Projektbeirat, Experten aus der Wissenschaft, Praxis und Administration. Ebenso wurde das Projekt im Rahmen dieser Veranstaltung über die Pressevertretungen einer breiteren Öffentlichkeit zugänglich gemacht. Das Programm dieser Veranstaltung beinhaltete neben Grußworten von den Projektverantwortlichen und der Ministerin für Schule und Weiterbildung in NRW eine Vorstellung der Netzwerke im Rahmen einer Galerie sowie die offizielle Urkundenübergabe als Dokumentation der Projektteilnahme. Zusätzlich bot eine Podiumsdiskussion Einblicke in Erfahrungen mit Netzwerkarbeit aus unterschiedlichen Perspektiven.

4.1 Funktion

Mit der Durchführung dieser Veranstaltung als offiziellen Projektauftakt werden drei zentrale Funktionen sicher gestellt: 1. Im Rahmen dieses offiziellen Projektstarts wurden die Schulen nun auch symbolisch in das Projekt aufgenommen und die Bedeutsamkeit des Projektvorhabens durch die Öffnung für eine größere Öffentlichkeit (Medienvertretungen) unterstrichen. Dies verweist auf die *motivationale* Unterstützungsleistung einer solch feierlichen Veranstaltung, die sich auch in der offiziellen Urkundenübergabe an die beteiligten Netzwerkschulen durch die Ministerin für Schule und Weiterbildung NRW ausdrückt. 2. Im Sinne eines Austauschbasars bietet ein solcher Rahmen zudem die Möglichkeit, sich kennen zu lernen und zwar über das eigene Netzwerk hinaus, was *Austauschprozesse,* die auf eine inhaltliche Fokussierung der Entwicklungsvorhaben und die Zielfindung ausgerichtet sind, fördert. Gleichzeitig werden die relevanten Vertretungen der Projektbeteiligten und -verantwortlichen (Stiftung, Ministerium, IFS, Beiratsmitglieder, Städtevertretungen) näher kennen gelernt und Kontaktmöglichkeiten mit potenziellen wichtigen Projektpartnern geschaffen. 3. Insbesondere die durchgeführte Podiumsdiskussion mit erfahrenen Netzwerkern und Experten (vgl. Abs. 4.4) kann den Teilnehmenden außerdem zusätzliche *Informationen* und Impulse für die eigenen Vorhaben bieten.

Insgesamt betont eine festliche Veranstaltung zu Projektbeginn die Projektbedeutung auch über die Grenzen der einzelnen Schulen hinaus und bildet symbolisch eine allgemeine „Aufbruchsstimmung" ab.

Urkundenübergabe zur Projektteilnahme durch die Ministerin Barbara Sommer an die Netzwerkschulen

4.2 Ziele der Schulen

Die 10 Netzwerke im Projekt „Schulen im Team" setzen sich aus insgesamt 40 Schulen der Städte Duisburg und Essen zusammen (vgl. Tab. 3):

Tabelle 3:   Übersicht über die Netzwerke im Projekt „Schulen im Team"

Netz-werknr.	Netzwerkname	Schulnamen	Netzwerkarbeits-schwerpunkt
1	SALVE: Selbstständig Arbeiten Lese-kompetenz VErbessern	- Fridtjof-Nansen-Realschule - Gemeinschaftsgrundschule Vennbruchstraße - Gesamtschule Walsum	Übergang Grundschule zur weiterführenden Schule, Schwerpunkt Leseförderung
2	MAMI: Mathematik MIteinander	- Gesamtschule Duisburg-Meiderich - Gustav-Stresemann-Realschule - Heinrich-Böll-Schule - Max-Planck-Gymnasium	Dynamische Geometrie im Mathematikunterricht 7.-9. Jahrgang
3	KO OP[5]	- Elly-Heuss-Knapp-Gymnasium - Gesamtschule Neumühl - Gottfried-Wilhelm-Leibniz-Gesamtschule - Herbert-Grillo-Gesamtschule - Theodor-König-Gesamtschule	Förderung kooperativer, fachbezogener Lernformen 5. Jahrgang
4	Mathematik Be-Greifen	- Bischöfliches Abtei-Gymnasium - Gesamtschule Duisburg-Ruhrort - Gesamtschule Globus am Dellplatz - St. Hildegardis-Gymnasium	Mathematik zum Anfassen 5. Jahrgang
5	-	- Bernetalschule - Gemeinschaftshauptschule Karnap - Hauptschule an der Bischoffstraße - Parkschule	Förderung von Lesekompetenz 7.-8. Jahrgang
6	-	- Bardelebenschule - Gesamtschule Essen-Holsterhausen - Grundschule an der Waldlehne	Übergang Grundschule zur weiterführenden Schule, Schwerpunkt Englisch 4./5. Jahrgang
7	MAUS: Mathematik Und Sprache	- Gesamtschule Borbeck - Gesamtschule Nord - Gymnasium Essen Nord-Ost - Mädchengymnasium Essen-Borbeck - Maria-Wächtler-Gymnasium	Textverständnis in Mathematik Klasse 5 und 6
8	-	- Mariengymnasium Essen-Werden - Realschule Kettwig - Theodor-Heuss-Gymnasium	Individuelle Förderung in Mathematik Klasse 5 und 6
9	-	- Erich Kästner-Gesamtschule - Frida-Levy-Gesamtschule - Gesamtschule Süd - Grashof-Gymnasium - Gustav-Heinemann-Gesamtschule	Förderung Lesekompetenz ab Klasse 5
10	-	- Alfred-Krupp-Schule - Burggymnasium - Franz-Dinnendahl-Realschule - Gertrud-Bäumer-Realschule	Selbstlerneinheiten im Mathematikunterricht Klasse 8-10 als Förderkonzept

Netzwerk 1

Gesamtschule Duisburg-Walsum   Anette Schmücker & Anke Böhnlein

Gemeinschaftsgrundschule Vennbruchstraße   Sabine Limbeck & Siegfried Müller-Ziethoff

Fridtjof-Nansen-Realschule   Lilo Kleinwächter & Roswitha Schulzek-Meyer

Erste Schritte:

- Bestandsaufnahme in den einzelnen Schulen
- Sichtung und Austausch von Fachliteratur, Richtlinien, Lehrplänen und Lernstandserhebungen
- gegenseitige Unterrichtshospitationen
- Anbahnen einer gemeinsamen Fortbildung

Schulen im Team – Unterricht gemeinsam entwickeln

Gesamtschule Meiderich
Duisburg-Meiderich

Koordinatoren:
Claus Goldmann
Klaudia Hinkers

Max-Planck-Gymnasium
Duisburg-Meiderich

Koordinatoren:
Monika Deppermann
Ursula Kühnen

Netzwerk 2 „MAMI"
MAthematik MIteinander

Heinrich-Böll-Hauptschule
Duisburg-Meiderich

Koordinatoren:
Antje Confurius
Martina Volz-Warikoru

Gustav-Stresemann-Realschule
Duisburg-Beeck

Koordinatoren:
Fritz Klöckner
Christa Schöne

Ziele:
Förderung des Mathematikunterrichtes in den Jahrgangsstufen 7 bis 9
Einsatz neuer Medien und Methoden im Unterricht
Schulformübergreifende Entwicklung differenzierter Unterrichtsreihen

Planung für das Schuljahr 2007/08:
Einführung der Methode Lerntagebuch zur Individualisierung von Lernprozessen
Einführung einer dynamischen Geometriesoftware im Jahrgang 7

Standort:
Fünf Schulen
im Duisburger Norden
mit hohem Migrantenanteil

Schulnetzwerk   KO OP^5

Arbeitsschwerpunkt:
Wir arbeiten an
der Implementierung ausgewählter
kooperativer Lernformen
aufbauend ab Jahrgang 5

Theodor – König – GS
(Duisburg-Beeck)

Ramona Engehausen
Björn Schilling
(Koordinatoren)

Besser lernen
durch Kooperation und
Sozialkompetenz

Städtische GS
Duisburg-Hambom/
Neumühl

Anne Drell
(Koordinatorin)

Ansprechpartner:
o Björn Schilling,
bjdisconnects@gmx.net
o Ramona Engehausen
ramona.engehausen@gmx.de

191395@schule.nrw.de

Herbert - Grillo – GS
(Duisburg-Marxloh)

Elke Vella
Maren Hohn-Haider
(Koordinatorinnen)

Elly – Heuss – Knapp –
Gymnasium
(Duisburg-Marxloh)

Babette Poppke
H. Körver-Buschhaus
(Koordinatoren)

Gottfried – Wilhelm –
Leibniz – GS
(Duisburg-Hambom)
Hildegard Lucas
Benno Chlebowski
(Koordinatoren)

Erste Schritte:
➢ Austausch über Planung
und Prozesse der
Einführung von
kooperativen Lernformen
im 5. Jahrgang
➢ Organisation von
gemeinsamen
Fortbildungen
und Erfahrungsaustausch
➢ Selbstorganisation des
Netzwerks

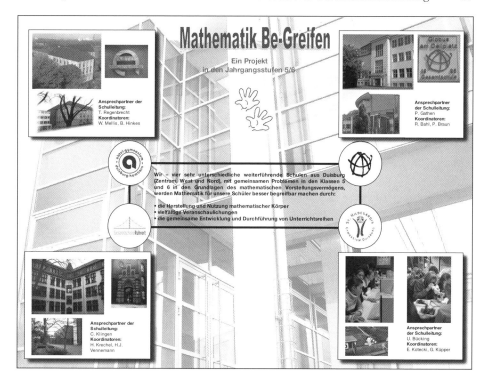

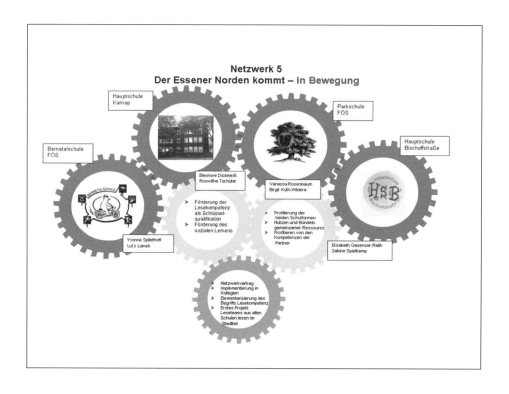

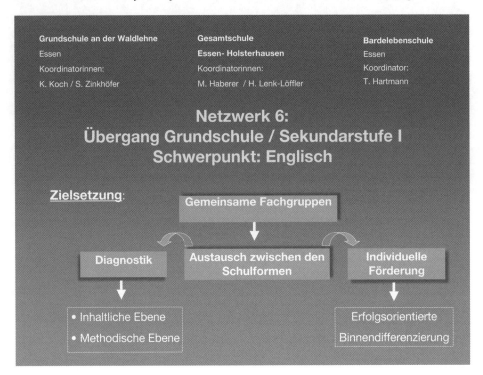

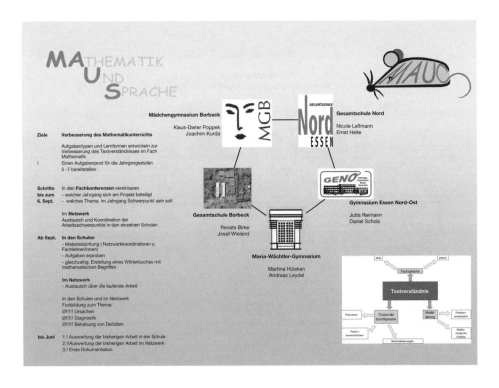

Arbeitsschwerpunkt:
Individuelle Förderung von Schülern der Erprobungsstufe unter Verwendung einer geeigneten Leistungsdiagnostik.

Mariengymnasium Essen-Werden:
Frau Judith Hamm
Herr Armin Merta

Städtische Realschule Kettwig:
Frau Laubenstein
Frau Mergel

Zielsetzungen:

- ☐ Sichtung von Diagnoseverfahren zur Überprüfung von Fertigkeiten und mathematischem Grundverständnis.
- ☐ Durchführung von Probetestläufen.
- ☐ Auswertung der Testläufe.
- ☐ Auswahl eines geeigneten Diagnoseverfahrens.
- ☐ Entwicklung geeigneter Fördermaßnahmen.
- ☐ Sichtung von Fördermaterialien (zur Erprobung im Bereich der natürlichen Zahlen).
- ☐ Beschaffung geeigneter Fördermaterialien.
- ☐ Erste Durchführung des Diagnoseverfahrens und der Fördermaßnahmen.
- ☐ Evaluation.
- ☐ ...

Theodor-Heuss-Gymnasium:
Frau Joanna Baron
Herr Christian Koehn

Netzwerk 10 - Hilf mir es selbst zu lernen!
Curriculumentwicklung Mathematik - Individuelle Förderung

Gertrud-Bäumer-Realschule
Essen

Schulleiter :	Herr Aust
1. Ansprechpartner:	Frau A. Höfer
2. Ansprechpartner:	Herr T. Uhle

Gymnasium Alfred-Krupp-Schule
Städt. Gymnasium für Jungen und Mädchen - Sekundarstufe I und II
Schule ohne Rassismus - Schule mit Courage
Tr gerin des Preises f r soziales Lernen der Landeselternschaft

Schulleiter :	Frau B. Pieper-Gehrloff
1. Ansprechpartner:	Herr M. Schütte
2. Ansprechpartner:	Herr Dr. A. Borowski

Franz-Dinnendahl-Realschule
- Sekundarstufe I -
Städt. Realschule für Jungen und Mädchen
Schlenschuldstr. 174, 45307 Essen

Schulleiter:	Herr H. Heneweer
1. Ansprechpartner:	Frau M. Schwan
2. Ansprechpartner:	Herr F. Gerdes

burg·gymnasium
Tradition mit Zukunft

Schulleiter :	Herr K. Klopschinski
1. Ansprechpartner:	Frau R. Pesch
2. Ansprechpartner:	Herr A. Brech

Arbeitsschwerpunkt und Ziele

Entwicklung eines vorläufigen Förderkonzepts im Fach Mathematik
mit Selbstlerneinheiten für die Jahrgangsstufen 8 - 10:

- eigenverantwortliches Lernen
- selbstgesteuertes Lernen
- Vorbereitung auf die LSE 8
- Training für die TZP 10

- differenzierte Förderung aller
  Begabungsstufen
- Entwicklung von Motivation und Freude
  an der Mathematik
- Schwerpunkt: Textverständnis

Zusatzziel: Entwicklung eines Jahrgangsabschlusstests für die Jgst. 9

Konkretes Vorhaben

Vorstellung und Sichtung von Materialien
der Verlage
Klett, Westermann, Aulis und Schrödel
am 10.9.2007 in der
Gertrud-Bäumer-Realschule

Geplante Vorhaben

- Fortbildung mit Fachbuchautor Okt. '07
- Sichtung der Materialen bis Nov. '07
- Einbau ins Curriculum bis Jan. '08
- Erprobung ab 2. Halbjahr '07/'08
- Evaluation der Ergebnisse an der
  LSE und TZP '08 und '09

Mithilfe von Netzwerkplakaten wurden Ziele und Arbeitsschwerpunkt vorgestellt

Bereits zur offiziellen Auftaktveranstaltung haben alle Netzwerke ihre Entwicklungsvorhaben in eine erste Formulierung gebracht und außerdem erste Schritte zur Zielerreichung vereinbart. Diese wurden in Form von Netzwerkplakaten im Rahmen der Veranstaltung präsentiert, was allen Teilnehmenden die Möglichkeit bot, die einzelnen Netzwerke und ihre Vorhaben näher kennen zu lernen. Die gemeinsam erarbeiteten Plakate haben die Netzwerke dazu genutzt, sich als teilnehmende Schulen vorzustellen, das Entwicklungsvorhaben zu definieren, Zielbereiche zu benennen und erste Schritte zu ihrer Erreichung zu formulieren. Die hier folgende Vorstellung der 10 Netzwerkplakate zeigt den für Projekte dieser Art ungewöhnlichen Entwicklungsstand: Gerade die fortgeschrittene Zielfindung zu diesem frühen Projektzeitpunkt kann als Erfolg gewertet werden, berücksichtigt man den Umstand, dass der Prozess der Zielfindung zeitintensiv ist und ein „Hinweinwachsen" der Beteiligten in ihre Rollen erfordert (vgl. Bastian & Rolff, 2001). Dabei sind alle Netzwerkziele konform zu den Projektzielen (vgl. Kap. 3).

Zusammenfassend können die anvisierten Ziele hinsichtlich verschiedener Bezugsebenen unterteilt werden: Die Förderung von fachlichen Kompetenzen mithilfe von Curriculumentwicklung sowie die Förderung von Sozialkompetenzen wie das kooperative Lernen beziehen sich auf den Bereich des (fachbezogenen) *Unterrichts*. Eine zweite Klassifizierung kann getroffen werden hinsichtlich von Zielen, die sich auf die formale Heterogenität der Schulen beziehen: so verfolgen die Netzwerke über den Austausch zwischen unterschiedlichen *Schulformen* sowohl die Erleichterung des Übergangs als auch eine Profilierung von Schulformen und berücksichtigen in den angekündigten Schritten eine vorab durchzuführende

Bestandsaufnahme an allen beteiligten Schulen, aus der gemeinsame Schnittmengen als Ansatzpunkte für die inhaltliche Netzwerkarbeit ermittelt werden sollen. Ebenfalls soll über Unterrichtshospitationen ein naher Blick in die Praxis anderer Schulformen gewonnen werden. Eine dritte Gruppe von Zielformulierungen rekurriert schließlich konkret auf die *Netzwerkzusammenarbeit*: so gilt es, eine Selbstorganisation des Netzwerkes zu forcieren und die im Netzwerk gebotenen Ressourcen zur Nutzung zu bündeln.

Damit haben die Netzwerke im Sinne eines erfolgreichen Projektmanagements (vgl. Schnoor et al., 2006) bereits zum offiziellen Projektauftakt einen ersten Verständigungsprozess über die generellen gemeinsam zu erreichenden Ziele hinter sich. Diese können nun als Anlass genommen werden, sie in der einsetzenden Netzwerkarbeit hinsichtlich einer Konkretisierung zu überprüfen und dabei Kriterien und Indikatoren zur Operationalisierung zu entwickeln, die letztlich für die Evaluation herangezogen werden können.

4.3 Was kann Netzwerkarbeit leisten? Ergebnisse aus der Podiumsdiskussion und Wünsche an das Projekt „Schulen im Team"

Das Thema „Durch Schulnetzwerke zum Erfolg?" stand im Mittelpunkt einer Podiumsdiskussion, in der Erwartungen und Erfahrungen berichtet und diskutiert wurden und dabei vor allem der Frage nachging, was eigentlich den Gewinn von Vernetzungsvorhaben ausmacht. Bei den teilnehmenden Diskutanten handelte es sich sowohl um Vertretungen aus der Wissenschaft, der Administration als auch aus der Praxis (erfahrene Netzwerkschülerin und Netzwerklehrerin, Schulleitung), die alle ihre Erfahrungen und Expertise bereitstellten und über Gelingens- und Misslingensbedingungen von Netzwerkarbeit diskutierten. Einige zentrale Aspekte aus dieser Gesprächsrunde sollen im Folgenden kusorisch berichtet werden. Teilnehmende Diskutantinnen und Diskutanten waren: Frau OStD' Monika Lenkaitis, Claudia Scheffzük (Abiturientin), Prof. Dr. Susanne Thurn, Prof. Dr. Gabriele Bellenberg, Dr. Heinfried Habeck (Ministerium für Schule und Weiterbildung des Landes NRW).

Aus der Sicht einer bereits erfahrenen Netzwerk-Lehrerin bestünde der Vorteil von Netzwerkprojekten wie „Schulen im Team" in der Ermöglichung von strukturierterer Kooperation zwischen Schulen. Netzwerke können eine größere Verbindlichkeit schaffen, z.B. indem die Akteure auch gegenüber den Verantwortlichen wie dem Projektträger Rechenschaft ablegen müssen. Zu betonen ist das große Potenzial von Netzwerken, durch die von ihnen geleistete Bündelung von Kompetenzen Ressourcen erschließen zu können, die sonst eher verwehrt bleiben oder schwerer zugänglich wären. Interschulische Kooperation würde dabei immer auch eine Öffnung von Schule bedeuten, allerdings muss diese in einem vertrauten und siche-

Podiumsdiskussion mit Vertretungen aus Wissenschaft, Praxis und Administration
Von links: Dr. Habeck, Prof. Dr. Thurn, Prof. Dr. Bellenberg, Moderator Hr. Heinemann,
C. Scheffzük, Fr. Lenkaitis

ren Rahmen geschehen, ohne dass der Blick auf Konkurrenz ausgerichtet ist, sondern vielmehr den Fortschritt anvisiert. Durch diese Öffnung in der Netzwerkarbeit besteht die Chance, voneinander in zentralen Bereichen zu lernen: wie gehen andere Schulen mit den hohen Anforderungen durch die vorherrschende Heterogenität um, wie erfolgt das Leben in der Gemeinschaft, wie kann Unterricht anders sein und was tun andere Schulen für ihre Schulentwicklung. Perspektivisch können durch die gemeinsam geleistete Arbeit im Netzwerk hilfreiche Produkte (z.B. entwickelte Standards) wegweisend für zukünftige Vernetzungsvorhaben sein.

Aus der wissenschaftsorientierten Perspektive liegt die Besonderheit des Netzwerkprojektes „Schulen im Team" vor allem in seiner Fokussierung auf die fachliche Unterrichtsentwicklung, da so einem großen vorherrschenden Defizit an deutschen Schulen begegnet werden kann (vgl. auch Kap. 1). Bei diesem hohen Anspruch gilt es aber auch, Schule als Lebensort so zu gestalten, dass eine Schulkultur gefördert wird, die bei den Schülerinnen und Schülern die Freude am Lernen unterstützt. Von Interesse ist gerade auch für die Wissenschaft, welche Qualitätsmaßstäbe hinterher angelegt werden, um Netzwerkarbeit zu bewerten. Hierbei wäre es sinnvoll, die Leistung von Schülerinnen und Schüler zu überprüfen, wenn auch berücksichtigt werden muss, dass es genügend Zeit bedarf, in der Schulen ihren eigenen Weg für den zu entwickelnden Fachunterricht finden können und damit einhergehend bedacht werden muss, dass grade der Transfer zeitintensiv ist. Daneben wären aber ebenso qualitative Untersuchungen von Bedeutung, weil sie noch konkreter den Einzelfall in den Blick nehmen und den Beteiligten mehr Raum für spezifische Berichte aus der Netzwerkarbeit geben können.

In diesem Zusammenhang wird von der administrativen Vertretung in der Gesprächsrunde betont, dass es wichtig sei, danach zu fragen, was genau den Erfolg im Netzwerk ausgemacht hat, konkret, welche Fortbildung erfolgreich war, welche Intervention sich positiv ausgewirkt hat und unter welchen Bedingungen die Zusammenarbeit der Netzwerkerinnen und Netzwerker besonders fruchtbar verlief und welche Faktoren eher hinderlich waren. Mit einer solchen Beschreibung von Netzwerkarbeit können letztlich Erkenntnisse gewonnen werden, die sich nicht nur zur Übertragung auf andere Vernetzungsvorhaben eignen, sondern sich auch in der Weitergabe auf Landesebene niederschlagen, wie etwa in der Weiterentwicklung der Fortbildung von Lehrkräften.

Von der anwesenden Schülervertretung wird auch an die Berücksichtigung des einzelnen Schülers, der einzelnen Schülerin erinnert: Im Rahmen von Schulvernetzung dürfen die Schülerinnen und Schüler nicht als Objekte der Schuleffektivitätsmessung verstanden werden, sondern ihre Integration in die Netzwerkarbeit sollte von Beginn an stärker gefördert werden, beispielsweise indem Schülerinnen und Schüler an der konkreten Entwicklungsarbeit der Netzwerke aktiv beteiligt werden. Damit werden aus ihrer Perspektive Verbesserungsvorstellungen, Ideen und Konzepte berücksichtigt.

Dass damit in einem großen Miteinander von unterschiedlichen Akteuren in der Netzwerkarbeit die Gestaltung des zwischenmenschlichen Umgangs beachtet werden muss, wird aus Sicht der Praxisvertretungen abschließend als ein zentraler Wunsch hinsichtlich des Projektes „Schulen im Team" formuliert.

Nicht nur die Podiumsdiskutanten konnten ihre Hoffnungen und Vorstellungen, verbunden mit dem Projekt, äußern. Im Rahmen eines so genanten „Wünschepuzzles" konnten alle Teilnehmenden der Auftaktveranstaltung bei Interesse ihr Anliegen oder ihre Vorstellung formulieren, die sie mit „Schulen im Team" verbinden. In der zusammenfassenden Betrachtung dieser Wünscheäußerungen wird vor allem die Hoffnung zum Ausdruck gebracht, dass die Netzwerkarbeit nicht nur Ergebnisse hervorbringen wird, die in positiver Hinsicht den Unterricht von Schulen verändern und Arbeitserleichterung bedeuten können, sondern das mit ihnen auch Anwendungswissen für andere Schulen bereitgestellt wird, die jetzt nicht unmittelbar am Projekt beteiligt sind. Dabei wird mit dem Projekt „Schulen im Team" vor allem hinsichtlich der angestrebten Unterrichtsentwicklung mit seiner Grundkonzeption die Hoffnung verbunden, eine Vorreiterrolle zu übernehmen, die nachhaltige Ergebnisse forciert und tatsächlich Auswirkungen auf eine Verbesserung von Unterrichtsqualität haben kann.

Wünsche an das Projekt „Schulen im Team"

4.3 Evaluation

Die Einforderung einer Evaluationskultur ist Teil aller Diskurse über Qualitätsentwicklung. Die Durchführung von Evaluationen und kleineren Feedbacks ist jedoch
noch eher selten. Um als Projektleitung nicht nur Evaluation einzufordern, wird
darauf geachtet, dass auch die eigenen Veranstaltungen evaluiert werden bzw. dass
zumindest ein Feedback eingeholt wird, das den Projektbeteiligten auch zur Verfügung gestellt wird. Die Ergebnisse der Evaluation der Auftaktveranstaltung sollen
zum Abschluss dieser Maßgabe entsprechend kurz vorgestellt werden.

Zur Evaluation der Veranstaltung wurden die Teilnehmenden gebeten, einen
kurzen Fragebogen auszufüllen, der Einschätzungen zur Zufriedenheit mit den
organisatorischen Bedingungen (Zeit, Ablauf, Organisation) und dem inhaltlichen
Programm abfragte. Dabei ergab die Auswertung von insgesamt 50 ausgefüllten
Fragebögen, dass sich mehr als 70 % der Befragten mit dem organisatorischen
Ablauf, der räumlichen Umgebung und den Pausengestaltungen sowie dem Rahmenprogramm (z. B. Schüler-Band) sehr zufrieden zeigten.

Auch die inhaltlichen Gestaltung (Vorstellung der Netzwerke, Podiumsdiskussion) wurde von rund 80% der Befragten als zufriedenstellend bewertet, wenngleich auch die Relevanz der in der Podiumsrunde diskutierten Inhalte zum Teil als zu entfernt vom Projekt „Schulen im Team" eingeschätzt wurden.

Ingesamt kann anhand der getroffenen Einschätzungen der Befragten die Veranstaltung als ein positives Ereignis bilanziert werden, die in allen Bereichen überwiegend positive Resonanzen hervorbrachte.

5. Stimmen zum Projekt

Dr. Heinfried Habeck, Iris Bergweiler-Priester, Ministerium für Schule und Weiterbildung, NRW, Beiratsmitglieder „Schulen im Team":

„Das Projekt „Schulen im Team" zeichnet sich durch vier entscheidende Gütekriterien aus, die für die Weiterentwicklung von Schulen in Nordrhein-Westfalen nachhaltig wirken werden:

1) Wissenstransfer
Projekte haben eine unterschiedliche Qualität, wenn es um die Übertragung und Nutzung von Ergebnissen geht. Meist findet ein Austausch zwischen Schulen nicht statt.

Maßgeblich ist, dass der Wissenstransfer oft einen hohen zeitlichen und organisatorischen Aufwand erfordert. Ein transferfähiges Ergebnis muss so dokumentiert sein, dass Andere es möglichst problemlos nachvollziehen und umsetzen können. Das ist für Schulen nicht immer leistbar.

Projekte, die auf übertragbare Ergebnisse zielen, sind per se hilfreich. „Schulen im Team" ist ein solches Projekt, denn es dokumentiert die Ergebnisse in übersichtlicher und transferfähiger Form, so dass sie anwendbar sind für viele Adressaten in den Schulen Nordrhein-Westfalens.

2) Entwicklung von Unterricht
Die Unterrichtsentwicklung war in den letzten Jahren verstärkt aus dem Blick geraten. Erst die PISA-Ergebnisse hielten dem deutschen Bildungssystem einen Spiegel vor und zeigten, wie notwendig es ist, Unterricht wieder ins Zentrum der Aufmerksamkeit zu rücken. Denn guter Unterricht führt schließlich zu Lernerfolg und damit auch zur Zufriedenheit aller am Unterricht Beteiligten.

„Schulen im Team" tritt an, um Gelingensbedingungen für guten Unterricht aufzuzeigen. Ziel ist es, Lernerfolg als Prozess zu untersuchen und Antworten zu finden auf Fragen wie:
*   Was ist Lernfortschritt?
*   Wann setzt er ein?
*   Welche Faktoren unterstützen erfolgreiches Lernen besonders?

Dies sind immens wichtige Probemstellungen für jede Lehrkraft! Lehrerinnen und Lehrer, die diese Fragen zuverlässig beantworten können, werden ihren Unterricht danach ausrichten, weil sie besser als bisher wissen, welche „Weichen" gestellt sein müssen, um erfolgreich arbeiten zu können.

3) Evaluation von Lernzuwachs

„Schulen im Team" evaluiert Lernzuwachs. Dies ist ein höchst komplexes Unterfangen, das die Unterrichtsentwicklung in Schulen nachhaltig prägen wird.

Ziel wird sein, aus den Erkenntnissen über Lernzuwachs übertragbare Ergebnisse zu Gelingensbedingungen für erfolgreiches Lernen abzuleiten und weiteren Schulen als Steuerungswissen zur Verfügung zu stellen. Die Dokumentation von Lernzuwachs beinhaltet demnach auch, die für erfolgreiches Lernen nachgewiesenen Parameter für die Unterrichtsplanung und Unterrichtsorganisation inhaltlich so aufzubereiten, dass diese nachvollziehbar und rasch umzusetzen sind.

Lernzuwachs als darstellbaren Prozess zu dokumentieren, aus dem Handlungsschritte für erfolgreichen Unterricht ableitbar sind, unterstützt das Bestreben, *systemisch* verankerte Strukturen in Schulen zu schaffen, damit Lernen als quasi „zufälliges Produkt" weitgehend ausgeschlossen wird.

Die Qualitätssicherung von Unterricht steht mit der Setzung von Standards und überprüfbaren Leistungen erst am Anfang. Hier leistet das Projekt einen entscheidenden Beitrag zum Umgang mit datengestützten Informationen.

4) Lernen und Lehren im Team

„Schulen im Team" ist so angelegt, dass sich 40 Schulen aus Duisburg und Essen schulformübergreifend in regionalen Netzwerken zusammen finden.

Das Arbeiten in Netzwerken dokumentiert Erfahrungen, über die Schulen bisher kaum verfügen: Diese Arbeitsweise wird jedoch zukunftsweisend sein, denn Arbeiten im Team

- stärkt die Einzelschule, die ggf. unsicher in der Entwicklung und Umsetzung von Qualitätsmerkmalen im Unterricht ist,
- fördert die Zusammenarbeit,
- ermöglicht ein Arbeiten unter Berücksichtigung unterschiedlicher Stärken und Schwächen der Netzwerkmitglieder,
- schafft Sicherheit bei der Umsetzung innovativer Ideen,
- erleichtert die Realisierung neuer Unterrichtsformen durch Arbeitsteilung und gegenseitiges Geben und Nehmen.

Eine Netzwerkgruppe erarbeitet z. B. die Gelingensbedingungen für den passgenauen Anschluss der Grundschulkinder im Fach Englisch an die weiterführenden Schulen. Projektziel ist jedoch nicht die Einzellösung, sondern das Transferwissen.

Transferwissen zielt auf Fragen, die stellvertretend für alle Schulen mit der gleichen Problematik sind:

- Welche Anforderungen stellen die weiterführenden Schulformen an den Kompetenzerwerb Englisch?

- Welche Verbindlichkeiten auf beiden Seiten sind festzulegen,
- Welche Materialien und Unterrichtsformen haben sich bewährt, um den Übergang zu optimieren?

Das Projekt hilft, bedeutsame Faktoren für die innerschulische Verankerung von Unterrichtsentwicklung zu identifizieren und die Organisationsform von Netzwerken noch stärker für die Qualitätsentwicklung in Schule in den Blick zu nehmen. Es gilt, Schulen in ihrem Bestreben, gut zu sein, zu unterstützen und ihnen die Arbeit zu erleichtern. „Schulen im Team" weist in die richtige Richtung, denn es hilft Unterricht zu verbessern – ganz in der Tradition des weltoffenen Gerhard Mercators, der das Streben nach Allgemeingültigkeit 1595 in die Worte fasste: *„Meine Bestimmung ist es also, soweit meine Kraft und Fähigkeit es erlauben, zu sehen, ob ich möglicherweise durch meinen Fleiß einige Wahrheiten in noch unbekannten Dingen finden kann, welche dem Studium der Weisheit dienen können".*
   Die Stiftung Mercator, das Institut für Schulentwicklung und das Ministerium für Schule und Weiterbildung des Landes Nordrhein-Westfalen verfolgen ein wesentliches Ziel: Möglichst vielen jungen Menschen die bestmöglichen Chancen zu geben sich zu bilden, ihre Persönlichkeit zu entfalten und umfassend „gerüstet" ins Leben zu gehen."

Friedrich Marona, Schulleiter a.D. und Beiratsmitglied „Schulen im Team":

„Als im Jahre 2000 die Ergebnisse der PISA-Studie veröffentlicht wurden, wirkte dies zunächst wie ein Schock. Die soziale Selektivität des deutschen Bildungswesens und die hohe Zahl von SchülerInnen, die als „Risikogruppe" identifiziert worden sind rechtfertigen diese Reaktion. Leider wirkte der Schock nicht so wie seinerzeit der „Sputnik-Schock". Damals wurde der Deutsche Bildungsrat gegründet, der 1970 ein umfangreiches Gutachten zur Verbesserung der Bildungssituation veröffentlichte, von dem vieles, aber leider nicht alles umgesetzt wurde.
   Eine solche Wirkung verfehlten die PISA-Ergebnisse, denn bald fiel die politische Diskussion in uralte Gleise zurück: Eine Schulstrukturdebatte begann wieder, das Konkurrenzgehabe unter den Bundesländern verstärkte sich – auch wenn einige lediglich auf vorderen Mittelplätzen landeten; es blieb beim Festhalten an ständisch organisierter Bildung im dreigliedrigen Schulsystem, obwohl die Gesellschaft nicht mehr nach Ständen organisiert ist und die PISA-Sieger solche Strukturen längst überwunden haben.

So wundert es auch nicht, dass bisher kaum neue methodisch-didaktische Ansätze in der Lehrerausbildung wirksam wurden, denn auch die Universitäten entpuppten sich als Tanker, bei denen Kurskorrekturen lange Wege erfordern.
   Als Schulleiter erlebte ich, dass Kultusbürokratien mit Erlassen den Eindruck zu erwecken suchten, es ließen sich vor allem durch Erlasse und Verordnungen Schulen und deren Unterricht verbessern, wobei zusätzlich an Lehrerfortbildung gespart wurde.

So blieb bei mir die pessimistische Einschätzung, dass die Finanzausstattung der Schulen beim heutigen Etatbewusstsein sich nicht stark verbessern lassen würde.

Bei realistischer Einschätzung der vorhandenen Rahmenbedingungen blieb aus meiner Sicht nur der Weg, in den Schulen selbst einen Umstrukturierungsprozess in Gang zu setzen, für den aber Partner gefunden werden mussten. Schließlich hatten einige Schulen solche Partner schon gefunden und beachtliche Entwicklungen vorweisen können. Sie zeigten, dass Entwicklungsarbeit an Schulen sinnvoll ist, da sie „Selbstheilungskräfte" der Schulen aktiviert und dass sie Erfolge durch Unterrichtsentwicklung generieren und Schulentwicklung aus dem Prozess der Unterrichtsentwicklung heraus erzeugen kann.

Mit der Stiftung Mercator haben zahlreiche Schulen im Ruhrgebiet einen Partner für diese Arbeit gefunden, der sich mit dem Ruhrgebiet einem Raum verpflichtet fühlt, der durch hohe Zahlen von Schülerinnen und Schülern mit Migrationshintergrund und durch rasanten Strukturwandel gekennzeichnet ist und der bereits mit den Mercator-Schulclubs Erfahrungen in der Schulentwicklung durch schulübergreifende Kommunikationsprojekte gesammelt hat.

Nun hat die Stiftung Mercator mit dem Institut für Schulentwicklungsforschung einen neuen Partner zur Erreichung eines wesentlichen Stiftungszieles, nämlich die Stärkung der Schulen und somit auch der Schülerinnen und Schüler, gewinnen können. Die Stiftung wird Schulen im Projekt „Schulen im Team" auch durch Finanzmittel befähigen, die Unterrichts- und Schulentwicklung voranzutreiben.

Besonders an dem Projekt aber erscheint mir jedoch der Aspekt, dass Schulen unabhängig von ihrer Schulform zusammen arbeiten. Damit rückt gemeinsame Verantwortung für die Schülerinnen und Schüler in den Vordergrund, die von der Politik durch Festhalten an alten Schulstrukturen bisher eher verhindert wird.

Mein persönlicher Beitrag zu diesem Projekt ist eher bescheiden, zumal ich inzwischen im Ruhestand bin. Ich konnte lediglich Hilfestellung geben bei der praktischen Umsetzung durch Hinweise auf die dazu in Schulen notwendigen und zyklischen Abläufe. An einigen Schulen konnte ich auch durch Informationen Hindernisse abbauen. Ich freue mich, dass so viele Schulen in Duisburg und Essen ihre Chancen erkannt und ergriffen haben und wünsche allen dabei viel Erfolg."

Literatur

Aderhold, J. (2005). Unternehmen zwischen Netzwerk und Kooperation. In J. Aderhold, M. Meyer & R. Wetzel (Hrsg.), *Modernes Netzwerkmanagement. Anforderungen, Methoden, Anwendungsfelder.* Wiesbaden: Betriebswirtschaftlicher Verlag. S. 113-142.

Altrichter, H., Brüsemeister, T., Wissinger, J. (2007). *Educational Governance. Handlungskoordination und Steuerung im Bildungssystem.* Wiesbaden VS Verlag für Sozialwissenschaften.

Bastian, J. (2007). *Einführung in die Unterrichtsentwicklung.* Weinheim und Basel: Beltz.

Bastian, J. & Rolff, H.-G. (2001). *Vorabevaluation des Projektes „Schule & Co".* Gütersloh: Bertelsmann Stiftung.

Berkemeyer, N., Bos, W., Manitius, V. & Müthing, K. (2008). Professionalisierung durch interschulische Kooperation in Netzwerken. In J. Wissinger & M. Lüders (Hrsg.), *Schulentwicklung und Professionalisierung.* Münster: Waxmann. Im Erscheinen.

Bernecker, T. (2005). *Entwicklungsdynamik organisatorischer Netzwerke. Konzeption, Muster und Gestaltung.* Wiesbaden: Deutscher Universitäts-Verlag/GWV Fachverlag GmbH.

Brüsemeister, T. (2004). *Schulische Inklusion und neue Governance: Zur Sicht der Lehrkräfte.* Münster: Monsenstein und Vannerdat.

Combe, A. (1999). Belastung, Entlastung und Professionalisierung von LehrerInnen in Schulentwicklungsprozessen. In A. Combe, W. Helsper & B. Stelmaszyk (Hrsg.), *Forum qualitative Schulforschung I. Schulentwicklung – Partizipation – Biographie* (S. 111-138). Weinheim: Beltz/Deutscher Studien Verlag.

Creemers, B.P.M. & Kyriakides, L. (2006). Critical Analysis of the current Approaches to Modelling Educational Effectiveness: The importance of establishing a dynamic model. *School Effectiveness and School Improvement,* 17 (3), 347-366.

Dahlin, P. & Rolff, H.-G. (1990). *Institutionelles Schulentwicklungsprogramm.* Soest: Soester Verlagskontor.

Dahlin, P. (1999). *Theorie und Praxis zur Schulentwicklung.* Neuwied: Luchterhand.

Dedering, K. (2007). *Schulische Qualitätsentwicklung durch Netzwerke.* Wiesbaden VS Verlag.

Fend, H. (1986). „Gute Schulen – schlechte Schulen". Die einzelne Schule als pädagogische Handlungseinheit. *Die Deutsche Schule,* 78 (3), 275-293.

Giddens, A. (1997). *Die Konstitution der Gesellschaft* (3. Aufl.). Frankfurt am Main: Campus.

Görlitz, A. & Burth, H.-P. (1998). *Politische Steuerung* (2. Aufl.). Opladen: Leske & Budrich.

Helmke, A. (2003). *Unterrichtsqualität. Erfassen, Bewerten, Verbessern.* Seelze: Kallmayer.

Jäger, M. (2004). *Transfer in Schulentwicklungsprojekten.* Wiesbaden: VS-Verlag.

Little & Veugelers (2005). Big Change Question. *Journal for Educational Change,* 4 (6), 277-291.

Levin, B. (1994). *Reforming Education: From Origins to Outcomes (Education and Development).* Oxford: Routledge Falmer.

Manitius, V., Müthing, K. & Berkemeyer, N. (2008). Kooperation im Netzwerk: Grundsätzliche Überlegungen und erste Befunde zum Beispiel „Schulen im Team". In K. Maag-Merki & B. Steinert (Hrsg.), *Kooperation und Netzwerkbildung. Strategien zur Qualitätsentwicklung in Einzelschulen.* Seelze: Friedrich Verlag. Im Erscheinen.

MCLaughlin, M. W. & Mitra, D. (2001). Theory-based change and change-based theory: going deeper, going broader. *Journal of Educational Change,* 301-323.

Meyer, H. (2004). *Was ist guter Unterricht?* Berlin Cornelsen.

Nonaka, I. (1994). A dynamic theory of organizational knowledge creation. In *Organization Science,* 5 (1), 14-37.

Prenzel, M. & Allolio-Näcke, L. (Hrsg.) (2006). *Untersuchungen zur Bildungsqualität von Schule. Abschlussbericht des DFG-Schwerpunktprogramms.* Münster: Waxman.

Prenzel, M., Carstensen, C.H., Senkbeil, M., Ostermeier, C. & Seidel, T. (2005). Wie schneiden SINUS-Schulen bei PISA ab? Ergebnisse der Evaluation eines Modellversuchsprogramms. *Zeitschrift für Erziehungswissenschaft,* 4 (8), 487-501.

Pyka, A. & Küppers, G. (2002). *Innovation Networks: Theory and Pratice.* Cheltenham Glos: Edward Elgar Publishing.

Rolff, H.-G. (1993). *Wandel durch Selbstorganisation.* Weinheim und München: Juventa.

Rolff, H.-G. (1998). Entwicklung von Einzelschulen: Viel Praxis, wenig Theorie und kaum Forschung – Ein Versuch, Schulentwicklung zu systematisieren. In H.-G. Rolff, K.-O.

Bauer, K. Klemm & H. Pfeiffer (Hrsg.), *Jahrbuch der Schulentwicklung Band 10. Daten, Beispiele und Perspektiven* (S. 295-325). Weinheim und München: Juventa.

Schedler, K. & Proeller, I. (2003). *New Public Management* (2. überarb. Aufl.). Bern: Haupt (UTB).

Schnoor, H., Lange, C., Mietens, A. (2006). *Qualitätszirkel. Theorie und Praxis der Problemlösung an Schulen.* Paderborn: Ferdinand Schöningh.

Terhart, E. & Klieme, E. (2006). Kooperation im Lehrerberuf – Forschungsprobleme und Gestaltungsaufgabe. Zur Einführung in den Thementeil. *Zeitschrift für Pädagogik*, 52 (2), 163-167.

Weyer, J.(2000). *Soziale Netzwerke.* München: Oldenbourg.

Willke, H. (1998). *Systemtheorie III. Steuerungstheorie.* Stuttgart: Lucius & Lucius/UTB.

Teil B:
Perspektiven für die Unterrichtsentwicklung

Hans-Günter Rolff

Unterrichtsentwicklung etablieren und leben

*„An der Schnittstelle zwischen praktischem Handeln und theoretisch
fundierter Reflexion ist der größte Lernerfolg zu erwarten"*

(H.-G. Rolff)

Nicht selten wird Unterrichtsentwicklung (UE) gleichgesetzt mit der Modernisierung des eigenen Unterrichts im Sinne von Aktualisierung der Inhalte oder Erweiterung des Methodenrepertoires. Dieses Verständnis von UE ist unzulänglich, weil es einem verkürzten Verständnis von UE aufsitzt. Doch worin besteht ein angemessenes Verständnis von UE?

1.   Unterrichtsentwicklung als Schulentwicklung

Wenn man die Essenz von Unterrichtsentwicklung herausarbeiten will, bietet es sich an, die erprobten und publizierten Modelle von UE daraufhin zu untersuchen, welche Gemeinsamkeiten sie haben. Einbezogen in diese Untersuchung wurden die UE-Modelle von Klippert (1995 und 2001), von der Realschule Enger (2001), von Tschekan (2002), von Sinus (Prenzel, 2001) und vom Modellvorhaben „Selbstständige Schule" in NRW (Projektleitung, 2004). Abbildung 1 zeigt das Ergebnis.

Danach zeichnet sich die Essenz der Unterrichtsentwicklung durch die acht Kriterien Zielgerichtetheit, Systematik, Methodentraining, Lernarrangements, Teamarbeit, weiteres Training bzw. Pflege des Gelernten, Vernetzung und Evaluation aus. Nicht alle Modelle erfüllen alle Kriterien, z.B. orientiert sich SINUS (Prenzel, 2001) nicht auf die ganze Schule („Vernetzung") und sieht das Konzept der Realschule Enger (2001) keine systematische Evaluation vor, aber fünf der acht Kriterien erfüllen sie alle.

Man könnte die acht Kriterien auf drei Kernelemente komprimieren, so dass eine Trias der Unterrichtsentwicklung entsteht: Unterrichtsentwicklung sollte (1.) systematisch, (2.) teamorientiert und (3.) schulweit („systemumfassend") sein.

Unterrichtsentwicklung umfasst die *Gesamtheit* der *systematischen Anstrengungen*, die darauf gerichtet sind, die Unterrichtspraxis im Sinne eines sinnhaften und effizienten *Lernens* zu optimieren, das sich im Wechsel von angeleiteter und selbstständiger Arbeit vollzieht.

Aus Abbildung 1 wird auch deutlich, dass Unterrichtsentwicklung notwendig eine veränderte Grammatik von Schule voraussetzt. Unterrichtsentwicklung verlangt u.a. nach Teamarbeit, Vernetzung und Evaluation, also nach Schulentwicklung. Schulentwicklung besteht aus den drei Prozessen Unterrichtsentwicklung (UE), Organisationsentwicklung (OE) und Personalentwicklung (PE).

Dass Schulentwicklungsprozesse aufwändig und langwierig ausfallen, liegt vermutlich an der „Grammatik von Schule". Dieser Begriff stammt von Tyack und Tobin (1994). Er wurde von ihnen benutzt, um die Frage zu klären, „warum die etablierten institutionalisierten Formen von Schule so stabil sind und warum die meisten (Reform-)Herausforderungen so schnell verwelken oder marginalisiert werden" (ebd., 453). Die Grammatik der Schule besteht nach Tyack und Tobin aus den regulären und regulierenden Strukturen und Regeln, die den Alltag des Unterrichtens prägen. Sie zählen dazu Regulative,

- wie Zeit und Raum aufgeteilt werden, also Stundentakt und Jahrgangsklassen,
- wie Schülerinnen und Schüler klassifiziert werden,
- wie das Weltwissen in Fächer aufgeteilt wird,
- wie Lehrkräfte aufgefordert sind, als Einzelpersonen zu arbeiten oder
- wie Schülerinnen und Schüler Aufgaben erhalten, beurteilt werden oder Prüfungen absolvieren müssen (ebd., 455f.).

Diese in den Schulalltag eingelassenen Regulative wirken wie eine „Zwangsjacke" (ebd., 455) und sie sind ebenso wirkmächtig wie sie schwer zu erkennen sind. Die Autoren wählen deshalb „Grammatik" als Metapher: „Weder die Grammatik der Schule noch die des Sprechens muss bewusst sein; sie wirkt unauffällig, aber effektiv" (ebd., 454).

Tyack und Tobin weisen anhand von Fallstudien zu US-amerikanischen Innovationsvorhaben eindrucksvoll nach, wie die Grammatik der Schule zumeist als Reformbremse wirkt, aber gelegentlich unter bestimmten Bedingungen auch überwunden werden kann. Sie resümieren ihre Erkenntnisse in dem Bonmot: „Die Reformer glauben, dass ihre Innovationen die Schule ändern, aber es ist wichtig zu erkennen, dass die Schulen die Reformen ändern" (ebd., 478).

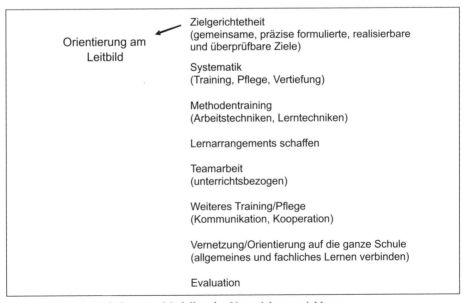

Abb. 1:   Gemeinsamkeiten von Modellen der Unterrichtsentwicklung

1.1 Unterrichtsentwicklung setzt Organisationsentwicklung voraus

Jede Lehrperson kann ihren Unterricht aktualisieren, aber niemand kann den Unterricht allein entwickeln. Unterrichtsentwicklung bezieht sich ja nicht auf eine Klasse, sondern auf die ganze Schule oder zumindest auf Teile davon. Unterrichtsentwicklung verlangt nach Teamarbeit und allein deshalb schon nach Organisationsentwicklung, nach der systematischen Weiterentwicklung des Arbeitsplatzes Schule.

Die Gelingensbedingungen unterrichtsbezogener Organisationsentwicklung sind inzwischen ganz gut erprobt und evaluiert, vor allem im Modellvorhaben „Schule & Co", das die Bertelsmann-Stiftung in den Jahren 1997 bis 2002 in NRW durchführte (vgl. z. B. Bastian & Rolff, 2001).

Aus dieser Evaluation lassen sich Aussagen über ein Gelingen der Verschränkung von Unterrichtsentwicklung und Organisationsentwicklung rekonstruieren, die sich in sieben Aussagen zusammenfassen lassen:

1. Der Gegenstand der Entwicklungsarbeit war bei „Schule & Co" *klar definiert*; dem entspricht die Möglichkeit, auch die Konturen der Steuerungsarbeit kenntlich zu machen.
   Es ging in allen 52 beteiligten Schulen darum, eine praktische Veränderung in definierten Bereichen der Unterrichtsgestaltung und der Teamentwicklung zu initiieren und voranzutreiben, wobei dieses Vorhaben in definierten Schritten auf die ganze Schule gerichtet war. Das verlangte nach *Schulmanagement*.

2. Gegenstand und Vorgehensweise der Entwicklungsarbeit war von einer *breiten Zustimmung* der beteiligten Lehrerinnen und Lehrer getragen, in die schrittweise auch die Eltern und Schüler einbezogen wurden. Auf der Seite der Steuerungsarbeit entfiel die Notwendigkeit, den Gegenstand überhaupt erst zu definieren, grundlegende Konzepte für seine Bearbeitung zu entwickeln und die entsprechenden grundlegenden Entscheidungsprozesse zu organisieren; dies erhöhte die Erfolgschancen.

3. Die Arbeit in der Unterrichtsentwicklung folgte einer *konturierten Implementationsstrategie*, auch wenn die Transformation auf die jeweilige Schulform und die Fächer mit einem hohen „Übersetzungsaufwand" verbunden war. Steuerungsarbeit hat es also zunächst weder mit unterschiedlichen Umsetzungsstrategien zu tun, noch muss sie Implementationsstrategien völlig neu erfinden. Auch das reduziert die Komplexität des hochkomplexen Steuerungsauftrages.

4. Die Entwicklungsarbeit war direkt auf eine *Veränderung des Alltagshandelns* bezogen; die Steuerungsarbeit konnte sich also auf den „Ernstfall Unterricht" und eine Unterstützung der dafür erforderlichen Entwicklungsarbeit beziehen; damit kann auch eine direkte Nützlichkeit für den Alltag erfahren werden.
   Die für Schulentwicklungsmanagement notwendigen Kompetenzen wurden in diesem Projekt in gesonderten Kursen an die Steuerungsgruppe vermittelt, die in jeder Schule eingerichtet worden war.

5. Gegenstand und Managementmethoden der Entwicklungsarbeit hatten für alle Lehrerinnen und Lehrer eine Bedeutung, die zunächst einmal *unabhängig von* ihrem *Fach* festzumachen ist. Damit konnte sich die Steuerung des Prozesses

auf eine gemeinsame Sache und Sprache beziehen, die eine Brücke zwischen den sonst als trennend empfundenen Fachkulturen und Fachsprachen darstellte. Das in diesem Projekt gewählte Konzept von Unterrichtsentwicklung stellte die Vermittlung von Kenntnissen und Fähigkeiten, die den spezifischen fachlichen Inhalten gleichsam vorgelagert sind, in den Mittelpunkt.

6. Die Entwicklungsarbeit brachte für alle Beteiligten *vergleichbare Aufgaben und Schwierigkeiten* mit sich, nämlich die vorgeschlagenen Methoden auf die einzelnen Fächer und die Besonderheiten der Schulformen zu transformieren. Damit konnte sich die Steuerungsarbeit auf eine überschaubare Anzahl von Lösungen konzentrieren, die in den einzelnen Feldern eine hohe Ähnlichkeit aufwiesen und die außerdem noch schulübergreifend verglichen und ausgetauscht werden konnten.

7. Das Verhältnis von Entwicklungsarbeit und Schulentwicklungsmanagement war durch *Ausdifferenzierung der Funktionen* und der darauf bezogenen Qualifizierungsprogramme gekennzeichnet (vgl. Bastian & Rolff, 2001, 41ff.).

Die für Schulentwicklungsarbeit wichtige, aber auch schwer zu klärende Frage, wie durch Schul- und Unterrichtsentwicklung die Fachleistung gesteigert werden kann, wurde in diesem Projekt konstruktiv angegangen. Statt unfruchtbarer Auseinandersetzungen über den Gegenstand von Methode und Inhalt bot das Konzept jedem (Fach-)Lehrer die Möglichkeit, das methodische Angebot gemeinsam mit anderen auf die fachlichen Besonderheiten zu transformieren. Es zeigte sich: Organisationsentwicklung kann die Kontroverse zwischen Methode und Fach zwar nicht auflösen, aber mittels einer Steuergruppe fruchtbar machen.

Der Kern der fachbezogenen Unterrichtsentwicklung besteht – wie weiter oben dargelegt – in der Umorientierung von Stoffen auf Kompetenzen. Adressaten der zentral vorformulierten Kompetenzen sind ausdrücklich die Fachkonferenzen. Damit verbunden ist ein Verständnis von Unterrichtsentwicklung als Entwicklung von Fachunterricht. Unterrichtsentwicklung im Rahmen von Schulentwicklung bezog sich zu Beginn eher auf Methoden- und Kommunikationstraining sowie auf kooperatives Arbeiten, also auf Lernen von Schülern, die gemeinsam in Klassen und Kursen unterrichtet werden. Fachunterricht bewegt sich indes gleichsam auf einer vertikalen Achse, im Gymnasium z. B. von der 5. bis zur 13. Klasse. Die Lehrer, die ein Fach unterrichten, arbeiten meist in mehreren Klassen. Der Ort professionellen Austausches ist die Fachkonferenz.

Beide Formen der Unterrichtsentwicklung gehören innerlich zusammen. Dieser Zusammenhang stellt sich allerdings in fragmentierten Schulen nicht von selbst her. Er muss im Sinne von Organisationsentwicklung organisiert werden. Abbildung 2 zeigt das (Koordinaten-)Kreuz integrierter Unterrichtsentwicklung, das durch eine Steuergruppe koordiniert wird und sich letztlich schulweit ausbreiten muss. Wenn diese Koordination gelingt, kann eigenverantwortliches Lernen entstehen.

Der innere Zusammenhang beider Formen der Unterrichtsentwicklung wird auch in den Texten der Fachdidaktiker deutlich, in denen sich zumeist Formulierungen finden, wie selbst reguliertes Lernen, kooperatives Lernen oder zielorientiertes Lernen, also allgemeindidaktische Kategorien. Auf der anderen Seite ist auch den „Lernentwicklern" klar, dass man Methoden nicht ohne Inhalte lernen kann.

1.2   Unterrichtsentwicklung setzt Personalentwicklung voraus

Wer den Unterricht entwickeln will, muss sich auch selbst entwickeln: Er muss z. B. Schülerfeedback ertragen (vielleicht auch genießen) oder kollegiale Hospitation, mit Öffentlichkeit leben, zumindest mit innerschulischer und auch im Team arbeiten. Das kann unter die Haut gehen. Unterrichtsentwicklung ist also eine Herausforderung an die Person und verlangt nach Personalentwicklung.

Wir wissen aus der Forschung, dass das Handeln von Personen von Skripts und subjektiven Theorien gesteuert wird, die keinem rationalen Plan folgen, sondern durch mancherlei, auch emotionale, biographische Erfahrungen geprägt sind. Blömeke et al. (2003) sowie Groeben et al. (1998) haben diesen Ansatz auf Lehrerhandeln übertragen.

Skripts und subjektive Theorien steuern das Lehrerhandeln. Anderer Unterricht verläuft also nach anderen Skripts und anderen subjektiven Theorien.

Skripts sind ein Ausdruck für die mentale Repräsentation nicht einer Einzelhandlung, sondern einer Handlungsabfolge, die auf eine spezifische Situation ausgerichtet ist und ein spezifisches Ziel verfolgt (vgl. Schank & Abelson, 1977). Skripts werden durch jahrelange Erfahrungen erworben und sind entsprechend schwer zu ändern.

Skripts stellen komplexe Aggregate von handlungsleitenden Kognitionen dar. Dazu gehören allgemeine und spezielle Erwartungen der Lehrer an ihre Schüler, Vorstellungen von Lernprozessen, kausale Interpretationsmuster für die Entstehung erwünschter und unerwünschter Effekte (*Kausalattributionen*), Beurteilungspräferenzen, Komponenten des *professionellen Wissens* sowie *subjektive Theorien* bezüglich des eigenen Handelns.

Subjektive Theorien beruhen nicht notwendig auf wissenschaftlichem Wissen (Lerntheorien u. ä.); im Gegenteil, Lehrpersonen orientieren sich verhältnismäßig selten an den Theorien, die sie im Studium kennen gelernt haben (Groeben et al., 1988). Subjektive Theorien setzen sich aus subjektiven Daten, subjektiven Konstrukten, subjektiven Definitionen und subjektiven Hypothesen zusammen. Sie werden häufig auch implizite (Mini-)Theorien oder auch Alltagstheorien genannt, und die Hypothesen beruhen nicht selten auf Vorurteilen. Es gibt einen engen Zusammenhang zwischen subjektiven Theorien und unterrichtlichem Handeln (vgl. Groeben et al., 1988).

Genauere Kenntnisse über kognitive Strukturen von Lehrpersonen sind deshalb für die Weiterentwicklung von Schule und Unterricht unmittelbar handlungsrelevant. In der Vergangenheit hat sich gezeigt, dass eine Modifikation oder gar eine weitgehende Veränderung von Lehrerhandeln nur schwer möglich ist. Trotz intensiver und eindeutiger Unterrichtsplanungen, die eine neue Handlungsabsicht aufnehmen, kommt es im Unterricht häufig zu anderen Handlungen als beabsichtigt

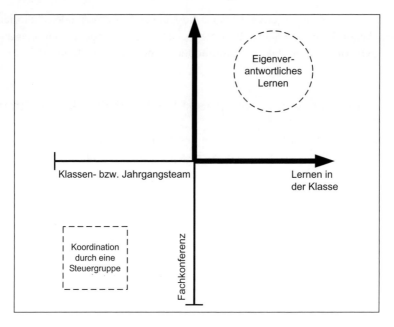

Abb. 2:   Kreuz der Unterrichtsentwicklung

(vgl. Mutzeck, 1988). Bedingungen und Wirkungen erfolgreicher Interventionen sind weitgehend unerforscht; Top-Down-Modelle als Reformansatz zur Veränderung des Lehrerhandelns, die Lehrer als passive Implementatoren verstehen, sind zum Scheitern verurteilt. Das hat nicht zuletzt damit zu tun, dass gewohnte Handlungsabläufe in der unstrukturierten Situation des Unterrichtsalltags Handlungssicherheit geben. „Maßnahmen, die auf Veränderung ausgerichtet sind, können und dürfen daher nur behutsam und in unmittelbarer Anknüpfung an die vorhandenen Handlungsmuster durchgeführt werden, wenn sie Erfolg haben sollen, da sie nur so verknüpft werden können" (Blömeke et al., 2003, 119).

2.   Drei Elemente der Unterrichtsentwicklung

Die Weiterentwicklung von Personalentwicklung und insbesondere Organisationsentwicklung wurde unter dem Begriff „Changemanagement" bekannt. Beim Changemanagement werden drei Ebenen bzw. Phasen unterschieden, die sich vorzüglich für den Entwurf eines Gesamtkonzepts von Unterrichtsentwicklung eignen:
1. Strategie,
2. Struktur und
3. Kultur.

Gemeinhin wird davon ausgegangen, dass die Entwicklung einer Strategie am Anfang stehen solle, dann Strukturumbau oder Strukturaufbau und schließlich Kulturwandel im Mittelpunkt stehe. Auf Unterrichtsentwicklung bezogen bedeutet das, sich zuerst über die Strategie Klarheit zu verschaffen (z. B. erst Methodentraining für alle Lehrpersonen durchzuführen, darauf Festigung und Erweiterung, um Entwicklung des Fachunterrichts anzuschließen, mit Mathe beginnend und dann beispielsweise die Aufgabenkultur und damit die Lehr- und Lernkultur zu verändern). Struktur hieße, Gremien und Zeitgefäße zu einer stabilen Infrastruktur für Unterrichtsentwicklung, Innenarchitektur genannt, zu nutzen bzw. erst zu schaffen und schließlich Leben in die Innenarchitektur zu bringen, was im Folgenden an der Erneuerung des „Handwerkzeuges" und der „institutionalisierten Dauerreflexion" des Unterrichts durch Lehrpersonen konkretisiert werden soll, an zwei Zugängen, die zu den Wichtigsten zu zählen sind.

2.1 Struktur schaffen – Innenarchitektur aufbauen

Basiseinheiten, die für die Schaffung einer tragfähigen Innenarchitektur für Unterrichtsentwicklung infrage kommen, sind:
- Klassenteams
- Jahrgangsteams
- Stufenteams
- Fachteams und/oder
- Bildungsgangteams (in Berufsschulen).

Bei diesen Teams handelt es sich um die ohnehin vorhandenen Arbeitseinheiten der Schulen, die nicht erst neu geschaffen werden müssen. Neugründungen sind aufwändig und bringen zudem die Gefahr von Nebenstrukturen, die nicht zu dem vorhandenen Aufgabenprofil passen.

Es ist eine Frage der (vorgeordneten) Strategie, womit eine Schule beginnt bzw. was eine Schule weiterentwickelt. Es kann sich um das bereits erwähnte Handwerkszeug handeln oder um Unterricht in einem Fach oder etc. In jedem Fall sollten die Basiseinheiten der Innenarchitektur dafür genutzt und die Lehrpersonen den Basiseinheiten zugeordnet sein – am Besten sollte jede Lehrperson in nur einer Basiseinheit aktiv mitarbeiten.

Abbildung 3 zeigt ein reales Beispiel einer solchen Innenarchitektur am Beispiel eines Schweizer Gymnasiums.

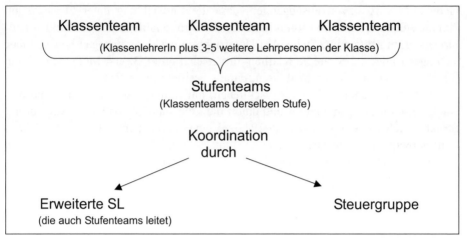

Abb. 3:   „Innenarchitektur" eines Gymnasiums

Aus Abbildung 4 sind die Schritte, die zum Aufbau dieser Innenarchitektur führen, und auch die Strategie zu erkennen, nämlich die UE mit der Schaffung von Klassenteams zu beginnen.

1. Bereich festlegen, in dem der Unterricht weiterentwickelt werden soll
2. Qualitätsziele klären
3. Jedes Klassenteam wählt ein Q-Ziel aus dem Bereich Unterricht aus
4. Jedes Klassenteam bestimmt Kriterien und Indikatoren
5. Jedes Klassenteam plant Unterricht mit dem W-Planungsraster
6. Schulung der Klassenteamleiter in
    – *Führungsfragen*
    – *Moderationmethoden*

Abb. 4:   Ablauf Gymnasium Bäumlihof

2.2 Training des ganzen Kollegiums: Das Handwerkszeug erweitern

Der bisher am weitesten ausgearbeiteten Ansatz von Unterrichtsentwicklung geht auf Klippert (1995) zurück und wurde im Rahmen des Modellvorhabens „Selbstständige Schule NRW" weiter entwickelt (Projektleitung, 2004). Er konzentriert sich wie die meisten Anderen auf die Vermittlung von methodischem Handwerkszeug an Teile bzw. das Ganze des Kollegiums. Dabei geht es im Kern um Training bzw. Qualifizierung, allerdings in systematischer Weise und von einer Steuergruppe, die sich auch um Nachhaltigkeit bemüht, organisiert (vgl. Abb. 3).

Von Madelung und Weisker (2006) stammt die aktuellste Darstellung dieses in Deutschland dominierenden Konzepts von Unterrichtsentwicklung:

Im Mittelpunkt steht ein ständig in der Entwicklung begriffenes Konzept, das sich an ganze Kollegien richtet, die nach und nach in Teams daran teilnehmen. Die Erfahrung hat gezeigt, dass die noch immer üblichen Einzelfortbildungen zumeist keine systematische Wirkung entfalten, die über den Unterricht eines einzelnen Lehrers hinausgeht (vgl. Abb. 3). Die Lehrerinnen und Lehrer arbeiten innerhalb von etwa zwei Jahren in drei aufeinander aufbauenden Fortbildungsbausteinen und anschließend in fachbezogenen Workshops. Ziel ist es, den Erwerb von Schlüsselkompetenzen fächerübergreifend zu systematisieren, um so das Lernen der Schüler(innen) – sowohl bezogen auf fächerübergreifende als auch auf fachbezogene Kompetenzen – zu unterstützen und zu verbessern.

Die von den Lehrkräften in diesen Fortbildungen erworbenen und erprobten Kenntnisse und Strategien sollen in einem zweiten Schritt systematisch in den Fachunterricht übertragen und integriert werden. Die Lernfähigkeit der Schülerinnen und Schüler soll über die Jahrgänge und über die Fächergrenzen hinweg systematisch entwickelt werden; und dies erfordert eine systematische Teamentwicklung im gesamten Kollegium (ebd., 16ff.).

Madelung und Weisker (2006) sehen zu Recht die Gefahr, dass Unterrichtsentwicklung das Steckenpferd einzelner Kolleg(inn)en, Fachgruppen, der Steuergruppe oder der Schulleitung bleibt. Sie betonen demgegenüber die Notwendigkeit, dass das Kollegium mit großer Mehrheit eine Teilnahme an der Fortbildungs- und Entwicklungsarbeit beschließt. Auch die Eltern sollten das Programm mittragen. Wird eine Entscheidung für systematische Unterrichtsentwicklung in den Gremien lediglich durchgewinkt, ist ein Scheitern zu erwarten. Deshalb schlagen Madelung und Weisker (ebd.) die Durchführung eines Orientierungstags vor, bei dem die späteren Fortbildner über das Konzept und seine Implikationen informieren.

So können alle Bedenken, Fragen und Einwände frühzeitig angesprochen und geklärt werden.

Madelung und Weisker machen deutlich, dass das Ziel einer solchen Unterrichtsentwicklung darin besteht, nicht einzelne Unterrichtsstunden methodisch besser zu gestalten oder den Schülern „weitere Lerntechniken beizubringen. Ziel ist vielmehr, den Schüler(innen) eine Entwicklung zum selbstständigen Lernen zu ermöglichen und so die Voraussetzungen für ein lebenslanges Lernen zu legen, und das erfordert ein komplexes, weit über Methodentrainings hinausgehendes Programm" (ebd., 18).

Es geht also letztlich um eine Veränderung der Grammatik von Schule.

Madelung und Weisker weisen darauf hin, dass die Einrichtung einer Steuergruppe von größtem Nutzen ist: „Allein die Anforderungen der Teambildung machen bei der Implementation eine schulische Steuergruppe notwendig. Hinzu kommt: Die Fortbildung aller Lehrer(innen) einer Schule in drei Basismodulen zu überfachlichen Kompetenzen und darauf aufbauenden fachbezogenen Workshops sind über mehrere Jahre hinweg zu organisieren, die Schülertrainings sind zu koordinieren und die Fachlehrer(innen) müssen bei der Pflege des selbstständigen Lernens im Fachunterricht unterstützt werden. Die Erfahrung zeigt, dass dieser Übergang in den Fachunterricht eine wichtige und komplizierte Gelenkstelle ist.

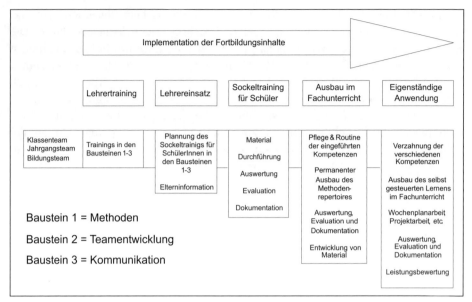

Abb. 5:   Modell systematischen Trainings (Madelung & Weisker, 2006)

Vielen Schulen gelingt es, Schüler-Basistrainings in einigen Stufen einzuführen. Nicht so leicht gelingt es, Schlüsselkompetenzen über alle Jahrgangsstufen hinweg systematisch immer weiterzuentwickeln. Noch schwieriger ist es, Strukturen für die regelmäßige Pflege der Kompetenzen im alltäglichen Unterricht zu etablieren, und das so, dass die Arbeit in den Fächern spürbar davon profitiert. Und mindestens genauso schwierig ist es, immer wieder Lernarrangements zu gestalten, in denen Schüler(innen) ihre Arbeit selbst steuern können, und dafür die angemessenen Aufgaben zu stellen. Manche Steuergruppen der Projektschulen erklären, die Steuerung eines solch komplexen Prozesses sei nicht ohne Coachings zu leisten. Auch eine noch so sorgfältige Ausbildung macht offensichtlich gelegentliche Hilfe von außen nicht überflüssig" (Madelung & Weisker, 2006, 19).

2.2.1   Stärken und Schwächen

Die Stärke dieses Ansatzes liegt in der Verknüpfung mit Schulmanagement. Unterrichtsentwicklung als systematisches Training des Handwerkszeugs ist nötig. Auch der Fokus dieses Ansatzes, eigenverantwortliches Lernen von Schülerinnen und Schülern ist stimmig. Aber der Ansatz ist verkürzt. Er muss in der Struktur stabilisiert und reflektiert werden.

Es kommen zu kurz:
- die inhaltliche, d. h. fachliche Auseinandersetzung
- der Aufbau einer Innenarchitektur für Nachhaltigkeit
- die Selbstreflexion
- die Arbeit an mentalen Modellen

2.3 Kulturwandel: Professionelle Lerngemeinschaften einrichten

Als geeignete „Gefäße" für organisationales Lernen erweisen sich immer mehr sogenannte Professionelle Lerngemeinschaften (PLGs) von Lehrerinnen und Lehrern (vgl. Rolff, 2002). Nach Forschungsberichten aus den USA (vgl. zusammenfassend Bonsen & Rolff, 2006) sind sie besonders effektiv für schulische Personalentwicklung und das Lernen der Schüler zugleich. Sie verbinden und vereinigen wie wohl kein anderer Ansatz das Lehrerlernen mit dem Schülerlernen bzw. Personalentwicklung mit Unterrichtsentwicklung.

Mit PLGs werden engagierte Arbeitsgruppen in Schulen oder produktive Fach- oder Jahrgangskonferenzen bezeichnet, aber auch ganze Kollegien im Aufbruch oder eben auch umfassende Netzwerke mehrerer innovativer Schulen.

Der Begriff droht zu diffundieren. Deshalb wird hier vorgeschlagen, von den folgenden fünf Bestimmungskriterien auszugehen:

1. Gemeinsame handlungsleitende Ziele
2. Zusammenarbeit und Kooperation
3. Fokus auf Lernen statt auf Lehren (wie eingangs ausgeführt)
4. Deprivatisierung der Unterrichtspraxis (im Sinne der Herstellung einer schulinternen Öffentlichkeit)
5. Reflektierender Dialog (im Sinne von Schön (1983), dabei zielorientiert und datengestützt)

Gemeinschaften sind immer auch Wertegemeinschaften. Nicht alle Werte werden geteilt, denn dann würde es sich um „totale Institutionen" (Goffman, 1981) handeln, aber einige Schlüsselwerte wohl. Bei PLGs kommen vor allem Hilfe-Kultur und Fehlertoleranz als Schlüsselwerte in Frage bzw. die Einstellung, Fehler nicht als zu tabuisierendes Missgeschick, sondern als Chance zum Lernen zu betrachten.

Unter *Gemeinschaften* ist eine Gruppe von Menschen zu verstehen, die durch gemeinsames Fühlen, Streben und Urteilen verbunden sind. Sie sind personenzentriert und befriedigen Bedürfnisse wie Vertrauen, Fürsorge, Anteilnahme, Besorgtheit sowie Bindung, Verpflichtung und Verbindlichkeit.

Professionalität bedeutet qualifizierte Ausbildung und Orientierung an hohen Standards der Berufsausübung, die zumeist von einer Berufsorganisation gesichert werden, sowie Interesse an Weiterqualifikation.

Die Kombination von Gemeinschaft und Professionalität geht davon aus, dass berufliches Lernen in Zeiten turbulenten Wandels immer auch experimentelles Ausprobieren von Neuem bedeutet, deshalb mit Risiken behaftet ist, sich diskontinuierlich vollzieht und dabei gelegentlich Krisen unvermeidbar sind, weshalb es mit einem Kontinuität und Solidarität verbürgenden stabilen Rahmen verbunden sein sollte.

Die Notwendigkeit, die eigene Unterrichtspraxis fortlaufend zu reflektieren und gegebenenfalls zu verändern, liegt im professionellen Anspruch der Lehrertätigkeit begründet. Sowohl die Erziehungswissenschaft als auch die Fachwissenschaft produzieren ständig neues „technologisches" Wissen oder diskutieren neue Standards, weshalb sich die Angehörigen der Profession über aktuelle Entwicklungen auf dem Laufenden halten müssen. Da ein abgelaufenes Studium nicht Garant für ein längerfristig aktuelles und umfassendes „Professionswissen" von Lehrkräften sein kann, ist – wie in anderen Berufen auch – das fortwährende *Lernen* unabding-bar. (Weiter-)Lernen und stetiges Üben sowie systematische Reflexion werden im Konzept der PLG als Grundlage für kontinuierliche Verbesserungsarbeit betrachtet. Diese Form des Lernens können Lehrerinnen und Lehrer im Schulalltag kaum als Einzelkämpfer, also nicht isoliert voneinander realisieren.

Es liegt nahe, dass Mitglieder einer PLG sich auf Beispiele eigener Unterrichts-praxis besinnen, die sie sich gegenseitig vorstellen und auf mutmaßliche Folgen für das Lernen der Schüler hin überprüfen. Das bedeutet auch einen Einstieg in Unterrichtsevaluation, die im gelungenen Fall zur Dauereinrichtung wird. Zu nen-nen wäre ferner:

PLGs könnten auch Orte für fachbezogene kollegiale Beratung sein, wobei der Reihe nach einzelne Unterrichtsbeispiele beraten werden, die entweder problembe-laden sind oder sich als Modell für weiterentwickelten Unterricht eignen. In dem Maße, wie sich derartige Beratungsverhältnisse verdichten, entsteht eine Bezie-hungsform, die als gegenseitiges Coaching verstanden werden kann.

Wenn PLGs dauerhaft und nachhaltig wirken sollen, benötigen sie eine insti-tutionelle Basis. Doch worin könnte diese bestehen? In den USA werden PLGs meist auf das Ganze eines Lehrerkollegiums bezogen („school-wide professional community") wiewohl man gelegentlich auch von „communities within schools" spricht. In der Tat ist das ganze Kollegium zumeist zu groß, um die für die Arbeit in PLGs nötige Überschaubarkeit und Solidarität zu gewähren. Außerdem müssen direkte Zusammenarbeit und reflexive Dialoge organisierbar sein. Auf die Frage, welche Strukturen innerhalb der Einzelschule für die Arbeit von PLGs genutzt werden können, hat die Schultheorie bislang keine Antwort. Zur Beantwortung dieser Frage müssen zunächst die Zielgruppen für die Arbeit in PLGs gesucht bzw. die schon vorhandenen innerschulischen Arbeitsstrukturen geklärt werden. Es muss also eine „Innenarchitektur" (aus Klassenteams, Fachkonferenzen, usw.) vorhanden sein bzw. geschaffen werden, damit PLGs nachhaltig arbeiten können.

3. Reflektorische Unterrichtsentwicklung (RUE) als Strategie

Die Schule ist eine personenbezogene Organisation. Unterricht spielt sich in der Interaktion von Lehrern und Schülern ab. Ohne überzeugende Lehrpersonen kann es keinen überzeugenden Unterricht geben. Der pädagogische Prozess ist im Kern ein zwischenmenschlicher, er beruht mehr als andere Interaktionszusammenhänge auf persönlicher Begegnung. Insofern ist es keine Phrase, wenn Pädagogen immer wieder betonen, dass im Mittelpunkt der Schule lebendige Menschen stehen, in erster Linie die Schüler/innen sowie die Lehrpersonen. Deshalb ist es plausibel, die Reflexion über Veränderung des Handelns der in den Schulen handelnden Per-sonen zum konstitutiven Bestandteil von Unterrichtsentwicklung zu machen. Lehr-personen werden dann zu reflektierenden Praktikern.

3.1 Das Modell von D. Schön (1987)

Die Idee und das Konzept des reflektierenden Praktikers gehen auf Donald Schön (1987) zurück. Seine Ausgangsfrage lautete ganz allgemein: Wie müssen Wissen und Handlung zusammenspielen, damit professionelle Praktiker/-innen die komplexen Situationen beruflicher Praxis bewältigen können?

Schön (ebd.) unterscheidet sein Modell professioneller Praxis vom „Modell technischer Rationalität", das klare, unzweifelhafte Ziele und feststehende Arbeitsbedingungen voraussetzt. Diese Anforderungen sind nur bei einfachen und repetitiven Aufgaben gegeben. Die Mehrzahl der Situationen professioneller Praxis ist jedoch im Gegenteil komplex, ungewiss, mehrdeutig, einzigartig und von Wert- und Interessenkonflikten geprägt.

Schön hat seine eigene Antwort auf die Frage nach der Charakteristik komplexer Handlungen aus der Analyse von Fallstudien hoch qualifizierter praktischer Tätigkeit (z.B. von Architekten, Psychotherapeuten, industriellen Entwicklern usw.) gewonnen, wobei er zu folgenden Ergebnissen gekommen ist:

- *Problemdefinition*: Schön (ebd.) betont zunächst die Bedeutung der Problemdefinition im Expertenhandeln: Praktiker/-innen wenden nicht einfach fixes Wissen zur Problemlösung an, weil komplexe Situationen gerade dadurch definiert sind, dass das „Problem" als solches gar nicht klar ist. Sie müssen das Problem gleichsam finden, definieren – und das in ökonomischer Weise zu können, macht eine der spezifischen Qualitäten des Handelns kompetenter Praktiker/-innen aus.
- *Vorläufigkeit, Prozesshaftigkeit und Evaluation*: Diese erste Problemdefinition ist aber üblicherweise noch nicht der Weisheit letzter Schluss. Erfolgreiche Praktiker/-innen beobachten ihre problemlösende Handlung. Sie versuchen die Handlungserfahrungen auszuwerten, um ihre Problemdefinition weiterzuentwickeln. Dadurch haftet dem Praktikerwissen eine typische Vorläufigkeit und Prozesshaftigkeit an.
- *Local knowledge*: Gerade erfolgreiche Praktiker/-innen haben nach Schöns Untersuchungen die Fähigkeit, aus ihren Handlungserfahrungen ‚lokales Wissen' gleichsam auszufiltern. Sie bauen einen speziellen Erfahrungsschatz auf, der ihnen hilft, die Probleme ihres Berufsbereichs kompetent und situationsbezogen anzugehen. Dieses Praktikerwissen ist in seinem Kern *bereichspezifisches Wissen* oder „*local knowledge*" und nicht mit der Struktur der wissenschaftlichen Theorien, die für diesen Praxisbereich Aussagen liefern, identisch. Es besteht nicht allein aus generell-formalen Kompetenzen, nicht allein aus kognitiven Werkzeugen, mit denen man alle Probleme unabhängig vom Realitätsbereich lösen könnte. Es lässt sich daher auch nicht leicht oder ohne kognitive Anstrengung auf andere Bereiche übertragen. Die von der Universität kommenden Neulinge haben oft ein universales Wissen der jeweiligen wissenschaftlichen Disziplin. Die Kategorisierungen von Praktiker/-inne/n sind jetzt nicht an der Struktur der Disziplin ausgerichtet, sondern an den praktischen Anforderungen ihrer Arbeit (nach Altrichter, 2001). Wissenschaft muss also ständig in die Praxis übersetzt und Praxis vor dem Hintergrund wissenschaftlicher Theorien interpretiert werden.

Es gilt sich klarzumachen, dass Praktiker, um die komplexen Situationen beruflicher Praxis qualifiziert zu meistern, über die Fähigkeit zur Reflexion *in* der Handlung (*reflection-in-action*) verfügen müssen. Das bedeutet, sie müssen auf die Spezifität der sich entwickelnden Situation und ihrer eigenen Handlung reflektieren können, auch ohne aus dem Handlungsfluss herauszutreten. Sie tun dies mit Hilfe eines Repertoires von Fallbeispielen, Bildern, Analogien, Interpretationen und Handlungen, oft ohne ihre interaktiven Reflexionsergebnisse nachträglich mühelos verbalisieren zu können.

Für volle professionelle Kompetenz sind jedoch nach Schön (1987) zwei weitere Handlungstypen notwendig: Im Zentrum steht die Kompetenz zu Reflexion-in-der-Handlung. Doch ist diese in – üblicherweise – nicht begleitend reflektierte Routinen eingebettet. Sie muss deshalb durch *reflection-on-action* (entspricht unserem alltäglichen Begriff von distanzierter, aus der Handlung heraustretender Reflexion) ergänzt werden, soll ein größeres Problem gelöst oder das eigene Wissen im Gespräch mit Kolleginnen und Kollegen formuliert werden.

Besonders nützlich, wenn nicht notwendig, ist deshalb die Sammlung von Daten über die Handlung, die eine objektivierte, z.T. herausfordernde Basis für die Reflexion der eigenen Routinen schaffen. Nur wer fortlaufend überprüft, wo er steht, was er oder sie erreicht hat und was nicht, kann sein Lernen selber steuern, bleibt auf Dauer überhaupt lernfähig.

Die eigene Praxis zu reflektieren ist nicht leicht. Es setzt den Willen voraus, offen und ehrlich zu sein, sowie eine Bereitschaft zur Überprüfung der mentalen Modelle. Die Lehrkräfte können ihre eigene Praxis oft nur anhand persönlicher Eindrücke im geschäftigen Klassenzimmer einschätzen. Zur Reflexion der Arbeit sind indes aussagekräftigere Daten nötig. Dazu sollte man z.B. sorgfältig ein Feedback der Schüler/-innen einholen und dieses auswerten. Man kann aber auch andere Perspektiven einbeziehen, z.B. durch kollegiale Fallberatung oder gegenseitige Hospitation.

Reflexion fällt deshalb nicht leicht, weil sie Fähigkeiten und Einstellungen verlangt, die normalerweise von Lehrkräften nicht gefordert werden. Unterrichten verlangt eher nach schneller Handlung, nach Extrovertiertheit: Man muss Selbstvertrauen haben und sich einer Sache sicher sein. Reflexion verlangt demgegenüber, introvertiert zu sein, sich selbst infrage zu stellen und Unsicherheit zuzugeben. Deshalb müssen ein geschützter Raum und eine Art Ethik der Evaluation geschaffen werden. Dies ist Schulleitungsaufgabe.

Evaluation muss sich vor allem auf die Lernstände der Schüler/-innen beziehen. Aber diese ist umso leichter durchzuführen, je mehr die Lehrkräfte bereit sind, sich selber zu evaluieren bzw. evaluieren zu lassen. Zudem ist zu beachten, dass die Verbesserung von Unterrichtsqualität nicht einfach verfügt und auch nicht ad hoc hergestellt werden kann; sie ist vielmehr das Ergebnis einer Entwicklung, in der sich organisationales und individuelles Lernen verschränken und bei der die unterschiedlichen Lernbiografien der beteiligten Personen einen nicht zu vernachlässigenden Einfluss ausüben.

Unterrichtsentwicklung basiert auch auf organisationalem Lernen; die Lehrkräfte einer Schule müssen sich über ihre Vorstellungen von Unterricht verständigen, die für ihre Realisierung notwendigen Schritte vereinbaren und die Kriterien definieren, anhand derer sie den Erfolg ihrer gemeinsamen Anstrengungen messen wollen. Organisationales Lernen im Hinblick auf Unterricht hat dann erfolgreich stattgefunden, wenn es innerhalb eines Kollegiums kollektiv geteilte Vorstellungen darüber gibt, wie Unterricht sein soll, wenn die von den Lehrkräften praktizierten Formen des Unterrichts möglichst weitgehend mit den gemeinsamen Vorstellungen übereinstimmen und wenn es überdies Regularien dafür gibt, Abweichungen von den gemeinsamen Leitvorstellungen produktiv zu bearbeiten.

Unterrichtsentwicklung als organisationales Lernen kann gleichwohl auf individuelles Lernen von Lehrerinnen und Lehrern nicht verzichten. Allerdings greifen solche Konzepte zu kurz, die davon ausgehen, allein schon durch die Verbreitung von *Kenntnissen* über neue oder andere Unterrichtsmethoden die *unterrichtliche* Praxis in den Schulen nachhaltig zu verändern.

An der Schnittstelle zwischen praktischem Handeln und theoretischer Reflexion ist der größte Lernzuwachs zu erwarten.

Die meisten Lehrpersonen haben ein bestimmtes Bild von Unterricht im Kopf, auch wenn sie sich dessen nicht unbedingt bewusst sind. Für das unterrichtliche Handeln spielen diese individuellen Bilder eine wichtige Rolle, weil sich an ihnen die Aufbereitung des Unterrichtsgegenstandes, die Wahl der Methoden, die Art der Kommunikation mit den Schülern, die Organisation der Arbeitsabläufe, kurzum die spezifische Form der Inszenierung von Unterricht orientiert. Bilder von Unterricht sind wesentlicher Bestandteil der mentalen Modelle (Senge, 1996), die aus Alltags- oder subjektiven Theorien bestehen und die Programme enthalten, welche die Unterrichtverläufe steuern!

- Der Unterricht kann z. B. nach dem Muster einer „Museumsbesichtigung" inszeniert werden. Museale Welten des Wissens und Könnens, der wissenschaftlichen, technischen und ästhetischen Kultur werden den neugierig zuschauenden oder schon lange übermüdeten und übersättigten Schülerinnen und Schülern vor Augen geführt.
- Der Unterricht kann als Autobahn verstanden werden, die rasch und ohne Umwege zum Lernerfolg führt.
- Der Unterricht kann auch wie in einer „Lernwerkstatt" erarbeitet werden. Lehrer/-innen und Schüler/-innen produzieren, experimentieren, vergleichen, organisieren; sie bauen Modelle, Theorien und Hypothesen; sie hantieren in Sprach-, Bilder- und Symbolwerkstätten.

Bilder von Unterricht, die das jeweilige Inszenierungsmuster beeinflussen, sind u.a. in der Lernbiographie der Lehrer/-innen begründet. Dabei können sich Bilder als Bestätigung selbst erfahrenen Unterrichts oder auch als Gegenbilder hierzu konstituieren. In beiden Fällen besitzen sie große normative Kraft. Unterrichtsentwicklung, die ja immer auf Veränderung bestehender Unterrichtspraxis angelegt ist, muss die individuellen Bilder von Unterricht in ihr Kalkül einbeziehen, da sie das Regulativ dafür darstellen, was die handelnden Personen an Veränderung und Entwicklung zulassen wollen und können. So werden die meisten Lehrpersonen z. B.

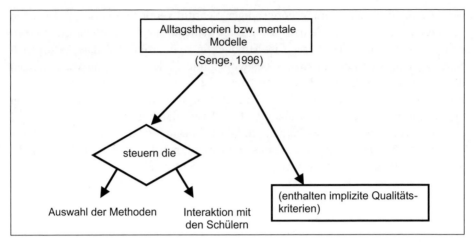

Abb. 6:   Alltagstheorien und mentale Modelle

ihr Methodenrepertoire nur um solche Elemente erweitern, die sich in ihr individuelles Bild von Unterricht einfügen lassen. Dies ist eine der Ursachen dafür, dass
z. B. die Kenntnis neuer Methoden noch nicht selbstverständlich zu ihrer Anwendung führt. Die Wirkung der Unterrichtsbilder als Regulativ ist besonders stark,
wenn deren Existenz nicht ausdrücklich bewusst ist und daher auch nicht planvoll
verändert werden kann.

Als Folge für die Unterrichtsentwicklung stellt sich daher die Aufgabe, die
in einem Kollegium existierenden impliziten Bilder von Unterricht explizit zu
machen, um sie dadurch einer Bearbeitung und gegebenenfalls auch einer Veränderung zugänglich zu machen. Dies ist auch deswegen notwendig, weil die Bilder
einer größeren Zahl von Lehrpersonen nicht naturwüchsig miteinander übereinstimmen. Wenn sich aber die Qualität unterrichtlicher Arbeit in einer Schule auch
an einem hohen Grad von Übereinstimmung in pädagogischer Hinsicht bemisst,
müssen auch die Unterrichtsbilder verhandelbar gemacht werden. Ein hierfür
geeignetes Verfahren ist die Metaphern-Übung.

Die Arbeit an den Metaphern erfolgt in vier Schritten (nach Horster, 1995):

1. Metaphern *formulieren*: Unterricht sollte sein wie z. B. Museumsbesichtigung
   oder Lernwerkstatt oder Autobahn
2. Metaphern *analysieren*: Konsequenzen der Bilder vom Unterricht
3. Metaphern *vergleichen*: Die individuellen Bilder vom Unterricht mit einem
   „offiziellen Bild"
4. Sich auf gemeinsame Bilder von Unterricht *verständigen*

Die Metaphern-Übung macht deutlich: Unterrichtsentwicklung beginnt im Kopf.

„Unterricht solle sein wie …"

Intentionen der Metaphernübung:

- die eigenen alltagstheoretischen Vorstellungen von Unterricht explizit machen,

- auf die Verschiedenheit der Vorstellungen von Unterricht aufmerksam werden,

- die Implikationen der Bilder von Unterricht im Hinblick auf die Unterrichtsgestaltung erkennen,

- auf die Revisionsbedürftigkeit der eigenen Bilder von Unterricht aufmerksam werden, die eigenen Bilder von Unterricht mit einem „offiziellen" Bild von Unterricht abgleichen.

Abb. 7: Metaphernübung

5. Kreislauf reflektorischer Unterrichtsentwicklung

Zum Abschluss geht es darum, die dargelegten Elemente von Unterrichtsentwicklung zusammenzufügen zu einem komplexen Ansatz, der davon ausgeht, dass Unterrichtsentwicklung nur im Rahmen von Schulentwicklung gelingen kann. Anders ist die „Grammatik von Schule" nicht aufzuweichen, und nur im Rahmen von Schulentwicklung kann die zentrale Rolle berücksichtigt werden, die Personen und deren mentale Modelle bei der Unterrichtsentwicklung spielen.

Schulentwicklung ist ein systematischer Prozess, der das Ganze der Schule betrifft und der sich in Schritten vollzieht.

Die Frage, wie und in welchen Schritten Unterrichtsentwicklung praktisch realisiert werden kann, ist leitend für die Organisation der Arbeit in der einzelnen Schule vor Ort, wenn es darum geht, die relativ globalen Vorgaben von Lehrplan, Richtlinie und Rahmenkonzepten zu konkretisieren. Dabei sind fünf Basisprozesse zu unterscheiden (vgl. Horster & Rolff, 2001, 66ff.).

Bei der Schulentwicklung handelt es sich generell um
- das Sammeln von Daten,
- das Klären und Vereinbaren von Zielen,
- die Überprüfung und Anpassung der zur Verfügung stehenden Mittel,
- die Planung und Umsetzung des Entwicklungsvorhabens sowie
- die Evaluation des Entwicklungsprozesses und seiner Ergebnisse.

Konkretisiert man diese Basisprozesse im Hinblick auf Unterrichtsentwicklung (vgl. Abb. 8), so geht es darum,
- im Basisprozess „Sammeln von Daten" die mentalen Modelle des Kollegiums zu erheben, um sich einen Eindruck davon verschaffen zu können, welche

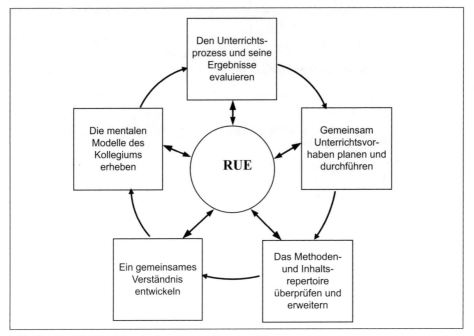

Abb. 8:   Kreislauf reflektorischer Unterrichtsentwicklung

unterschiedlichen Bilder von Unterricht im Kollegium existieren und in der alltäglichen Praxis die pädagogische Arbeit steuern,
*   im Basisprozess „Klären und Vereinbaren von Zielen" aus den unterschied-
    lichen Bildern von Unterricht ein gemeinsames Bild zu entwickeln und die
    Indikatoren zu verabreden, an denen man die Realisierung dieses Bildes able-
    sen kann,
*   im Basisprozess „Überprüfen und Anpassen der zur Verfügung stehenden Mit-
    tel" das im Kollegium etablierte Methodenrepertoire zu sichten und im Hin-
    blick auf das vereinbarte Bild von Unterricht zu erweitern sowie die Aufberei-
    tung der fachlichen Inhalte auf ihre Passung zum vereinbarten Bild von Unter-
    richt zu überprüfen,
*   im Basisprozess „Planung und Umsetzung des Entwicklungsvorhabens"
    gemeinsam Unterrichtsvorhaben zu planen und durchzuführen, die dem im
    Kollegium verabredeten Bild von Unterricht entsprechen und sich an den hier-
    für besonders tauglichen Inhalten und Methoden orientieren,
*   im Basisprozess „Evaluation des Entwicklungsprozesses und seiner Ergebnisse"
    die gemeinsame Arbeit an neuen Unterrichtsvorhaben und deren Ergebnisse mit
    dem Blick auf weitere Revisionserfordernisse zu überprüfen.

Der zuletzt genannte Aspekt lässt erkennen, dass Unterrichtsentwicklung sich nicht
in einem linearen Ablauf mit einem definierten Anfang- und Endpunkt realisiert,
sondern in einem Kreislauf, der die schulische Praxis kontinuierlich begleitet.
    Abbildung 8 soll diesen Sachverhalt verdeutlichen. Sie stellt einen Kreislauf
dar. Dies soll verdeutlichen, dass Reihenfolgen vorgesehen, aber nicht vorge-

schrieben sind. Unterrichtsentwicklung könnte man aus systematischen Gründen beginnen mit dem Basisprozess „Die mentalen Modelle des Kollegiums erheben" und fortgeführt werden mit „Ein gemeinsames Verständnis entwickeln" über „Das Methoden- und Inhaltsrepertoire überprüfen und erweitern", „Gemeinsam Unterrichtsvorhaben planen und durchführen" fortgesetzt werden bis zu „Den Unterrichtsprozess und seine Ergebnisse evaluieren".

Diese Reihenfolge ist jedoch keineswegs zwingend für den Prozess der Unterrichtsentwicklung. Prinzipiell kann man mit jedem der fünf Basisprozesse beginnen. So kann etwa ein Kollegium anfangen, indem es zunächst mit der Formulierung von Vergleichsaufgaben beginnt, um einen Quervergleich fachlicher Leistungen in einer Jahrgangsstufe zu ermöglichen. In diesem Fall bildete der Basisprozess „Den Unterrichtsprozess und seine Ergebnisse evaluieren" den Ausgangspunkt. Vielleicht hat aber ein Kollegium beschlossen, sich mit neuen Unterrichtsmethoden vertraut zu machen. Dies könnte den Einstieg bilden in den Basisprozess „Das Methoden- und Inhaltsrepertoire überprüfen und erweitern".

Gleich an welcher Stelle der Prozess der Unterrichtsentwicklung seinen Anfang nimmt, wird sich bei den beteiligten Lehrpersonen mit der Zeit das Bestreben einstellen, auch die anderen Basisprozesse zu durchlaufen, um eine wirksame und nachhaltige Änderung pädagogischer Praxis etablieren zu können.

Hinsichtlich der Institutionalisierung reflektorischer Unterrichtsentwicklung ist es nahe liegend, Zug um Zug Professionelle Lerngemeinschaften einzurichten. Man kann dabei mit Jahrgangs-, aber auch mit einzelnen Fachkonferenzen beginnen, um nach mehreren Jahren zu erreichen, dass jede Lehrperson in einer Professionellen Lerngemeinschaft bei der Unterrichtsentwicklung mitwirkt.

Zu Beginn aber sollte sich ein Kollegium mit seinen Ansprüchen an Unterrichtsentwicklung nicht überfordern. Es sollte sich unter realistischen Bedingungen erreichbare Ziele setzen und mit relativ kleinen Schritten starten. Ein Misserfolgserlebnis zu Beginn eines Entwicklungsprozesses könnte von weiteren Bemühungen abschrecken. Die im Zusammenhang mit den fünf Basisprozessen vorgestellten Schritte und Inhalte sind so angelegt, dass sie auf verschiedenen Ebenen und in unterschiedlichen Reichweiten genutzt werden können.

So ist es denkbar, dass
*   sich einzelne Lehrpersonen von Methodenbeispielen anregen lassen, um individuell ihren Unterricht variantenreicher zu gestalten,
*   zwei bis drei Lehrpersonen sich zu einem Hospitationszirkel zusammenschließen, um sich gegenseitig Feedback über ihren Unterricht zu geben,
*   die Mitglieder der Stufenkonferenz Vereinbarungen treffen über die Vermittlung von Lernstrategien in den unterschiedlichen Fächern dieser Jahrgangsstufe,
*   die Mitglieder einer Fachkonferenz sich über Inhalte ihres Faches im Sinne „offener und authentischer Probleme" verständigen oder den inhaltlichen Modernisierungsbedarf ihres schulinternen Curriculums überprüfen oder
*   die Mitglieder einer Bildungsgangkonferenz gemeinsam eine Unterrichtsplanung im Sinne eines fächerverbindenden Projektes vornehmen,

um dann auf dieser Erfahrungsgrundlage zu entscheiden, ob und wie sie im Prozess der Unterrichtsentwicklung weiterarbeiten wollen. Jeder dieser Schritte scheint geeignet, die „Grammatik der Schule" zu lockern und die mentalen Modelle wenigstens ein Stückchen weiter aufzuklären. Dass das nicht im Alleingang, sondern nur im Miteinander geschehen kann, liegt auf der Hand. Und dass Unterrichtsentwicklung ein aufwändiger und langwieriger Prozess ist, wurde schon dargelegt:

Aber so schwierig ist das alles auch wieder nicht!

Wenn Lehrpersonen beginnen, systematisch *über ihren Unterricht zu reden,* handeln sie als reflektierende Praktiker!

Literatur

Altrichter, H. (2001). The Reflective Practitioner. *Journal für Lehrerinnen- und Lehrerbildung,* 1 (2), 56-60.
Bastian, J. & Rolff, H.G. (2001). *Vorabevaluation von „Schule und Co".* Gütersloh: Bertelsmann-Stiftung.
Blömeke, S., Eichler, D. & Müller, C. (2003). Rekonstruktion kognitiver Strukturen von Lehrpersonen. *Unterrichtswissenschaft,* 31 (2), 103-121.
Bonsen, M. & Rolff, H.-G. (2006). Professionelle Lerngemeinschaften von Lehrerinnen und Lehrern. *Zeitschrift für Pädagogik,* 52 (2), 167-184.
Groeben, N., Sclee, J. & Wahl, D. (1988). *Das Forschungsprogramm Subjektive Theorien.* Tübingen: Francke.
Goffman, E. (1981). *Asyle. Über die soziale Situation psychiatrischer Patienten und anderer Insassen.* Frankfurt am Main: Suhrkamp.
Horster, L. (1995). *Störungen bearbeiten. Der schulinterne Entwicklungsprozess als Störpotential.* Bönen: Verlag für Schule und Weiterbildung
Horster, L. & Rolff, H.G. (2001).*Unterrichtsentwicklung: Grundlagen einer reflektorischen Praxis.* Weinheim: Beltz.
Klippert, H. (1995). *Methodentraining. Übungsbausteine für den Unterricht.* Weinheim: Beltz.
Klippert, H. (2001). *Eigenverantwortliches Arbeiten und Lernen. Bausteine für den Fachunterricht.* Weinheim: Beltz.
Madelung, P. & Weisker, K. (2006). Unterrichtsentwicklung – Problemzonen und Entwicklungsmöglichkeiten. *Pädagogik,* 58 (3), 16-19.
Mutzek, W. (1988). *Von der Absicht zum Handeln. Rekonstruktion und Analyse subjektiver Theorien.* Weinheim: Studienverlag.
Prenzel, M. (2001). Konzeption, Arbeitsthemen und bisherige Ergebnisse des Programms Sinus. In BMBF (Hrsg.), *Timss-Impulse für Schule und Unterricht.* Bonn: Bundesministerium für Bildung und Forschung.
Projektleitung (2004). *Lehren und Lernen für die Zukunft. Projekt „Selbstständige Schule".* Gütersloh: Bertelsmann-Stiftung.
Realschule Enger (2001). *Lernkompetenzen I und II.* Berlin: Cornelsen/Scriptor.
Rolff, H.G. (2002). Professionelle Lerngemeinschaften. In H. Buchen, L. Horster & H.-G. Rolff (Hrsg.), *Schulleitung und Schulentwicklung.* Berlin: Raabe.
Schank, R. C. & Abelson, R. P. (1977). *Scripts, Plans, Goals and Understanding.* Hillsdate, N.Y.: Erlbaum.
Schön, D. A. (1983). *The Reflective Practitioner.* New York: Basic Books.
Schön, D. A. (1987). *Educating the Reflective Practitioner.* San Francisco: Jossey-Bass.

Senge, P. (1996). *Die fünfte Disziplin*. Stuttgart: Klett-Cotta.

Tschekan, K. (2002). Guter Unterricht und der Weg dorthin. In H. Buchen, L. Horster & H.G. Rolff (Hrsg.), *Schulleitung und Schulentwicklung*. Berlin: Raabe.

Tyack, D. & Tobin, W. (1994). The „Grammar"of Schooling: Why has it been so hard to change? *American Educational Research Journal,* 31 (3), 453-479.

Hanna Kiper

Diskurse zur Unterrichtsentwicklung – eine kritische Betrachtung

Einleitung

Spätestens seit der Veröffentlichung der Studie „Zukunft der Bildung – Schule der Zukunft" (1995) wurde neu und anders über die Schule, ihre Leistungen und die Qualität ihrer Arbeit und wie sie gesteuert und optimiert werden kann, nachgedacht. Als Ansatzpunkte wurden oftmals Unterrichtsentwicklung, Personalentwicklung und Organisationsentwicklung erörtert. In diesen Debatten gelang es, organisationstheoretisches Wissen für die Herausbildung eines Verständnisses der Schule *auch* als Dienstleistungsunternehmen fruchtbar zu machen und Strukturen und Arbeitsabläufe kritisch in den Blick zu nehmen.

Die zu leistende Aufgabe besteht darin, organisationales Wissen mit didaktischem resp. unterrichtstheoretischem Wissen zu verknüpfen und solche Arbeitspläne als Handlungspläne aufzustellen, die dabei helfen, Ziele zu definieren und Wege zur Zielerreichung (Problemlösung) vorzudenken, zu gehen und auf ihre Erfolge hin zu überprüfen. Wenn eine Kernkompetenz der Lehrkräfte darin besteht, Problemlöseprozesse zu entwickeln, die dabei helfen, Lernprobleme der Schülerinnen und Schüler zu bewältigen, müssen Theorien des Unterrichts dabei helfen, detaillierte Modelle der zu lösenden Inhalts- und Lernprobleme im Kontext von Unterricht zu bearbeiten, d.h. zu planen, durchzuführen und zu überprüfen (vgl. Mischke, 2007).

Im Folgenden soll zunächst der Niedersächsische Orientierungsrahmen Schulqualität auf sein Verständnis von Unterrichtsqualität überprüft werden (1). Anschließend werden verschiedene konzeptionelle Ideen über Unterricht und Unterrichtsentwicklung vorgestellt, die in diesen Orientierungsrahmen Schulqualität eingingen. Sie sind kritisch zu prüfen. Dazu werden Konzeptionen von Unterricht (2), reformpädagogische Ideen zur Rolle der Lernerinnen und Lerner (3) und Impulse der KMK (4) herangezogen und untersucht. Es wird ein Hinweis auf eine integrative Theorie des Unterrichts gegeben, die hilft, mentale Modelle über die zu organisierenden Lernprozesse der Schülerinnen und Schüler zu entwickeln (5). Abschließend wird diskutiert, welche Wissensbestände Lehrkräfte heute benötigen, wenn der Kern ihres professionellen Selbst darin besteht, dass sie Fachleute für das Lehren und Lernen sind (6).

1.   Unterrichtsqualität als Bestandteil von Schulqualität

Im Niedersächsischen Orientierungsrahmen Schulqualität wird ein *Rahmenmodell für Schulqualität* vorgestellt. Dabei wird Schulqualität mehrfach dimensioniert, nämlich

1. Ergebnisse und Erfolge
2. Lernen und Lehren
3. Schulkultur
4. Schulmanagement
5. Lehrerprofessionalität
6. Ziele und Strategien der Schulentwicklung (vgl. Niedersächsischer Orientierungsrahmen Schulqualität in Niedersachsen, 2006, 9)

Innerhalb dieses *Rahmenmodells* wird der Blick auf die *Input- und Strukturqualität*, die *Prozessqualität*, die *Ergebnisqualität* und das *Umfeld der Schule* gerichtet. Wenn wir aus diesem Bereich die Frage nach dem *Lehren und Lernen* und hier nach der Qualität des Unterrichts herausgreifen, wird – mit Blick auf die *Ergebnisse* – die Frage nach den Lern- und Leistungsergebnissen, nach den erworbenen Kompetenzen und nach den Schulabschlüssen und der Einmündung in den weiteren Bildungsweg ebenso aufgeworfen wie die Fragen nach der Zufriedenheit der Beteiligten. Mit Blick auf die *Prozesse im Unterricht* und ihre Qualität stellt sich die Frage nach dem systematischen Wissensaufbau durch ein schuleigenes Curriculum, nach klaren Leistungsanforderungen, nach der Förderung der Persönlichkeitsentwicklung der Schülerinnen und Schüler durch Unterricht und nach der individuellen Förderung und Unterstützung. Der Qualitätsrahmen in der Fassung vom Juni 2006 will Schulqualität dimensionieren, Anregungen für eine Bestandsaufnahme in der eigenen Schule und für die Entwicklung von Zielsetzungen, Planung von Maßnahmen und Kontrolle ihres Erfolgs geben. Er versteht sich als Arbeitsgrundlage für die Qualitätsentwicklung in den Schulen und ist mit der Evaluation der Arbeit in den Schulen durch die Schulinspektion insofern verzahnt, als er Qualitätsmerkmale ausweist, die in den Inspektionsberichten aufgegriffen werden. Im Folgenden sollen Beispiele für Qualitätsmerkmale, damit verbundene Zielsetzungen und Beispiele für Nachweise gegeben werden. Ich greife im Folgenden einige auf und formuliere sie z. T. um:

Qualitätsmerkmale	Beispiele für Nachweise
Personale Kompetenzen (Selbstregulationsfähigkeit, Selbststeuerungsfähigkeit, Kooperative Kompetenz, Soziale Kompetenz)	Erwerb der Fähigkeit zu eigenständiger Aneignung und Ausbau von Kompetenzen
Fachliche Kompetenzen in verschiedenen Fächern	Bewältigung passender Aufgabenstellungen auf verschiedenen Niveaus Lern- und Leistungsergebnisse in Tests, Klassenarbeiten, Vergleichsarbeiten und Abschlussprüfungen Schulabschlüsse Einmündung in Schulen, Hochschulen oder Ausbildungsbetriebe

Kasten 1:   Qualitätsbereich 1: Ergebnisse und Erfolge der Schule

Mit Blick auf den Unterricht finden sich im Niedersächsischen Orientierungsrahmen Schulqualität Momente der Verzahnung des Curriculums, der fachlichen Qualität des Unterrichts und der Qualität des Unterrichts auf der Ebene der Einzelstunde.

Qualitätsmerkmal	Ziele	Beispiele für Nachweise
Schuleigenes Curriculum	Systematischer Wissensaufbau; Einführung in die Fachkulturen und ihre Sicht der Welt; Vernetzung des Wissens durch themenbezogenes Arbeiten unter Verzahnung verschiedener fachlicher Perspektiven Vermittlung von Lern- und Arbeitstechniken Integrierte Sprachförderung Förderung fächerübergreifender Kompetenzen (z. B. Medienkomptenzen) Förderung der Berufsfähigkeit	Schuleigene Arbeitspläne Ausweis von aufzubauenden fächerübergreifenden Kompetenzen im Fachunterricht in den verschiedenen Schuljahren Erarbeitung resp. Zusammenstellung von Unterrichtsmaterialien und passenden Aufgabenstellungen Lesecurriculum; Sprachfördercurriculum für die aufeinander folgenden Schuljahre
Fachliche Qualität des Unterrichts	Orientierung des Unterrichts an Bildungsstandards und Kerncurricula	Qualität der Unterrichtsplanung und -auswertung Aufgabenstellungen zur Aneignung von Inhalten auf verschiedenen Stufen der Kompetenz
Unterrichtsqualität - Differenzierung - Methoden- und Medieneinsatz - Selbständiges Lernen - Zusammenarbeit und gegenseitige Unterstützung der Schülerinnen und Schüler - Lernatmosphäre - Wertschätzung und Ermutigung	Passung des Unterrichtsangebots zu den Lernvoraussetzungen der Schülerinnen und Schüler Qualität von Unterricht Individuelle fachliche Förderung im Unterricht Förderung überfachlicher Kompetenzen durch Unterricht Gestaltung unterschiedlicher Skripts (mit Blick auf Fachkulturen und Interessen) Gestaltung passender Lernarrangements	Qualität der Aufgabenstellungen Qualität der Arbeitsmaterialien und Lernaufgaben Angebot von Stützstrukturen zur Aneignung der fachlichen Inhalte Angebot von Zusatzaufgaben auf unterschiedlichem Niveau Nutzung der Lernzeit
Leistungsanforderungen und Leistungsbewertung	Leistungsorientierung im Unterricht; Würdigung von Schülerleistungen Transparenz der Leistungsanforderungen und der Kriterien für Leistungsbewertung Entwicklung von Einstellung und Fähigkeiten zur Leistungserbringung	Klar ausgewiesene Bewertungsmaßstäbe Richtlinien für die Anfertigung von Hausaufgaben Sinnvolle Aufgabenstellungen für Hausaufgaben

Individuelle Förderung und Unterstützung	Sicherung einer soliden Grundbildung für alle	Lernstandsanalysen
	Minimierung des Anteils der Risikoschülerinnen und -schüler	Aufstellen und Kommunizieren von (individuellen) Förderzielen
	Gestaltung eines lernwirksamen Unterrichts	Erarbeitung von Förderplänen und Fördermaterialien
	Förderung unterschiedlich leistungsstarker Schülerinnen und Schülern und solcher mit besonderen Begabungen	Gespräche zum Lernstand mit Schülerinnen und Schülern und Eltern
	Förderung der Lernfähigkeit	
Beratung und Hilfe für Schülerinnen und Schüler	Gewähren von Hilfe und Unterstützung bei schulischen, persönlichen und familiären Problemen	Beratungs- und Unterstützungskonzept
	Schullaufbahnberatung Berufsberatung	Vernetzung mit anderen Diensten
		Berufs- und Studienwahlpass

Kasten 2:   Qualitätsbereich 2: Lehren und Lernen

Der Qualitätsrahmen hat eine doppelte Funktion. Er verhilft der Schule dazu, ihr System in verschiedenen Dimensionen unter die Lupe zu nehmen und zu untersuchen (Schul- und Unterrichtsanalyse). Er verhilft darüber hinaus der Bildungsverwaltung, durch Verfahren der externen Evaluation (z. B. durch Vergleichsarbeiten oder Schulinspektion) sich einen Überblick über die Leistungen der Einzelschule und des Schulsystems insgesamt zu verschaffen. Die Untersuchungsschwerpunkte der Schulinspektion sind dabei mit dem Qualitätsrahmen und seinen Dimensionen verzahnt.

Im Folgenden soll kurz angesprochen werden, welches Verständnis von Unterrichtsqualität den Beobachtungen der Schulinspektion eingeschrieben ist. Für die Analyse wähle ich die Anlage 1 des Inspektionsberichts. Hier wird das Qualitätsprofil der Schule mit Blick auf die Bereiche Lernergebnisse und den Bereich Lernkultur (mit Blick auf Lehrerhandeln im Unterricht, Leistungsbewertung und Schülerunterstützung) so dimensioniert:

Bereich Ergebnisse:
Ergebnisse und Erfolge der Schule:
Die Schülerinnen und Schüler erreichen im Landesvergleich durchschnittliche oder gute Ergebnisse.

Bereich Lernkultur:
Teilbereich: Lehr- und Lerninhalte
Schuleigenes Curriculum: Die Schule verfügt über ein differenziertes schuleigenes Curriculum mit abgestimmten Zielen und Inhalten.

Teilbereich: Lehrerhandeln im Unterricht
Zielorientierung und Strukturierung: Die Lehr- und Lernprozesse sind auf sinnvolle Ziele hin orientiert und klar strukturiert.

Stimmigkeit und Differenzierung: Der Unterricht ist didaktisch und methodisch stimmig und zeigt eine klare innere Differenzierung.

Unterstützung eines aktiven Lernprozesses: Die Lehrkräfte unterstützen im Unterricht einen aktiven Lernprozess der Schüler/Schülerinnen.

Pädagogisches Klima: Im Unterricht herrscht eine unterstützende Arbeitsatmosphäre.

Teilbereich: Leistungsbewertung
Leistungsanforderungen und Leistungskontrollen:
Die Schule arbeitet mit einem Konzept für Leistungsanforderungen und Leistungskontrollen.

Teilbereich: Schülerunterstützung
Unterstützung der Schüler im Lernprozess: Die Schule unterstützt und fördert die Schülerinnen und Schüler im Lernprozess.

Schülerberatung und -betreuung: Die Schule hat ein Konzept zur (außerunterrichtlichen) Beratung und Betreuung der Schülerinnen und Schüler.

Kasten 3:   Qualitätsprofil der Schule mit Blick auf die Bereiche Lernergebnisse und
             Lernkultur

Mit Blick auf den eingesetzten Beobachtungsbogen für den Unterricht im Primar- und Sekundarbereich I werden Teilkriterien für den Unterricht genannt und über ausgewählte Indikatoren (Unterrichtsbeispiele) eine Hilfe dafür gegeben, den Unterricht zu screenen. So können – auf einen ersten Blick – Stärken und Schwächen erfasst und an die Schule zurückgemeldet werden. Der Qualitätsrahmen scheint gut geeignet, sich einen ersten Überblick über Stärken und Schwächen in einer Schule und evtl. auch vom dort stattfindenden Unterricht zu machen. Er hilft jedoch nur bedingt, die jeweiligen Ansatzpunkte für die Verbesserung des Unterrichts zu identifizieren. Hierfür ist eine Theorie des Unterrichts notwendig, die es möglich macht, systematisch Hypothesen über die Ursachen des Unterrichts und seinen Erscheinungsformen aufzustellen und die ermöglichen, alternative mikrodidaktische Prozesse zu konzipieren (vgl. Punkt 6).

2. Wissen und Können von Lehrkräften als Fachleute für das Lehren und Lernen

Lehrkräfte werden als Fachleute für das Lehren und Lernen verstanden. Basierend auf einer wissenschaftlichen Lehrerausbildung an den Universitäten wird von ihnen erwartet, dass sie fähig und bereit sind, die auftauchenden Lehr- und Lernprobleme anzugehen, guten Unterricht zu erteilen und diesen – allein und gemeinsam mit Kolleginnen und Kollegen – weiterzuentwickeln. Daher soll hier kurz rekonstruiert werden, welches Wissen über Lehren und Lernen Lehrkräfte mitbringen und welches sie sich – im Verlauf ihrer Berufsbiographie – aneignen müssen, um gemeinsam an der Unterrichtsentwicklung zu arbeiten.

2.1 Die didaktischen Modelle und ihr Verständnis von Unterricht

Sicherlich kann man davon ausgehen, dass Lehrkräfte – im Rahmen von Studium und Referendariat – mit didaktischen Modellen über Unterricht bekannt gemacht wurden. Vorliegende didaktische Modelle über Unterricht wurden meist mit dem Ziel der Analyse, Planung, Durchführung und Reflexion von Unterricht entwickelt. Sie legen den Schwerpunkt auf unterschiedliche Aspekte: In der bildungstheoretischen Didaktik (Klafki 1958; 1962) wird der Akzent auf die begründete Auswahl der Unterrichtsinhalte unter einer Bildungsperspektive gelegt. In der Berliner Didaktik werden die wichtigen Faktoren des Unterrichts und ihr Zusammenspiel in den Blick genommen (Heimann et al., 1968). In der curricularen oder lernzielorientierten Didaktik wird der Zusammenhang zum schulischen Curriculum betont und über die Bedeutung der Zielklarheit des Unterrichts und die Wichtigkeit der Überprüfung der Ziele nachgedacht (Möller, 1986). Die kommunikative Didaktik verweist auf die Gestaltung der Interaktionsqualität und auf die Prävention von Störungen (Winkel, 1986). Andere Didaktiker heben ab auf die Steuerung der Ausführung durch Formen situativer Unterrichtsplanung (Mühlhausen 1994; 2005). Die didaktischen Modelle verhelfen in der Regel dazu, eine erste grobe Analyse und Planung des Unterrichts vornehmen zu können; die Frage nach den zu organisierenden Lernprozessen und nach der Bearbeitung von Ist-Soll-Differenzen mit Blick auf ausgewählte Lernprozesse standen dabei jedoch nicht im Mittelpunkt der Überlegungen. Dagegen kommen in den „Zwölf Grundformen des Lehrens" von Hans Aebli basale Lernprozesse (Begriffe bilden, Handeln/Operieren, Problemlösen) und grundlegende Formen des Lehrens mit Blick auf die Organisation dieser Lernprozesse in den Blick. Darüber hinaus betonte Aebli die Relevanz von Übung und Anwendung für erfolgreiche Lernprozesse (Aebli 1963; 1971; 2001). Auch wenn aus der Zunft der Schulpädagogen und Allgemeinen Didaktiker das kategoriale Denken der Lehrkräfte als wenig bedeutsam gerahmt wurde (‚Feiertagsdidaktik'; ‚Türklinkendidaktik'), so muss man doch davon ausgehen, dass das Wissen über Unterricht, niedergelegt in Schlüsselbegriffen, aus den beiden Phasen der Lehrerbildung stammt und Defizite in diesem Bereich durch Erfahrung allein nicht zu korrigieren sind.

2.2 Die Ideen des deutschen Bildungsrates über guten Unterricht

Im Gutachten des Deutschen Bildungsrates „Begabung und Lernen" (1971) wurde ein umfassender Entwurf für die Reform des Schul- und Bildungssystems vorgelegt. Passend zu einem integrativ angelegten Schulsystem wurden die Kompetenzen bestimmt, die Lehrkräfte im Rahmen einer wissenschaftlichen Lehrerbildung entwickeln müssten. Die Konzeption von Unterricht des deutschen Bildungsrates war richtig und anspruchsvoll, geriet jedoch eher in Vergessenheit. Darin wurde die Wichtigkeit geleiteter Lernprozesse akzentuiert und betont, dass dem „Lehrer die Aufbaugesetzlichkeiten der von ihm geleiteten Lernprozesse" bekannt sein müssten, um in seinem Lehren wirksam werden zu können (Roth, 1971, 28). Heinrich Roth verstand (basierend auf den Überlegungen von Hans Aebli) die (komplexeren) Lernleistungen als „das kumulierte Ergebnis von vorausgegangenen Lernprozessen" (Roth, 1971, 29). „Wir müssen eindringlicher (…) bei Ausfällen von Lernleistungen nach den versäumten Lernvoraussetzungen fragen. Das gilt umso mehr, weil Lernerfahrungen sich auch in negativem Sinne kumulieren, so dass ein ‚kumulatives Defizit' entstehen kann, wenn das fehlende Glied in der Kette der Lernprozesse nicht rechtzeitig entdeckt wird und den Aufbau komplexerer Lernprozesse gefährdet" (Roth, 1971, 30). Aebli und Roth verwiesen auf die Bedeutung der sachstrukturell richtigen Anordnung der Lernsequenzen und die ihm parallel laufenden und ihn bewirkenden Lehrverfahren (vgl. Roth, 1971, 31).

Klaus Riedel setzte auf die Entwicklung der Lehrfähigkeit der Lehrkräfte. Er forderte, dass *Lehrverfahren* von entwicklungspsychologischen Vorgegebenheiten, von gegenstandsgebundenen Voraussetzungen, „die auf sachimmanente Gesetzmäßigkeiten hinweisen und Lernschritte vorschreiben, die der Lehrstoff determiniert" und von „lernpsychologischen Bedingungen" in sinnvoller Weise abhängig zu machen sind (Riedel, 1971, 472).

„Erstens ist für den Erwerb komplexer Leistungsformen ein lerngesetzlich zu begründendes Vorgehen in der Anordnung der Lernschritte notwendig, das jeweils von der Lernfähigkeit des Individuums und dem Lerngegenstand bestimmt wird und beide Momente gleichzeitig zu berücksichtigen hat. Zweitens sind für das Erreichen von Lernzielen innerhalb eines Gegenstandsbereiches spezifische Lernhilfen unabdingbar erforderlich, wenn die Lernleistungen in einer ökonomisch vertretbaren Zeitspanne erreicht werden sollen. Planmäßiges Lehren, das ein effektives Erreichen des Lernzieles erstrebt und darüber hinaus für weitere Lernanstrengungen motivieren, eine Übertragbarkeit des Gelernten auf andere Gegenstands- und Denkbereiche fördern und zu produktiv-kreativen Leistungen ermutigen will, erfordert die Berücksichtigung und aktuelle Präzisierung der entwicklungspsychologischen, lernpsychologischen und gegenstandsspezifischen Erkenntnisse und ihre integrierte (…) Anwendung in einer Folge von Lernschritten und Lernhilfen. Auf die Notwendigkeit einer klaren Bestimmung von Lernzielen, auf seine Spezifizierung in Kriterien eines erwarteten Leistungsverhaltens, und auf die Bedeutung der Feststellung voraussetzbarer ‚Anfangsleistungen' beim Lernenden wird (…) mit Nachdruck hingewiesen (…). Desgleichen ist eine adäquate Überprüfung des Lernerfolges für eine Effektivitätskontrolle des Lehrverfahrens und für eine regulierende Steuerung und Steigerung des Lehr- und Lernprozesses erforderlich, (…)" (Riedel, 1971, 473).

Karlheinz Ingenkamp stellte heraus, dass das Beurteilungssystem in Schulen insgesamt zu verbessern sei und dass Lehrkräfte lernen müssten, angemessene Prüfverfahren zu entwickeln.

„Das freie Lehrerurteil, wie es in der Notengebung zum Ausdruck kommt, muss stärker objektiviert werden. Dazu ist eine Schulung der Lehrer in Beobachtungstechniken und in der Anwendung bestimmter Skalierungsverfahren notwendig. Eine Vergabe der Noten (innerhalb einer Klasse) nach der Normalverteilung ist zweifellos ein erster Schritt auf Objektivierung hin, aber er sollte nicht darüber hinwegtäuschen, (…) dass vor allem die Leistungsunterschiede zwischen den Klassen nur mit Hilfe von Vergleichstests oder Leitprüfungsaufgaben zu erfassen sind. An solchen Vergleichsaufgaben kann das Lehrerurteil weiter geschärft werden. (…) Bei dem Versuch, solche Schulleistungstests zu konstruieren, stellt sich oft heraus, dass Lehrer keine genügend genaue Vorstellung von dem haben, was eigentlich an Wissen, Können, Urteilsvermögen usw. in einem Lehrgang angestrebt wurde. In diesem Falle helfen Schulleistungstests auch zu einer genaueren Definition und Bewusstmachung von Lernzielen" (Ingenkamp, 1971, 50). Die Wissenschaftler postulierten also nicht nur, dass Lehrkräfte sich über die Zielsetzungen des Curriculums Klarheit verschaffen, sondern auch fähig sein müssten, angemessene Formen der Leistungsmessung zu entwickeln, Tests zu prüfen, einzusetzen und auszuwerten und umfassende Schülerbeobachtungen und Schülerbeschreibungen (Schülerdeskription) durchzuführen.

Mit diesen Überlegungen wurde ein Programm für die Kompetenzentwicklung der Lehrkräfte mit Blick auf die Wissensvermittlung durch Unterricht formuliert. Es nahm dabei nicht nur einzelne Unterrichtsstunden oder Unterrichtseinheiten in den Blick, sondern war geleitet von der Idee des systematischen Wissensaufbaus.

2.3 Die Überlegungen in der Pädagogischen Psychologie

In dieser Tradition stehen auch die Überlegungen von Franz E. Weinert. Er entwickelte ein Modell zur Verbesserung des Unterrichts. Voraussetzung für einen angemessenen Unterricht sei eine genaue Beschreibung der Lernziele, die Berücksichtigung der individuellen Lernvoraussetzungen und die Auswertung der mit bestimmten Unterrichtsmethoden erzielten Lernleistungen. In seinen Vorschlägen zur Planung und Durchführung des Unterrichts in acht Schritten (Angabe der Lernziele – Bestimmung der individuellen Lernvoraussetzungen – Angleichung der Lernvoraussetzungen vor Beginn des eigentlichen Lernprozesses – Analyse der Lernaufgabe – Motivierung der Lernenden – Steuerung und Unterstützung des Lernvorgangs durch geeignete Instruktionsverfahren – Erfassung der Lernergebnisse durch

lernzielorientierte Tests – zur Verfügung-Stellen zusätzlicher Lernzeit – zusätzliche
Lernhilfen bei Nichterreichen des Lernziels) betonte er, dass die äußeren Lernbedingungen und Hilfen sich unterscheiden müssen je nach Art der erforderlichen
Lernprozesse (Weinert, 1978, 812). Für ihn waren, neben der Diagnose der (individuellen) Lernvoraussetzungen der Schülerinnen und Schüler, die Analyse der
Lernaufgaben und die Motivierung der Schüler bedeutsam. Weinert entwickelte ein
komplexes Modell von Unterricht. Die Auseinandersetzung der Lehrkraft mit den
Lernzielen soll ihr dabei helfen, ihre Unterrichtsabsichten zu präzisieren. Lernziel-
taxonomien helfen beim Erschließen, Systematisieren und Hierarchisieren möglicher Lernziele. Die Lehrkraft soll sich mit den Lerninhalten und ihren potenziellen
Bildungswirkungen auseinandersetzen. Der Psychologe forderte einen Unterricht,
der konsequent individualisiert. Die Lerninhalte sind in Basiscurricula und Diffe-
renzierungscurricula zu unterscheiden. Er wollte zunächst die Lernvoraussetzungen
der Schülerinnen und Schüler (Intelligenz, aufgabenrelevante Vorkenntnisse und
Fähigkeiten, Präferenzen für Unterrichtsinhalte und Unterrichtsstile) durch diag-
nostische Verfahren erfassen und interindividuelle Unterschiede in den Lernvoraussetzungen der Schülerinnen und Schüler (vor Beginn des eigentlichen Unterrichts)
durch zusätzlichen Unterricht und Verfahren der Individualisierung abbauen lassen.
Der Wissenschaftler plädierte für eine Analyse der Lernaufgaben. Sie sind inhaltlich zu erfassen, bezogen auf die enthaltenen Lernzielkomponenten differenziert zu
bestimmen, die notwendigen Kenntnisse und Fähigkeiten und die typischen Lernprozesse zur Lösung der Aufgaben sind zu beschreiben. Neben der Motivierung
der Schülerinnen und Schüler sind die jeweiligen Lernprozesse zu unterstützen;
die Lernbedingungen und Hilfen sind auf die jeweiligen Lernprozesse abzustellen.
Weinert betonte die Bedeutung der Diagnose der Lernergebnisse durch die kontinuierliche, möglichst informelle Überprüfung des individuellen Lernfortschritts.
Für schwächere Schülerinnen und Schüler sind Zusatzunterricht und zusätzliche
Lernschleifen anzubieten. Als Mittel der Instruktionsoptimierung nannte der Wissenschaftler das Einstellen der Lernenden auf die Lernaufgabe (advance organi-
zer), das Verbinden von aufnehmend-rezeptiven und entdecken lassenden Lernver-
fahren, das Erhalten und Fördern aufgabenbezogener Aktivitäten, das Entdecken
von Sinn, das Üben und kurzschrittige Rückmeldungen über den Lernerfolg.

In diesen Überlegungen wird die Kompetenz markiert, die Lehrkräfte mitbringen oder entwickeln müssen, um guten Unterricht zu planen. Die Verantwortung
der Schule für die Lernprozesse aller Kinder und Jugendlichen wird betont, und
es wird darauf gesetzt, dass die Schule den Schülerinnen und Schülern mit den
schlechteren Lernvoraussetzungen zusätzliche Zeit zum Schließen der Lernlücken
zur Verfügung stellt. Von den Lehrkräften wird die Fähigkeit erwartet, den Stand
des Wissens und Könnens der Schülerinnen und Schüler zu diagnostizieren und
geeignete Lernhilfen zu planen und zur Verfügung zu stellen.

2.4 Guter Unterricht aus der Perspektive der empirischen Unterrichtsforschung

Die Ergebnisse empirischer Unterrichtsforschung fassen guten Unterricht zunächst als lernwirksamen Unterricht. Man versuchte, Merkmale lernförderlichen Unterrichts zu identifizieren. Der Unterrichtsforscher Brophy (2000) fasste sie so zusammen (vgl. Helmke, 2003, 123):

Faktoren von Brophy	Übersetzung
A Supportive Classroom Climate	Unterstützendes Klima im Klassenzimmer
Opportunity to Learn	Lerngelegenheiten
Curricular Alignment	Orientierung am Lehrplan
Establishing Learning Orientations	Aufbau einer Lern- und Aufgabenorientierung
Coherent Content	Innerer Zusammenhang der Inhalte
Thoughtful Discourse	Gut durchdachter Unterrichtsplan
Practice and Application Activities	Übung und Anwendung
Scaffolding Students' Task Engagement	Unterstützung der Lerntätigkeit
Strategy Teaching	Lehren von Strategien
Co-operative Learning	Kooperatives Lernen
Goal-oriented Assessment	Kriteriumsorientierte Beurteilung
Achievement Expectations	Leistungserwartungen

Kasten 4:   Schlüsselvariablen der Unterrichtsqualität nach Brophy, zitiert nach Helmke, 2003, 123

Bei der einfachen Übersetzung dieser Faktoren und ihrer Rezeption im Kontext anderer kultureller und pädagogischer Kontexte kann es passieren, dass der Sinn verfälscht wird, weil Begriffe pädagogisch und nicht curricular und fachbezogen resp. fachdidaktisch gedeutet werden. Daher möchte ich die Aspekte akzentuieren, die in naiven Übertragungen vernachlässigt wurden. Brophy betont die Wichtigkeit der Orientierung des Unterrichts am (akademischen) Lehrplan. Damit wird der Erkenntnis Rechnung getragen, dass der Aufbau einer soliden, gut vernetzten Wissensbasis unverzichtbar ist. Passend zum Lehrplan sind Lerngelegenheiten im Klassenzimmer zu organisieren; sie sollen nicht beliebig, sondern müssen auf die anzueignenden Inhalte und aufzubauenden Kompetenzen abgestimmt sein. Dazu müssen nicht nur angemessene Aufgaben zur Aneignung der Inhalte gegeben, sondern vielfältige Lerngelegenheiten arrangiert werden. Bei der Aneignung von Inhalten sollte nicht von Thema zu Thema gesprungen und verinseltes Wissen erarbeitet werden, sondern der Zusammenhang der Inhalte horizontal (durch fächerverbindendes Lernen an einzelnen Themen) und vertikal (durch einen systematischen Wissensaufbau, angeleitet durch ein Spiralcurriculum) hergestellt werden. Passend dazu ist Unterricht systematisch zu planen, und zwar nicht nur mit Blick auf die einzelne Unterrichtsstunde, sondern über ein Schulhalbjahr und mehrer Unterrichtseinheiten hinweg. Brophy betont die Bedeutung von Übung und Anwendung und verweist auf die Wichtigkeit der „Unterstützung von Lerntätigkeit". Damit ist nicht eine Form pädagogischer Ermutigung gemeint, sondern eine systematische Hilfe durch „Gerüstbauen", damit es lern- und leistungsschwächeren Schülerinnen und Schüler möglich wird, ein Thema zu bewältigen und – bei erfolgreichem Lernen – das schrittweise Abbauen des Gerüsts, wenn der Lerner oder die Lernerin eine Aufgabe ohne ein solches Gerüst bewältigt. Brophy verweist auch auf die Wichtigkeit einer Leistungskultur, die explizite Formulierung erwarteter Lernleistungen und das Offenlegen der Kriterien für die Beurteilung. Damit müssen die Schülerinnen und Schüler eine Idee darüber erhalten, auf welchem Kompetenzniveau eine Leistung erbracht werden und nach welchen Kriterien die Beurteilung erfolgen soll. Diese Klarheit mit Blick auf die Anforderungen in der Sache sollen ergänzt werden durch eine gute Interaktionsqualität und ein förderliches Klima im Klassenzimmer und durch eine Form des Metaunterrichts, bei dem Strategien, die gezielt oder beiläufig erlernt wurden, vergegenwärtigt werden. Kooperatives Lernen, bei dem die Lerner gemeinsam dafür verantwortlich gemacht werden, dass alle die Aufgaben verstanden haben und bewältigen können, wird relevant. Während zunächst Merkmale effektiven Unterrichts zusammengetragen wurden, kann inzwischen festgestellt werden, dass es darum geht, das Zusammenwirken verschiedener Faktoren, die Muster erfolgreichen Unterrichts zu identifizieren (vgl. auch Kiper & Mischke, 2006).

3. Setzen auf den Lerner – der reformpädagogische Diskurs und seine Varianten

Während in den bisher vorgestellten Modellen zum Unterricht – auf der Basis der Wertschätzung von Schule und schulischem Lernen – vor allem auf die Entwicklung der Kompetenz der Lehrkräfte gesetzt wurde, finden wir – parallel dazu und den schulpädagogischen Diskurs in der Bundesrepublik bestimmend – schulkritische und unterrichtskritische Stimmen, die organisiertes Lehren und Lernen gering schätzen und dafür die Subjektivierung von Curriculum und Lernen aufwerten. Hier seien einige Aspekte dieser Diskurse vorgestellt.

3.1 Der reformpädagogische Diskurs über Unterricht und seine Verbesserung

Der reformpädagogische Diskurs zur Verbesserung des Unterrichts setzt deutlich anders an. Er setzt nicht auf die Lehrkräfte und ihre Kompetenz, sondern auf die Lernerinnen und Lerner und hofft, durch Gewährung weitgehender Freiheiten (mit Blick auf das Curriculum und die Organisation des Unterrichts) das Lernen besser befördern zu können. Der Diskurs ist im Kern schulkritisch („Verschulung") und anti-intellektualistisch. Er ist charakterisiert durch eine Kritik am traditionellen Unterricht als verkopft. Er zielt darauf, den Unterricht nicht am Lehrplan, sondern an den Interessen der Schülerinnen und Schüler zu orientieren; damit werden die Initiierung in die Kultur der Gesellschaft, die Vermittlung gemeinsam geteilter Wissensbestände und der Aufbau einer systematischen Wissensbasis für individuelles Weiterlernen gering geschätzt. Qualität von Unterricht wird nicht an den Ergebnissen (Lernwirksamkeit des Unterrichts) festgemacht, sondern an einer vermeintlichen ‚Schülerorientierung'. Dabei wird Schüleraktivierung positiv wahrgenommen; es gibt wenig ausgewiesene Kriterien für Lernerfolge, Qualität der Lernprozesse und Interaktionsprozesse. Die Vorschläge zur Arbeit im Unterricht zielen oftmals auf konsequente Individualisierung im Sinne der Freigabe der Wissensbestände und Kompetenzen, die erworben werden sollen. Es wird darauf gesetzt, dass jede Schülerin und jeder Schüler eigenständig an selbst gewählten Themen arbeitet. Plädiert wird für die Öffnung des Curriculums und des Unterrichts (z.B. durch Lernen an Stationen, Wochenplanarbeit) und für eine Veränderung der Unterrichtskultur (z.B. durch Methodenvielfalt). In diesen Ansätzen wird weniger nach der fachlichen Richtigkeit des Lehrangebots und nach dem Niveau, auf dem der Unterricht stattfinden soll und der Angemessenheit und Qualität der Lernprozesse gefragt. Man hofft, durch die Ermöglichung von Selbstbestimmung der Schülerinnen und Schüler darüber, wann sie etwas lernen, mit wem sie etwas lernen, was sie lernen, wie sie es lernen und auf welchem Niveau, Qualität zu erzielen. Fragen nach Lern- und Leistungsergebnissen und nach der Sicherung einer Wissensbasis treten zurück gegenüber interessenorientierter Beschäftigung mit relativ beliebigen Inhalten.

Das Ausspielen verschiedener Konzeptionen des Unterrichts (Lehrergeleiteter Unterricht oder direkte Instruktion, Schülerorientierter offener Unterricht, Projektunterricht, Kooperatives Lernen, Konstruktivistischer Unterricht, Adaptiver Unterricht, Zielerreichendes Lernen und Individualisiertes, selbständiges Lernen) gegeneinander und die Gleichsetzung mit einer Form des Unterrichts mit ‚Güte' oder ‚Qualität' macht wenig Sinn. Franz E. Weinert zeigte, welche Formen des Unterrichts für welche Lernprozesse jeweils angemessen sind (vgl. Weinert, 2001; Einsiedler, 2000, 125; Kiper & Mischke, 2006, 31ff.).

3.2 Ideen aus der Arbeitswelt als Ansätze für den Unterricht der allgemeinbildenden Schule?

In den Vorschlägen zur Weiterentwicklung von Schule, die aus organisationstheoretischer Perspektive formuliert wurden, wurden mit Blick auf die Weiterentwicklung von Unterricht vor allem Konzepte favorisiert, die Anschluss halten an relevante Ideen aus der Arbeitswelt und der Erwachsenenbildung/Weiterbildung. Sie lassen sich durch Stichworte von Eigenverantwortlichkeit, Lernen des Lernens, Selbststeuerung, Aufbau von Kompetenzen (Lernkompetenz, Methodenkompetenz, kommunikative Kompetenz, Medien- und Informations- und Kommunikationstechnologische Kompetenz) und kooperatives Lernen kurz skizzieren. Dabei fällt auf, dass die Ziele als Wege (miss-)verstanden werden. Diese Ideen suggerieren, dass es Abkürzungen beim Lernen geben könne und dass die intensive Arbeit in den verschiedenen Domänen und die Aneignung dabei relevanter fachlicher Methoden ersetzt werden könnte durch Schlüsselkompetenzen (vgl. dazu kritisch: Weinert, 2001). Das Ziel des Unterrichts wurde dabei mit dem Erwerbsprozess gleichgesetzt.

3.3 Vom ‚Nürnberger Trichter' zum ‚Staubsauger-Modell'? Naive Annahmen über Lernen

Von Lehrkräften erhoffte Ansätze zur Unterrichtsentwicklung sind oftmals von dem Wunsch getragen, sich die Arbeit zu erleichtern. Statt eine Reduktion der Zahl der Unterrichtsstunden einzuklagen, wird gehofft, sie so erteilen zu können, dass man die Belastungen im Lehrerberuf reduziert. Versprechungen, die darauf zielen, dass es möglich sei, den Schülern allgemeine Lernkompetenzen zu vermitteln (meist verstanden als Verfahren des Erschließens von Informationen aus Texten) und die zugleich von reformpädagogischer Semantik bestimmt sind (Aktivierung der Schülerinnen und Schüler, Selbstbestimmung etc.), legen nahe, dass es ein ‚einfaches Rezept' geben könne, Lernen zu ermöglichen. Jetzt wird nicht mehr auf den ‚Nürnberger Trichter' als Hebel zur Beförderung des Lernens gesetzt, sondern auf eine Art ‚Staubsauger', mit dem Schülerinnen und Schüler scheinbar eigenständig das Wissen ‚aufsaugen'. Die Aktivierung der Schülerinnen und Schüler (sie sollen z.B. lesen und markieren, zusammenfassen und strukturieren, visualisieren und präsentieren) wird mit (erfolgreichem) Lernen gleichgesetzt. Dabei werden Formen der Einzelarbeit, Partnerarbeit oder auch des Gruppenpuzzles nach einem bestimmten Schema kombiniert und als Königsweg zur Aneignung von Wissen anhand vorgegebener Lernmaterialien (Leittexte) gepriesen. Die alte Stillarbeit im Unterricht oder bei den Hausaufgaben wird – neu verpackt – zu einer dominierenden Form. Die Lehrkraft ist nicht mehr dafür verantwortlich, die Schülerinnen und Schüler zu unterweisen, Sachverhalte zu erklären, passende Aufgaben zu konstruieren oder solche Lernarrangements zu konzipieren, die Lernen ermöglichen. Die Tatsache, dass dabei die Schülerinnen und Schüler zunehmend sich selbst überlassen bleiben und dass diese Konzepte keine Antwort auf die Tatsache sind, dass 25% der Schülerinnen und Schüler zu den Risikoschülerinnen und -schülern gehören und für 50% die Grundbildung nicht gesichert ist, wird überdeckt durch die schöne Idee, dass der Lehrer zum Lernorganisator, zum Lernberater und zum Moderator von selbst verantworteten Lernprozessen wird. Dabei wird die Idee der Steuerung der Organisationen durch Rahmenvorgaben auf das Lehrerhandeln gegenüber Schülerinnen und Schülern übertragen; sie sollen durch Rahmenvorgaben (Ziel-, Zeit-, Material- und Organisationsvorgaben) angeleitet werden. Mit Blick auf die Kernprobleme des deutschen Schulsystems sind diese Vorschläge zur Unterrichtsentwicklung unzureichend. Gerade die Schülerinnen und Schüler, denen die Elternhäuser nicht eine umfangreiche Unterstützung beim Lernen geben können, sind darauf angewiesen, dass Lehrkräfte solche Lernprozesse anlegen, die ihnen die Aneignung von Inhalten ermöglichen (vgl. auch Hellmich & Kiper, 2006, 212ff.).

4. Rahmensteuerung – die Impulse zur Verbesserung des Unterrichts durch die KMK

Unterrichtsverbesserung auf der Ebene der Einzelschule ist dadurch erschwert, dass die Lehrkräfte oftmals kein hinreichendes Wissen darüber haben, was in einem bestimmten Alter und auf welchem Kompetenzniveau von den Schülerinnen und Schülern gewusst und gekonnt werden muss. Die Kultusministerkonferenz hat Instrumente zur Verbesserung von Schule und Unterricht eingeführt, nämlich Bildungsstandards für die verschiedenen Fächer, die oftmals über Kernlehrpläne oder Kerncurricula in die Schulen transportiert und über die Bindung der Abschlüsse an Prüfungen gesichert werden sollen. In den Bildungsstandards werden die Zielsetzungen der Schule und der Beitrag des jeweiligen Faches zur Bildung und zur Kompetenzentwicklung dargelegt, die (neue) Ordnung des Wissens des Faches aufgeführt, Anforderungsbereiche ausgewiesen und verschiedene Schwierigkeitsgrade von Aufgaben unterschieden. Es werden Aufgabenbeispiele gegeben und ihr Bezug zu den Standards herausgearbeitet. Im Fach Mathematik werden als Anforderungsbereiche für alle allgemeinen mathematischen Kompetenzen die folgenden drei Bereiche genannt: Reproduzieren (AB I) – Zusammenhänge herstellen (AB II) – Verallgemeinern und Reflektieren (AB III). Im Fach Deutsch werden die Anforderungsbereiche unterschieden in „Wiedergeben" (AB I), „Zusammenhänge herstellen" (AB II), Reflektieren und Beurteilen (AB III). Die Anforderungsbereiche verweisen darauf, welche kognitiven Operationen von Schülerinnen und Schülern gefordert werden. In den einheitlichen Prüfungsanforderungen in der Abiturprüfung, an deren formaler Struktur sich die Bildungsstandards orientieren, werden für die verschiedenen Anforderungsbereiche – abhängig vom Fach und den dort notwendig geforderten Lernprozessen – verschiedene „Operatoren" ausgewiesen. So werden im Fach Deutsch für die verschiedenen Anforderungsbereiche auch unterschiedliche Arbeitsanweisungen gegeben.

Anforderungsbereich I	Anforderungsbereich II	Anforderungsbereich III
Operatoren	Operatoren	Operatoren
Erfassen Sie … Beschreiben Sie … Stellen Sie dar … Geben Sie wieder … Geben Sie den Argumentationsgang wieder … Benennen Sie …	Analysieren Sie … Untersuchen Sie … Vergleichen Sie mit … Ordnen Sie in den Zusammenhang ein … Setzen Sie in Beziehung zu … Erläutern Sie …	Interpretieren Sie … Beurteilen Sie … Nehmen Sie kritisch Stellung … Erörtern Sie … Setzen Sie sich mit … auseinander Begründen Sie … Erschließen Sie … (Über)Prüfen Sie … Bewerten Sie … Gestalten (Verfassen, Schreiben) Sie … Entwerfen Sie …

Kasten 5:　Einheitliche Prüfungsanforderungen in der Abiturprüfung. Fach Deutsch 2002, 15

Im Fach Geschichte finden sich folgende Operatoren:

Anforderungsbereich I	Anforderungsbereich II	Anforderungsbereich III
Operatoren	Operatoren	Operatoren
nennen	analysieren	beurteilen
aufzählen	untersuchen	
		bewerten
bezeichnen	begründen	
schildern	nachweisen	Stellung nehmen
skizzieren		
	charakterisieren	entwickeln
aufzeigen		
beschreiben	einordnen	sich auseinander setzen
zusammenfassen		diskutieren
wiedergeben	erklären	
		prüfen
	erläutern	überprüfen
	herausarbeiten	vergleichen
	gegenüberstellen	
	widerlegen	

Kasten 6:   Einheitliche Prüfungsanforderungen in der Abiturprüfung. Fach Geschichte 2005, 7-8

Es werden Aufgabenbeispiele gegeben, die eine Konkretisierung und Illustration der Standards sein sollen. Sie geben Hinweise auf die „Anforderungshöhe" und die „Anforderungsbreite". Sie können verschiedene Schwierigkeitsgrade haben. Das Erreichen der Standards soll systematisch evaluiert werden. Damit formulierte die KMK eine Antwort auf das Problem der deutschen Bildungspläne oder Rahmenrichtlinien, die zwar Ziele und Inhalte nannten, aber nicht das Niveau, auf dem das Wissen und Können angelegt sein sollte, markierten. Verbunden mit der Bindung der Abschlüsse an Prüfungen und durch Vergleichsarbeiten, durch die Kerncurricula oder Kernlehrpläne mit ihren Hinweisen zu Fragen der Leistungsmessung und Leistungsbewertung und zu der Arbeit der Fachkonferenzen wird der Versuch unternommen, Unterrichtsentwicklung in den Regelschulen anzustoßen. Sie zielt auf die Gestaltung einer Aufgabenkultur, auf den systematischen Wissensaufbau und auf Unterricht, der nicht nur reproduktives Wissen vermittelt, sondern die Lernerinnen und Lerner zum Problemlösen befähigt.

Mit diesen Rahmenvorgaben wurde die curriculare Dimension des Unterrichts, die Frage der Fundierung einer Wissensbasis und des systematischen Wissensaufbaus über die Schulstufen und Schuljahre hinweg, wieder neu in den Blick genommen und mit den Aufgaben der Lehrkräfte im Unterricht verzahnt. Die KMK markiert, dass die Schule nicht dafür da ist, beliebige inhaltliche und formale Lernprozesse anzustoßen oder auf den Lernzuwachs durch Schule und Unterricht ganz zu verzichten, sondern verweist auf Wissensbestände, die in der Wissensgesellschaft unverzichtbar sind und durch permanentes Weiterlernen gefestigt und ergänzt werden müssen.

Zwischenbilanz

Wenn wir die vorgestellten Überlegungen mit Blick auf den Niedersächsischen Orientierungsrahmen Schulqualität bündeln, so wird sichtbar, dass in diesen aus den verschiedenen Richtungen Kategorien aufgenommen wurden. Gefordert werden personale und fachliche Kompetenzen der Schülerinnen und Schüler, gestützt durch ein Kerncurriculum und ergänzt durch ein schulisches Curriculum, fachliche Qualität des Unterrichts und Durchführungsqualität, eine positive Lern- und Leistungskultur, angemessene Förderung der Schülerinnen und Schüler und eine gelingende Leistungsmessung und -bewertung. Dabei soll ein interessanter Unterricht, basierend auf einer klugen Aufgabenkultur gestaltet werden. Im Kontext der Eigenverantwortlichen Schule kommt der Schulleitung, aber auch den Lehrkräften die Verantwortung für die Bereitstellung eines guten Unterrichts zu. Daher stellt sich die Frage, welches theoretische Wissen die Lehrkräfte benötigen, um angemessen den Unterricht – mit Blick auf die organisierenden Lernprozesse – planen, durchführen und auswerten zu können, der einen Lernzuwachs der Schülerinnen und Schüler eröffnet.

5. Integrative Theorie des Unterrichts als Grundlage für die Entwicklung von Unterrichtsqualität

Theorien des Unterrichts können dabei helfen, angemessen über Unterricht zu denken, seine wesentlichen Struktur- und Prozessmerkmale reflexiv zu erfassen, Unterricht strukturiert zu planen, im Unterricht (seitens der Lehrkräfte und der Schülerinnen und Schüler) angemessen zu handeln oder auch das Unterrichtsgeschehen zu beobachten und zu erforschen. Dabei soll der Focus nicht nur auf (Struktur-)Merkmale gerichtet sein, sondern Hilfen für die Gestaltung der für das Lernen erforderlichen Prozesse geben.

Eine angemessene Theorie des Unterrichts muss diejenigen Faktoren umfassen, die für die Gestaltung des Unterrichts relevant sind. Hanna Kiper und Wolfgang Mischke führten die Denkansätze der verschiedenen Didaktiken in einer integrativ angelegten Theorie des Unterrichts zusammen und berücksichtigten die Ergebnisse empirischer Unterrichtsforschung (vgl. Kiper & Mischke, 2004; Kiper & Mischke, 2006) und bündelten sie in einer Begriffslandkarte.

Betrachten wir die einzelnen Begriffe in der Begriffslandkarte zur Integrativen Didaktik (vgl. Abbildung 1: Begriffslandkarte zur Integrativen Didaktik). Mit dem Hinweis auf die *gesellschaftlichen Rahmenbedingungen* wird skizziert, dass Unterricht in einer jeweiligen Gesellschaft mit ihren spezifischen finanziellen, kulturellen, politischen und sozialen Rahmenbedingungen stattfindet. Zu den Rahmen-

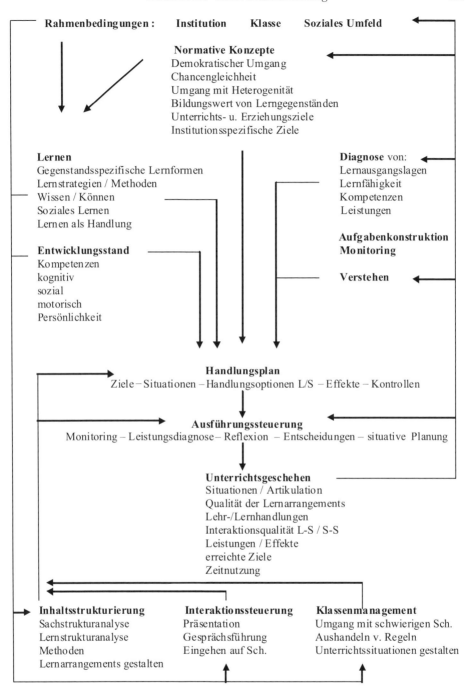

Abb. 1: Integrative Theorie des Unterrichts – Begriffslandkarte
(nach Kiper & Mischke, 2004, 77)

bedingungen gehört auch die besondere Gestalt des *Schul- und Bildungssystems*, die angebotenen *Bildungsgänge*, oftmals auch die *Zielsetzungen* von Schule und Unterricht. Darüber hinaus ist die Schule eingebettet in ein jeweiliges regionales und soziales Umfeld. Die Zusammensetzung der Schulklasse ist zu bedenken. Will man sich Klarheit über die mit diesen Begriffen verbundenen theoretischen und empirischen Überlegungen verschaffen, sind gesellschaftstheoretische, schultheoretische und sozialpsychologische Wissensbestände zur Klärung heranzuziehen.

Wer über Unterricht nachdenkt und im Unterricht handeln will, muss etwas über *Lernen* wissen. Hier sind allgemeine Überlegungen zum Lernen, Überlegungen zum Lernen in institutionellen Kontexten, zum Lernen in den einzelnen Domänen oder Fächern zu bedenken. Eine Lehrkraft muss über Wissen verfügen zum Bereich Lernstrategien und Lernmethoden, zum Inhaltslernen und zum Erwerb von Kompetenzen im Bereich Selbstregulierung, Selbststeuerung, Selbstüberwachung durch die Lernerinnen und Lerner. Sie muss moralisches und soziales Lernen anleiten können.

In der vorgelegten Theorie des Unterrichts wird die Notwendigkeit der Erfassung der wissensbezogenen Lernvoraussetzungen der Schülerinnen und Schüler herausgestellt. Der Begriff „Diagnose" verweist darauf, dass die Lernausgangslagen nicht allgemein, sondern bezogen auf die jeweiligen Lernziele und Lerninhalte zu erfassen sind und die Lernfähigkeiten der Schülerinnen und Schüler und ihre Kompetenzen nicht nur einmal, vor Beginn und nach Durchführung einer Unterrichtseinheit, sondern im Prozess zu erheben sind. Die Ergebnisse müssen eingehen in die *Konstruktion passender Aufgaben* und in das Begleiten des Lernprozesses durch Formen des *Monitorings*, die zur Optimierung des Unterrichtens führen können. *Leistungsmessung und Leistungsbeurteilung* und die *Evaluation* des Unterrichtserfolgs sind zu gestalten.

Soll Unterricht erfolgreich sein, ist über den Entwicklungsstand der Schülerinnen und Schüler nachzudenken. Nur so kann ein entwicklungsförderlicher Unterricht angelegt werden.

Weiterhin wird die Notwendigkeit eines angemessenen *Handlungsplans* betont. Er umfasst Ziele für den Unterricht, Überlegungen und Vorbereitungen zur Gestaltung von Lehr-Lern-Situationen, verschiedene Handlungsmöglichkeiten für Lehrkraft und Schülerinnen und Schüler. Ein solcher Handlungsplan soll sich auch auf unerwünschte Effekte beziehen und Strategien zur Kontrolle der Ergebnisse umfassen.

Auf der Grundlage eines Handlungsplans sind Überlegungen zur *Ausführungssteuerung* vorzunehmen. Der Plan muss – abhängig von situativen Gegebenheiten – angepasst oder modifiziert werden. Im Prozess der Umsetzung der Planung ist Rücksicht zu nehmen auf den Lern- und Leistungsstand der Schülerinnen und Schüler, auf ihre Lernprozesse, auf die von ihnen benötigten Lernhilfen; es ist zu prüfen, ob angemessene Vorkenntnisse vorhanden sind resp. inwiefern Entscheidungen für ein anderes Vorgehen getroffen werden müssen.

Das Unterrichtsgeschehen kann unterschiedlich angelegt werden (vgl. Weinert, 1996; Weinert, 2001). Hier können Formen der Instruktion oder der Gestaltung von Lernumgebungen dominieren: die jeweils gewählte Form ist passend zu den

Lehr- und Lernzielen und dem Wissen über den jeweils zu organisierenden Lernprozess zu wählen. Auf jeden Fall ist eine zeitliche Struktur für die verschiedenen Lernsituationen zu denken (Artikulation), die Qualität der Lernarrangements, auch bezogen auf Anspruchsniveaus zu berücksichtigen, Lehr- und Lernhandlungen zu planen und über die effektive Zeitnutzung nachzudenken. Die Interaktionsqualität ist durchaus von Bedeutung. Die *Ergebnisse und Effekte* des Unterrichts sind bezogen auf die Lernleistungen, aber auch bezogen auf Aspekte wie Selbstregulierung, Motivation und Interessensentwicklung zu erfassen.

Grundlage des Handelns im Unterricht ist eine intensive Auseinandersetzung mit den Lehrstoffen (*Lehrstoffanalyse*), eine Auseinandersetzung mit der Lernstruktur (*Lernstrukturanalyse*) und den daraus notwendig zu konzipierenden Lernschritten und ihrer Gestaltung im Prozess, mit Methoden des Lernens (Lernmethoden) und Methoden des Lehrens (Lehrmethoden) und der Gestaltung von Lernarrangements, die Lernen ermöglichen.

Überlegungen zum *Klassenmanagement* umfassen das Aushandeln von Regeln, das Gestalten von Situationen und die Gestaltung des Umgangs mit schwierigen Schülerinnen und Schülern.

Die *Interaktionssteuerung* zielt darauf, unter dramaturgischen, rhetorischen und sozialen Gesichtspunkten über die Gestaltung des Lehr- und Lernprozesses nachzudenken. In den Blick genommen werden können z. B. Fragen der interessanten Präsentation, der Gesprächsführung oder auch des Eingehens auf die Schülerinnen und Schüler.

Lehrstoffanalyse und Lernstrukturanalyse

Wenn begründet entschieden wurde, dass ein bestimmter Stoff gelehrt resp. gelernt werden soll (vgl. dazu die Überlegungen zur Auswahl der Bildungsinhalte nach Klafki, 1958), ist es die erste Aufgabe, die spezifische Beschaffenheit dieses Sachverhalts als Lerngegenstand zu untersuchen. Hier geht es um die Festlegung des Volumens, die Analyse der Strukturverhältnisse Ganzes/notwendige Teile und die Festlegung der intendierten Verwendungszusammenhänge (vgl. Schott, 1975; Schott et al., 1981). Die Analyse des Lerngegenstands erhellt die Beschaffenheit des Wissens oder Könnens, das vermittelt werden soll. Die Organisation eines effektiven Lernprozesses kann erst gelingen, wenn für dieses Ganze und seine Teile geklärt ist, welche Lernprozesse benötigt werden, damit die ins Auge gefassten Zielpersonen erfolgreich dieses Wissen und Können erwerben können.

Auf der Grundlage der Lehrstoffanalyse ist eine *Lernstrukturanalyse* vorzunehmen. Die *Lernstruktur* beschreibt die von der Sache und der Person her geforderten grundlegenden Bedingungen des Lernens und ist damit eine Tiefenstruktur des Unterrichts, die durch unterschiedliche Oberflächenstrukturen realisiert werden kann. Das bedeutet, dass es nicht möglich ist, eine einheitliche Struktur des Vorgehens im Unterricht (Artikulation) zu schaffen oder nur drei Grundfiguren des Vorgehens im Unterricht zu entfalten, sondern dass ein Vorgehen, angepasst an die logischen Notwendigkeiten des Lernprozesses und dabei relevante Basismodelle des Lernens zu wählen ist.

Die *Methode* beschreibt ein Vorgehen. Für eine gegebene Sachstruktur und die dazu gehörige Lernstruktur muss die passende Methode gefunden werden, deren implizite Tiefenstruktur der geforderten Lernstruktur entspricht und die auf der Oberfläche geeignete Formen des Umgangs mit Inhalten und Personen ermöglicht. Um eine logische Grundstruktur lagern sich bei diesem Zuordnungsprozess mehr oder weniger geeignete Methodenvarianten an, die mit Hilfe von Zusatzkriterien, wie z. B. dem Grad der Individualisierung, der notwendigen Dramaturgie der Lernsituation oder dem Verfahren zur Vermeidung von Sättigung, ausgewählt werden.

Oberflächen- und Tiefenstrukturen des Unterrichts und Basismodelle des Lernens

Fritz Oser und Franz J. Baeriswyl nehmen zwei Ebenen des Unterrichts in den Blick, die genannten Sichtstrukturen und die Tiefenstrukturen. Nach Oser und Baeriswyl geht es darum, das Nachdenken über die geplanten und aufeinander folgenden Schritte beim Unterrichten mit einem Nachdenken über die jeweiligen Lernprozesse der Schülerinnen und Schüler, die induziert werden sollen, zu verbinden. Vor dem Hintergrund einer genauen Planung des Vorgehens beim Unterrichten kann spontan auf Ereignisse im Klassenzimmer reagiert (z. B. durch Zuhören, Hilfestellung gewähren, Erklären, Beraten, Kontrollieren) und die Interaktionsdynamik angemessen gestaltet werden. Als Basismodelle des Lernens nennen sie u. a. erfahrungsbezogenes und entdeckendes Lernen, problemlösendes Lernen, Begriffs- und Konzeptbildung, Lernen von Strategien, soziales Lernen, Werteerziehung (Oser & Baeriswyl, 2001). Diese Überlegungen werden von Kiper & Mischke weitergeführt; sie nennen als Basismodelle des Lernens das Lernen aus Erfahrungen, den Erwerb von Wissen (unter Berücksichtigung von Begriffsbildung und Erfassen von Sachverhalten oder Vorgängen in mentalen Modellen), die Reflexion/Kontemplation über Inhalte und über Werte, das Handeln in der äußeren Welt und mental (eine Operation ausführen), das Problemlösen und Entdecken, das Argumentieren – im Diskurs und beim Aushandeln – und das Gestalten/den Selbstausdruck durch Worte, Schrift und kreative Medien (Musik, Bild, Tanz) (vgl. Kiper & Mischke, 2004, 115ff.).

6.   Unterrichtstheorie, Unterrichtsentwicklung und Lehrerprofessionalität

Defizite in den Lehrerkompetenzen werden oftmals als Defizite in der Methode diskutiert. Mir scheinen sie vor allem in den folgenden Bereichen zu liegen:
•   Lehrerinnen und Lehrer haben Schwierigkeiten, einen Lernweg zur Aneignung der Inhalte durch die Schülerinnen und Schüler zu denken. Sie können in der Regel nicht die Lernprozesse, die dafür notwendig sind, antizipieren und mentale Modelle dafür entwickeln. Auf dieser Grundlage sind sie nicht hinreichend in der Lage, die Lerndefizite ihrer Schülerinnen und Schüler zu erkennen und

hierfür sinnvolle Interventionen zu konzipieren. Daher ist die Planung binnen-differenzierten Unterrichts auf der Grundlage unterschiedlicher Ausgangslagen (mit Blick auf Vorwissen, Lerntempo, Hilfebedarf) erschwert.

• Mit Blick auf die Förderung der Schülerinnen und Schüler gibt es Probleme, bedingungsanalytisch festzulegen, welche Wissensbestände und Teilkompetenzen beim Erwerb von Wissen und Können benötigt werden und durch passende Aufgabenkonstruktionen festzustellen, wo jeweils Bedarfe vorhanden sind (vgl. auch Mischke, 2007).

Wenn man sich noch einmal vergegenwärtigt, dass im bundesrepublikanischen Schulsystem vor allem die Risikoschülerinnen und -schüler Lernprobleme haben und für alle (nicht nur für 50% der Schülerschaft) eine gesicherte Grundbildung benötigt wird, so liegen die Entwicklungsnotwendigkeiten der Lehrerkompetenzen vor allem in ihrer Befähigung zur Planung mikrodidaktischer Prozesse. Unterrichtsentwicklung erhöht also die Anforderungen an die Lehrkräfte und ihre Kompetenzen.

• Lehrkräfte benötigen ein Wissen über die gesellschaftlichen *Rahmenbedingungen*, unter denen sie handeln. Ein Wissen über das institutionelle Lehren und Lernen in Schulen, in Schulklassen und in einem bestimmten Umfeld sind nötig.

• Es ist notwendig, sich an ethischen und moralischen Ideen zu orientieren. Wir sprechen von normativen Konzepten, die das Handeln im Unterricht mit beeinflussen müssen, z. B. bildungspolitische Zielsetzungen (Förderung von Chancengleichheit), aber auch Bildungsziele (Förderung von Mündigkeit oder Selbsttätigkeit) oder schulspezifische Ziele.

• Auf der Grundlage curricularer und didaktischer Diskussionen (auf der Grundlage einer *didaktischen Analyse*) sind Bildungsinhalte auszuwählen. Unter einer Leitidee der Bildung könnten unter bestimmten Prüffragen, z. B. denen der didaktischen Analyse von Wolfgang Klafki, Bildungsinhalte begründet ausgewählt werden.

• Die Auswahl der Bildungsinhalte kann mit Blick auf das gesellschaftlich notwendige Wissen (Bildungskanon), relevante Errungenschaften in Gesellschaft, Kultur und Wissenschaft, mit Blick auf die Entwicklungsaufgaben von Kindern und Jugendlichen und mit Blick auf die notwendigen Wissensbestände in einem Fach geschehen. Hier sind auch Fragen des systematischen Aufbaus fachlichen Wissens und der Vernetzung des Wissens zu berücksichtigen (fächerübergreifendes Lernen).

• Unter fachlicher Perspektive ist die Bedeutung der Inhalte unter der Perspektive des systematischen Wissensaufbaus zu durchdenken. Mit Blick auf den Unterricht ist eine *Inhaltsanalyse* vorzunehmen. Dazu ist die *Struktur des Inhalts* systematisch zu durchdenken.

• Lehrkräfte sollten ein *Verständnis von Lernen* haben. Dazu müssen sie grundlegende Kenntnisse aus der Lernpsychologie mitbringen. Sie müssen ebenfalls Kenntnisse aus der Entwicklungspsychologie haben und sich Gedanken machen über den Entwicklungsstand ihrer Schülerinnen und Schüler und ihre Entwicklungsaufgaben.

- Lehrkräfte müssen sich *Ziele* für ihre Unterrichtsstunden setzen. Diese Ziele können als Lernziele – auch mit Blick auf die Inhalte – formuliert werden. Besser wäre es, über die aufzubauenden Kompetenzen in verschiedenen Domänen nachzudenken und zu beschreiben, welche Wissensbestände und welches Können darin jeweils eingehen müssen und auf welchem Niveau das Wissen und Können vorhanden sein muss.
- Für den Unterricht ist erforderlich, dass Lehrkräfte in der Lage sind, den Vorkenntnisstand und die Lernfähigkeiten, evtl. auch die Interessen ihrer Schülerinnen und Schüler zu diagnostizieren. Auch im Verlauf des Unterrichtsprozesses sind diese diagnostischen Fähigkeiten erforderlich, um zu sehen, wo evtl. Hilfen gegeben werden müssen. Mit Blick auf den Kenntnisstand der Schülerinnen und Schüler und die anzueignenden Inhalte sind sinnvolle Aufgaben zu konstruieren. Lehrkräfte müssen über die *Aufgaben* nachdenken, die notwendig sind, um sich Wissen und Können auf einem bestimmten Niveau anzueignen. Auf dieser Grundlage könnte darüber nachgedacht werden, durch welche Aufgaben (Aneignungsaufgaben) Schülerinnen und Schüler diese Operationen vollziehen können (vgl. Schott, 1981).
- Lehrkräfte müssen das Lernen im Unterricht fördern. Dazu reicht es nicht, über allgemeine Prinzipien des Lernens nachzudenken, geht es doch im Unterricht um ein Lernen von Wissen oder Fertigkeiten. Daher ist über solche Lernprozesse nachzudenken, die dazu beitragen, dass dieses Wissen erworben bzw. diese Fertigkeiten aufgebaut werden können. Dazu ist eine *Lernstrukturanalyse* notwendig, die versucht, die erforderlichen Lernprozesse und die Fähigkeiten der Personen (Entwicklungsstand, Vorkenntnisse) sinnvoll zu berücksichtigen.
- Dazu kann es hilfreich sein, zunächst mit *Basismodellen des Lernens* zu arbeiten, die ermöglichen, sich zu vergegenwärtigen, welche jeweiligen Lernprozesse notwendig sind. In der Regel sind dabei Lernprozesse in Ketten anzulegen, die dem jeweiligen Typus von Lernen entsprechen.
- Lehrkräfte sollten, um den Unterricht interessant und dramaturgisch vielfältig zu gestalten, in der Lage sein, über verschiedene *Methoden zur Gestaltung des lernwirksamen Unterrichts* zu verfügen. Sie müssen über passende Lernarrangements nachdenken, in denen gelernt werden kann. (Manche Autoren sprechen hier von Choreographien des Unterrichts.) Wichtig ist, dass die gewählte Oberflächenstruktur und die zu organisierenden Lernprozesse zueinander passen.
- Lehrkräfte müssen passende Lernaufgaben entwickeln, anhand derer die Schülerinnen und Schüler die erforderlichen Operationen vollziehen können und mit denen es ihnen möglich wird, Wissen zu erwerben und Können zu entwickeln.
- Lehrkräfte müssen darüber nachdenken, wie sie den Erfolg des Unterrichts evaluieren wollen.

Alle diese Überlegungen gehen in die Unterrichtsplanung ein.
- Neben den Fähigkeiten zur Vorbereitung des Unterrichts sind solche zu seiner *Durchführung* erforderlich. Dazu gehören Fähigkeiten, die Zeit effektiv zu nut-

zen, die Lehr- und Lernhandlungen angemessen zu gestalten und wertschätzend zu kommunizieren. Dazu gehört ein Klassenmanagement, das Störungen vorbeugt und – bei Störungen – in der Lage ist, diese schnell zu beseitigen oder – falls notwendig – Klärungen vorzunehmen. Dazu gehört auch, die Interaktionen im Klassenzimmer zu steuern und den jeweiligen Charakter der Interaktion einzuschätzen und angemessen zu handeln.

- Im Verlauf des Unterrichts müssen die Lehrkräfte eine *Ausführungssteuerung* vornehmen. Dazu gehört, den Lehr- und Lernprozess und seine Passung zu überprüfen durch eine Diagnose der Leistungen der Schülerinnen und Schüler, der Lehr- und Lernhandlungen und evtl. auch durch Veränderungen des geplanten Vorgehens.
- Die Lehrkräfte müssen, mit Blick auf ihre Zielsetzungen des Unterrichts, im Verlauf des Unterrichts prüfen, ob die Schülerinnen und Schüler das Wissen und Können erworben haben, das die Basis für das weitere Vorgehen bildet (Monitoring).
- Im Anschluss an den Unterricht ist dieser zu *reflektieren* resp. der Zuwachs an Wissen und Können der Schülerinnen und Schüler ist von Zeit zu Zeit durch Leistungsmessung und Leistungsbewertung festzustellen (vgl. auch Kiper, 2007, S. 87 f.).

Schlussüberlegungen

Die Forderung, dass Lehrkräfte Fachleute für das Lehren und Lernen sein sollen, setzt voraus, dass sie ihre Fähigkeit entwickeln, Unterricht angemessen zu planen, durchzuführen und auszuwerten mit Blick auf die anzueignenden Inhalte und die dabei zu organisierenden Lernprozesse. Ideen, dass – basierend auf Angebot-Nutzungs-Modellen oder unter dem Einfluss von konstruktivistischen Leitideen – diese Aufgabe an die Lernerinnen und Lerner abgegeben werden könnte, sind unzureichend. Von daher sind Lehrerkompetenzen mit Blick auf die Aufgaben des Unterrichtens systematisch aufzubauen. Die Fähigkeit zur Unterrichtsentwicklung muss auf der basalen Kompetenz zu unterrichten aufbauen. Von daher scheint es mir sinnvoll, Zirkel von Experten- und Novizenlehrern aufzubauen, die – mit Blick auf die oben ausgeführten Herausforderungen und die fachdidaktischen Weiterentwicklungen (vgl. Arnold, 2007) – sich mit dem Planen von Unterricht mit Blick auf Lernprozesse und dem gemeinsamen Durchführen und Reflektieren beschäftigen.

Literatur

Aebli, H. (1963). *Psychologische Didaktik* (1. französische Aufl. 1951). Stuttgart: Klett.
Aebli, H. (1971). Die geistige Entwicklung als Funktion von Anlage, Reifung, Umwelt- und Erziehungsbedingungen. In H. Roth (Hrsg.), *Begabung und Lernen* (S. 151-191) (6. Aufl.). Stuttgart: Klett.

Aebli, H. (2001). *Zwölf Grundformen des Lehrens. Eine Allgemeine Didaktik auf psychologischer Grundlage. Medien und Inhalte, didaktische Kommunikation, der Lernzyklus* (11. Aufl.). Stuttgart: Klett-Cotta.

Arnold, K.-H. (Hrsg.). (2007). *Unterrichtsqualität und Fachdidaktik*. Bad Heilbrunn: Klinkhardt.

Bildungskommission NRW (1995). *Zukunft der Bildung. Schule der Zukunft. Denkschrift der Kommission „Zukunft der Bildung – Bildung der Zukunft" beim Ministerpräsidenten des Landes Nordrhein-Westfalen.* Neuwied: Luchterhand.

Brophy, J. (2000). *Teaching.* Brussels/Geneva: International Academy of Education/International Bureau of Education. Verfügbar unter: www.ibe.unesco.org

Einsiedler, W. (2000). Von Erziehungs- und Unterrichtsstilen zur Unterrichtsqualität. In M. Schweer (Hrsg.), *Lehrer-Schüler-Interaktion* (S. 109-128). Opladen: Leske + Budrich.

Heimann, P., Otto, G. & Schulz, W. (Hrsg.). (1968). *Unterricht. Analyse und Planung* (3. Aufl.). Schroedel: Hannover.

Hellmich, F. & Kiper, H. (Hrsg.). (2006). *Einführung in die Grundschuldidaktik.* Weinheim: Beltz.

Helmke, A. (2003). *Unterrichtsqualität. Erfassen. Bewerten. Verbessern.* Seelze: Kallmeyer.

Ingenkamp, K. (1971). Möglichkeiten und Grenzen des Lehrerurteils und der Schultests. In H. Roth (Hrsg.), *Begabung und Lernen* (S. 407-431) (6. Aufl.). Stuttgart: Klett.

Kiper, H. (2007). Veränderungsprozesse im Gymnasium heute – Zur Bedeutung neuer Steuerungsinstrumente. In S. Jahnke-Klein, H. Kiper & L. Freisel (Hrsg.), *Gymnasium heute. Zwischen Elitebildung und Förderung der Vielen* (S. 69-92). Baltmannsweiler: Schneider Hohengehren.

Kiper, H. & Mischke, W. (2004). *Einführung in die Allgemeine Didaktik.* Weinheim: Beltz.

Kiper, H. & Mischke, W. (2006). *Einführung in die Theorie des Unterrichts.* Weinheim: Beltz.

Klafki, W. (1958). Didaktische Analyse als Kern der Unterrichtsvorbereitung. *Die Deutsche Schule, 50* (10), 450-471.

Klafki, W. (1962). Didaktische Analyse als Kern der Unterrichtsvorbereitung. In H. Roth & A. Blumenthal (Hrsg.), *Didaktische Analyse* (S. 5-34) (3. Aufl.). Hannover: Schroedel.

Mischke, W. (2007). Qualitätsmanagement in der Kindertagesstätte. In C. Brokmann-Nooren, I. Gereke, H. Kiper & W. Renneberg (Hrsg.), *Bildung und Lernen der Drei- bis Achtjährigen* (S. 334-340). Bad Heilbrunn: Klinkhardt.

Möller, C. (1986). Die curriculare Didaktik. Oder: der lernzielorientierte Ansatz. In H. Gudjons, R. Teske & R. Winkel (Hrsg.), *Didaktische Theorien.* Hamburg: Bergmann u. Helbig.

Mühlhausen, U. (1994). *Überraschungen im Unterricht. Situative Unterrichtsplanung.* Weinheim: Beltz.

Mühlhausen, U. (2005). *Unterrichten lernen mit Gespür.* Baltmannsweiler: Schneider-Verlag Hohengehren.

Niedersächsisches Kultusministerium (2006). *Orientierungsrahmen Schulqualität in Niedersachsen.* Hannover, Juni.

Oser, F. K. & Baeriswyl, F. J. (2001). Choreographies of Teaching. Bringing Instruction to Learning. In V. Richardson (Ed.), *Handbook of research on teaching* (p. 1031-1065). Washington, DC: American Educational Research Association.

Riedel, K. (1971). Lehrverfahren. In H. Roth (Hrsg.), *Begabung und Lernen* (S. 472-481) (6. Aufl.). Stuttgart: Klett.

Roth, H. (Hrsg.). (1971). *Begabung und Lernen* (6. Aufl.). Stuttgart: Klett.

Roth, H. (1971). *Pädagogische Anthropologie. Bd. II: Entwicklung und Erziehung. Grund-lagen einer Entwicklungspädagogik.* Hannover: Schroedel.

Schott, F. (1975). *Lehrstoffanalyse.* Düsseldorf: Schwann.

Schott, F., Neeb, K.-E. & Wieberg, H.-J. (1981). *Lehrstoffanalyse und Unterrichtsplanung.* Braunschweig: Westermann.

Sekretariat der Ständigen Konferenz der Kultusminister der Länder in der Bundesrepublik Deutschland (2004). *Standards für die Lehrerbildung: Bildungswissenschaften. Dis-kussionsvorlage.*

Sekretariat der Ständigen Konferenz der Kultusminister der Länder in der Bundesrepublik Deutschland (2004). *Beschlüsse der Kultusministerkonferenz. Bildungsstandards im Fach Deutsch für den Mittleren Schulabschluss. Beschluss vom 4.12.2003.* München: Wolters Kluwer.

Sekretariat der Ständigen Konferenz der Kultusminister der Länder in der Bundesrepublik Deutschland (2004). *Beschlüsse der Kultusministerkonferenz. Bildungsstandards im Fach Mathematik für den Mittleren Schulabschluss. Beschluss vom 4.12.2003.* Mün-chen: Wolters Kluwer.

Sekretariat der Ständigen Konferenz der Kultusminister der Länder in der Bundesrepublik Deutschland (2005). *Beschlüsse der Kultusministerkonferenz. Bildungsstandards im Fach Biologie für den Mittleren Schulabschluss. Beschluss vom 16.12.2004.* Mün-chen: Wolters Kluwer.

Sekretariat der Ständigen Konferenz der Kultusminister der Länder in der Bundesrepublik Deutschland (2005). *Beschlüsse der Kultusministerkonferenz. Bildungsstandards im Fach Physik für den Mittleren Schulabschluss. Beschluss vom 16.12.2004.* München: Wolters Kluwer.

Sekretariat der Ständigen Konferenz der Kultusminister der Länder in der Bundesrepublik Deutschland (2005). *Beschlüsse der Kultusministerkonferenz. Bildungsstandards im Fach Chemie für den Mittleren Schulabschluss. Beschluss vom 16.12.2004.* München: Wolters Kluwer.

Weinert, F. E. (1978). Der Beitrag der Psychologie zur Theorie und Praxis des Lehrens. In F. E. Weinert, C. F. Graumann, H. Heckhausen & M. Hofer (Hrsg.), *Pädagogische Psychologie. Bd. 2: Lernen und Instruktion* (S. 739-762). Frankfurt am Main: Fi-scher.

Weinert, F. E. (1978). Instruktion als Optimierung von Lernprozessen. Teil I. Lehrmetho-den. In F. E. Weinert, C. F. Graumann, H. Heckhausen & M. Hofer (Hrsg.), *Pädago-gische Psychologie. Bd. 2: Lernen und Instruktion* (S. 795-826). Frankfurt am Main: Fischer.

Weinert, F. E. (1996). Lerntheorien und Instruktionsmodelle. In N. Birbaumer, D. Frey, J. Kuhl & F. E. Weinert, *Enzyklopädie der Psychologie. Serie I. Pädagogische Psycho-logie. Bd. 2: Psychologie des Lernens und der Instruktion* (S. 1-48). Göttingen: Ho-grefe.

Weinert, F. E (2001). Qualifikation und Unterricht zwischen gesellschaftlichen Notwendig-keiten, pädagogischen Visionen und psychologischen Möglichkeiten. In W. Melzer & U. Sandfuchs (Hrsg.), *Was Schule leistet. Funktionen und Aufgaben von Schule* (S. 65-85). Weinheim: Juventa.

Winkel, R. (1986). *Antinomische Pädagogik und kommunikative Didaktik.* Düsseldorf: Schwann.

Christoph Höfer & Petra Madelung

Lehren und Lernen für die Zukunft: systematische Unterrichtsentwicklung in regionalen Bildungslandschaften

Konzepte und Erfahrungen aus dem Projekt „Selbstständige Schule" in Nordrhein-Westfalen.

Unterrichtsentwicklung mit der Zielsetzung des selbstständigen, lebenslangen Lernens, die alle Schülerinnen und Schüler nicht nur in der Einzelschule, sondern in allen Bildungsinstitutionen, die sie nach- oder nebeneinander besuchen, erreicht, bedarf intensiver Vernetzungen. Neue Formen der Lehrerkooperation gehören ebenso dazu wie aufeinander abgestimmte Fortbildungen zu Unterrichts- und Organisationsentwicklung. Die systematische Implementation solcher Veränderungen erfordert neue Steuerungsstrukturen auf einzelschulischer und regionaler Ebene.

1. Entwicklungsziele des Projekts „Selbstständige Schule" (2002–2008)

In dem durch die Ergebnisse internationaler Vergleichsstudien gestärkten Bewusstsein, dass sich jede Reformanstrengung im Schulbereich am Maßstab eines verbesserten Lernens von Schülerinnen und Schülern messen lassen muss, haben die beiden Projektträger des Projekts „Selbstständige Schule", das nordrhein-westfälische Schulministerium und die Bertelsmann Stiftung, als zentrales Projektziel die Verbesserung der Qualität schulischer Arbeit und insbesondere des Unterrichts definiert. Damit stellt sich das Projekt der komplexen Frage nach dem Zusammenhang von Selbstständigkeit und Schulqualität. Aus der Notwendigkeit der Verbesserung in diesem Kernbereich schulischer Arbeit, dem Unterricht, erwächst gleichzeitig die Zielrichtung. Wesentliche Merkmale der Wissensgesellschaft zu Beginn des 21. Jahrhunderts wie die verkürzte Halbwertzeit des Wissens, die veränderten Anforderungen der Arbeitswelt und der demografische Wandel bedingen, dass die Fähigkeit und Motivation zum lebenslangen Lernen zur Kernkompetenz für ein zufrieden stellendes privates und berufliches Leben geworden ist. Lebenslang kann aber nur lernen, wer in Lage ist, auch außerhalb institutioneller Abläufe und Vorgaben selbstständig zu lernen. Klafki benennt deshalb neue gesellschaftliche Herausforderungen als einen der „Vier Gründe für die Bedeutung der Fähigkeit, selbstständig lernen zu können." Zudem konstatiert er, „dass die Fähigkeit zum selbstständigen Lernen zu einer reich entwickelten Persönlichkeit gehört, zur Freiheit des Menschen […] Drittens: Im Grunde ist alles spezifisch menschliche Lernen so angelegt, dass es von Beginn an Momente der individuellen Selbstständigkeit enthält. […] Schließlich viertens: […] Erziehung durch Selbsttätigkeit zur Selbstbestimmungsfähigkeit enthält [...] immer auch eine politische Komponente." (Klafki 2003, 20ff.)

Der Topos individueller Selbstständigkeit und der Selbstständigkeit der Institution Schule sind eng miteinander verschränkt. Gleichzeitig ergibt sich bei der Betrachtung des Individuums und seiner Bildungsbiografie, die sich nicht in einer einzelnen Schule und nicht in Schule allein entwickelt, ein Hinweis auf die möglichen Grenzen der Selbstständigkeit der Institution Einzelschule. Das Projekt „Selbstständige Schule" strebt Qualitätsverbesserung nicht nur durch die qualitätsorientierte Selbststeuerung an einzelnen Schulen an, sondern ebenso durch die Entwicklung regionaler Bildungslandschaften. Es rekurriert damit u.a. auf die im Vorläuferprojekt „Schule & Co." (vgl. Bastian & Rolff, 2002; zur zusammenfassenden Einschätzung vgl. Bastian, 2007, 86ff.) gemachten Erfahrungen. Beide Projekte sind zu verstehen in der Tradition der Empfehlungen der Bildungskommission NRW „Zukunft der Bildung – Schule der Zukunft" (Bildungskommission NRW 1995).

2. Systematische Unterrichtsentwicklung in der Einzelschule

Wenn dem lebenslangen Lern- und Bildungsprozess das Leitbild einer „selbstständigen Lernerin" bzw. eines „selbstständigen Lerners" zugrunde liegt, dann muss es für die Umsetzung von Reformprozessen so gefasst werden, dass daraus Handlungskonzepte abgeleitet werden können. Im Rahmen der PISA-Studie wird „selbstreguliertes" Lernen im Sinne Weinerts als Handlungskompetenz beschrieben, „bei der die insgesamt notwendigen und/oder verfügbaren kognitiven, motivationalen und sozialen Voraussetzungen für erfolgreiches Handeln und Leisten zusammenwirken." (Deutsches PISA-Konsortium, 2001, 271) Die Untersuchungen auf dem Gebiet der überfachlichen Kompetenzen stützen sich dabei auf das Drei-Schichten-Modell des selbst regulierten Lernens von Boekarts (vgl. Boekarts, 1999). Selbst reguliert Lernende sind in der Lage, „sich selbstständig Lernziele zu setzen, dem Inhalt und Ziel angemessene Techniken und Strategien auszuwählen und sie auch einzusetzen. Ferner halten sie ihre Motivation aufrecht, bewerten die Zielerreichung während und nach Abschluss des Lernprozesses und korrigieren – wenn notwendig – die Lernstrategie." (Deutsches PISA-Konsortium, 2001, 271) Selbstständige Lernerinnen und Lerner müssen zudem in der Lage sein, ihre Lernziele und Lernstrategien auch in komplexeren sozialen Beziehungen gemeinsam mit anderen Personen zu entwickeln, umzusetzen und kritisch zu hinterfragen (zur Genese der Zielsetzung des selbstständigen Lernens vgl. Stübig, 2003).

Es kann davon ausgegangen werden, dass es wesentlich von der Lernerfahrung in der Schule abhängt, wie gut oder wie schlecht dieses lebenslange Lernen „funktioniert". Auch wenn quantitativ der Anteil schulischen Lernens am Lernen überhaupt nicht sehr hoch ist, so ist Schule doch „der einzige gesellschaftliche Ort, der darauf spezialisiert ist, kulturelle Lerngelegenheiten, die unter den Gesichtspunkten der Lehr- und Lernbarkeit ausgewählt und geplant sind, der gesamten nachwachsenden Generation zugänglich zu machen. [...] Durch die Bereitstellung stabiler Lernumwelten kann *langfristig, systematisch* und *kumulativ* gelernt werden." (Baumert, 2006, 40) Zudem ist Schule der einzige verpflichtende Lernort für alle Kinder.

Schulische Bildung wird von Schülerinnen und Schülern in unterrichtlichen und außerunterrichtlichen Zusammenhängen erworben, aber in erster Linie erfolgt ein systematischer Erwerb von fachlichen sowie überfachlichen Kompetenzen innerhalb des schulischen Unterrichts.

Daraus ergeben sich bestimmte Anforderungen an eine innerschulische Systematik, die Grundlage auch für Prozesse der Unterrichtsentwicklung sein müssen. Der Bildungsgang einer einzelnen Schülerin oder eines einzelnen Schülers, der mehrere Unterrichtsfächer über mehrere Jahrgangsstufen umfasst, sollte dabei in Gänze betrachtet und vernetzt werden: in der Einzelschule und über mehrere Schulstufen bzw. -formen hinweg, sowohl horizontal (gleichzeitig innerhalb mehrerer Fächer) als auch vertikal (über mehrere Jahrgänge hinweg).

Da die einzelne Schülerin oder der einzelne Schüler Bildungsangebote aber zudem in weiteren institutionellen Zusammenhängen erhält, kommt einer anderen Art der Vernetzung, nämlich der Vernetzung der Schulen mit anderen Bildungsträgern in der regionalen Bildungslandschaft – verstanden als dem Sozialraum, in dem sich individuelle Bildungsbiografien realisieren – Bedeutung auch beim Themenfeld Unterrichtsentwicklung zu.

2.1 Überfachliche contra fachliche Kompetenzentwicklung?

Vernetzungen erfordern Zielklärungen in deutlich erkennbarem Maße als die isolierte Arbeit von Einzelnen, seien es Personen oder Institutionen. Vor dem Hintergrund dieser Überlegung hat das Projekt „Selbstständige Schule" eine Verständigung der Projektträger auf ein zentrales Angebot zur Unterrichtsentwicklung an alle Modellschulen und -regionen herbeigeführt und dieses erstmals 2004 in der Broschüre der Projektleitung „Lehren und Lernen für die Zukunft – Guter Unterricht und seine Entwicklung im Projekt ,Selbstständige Schule'" (2004a) dargelegt. Es wurde in dem Band „Lehren und Lernen für die Zukunft. Unterrichtsentwicklung in selbstständigen Schulen" (Höfer & Madelung, 2006) weiter entfaltet, in die gegenwärtige Diskussion von Forschung und Politik zum Lehren und Lernen eingebettet und in seinen praktischen Konsequenzen für Lehrerfortbildung und Unterricht erläutert.

Das bekannteste und einflussreichste Leitbild einer Lernkultur hat Weinert vorgelegt (Weinert, 2000, 5ff.). An ihm orientiert sich das Konzept „Lehren und Lernen für die Zukunft". Weinert beschreibt sechs fundamentale fachliche und überfachliche Bildungsziele, die sich aus dem Bildungs- und Erziehungsauftrag der Schule ergeben:

Die wichtigste Aufgabe des Bildungs- und Ausbildungssystems und des lebenslangen Lernens besteht darin, dass Kinder, Jugendliche und Erwachsene intelligentes Wissen erwerben. „Es gibt keine herausragende Kompetenz auf anspruchsvollen

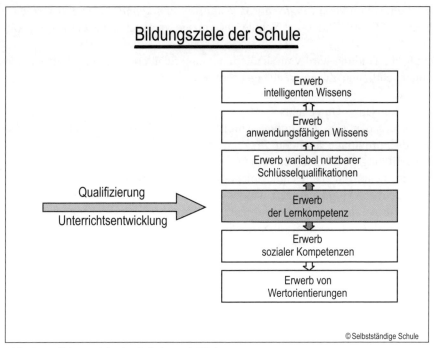

Abb. 1:　Bildungsziele der Schule nach Weinert

Gebieten ohne ausreichendes inhaltliches Wissen. Nach dem gegenwärtigen Forschungsstand der Kognitionswissenschaften kann es keine Zweifel geben, dass es zum Scheitern verurteilt ist, wenn man durch formale Techniken des Lernen Lernens oder mit Hilfe einiger weniger Schlüsselqualifikationen fehlendes oder mangelhaftes inhaltliches Wissen kompensieren wollte." (ebd.) Die wichtigste Voraussetzung für anspruchsvolle Lernprozesse ist zweifelsohne eine solide und gut organisierte Wissensbasis, aber es bedarf der Schlüsselqualifikationen und anderer Kompetenzen, um das Wissen fruchtbar zu machen.

Auch durch die PISA-Studie weiß man um diesen Zusammenhang. Darin wird vor allem im Bereich der Lesekompetenz nachgewiesen, dass die Selbstregulierung des Lernens auch das fachliche Lernen befördert. „Lesekompetenz im Sinne effektiver Informationsverarbeitung", heißt es dort, „bedarf einer intentionalen und strategischen Steuerung des Lern- und Leseprozesses." (Deutsches PISA-Konsortium, 2001, 76) Genau hier setzt das Konzept der Unterrichtsentwicklung „Lehren und Lernen für die Zukunft" an.

Schülerinnen und Schüler können den Anspruch an Schule erheben, dass fachliches und überfachliches Lernen im Sinne der Bildungsziele Weinerts und der Erkenntnisse der PISA-Studie in einen methodisch variabel und vielfältig gestalteten Unterricht integriert werden und zum Erwerb komplexer Handlungskompetenzen führen, bei denen „intellektuelle Fähigkeiten, bereichsspezifisches Vorwissen, Fertigkeiten und Routinen, motivationale Orientierungen, metakognitive und volitionale Kontrollsysteme sowie persönliche Wertorientierungen" (ebd.) zusammenwirken.

Abb. 2: Trainings zur Unterrichtsentwicklung: An diesem modifizierten „Haus des Lernens"
wird erkennbar, dass das Konzept auf das Modell von Klippert (vgl. z. B. Klippert,
2004; 2005a; 2005b; Lohre & Klippert, 1999) rekurriert, jedoch das Ergebnis
eines verschiedene andere Modelle (z. B. das Kooperative Lernen nach Green (vgl.
z. B. Green & Green 2005; Weidner 2003; Brüning & Saum 2006); integrierenden
Weiterentwicklungsprozesses ist (vgl. Höfer & Madelung, 2006, 36-42).

Auf der Zielebene sind diese Ableitungen konsensfähig, wenn es um die Frage
von Schulentwicklung und darauf gerichtete Qualifizierungsmaßnahmen geht,
nicht jedoch auf der Umsetzungsebene. Unterrichtsentwicklung, die bei dem
Erwerb bzw. der Verbesserung überfachlicher Verbesserung ansetzt, wird vielfach
in Widerspruch gesehen zur Entwicklung, die sich an Fächern orientiert, und den
daran ausgerichteten Fortbildungen.

Im Rahmen des Konzeptes „Lehren und Lernen für die Zukunft" werden in
sogenannten Grundlagenbausteinen zuerst Lern- und Arbeitsstrategien, kommunikative und Teamkompetenzen unabhängig von den einzelnen Fächern (wohl aber
an fachlich für die jeweilige Lerngruppe angemessenen Inhalten) in „Trainingsspiralen" genannten Lernarrangements „trainiert".

Diese Lernkompetenzen können insofern als überfachlich bezeichnet werden,
als sie einen methodischen Kern haben (Funktion, Schrittfolgen, Regeln), der in
allen Fächern Gültigkeit beanspruchen und variabel angewendet werden kann (vgl.
Tschekan, 2002, 15). Die Entscheidung für dieses Vorgehen bei den Qualifizierungen (vgl. Abb. 1) wird u.a. durch die lernpsychologische Erkenntnis gestützt,
dass Schülerinnen und Schüler umso effektiver lernen können, je klarer die Lern-

angebote, die ihnen gemacht werden, auch für sie erkennbar miteinander verknüpft sind.

Eine solche Art von sichtbarer Verbindung funktioniert nur, wenn das Netz an der richtigen Stelle geknüpft wird. Während auf Schülerebene in Klassen, Jahrgangsstufen oder Bildungsgängen gearbeitet wird, sind als organisierte Arbeitszusammenhänge auf Lehrerebene insbesondere in Sekundarstufen-Schulen grundsätzlich Fachkonferenzen (oder -gruppen) und Klassenkonferenzen (resp. Jahrgangsstufen- oder Bildungsgangkonferenzen) etabliert. Das Team von Lehrerinnen und Lehrern, das einer bestehenden Lerngruppe auf Schülerseite korrespondiert und das Lernen dieser Gruppe gemeinsam verantwortet, ist jedoch die Klassenkonferenz (resp. s.o.). In ihr ist am ehesten der schnelle Wechsel auf die Schülerperspektive möglich, wenn es um die Vernetzung von Bildungsangeboten geht. In ihr sollte deshalb auch die Zusammenarbeit von Lehrerinnen und Lehrern zuerst organisiert werden.

Im Projekt „Selbstständige Schule" wurden Konsequenzen aus langjährigen Erfahrungen in der Lehrerfortbildung und Schulentwicklung gezogen. Wenn der Anspruch erhoben wird, dass Kompetenzerwerb auch im Bereich von Lernkompetenz systematisch erfolgen soll und diese Systematik bedeutet, dass alle Fächer involviert sind, alle Lehrerinnen und Lehrer daran arbeiten und vor allem, dass alle Schülerinnen und Schüler erreicht werden – und das nicht nur ein- oder zweimal in einem Schülerleben, sondern so häufig, dass Lernkompetenz wie fachliche Kompetenzen auch im Sinne eines Spiralcurriculums aufgebaut werden – dann bedarf es eines Ansatzes in überfachlichen Zielvorstellungen, Konzepten und Arbeitszusammenhängen. Weiterentwicklungen in Einzelfächern haben in der Vergangenheit selten zu einer Unterrichtsentwicklung als Schulentwicklung im beschriebenen Verständnis von Systematik geführt, weil Vernetzungen vom Einzelfach oder von einer Fächergruppe oder von den sogenannten Kernfächern ausgehend nicht in absehbaren Zeiträumen den für Schulentwicklung erforderlichen Grad an Konsens und Verbindlichkeit erreichen. Fächeregoismen behindern oft geradezu eine schulinterne Verständigung über alle Fächer hinweg.

Die Schlussfolgerung, „Lehren und Lernen für die Zukunft" meine eine isolierte Vermittlung von Lernkompetenz (z.B. in einem eigens einzuführenden Fach), ist jedoch falsch. Es handelt sich um ein integratives Konzept. Ziele sind „intelligentes" und „anwendungsfähiges" (auch fachliches) Wissen *und* Lernkompetenz. Der Weg dorthin beginnt zwar bei einem überfachlichen Ansatz, führt jedoch über die Arbeit in den Fächern bzw. die Pflege der überfachlichen Kompetenzen in Lernarrangements, die unter fachlichen Gesichtspunkten angelegt sind, zu selbst gesteuertem Arbeiten, bei dem sich der Lerner bzw. die Lernerin mit einem steigendem Maß an Eigenverantwortung und Reflexion unter Begleitung der/s beratenden Lehrerin/s komplexe Inhalte erschließt (Die gleichen Überlegungen sind integraler Bestandteil der neu aufgestellten Lehrerfortbildung in Niedersachsen, die sich auf das Konzept „Lehren und Lernen für die Zukunft bezieht"(vgl. Mau & Schack, 2007). Damit versteht sich der Ansatz im Kontext neuerer konstruktivistischer Lerntheorien, die davon ausgehen, dass Lernende „ihr Wissen und Verstehen selbst konstruieren. Sie registrieren nicht einfach wie eine Kamera oder ein Videorekorder, was ihnen an Informationen angeboten wird. Sie müssen es in ihre kognitive Struktur einordnen, es strukturieren und in einen kohärenten Zusammenhang bringen. [...] Kompetente Schüler (bzw. Lerner) zeichnen sich gerade dadurch aus, dass sie in effizienter Weise ihr Lernen selbst steuern, sich Fragen stellen, Dinge auf das Wesentliche zusammenfassen und miteinander verknüpfen" (Wellenreuther 2007, 65).

2.2 Unterrichtsentwicklung und Schulmanagement

Aus der empirischen Forschung über Schulqualität ist bekannt, dass in guten Schulen überdurchschnittlich häufig eine systematische Zusammenarbeit zwischen Lehrerinnen und Lehrern festzustellen ist (vgl. Haenisch 1989, 35). Besonders effektiv können „professionelle Lerngemeinschaften" ihre gemeinsame Arbeit gestalten, weil sie bereits aus gemeinsamen Fortbildungen positive Lern- und Arbeitserfahrungen mitbringen. Eine solche Art von Vernetzung ist weder zufällig noch kurzfristig. Ihr ultimativer Bezugspunkt ist die Entwicklung des Unterrichts für eine bestimmte Lerngruppe. Die Teammitglieder teilen Haltungen und Werte, die für ihre Arbeit relevant sind, begreifen sich selbst als lebenslange Lerner und sind professionell in dem Sinne, dass sie zielorientiert arbeiten, ihre Praxis deprivatisiert haben und sich ständig in einem reflektierenden Dialog befinden (vgl. Gathen, 2005; Bonsen & Rolff, 2006).

In solchen Teams entsteht die notwendige Sicherheit, die nötig ist, um Routinen zu verändern und um den Rollenwechsel vollziehen zu können, den Lehrerinnen und Lehrer vollziehen müssen, wenn Schülerinnen und Schüler selbstständiger lernen. Das Verhältnis
- von vorgebender Rolle, die z.B. im fragend-entwickelnden Unterricht dominant ist,
- aktivierender Rolle, die in Trainings die vorrangige ist,
- und begleitender Rolle, die auf Lehrerseite dem von Schülerinnen und Schülern stärker selbst verantworteten Lernen entspricht,

wird sich zunehmend zugunsten der begleitenden Rolle verändern (vgl. Tschekan & Herrmann, 2004) (ohne dass Lehrerinnen und Lehrer deshalb ihre traditionellen Rollen, wie z.B. die von Erzieherinnen und Erziehern oder Beurteilenden, aufgeben müssten).

Die beschriebenen komplexen Veränderungsprozesse und Vernetzungen können nicht mehr (allein) mit den bisher in Schulen etablierten Steuerungsmechanismen bewältigt werden, da sie häufig einen Wandel der der Schule inhärenten „Kultur" (oder „Grammatik"; Rolff 2006a, 224) bedeuten. Im Projekt wurden deshalb schulische Steuergruppen eingerichtet, deren Aufgabe es ist, Kooperation und Kommunikation innerhalb schulischer Kollegien professionell zu steuern (vgl. Höfer & Madelung, 2006). Die funktionale Organisationsentwicklung zur Stützung der Unterrichtsentwicklung (vgl. Rolff, 2006b, hier insbes. Abschnitt 3.2) impliziert eine Stärkung der Schulleitung, ihre Führungsrolle gezielter als früher wahrzuneh-

Abb. 3:　　Strukturen einzelschulischer Entwicklung. Lehrerräte sind insofern in die Fortbildungen einbezogen, als sie parallel geschult werden, wenn Schulleitungen neue Dienstvorgesetzteneigenschaften übernehmen und dafür qualifiziert werden.

men und Verantwortung für die Qualitätsentwicklung zu übernehmen, sowie erweiterte Möglichkeiten der Partizipation zu schaffen, denn nur durch breite Beteiligung und intensive Diskussion entsteht *„ownership"*, ein für Veränderungsprozesse zentrales Phänomen (vgl. Homeier, 2006).

Aus den seit „Schule & Co." (vgl. Bastian & Rolff, 2002) mehrfach beschriebenen engen Bezügen zwischen Unterrichtsentwicklung, Organisationsentwicklung und Personalentwicklung (vgl. Rolff, 2006a; 2006c) hat das Projekt die Konsequenz gezogen, dass nicht nur in sich systematisch angelegte, sondern miteinander verzahnte Qualifizierungen für Schulleitungen, für Steuergruppen, für Lehrerräte, für Lehrerinnen und Lehrer und Evaluationsberater- und -beraterinnen angeboten werden (s. Abb. 3). Lehrerinnen und Lehrer, die sich als individuell und gemeinsam immer weiter Lernende verstehen und wissen, dass das einen Teil ihrer Professionalität ausmacht, sind der Kern der lernenden Institution Schule. Das Projekt versteht sich insgesamt auch als vernetzte Fortbildungsoffensive.

Das Konzept schulinterner Evaluationsberatung, auf das hier nicht näher eingegangen werden soll, basiert auf der Erfahrung, dass im Sinne nachhaltiger Qualitätsentwicklung und -sicherung Evaluationskultur an Schulen entstehen muss, das aber nur geschehen kann, wenn das Know-how dafür auch wirklich vor Ort dauerhaft vorhanden ist. Deshalb werden für jede einzelne Schule Evaluationsberater/innen ausgebildet (vgl. Herrmann & Höfer, 1999; Herrmann et al., 2004).

2.3 Trainingsprogramm für Lehrerinnen und Lehrer sowie Schülerinnen und Schüler

Im zu „Lehren und Lernen" gehörigen Trainingsprogramm sind Lehrer- und Schülertrainings, Basis-, Trainings- und Anwendungsbausteine für Lehrerinnen und Lehrer sowie Sockeltrainings, Pflege im Fachunterricht und Arrangements für selbst gesteuertes Lernen für Schülerinnen und Schüler eng vernetzt.

Nach einem von der Steuergruppe sorgfältig moderierten Informations- und Entscheidungsprozess, dessen Kernstück eine von dem für die Schule in Frage kommenden Trainerteam[2] nach Absprache mit der Steuergruppe über die besonderen Voraussetzungen und Gegebenheiten der Schule gestaltete Orientierungsveranstaltung ist, entscheidet sich die Schule in ihren Mitwirkungsgremien mit einer qualifizierten Mehrheit für den Einstieg in die Fortbildung der Unterrichtsentwicklung. Der Prozess ist über mehrere Jahre (mindestens zwei) angelegt. Weil er für längere Zeit eine Priorisierung von Aktivitäten und eine Bindung von Energien aller erfordert, kommt der Gestaltung des Entscheidungsprozesses hohe Bedeutung zu, wenn die Reform nicht eine Episode in der Schulgeschichte bleiben soll. Ebenso wichtig und ebenso diffizil ist der anschließende Prozess der Teambildung im Lehrerkollegium. Die Lehrertrainings werden entweder

*   im 5-Tages-Modell, wobei Trainings- und Unterrichtsphasen eng verknüpft sind, (für das ganz Kollegium in kleinen Schulen) oder
*   im 2,5-Tages-Modell ohne integrierte Umsetzung im Unterricht (für Lehrergruppen, die anschließend gemeinsam in bestimmten Jahr- oder Bildungsgängen unterrichten, in großen Schulen)

durchgeführt. Die jeweils trainierten Lehrerteams entwerfen und leiten Sockeltrainings für ihre Schülergruppen und „pflegen" die erworbenen Kompetenzen in den folgenden Monaten im Fachunterricht. Dieser Prozess wiederholt sich nach jedem Lehrertraining, also dreimal, wird aber immer komplexer, je vielfältiger die Lern- und Arbeitsstrategien, die Kommunikations- und Teamkompetenzen sind, über die Schülerinnen und Schüler verfügen. Die Zeitplanung für die Einzelschritte der allmählichen Integration aller an der Schule sind in einem schulindividuellen Implementationsplan festgeschrieben. Lehrerinnen und Lehrern werden zusätzlich sogenannte SegeL-Bausteine (**S**elbst **ge**steuertes **L**ernen im Fachunterricht) angeboten, in denen sie sich z. B. mit der Erstellung von Aufgaben beschäftigen, die so angelegt sind, dass verschiedene Problemlösungsstrategien und -wege und insofern Selbstständigkeit im Lernprozess überhaupt möglich sind.

---

2   In NRW wurden ca. 500 Trainerinnen und Trainer ausgebildet, die im Projekt über die Regionalen Steuergruppen in Zusammenarbeit mit den Bezirksregierungen und zukünftig über die Kompetenzteams angefordert werden können.

Für die Fortbildung wurden Standards entwickelt:

Standards für die Fortbildung zur Unterrichtsentwicklung

- Die Fortbildung zur Unterrichtsentwicklung für Lehrerinnen und Lehrer ist eingebettet in ein komplexes Fortbildungsprogramm für die einzelne Schule.

- Die Schule entscheidet als Ganze über die Teilnahme an der Fortbildung, nachdem sie entsprechend informiert wurde („Orientierungsveranstaltung").

- Die Fortbildung besteht aus vier Bausteinen, die als Gesamtprogramm in einer zeitlichen Reihung und Streckung (mindestens zwei Schuljahre) angeboten werden.

- Die Bausteine sind aufeinander bezogen und als kumulativer Lernprozess erlebbar. Im Sinne von Lernprogression integriert der zweite Baustein Elemente des ersten und setzt die teamorientierte Anwendung im eigenen Unterricht voraus. Der dritte Baustein greift das Wesentliche aus den ersten beiden Bausteinen auf und verlangt erneut die teamorientierte Anwendung im eigenen Unterricht. Der vierte Baustein vernetzt die Elemente der ersten drei und nutzt sie für fachliche Aufgaben.

- Die Fortbildung ist einerseits handlungsorientiert und erfordert deshalb auch von den Teilnehmerinnen und Teilnehmern, sich in Handlungsteams zu formieren. Sie ist andererseits in angemessenem Umfang theoriegeleitet, um die notwendigen Reflexionsprozesse abzusichern.

- Die Durchführung der Fortbildung wird vom Trainerteam mit der schulischen Steuergruppe vorbereitet und abgestimmt und auf die schulindividuelle Situation angepasst.

- Das Fortbildungsangebot erstreckt sich nicht nur auf eine Lerngruppe der Schule, sondern ist so angelegt, dass perspektivisch alle Lehrerinnen und Lehrer einer Schule und neu Hinzukommende sich aktiv beteiligen.

- Die Fortbildung versetzt die teilnehmenden Teams in die Lage, nach jedem Training alle Inhalte eigenverantwortlich in Sockeltrainings und Pflegemaßnahmen für ihre Lerngruppen umzusetzen.

- In der Fortbildung werden Materialien eingesetzt, die exemplarisch zur Umsetzung in der Schule genutzt werden können. (Davon unberührt bleibt die Verantwortung jedes Teammitglieds für die angemessene Adaption des Gelernten für seine Lerngruppe und die Verantwortung der Schule für die Adaption des gesamten Konzeptes).

- Der jeweils nächste Trainingsbaustein wird erst dann durchgeführt, wenn die innerschulische Umsetzung des vorhergehenden sichergestellt ist. Zu diesem Zweck kooperieren die Trainerinnen und Trainer mit den schulischen Steuergruppen.

- Trainerinnen und Trainer sind „praktizierende" Lehrerinnen und Lehrer aus der gleichen Schulform oder -stufe, die im Team arbeiten und nicht an der eigenen Schule eingesetzt werden.

2.4 Selbst gesteuertes Lernen im Fachunterricht

Rolff hat die Gemeinsamkeiten der derzeit wichtigsten Modelle von Unterrichtsentwicklung zusammengestellt, um gleichsam die „Essenz von Unterrichtsentwicklung" (Rolff, 2006a, 223f.) herauszuarbeiten. Neben „Zielgerichtetheit, Systematik, Methodentraining, Lernarrangements, Teamarbeit, weiteres Training, Pflege und Evaluation" nennt er „Vernetzung / Orientierung auf die ganze Schule" im Sinne von „allgemeines und fachliches Lernen verbinden". Während andere Modelle häufig

Abb. 4:   Trainingsspirale

nicht alle diese Kriterien erfüllen, so kann „Lehren und Lernen für die Zukunft" gerade dies für sich in Anspruch nehmen. Der Fokus dieser Konzeption und der auf ihrer Basis entstandenen Praxis liegt gerade in der Vernetzung von „allgemeinem und fachlichem" Lernen. Das kann an der Gegenüberstellung von Trainings-, Lern- und SegeL-Spiralen verdeutlicht werden.

In Trainingsspiralen geht es darum, überfachliche Kompetenzen aufzubauen und an einem der jeweiligen Jahrgangsstufe gemäßen exemplarischen fachlichen Inhalt zu trainieren. Schülerinnen und Schüler arbeiten hier nach vorgegebenen Arrangements, die der Lehrer oder die Lehrerin allein verantwortet.

Als Beispiel für ein mögliches stufengemäßes Arrangement von Trainingsspiralen sei ein Modell für die Sek II vorgestellt:

Selbst mehrere Grundlagentrainings mit diversen Trainingsspiralen zu Lern- und Arbeitsstrategien zu kommunikativen, sozialen und Teamkompetenzen in verschiedenen Schulstufen generieren noch nicht den selbstständigen Lerner oder die selbstständige Lernerin. Das Gelernte muss im Fachunterricht systematisch angewendet und damit „gepflegt" werden, so dass Routine entsteht. Ziel ist es, dass Schülerinnen und Schüler immer eigenständiger Entscheidungen über individuelle

Beispiele für Trainingsspiralen im Bereich der Sekundarstufe II

Phasen der Erstellung einer Facharbeit	Trainingsspiralen
1 — Themenfindung	TS — Themenerkundung und Eingrenzung
2 — Arbeits- und Zeitplanung	TS — Zeitmanagement
3 — Recherche und Materialbeschaffung	
4 — Lesen	TS — Vom Lesen zur Notiz / Karteikarte
5 — Vom Lesen zum Schreiben	TS — Von der Notiz / Karteikarte zum Schreiben
6 — Formatieren der Facharbeit	
7 — Präsentation der Facharbeit	TS — Körpersprache Aktivierung der Zuhörer Feedback geben

© Selbstständige Schule

Abb. 5: Beispiele für Trainingsspiralen im Bereich der Sekundarstufe II

Vorgehensweisen treffen können. Zur Bearbeitung einer Aufgabe im Fachunterricht wählen sie aus der ständig wachsenden Zahl zur Routine gewordener Methoden aus, werden aufgefordert, diese Wahl zu begründen und später die Angemessenheit ihrer Entscheidung und den Erfolg zu reflektieren. Das geschieht in den Lernspiralen, deren Ziel die Weiterentwicklung fachlicher Kompetenzen ist. Die Aufgaben sind dabei so komplex, dass sie unterschiedliche Zugänge ermöglichen und unterschiedliche methodische Zugriffsweisen herausfordern. Der Lehrer oder die Lehrerin wird den Schülerinnen und Schülern innerhalb eines bestimmten Korridors Gestaltungsmöglichkeit und Verantwortung zugestehen und wird selbst je nach Phase und Entwicklungsstand stärker in der vorgebenden, aktivierenden oder begleitenden Rolle sein.

Ein wichtiges Prinzip solcher Trainings- und Lernspiralen ist, dass Schülerinnen und Schüler immer wieder das, was sie tun, und wie sie es tun, reflektieren. Das „Ineinander von Denken und Tun" (Gudjons, 1997, 6) ist das Entscheidende.

Ziel der Arbeit in den Trainingsspiralen und in den Lernspiralen in möglichst allen Unterrichtsfächern ist das zunehmend selbst gesteuerte Arbeiten im Fachunterricht bzw. fachübergreifenden Unterricht, ein Ziel, das nur über viele Zwischenschritte zu erreichen ist. Idealiter kann der Lehrer oder die Lehrerin dabei ganz in die Rolle der Lernbegleitung gehen. Lernen in größeren Vorhaben, in Projekten, im Rahmen von Wochenplänen, Freiarbeit, im Selbstlernzentrum bekommt auf diese Weise eine neue Qualität.

Trainerinnen und Trainer für die beschriebene Konzeption gibt es zurzeit in Nordrhein-Westfalen, Niedersachsen und Brandenburg. Im Zusammenhang des Projektes "Selbstständige Schule" wurden in NRW in mehreren hundert Schulen Fortbildungen durchgeführt. „Lehren und Lernen für die Zukunft" ist dabei als Konzeption zu verstehen, mit der Standards gesetzt und ein Korridor beschrieben, aber keine Rezepte vorgegeben werden. So entsteht gemäß den schulindividuellen Voraussetzungen und „Kulturen" ein je eigenes Umsetzungsmodell, das die einzelne Schule verantwortet. Den ihnen allen inhärenten Grundgedanken illustriert der Film „Und es geht doch … Lehren und Lernen für die Zukunft" von Erika Fehse.

3. Regionale Unterstützung und Steuerung

Wenn man der Argumentation folgt, dass Bildungsanforderungen sich heutigen gesellschaftlichen Gegebenheiten folgend nicht mehr auf den Erwerb statischer Fachinhalte, sondern auf den Erwerb intelligenten, anwendungsfähigen Wissens und umfassender und flexibel realisierbarer Kompetenzen richten, also zunehmend komplexer werden, dann muss bereits in der kindlichen und jugendlichen Bildungsentwicklung eine entsprechende Komplexität berücksichtigt werden. Betrachtet man die Bildungsbiografie von Kindern und Jugendlichen ganzheitlich, so kommt automatisch der Region – verstanden als Sozialraum, in dem sich eine solche Bildungsbiografie realisiert – eine wichtige Bedeutung zu. Anders formuliert: „Der Region fällt immer dann eine Schlüsselrolle für die Gestaltung von Bildungschancen zu, wenn Kinder und Jugendliche konsequent in den Mittelpunkt der Aufmerksamkeit gerückt werden: denn es sind dieselben Kinder und Jugendlichen, die in einem lokalen Gemeinwesen verschiedene Schulformen durchlaufen, Angebote außerschulischer Jugendarbeit in Anspruch nehmen, Ausbildungsstellen suchen, berufliche Ausbildungen beginnen und schließlich Arbeit aufnehmen. Von den Kindern und Jugendlichen her betrachtet, bedarf es für den Erfolg ihrer Bildungsbiografien unbedingt einer intensiven Kooperation und Abstimmung zwischen den unterschiedlichen für sie relevanten Bildungsakteuren. Unter diesen sind Schulen deshalb – und relativ unabhängig von Fragen ihrer Wirksamkeit – von besonderer Bedeutung, da nur sie alle Kinder und Jugendlichen in einer Region erreichen" (Lohre, 2005, 33). Im Projekt „Selbstständige Schule" haben 19 (von 54) Regionen in NRW in sehr unterschiedlichen Ausprägungen regionale Schul- und zum Teil auch bereits Bildungslandschaften entwickelt.

3.1 Regionales Leitbild

Wo sich Regionen bereits auf bildungspolitische Leitbilder verständigt haben, geht es immer um die Optimierung von Bildungschancen für alle Kinder und Jugendlichen, Ansätze wie „Kein Kind zurücklassen!" finden sich häufiger. Wenn sich dahinter im Kern die Vorstellung verbirgt, „Lernen" zur zentralen und bestimmenden Kategorie zu machen, hat das unmittelbare Auswirkungen auf der operativen Ebene.

Am Beispiel der Unterrichtsentwicklung lässt sich verdeutlichen, welche Vorteile die gemeinsame Entwicklung in der Region mit sich bringt. Wenn es gelingt,

- dass Schülerinnen und Schüler in einer Region während der gesamten Zeit, in der sie unterrichtet werden, und von allen Lehrerinnen und Lehrern, die sie unterrichten, mit der Zielvorstellung eines selbstständigen Lerners bzw. einer selbstständigen Lernerin gefördert werden,
- dass sich Schulen in einer Region auf einen gemeinsamen Grundkonsens verständigen, was die Entwicklung von Lernkompetenz bedeutet, und sich aktiv an der Erreichung dieses und anderer regionaler Ziele beteiligen,
- dass auch andere „Anbieter" von Bildung mit in diesen Grundkonsens eingebunden werden,

dann bedeutet das für die einzelnen Kinder bzw. Jugendlichen, dass sie effektiver lernen können, weil weniger Zeit und Energie dafür verloren geht, die Verknüpfungen und Verbindungen beim Wechsel von der einen zur anderen der Stationen, die sie nacheinander oder gleichzeitig durchlaufen. Der Wechsel von einer Schulstufe in die nächste oder von einer Schulform in die andere ist dann mit weniger Reibungsverlusten möglich (vgl. Bürvenich & Simon, 2007).

Viele existierende schulische Netzwerke haben einen Entwicklungsschwerpunkt, ein Fach oder eine Fächergruppe, eine Leitidee oder die Schulform gemeinsam, und es ist unbedeutend, ob das Netzwerk lokal, national oder international geknüpft ist. Es geht vorrangig um den Austausch von Ideen und Befruchtung der (schul-)individuellen Arbeit durch externe Kontakte. Wenn Schulen ihre Zusammenarbeit in einer Region organisieren und diese Vernetzung über ihr Kerngeschäft definieren, dann geht die Zusammenarbeit über Fächer und Schulformen oder -stufen hinaus. Diese Form von Vernetzung mit einem gemeinsamen Leitbild zum Thema „Lernen" und dem Fokus „individuelle Bildungsbiografien" meint der Begriff Regionale Schullandschaft. Auf der Basis einer entwickelten Schullandschaft können systematisch weitere Bildungsakteure integriert werden. Dabei geht es sowohl um Kooperationen, die der Verbesserung des Unterrichts oder auf andere Weise zur Steigerung der Lernkompetenz von Schülerinnen und Schülern dienen (z. B. Kooperationsprojekte mit Firmen) als auch um die Bearbeitung weiterer Übergangsfragen (z. B. KiTa – Grundschule, Schule – Jugendhilfe). Das ist der Beginn der Regionalen Bildungslandschaft, deren Erfolg sich an der Zahl geglückter individueller Bildungsbiografien misst (vgl. Lohre et al., 2006).

3.2 Regionale Beratungs- und Unterstützungsstrukturen

Eine regionale Bildungslandschaft ist nicht denkbar ohne ein regional organisiertes und mit den notwendigen Ressourcen ausgestattetes Beratungs- und Unterstützungssystem. Es kann sich einerseits an den Bedürfnissen der Schulen und der Schullandschaft vor Ort ausrichten, andererseits dient die regionale Organisation

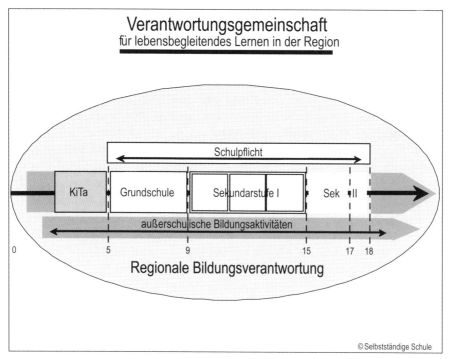

Abb. 6: Verantwortungsgemeinschaft für lebensbegleitendes Lernen in der Region

von Weiterbildung unmittelbar der Vernetzung der Schulen, da über gemeinsames Lernen gemeinsame Arbeitsstrukturen geschaffen werden.

Im Projekt „Selbstständige Schule" werden (wiederum untereinander vernetzte[3]) Fortbildungen für mehrere Adressatengruppen angeboten, von denen zwei in dieser Art unmittelbar Wirkung entfalten. Die Fortbildung schulischer Steuergruppen in Projektmanagement und Organisationsentwicklung wurde in den meisten Modellregionen schulformübergreifend gestaltet; für die Fortbildung der Schulleiterinnen und Schulleiter zur Erfüllung neuer Aufgaben in Bereichen des Personalmanagements, der Budgetverwaltung, der Qualitätsentwicklung sowie der Führungsverantwortung in selbstständigen Schulen gilt dies für alle Regionen. Die Ergebnisse des projektinternen Controllings belegen, dass dies die Zusammenarbeit in der Region in erheblichem Maße befördert.

Fortbildungen zur Unterrichtsentwicklung werden sowohl als Maßnahmen für einzelne Kollegien durchgeführt als auch für Gruppen, die aus mehreren Schulen zusammengesetzt sind. Das hängt u.a. davon ab, ob sich in einer einzelnen Schule ausreichend große Lerngruppen von Lehrerinnen und Lehrern organisieren lassen.

Alle Fortbildungen zielen auf eine systematische, teamorientierte, die ganze Schule erfassende Unterrichts- und Schulentwicklung in einem schrittweise zu entfaltenden regionalen Bildungskontext.

---

3   Dies wird in mehreren Regionen dadurch erleichtert, dass dieselben (externen) Anbieter sowohl die Steuergruppen- als auch die Schulleiterqualifizierung durchführen.

3.3 Regionale Kooperationsstrukturen

Die Begriffe Schul- und Bildungslandschaften implizieren systematische, zielgerichtete und nachhaltige Kooperationen, die eine höhere Verbindlichkeit verlangen
als das herkömmlich in Netzwerken der Fall ist. Dazu bedarf es einer Steuerung,
die dies zu leisten imstande ist, ohne dass eine neue Hierarchieebene geschaffen
wird. Die Voraussetzungen dafür sind komplex; denn nicht nur unterstehen Schulen in Deutschland traditionell bereits einer doppelten Steuerung, nämlich der
durch das Land für die sogenannten inneren Schulangelegenheiten und der durch
die Kommune für die sogenannten äußeren Schulangelegenheiten, sondern die
anderen Bildungsakteure unterliegen wiederum anderen – dazu noch unterschiedlichen – Zuständigkeiten und Aufsichts- bzw. Steuerungsstrukturen. Auf einer Fach-
tagung wurde im Projekt 2004 diskutiert, wie Ansätze aus der „*governance*"-Dis-
kussion der politischen Wissenschaften für die Gestaltung regionaler Bildungslandschaften nutzbar gemacht werden können (vgl. Projektleitung „Selbstständige
Schule" 2004b). Es kann nicht um eine Verlagerung von Zuständigkeiten von einer
Ebene auf eine andere gehen, sondern um eine Neugestaltung von Verantwortlichkeiten innerhalb der gegebenen Zuständigkeitsstrukturen, also um die Gestaltung
von Bildung in staatlich-kommunaler Verantwortungsgemeinschaft, die behutsam
an die gemeinsam entschiedene Auflösung der starren Trennung in „innere" und
„äußere" Schulangelegenheiten geht. Im Projekt wurden mit der Einrichtung regionaler Steuergruppen Einheiten geschaffen, die – ausgestattet mit einem regionalen Entwicklungsfonds – konsensual Steuerungsentscheidungen treffen können.
In ihnen sind die staatliche Schulaufsicht, die kommunalen Schulträger und die
Schulen vertreten. Die Kooperation aller beteiligten Akteure erfolgt freiwillig über
Kooperationsvereinbarungen. Regionale Bildungsbüros in kommunaler Träger-
schaft sind die notwendigen operativen Unterstützungseinheiten, die ihrerseits über
gewisse Handlungsspielräume verfügen.

Bezüglich der Unterrichtsentwicklung kommen auf eine regionale Steuerungseinheit – wie immer sie zukünftig heißt, zusammengesetzt sein und auf der Basis
von Verträgen zwischen Land und Kommune im Einzelnen agieren mag – eine
Vielzahl von Aufgaben zu: umfassende, transparente Informationsführung, langfristige Sicherstellung von Trainingsangeboten sowie deren Qualitätssicherung,
Gewährleistung professioneller Beratung im Schulentwicklungsprozess, Abstimmung mit anderen Fortbildungsangeboten, Aufbau und nachhaltige Pflege von
Kooperationen zur Unterstützung der Unterrichtsentwicklung. Ein wichtiges Steuerungsinstrument sind dabei Kontrakte.

Über eine neue Steuerungslogik wird eine Systematik und Verbindlichkeit in
regionalen Schul- und Bildungslandschaften organisiert und gewährleistet, wie sie
in herkömmlichen Netzwerken nicht möglich war, aber zur Unterstützung erfolgreich verlaufender individueller Bildungsbiografien in der Region mit ihren spezifischen Lebensbedingungen dient.

Eine funktionierende regionale Bildungslandschaft mit dem Fokus Unterrichtsentwicklung wird man z. B. daran erkennen, dass in der Lokalzeitung kein Artikel mehr erscheint (wie noch am 6.11.2007), der davon berichtet, wie die Firmen

vor Ort eine Junior Management School darin unterstützen, dass sie ambitionierten Oberstufenschülern zweijährige Kurse anbietet, in denen diese gegen entsprechende Bezahlung neben wirtschaftlichen Kenntnissen in 40% der Unterrichtszeit dort sogenannte „soft skills" wie Kommunikation, Präsentation, Bewerbung, Verhandlung erwerben. Kein Schüler in einer solchen Bildungslandschaft könnte mehr so zitiert werden: „„Eine Stunde lang bekommen wir etwas erklärt, und dann geht es an die Arbeit', erklärt XY, der in der praktischen Arbeit den Vorteil gegenüber dem normalen Unterricht sieht."

Die Lokalzeitung titelt dann eher:
„Firmen registrieren bessere Ausbildungsfähigkeit der Schüler in der Region"
„Zahl der Studienwilligen gestiegen"
„Immer mehr Schüler aus der Region erfolgreich bei nationalen Wettbewerben"
Regionales Bildungsbüro organisiert Feier zur Unterzeichnung
von Kooperationsverträgen
„Kaum noch Schulabbrecher in unserer Region"
„KiTas und Grundschulen vor Ort einigen sich auf
einheitliches Sprachförderprogramm"

Damit wird der Öffentlichkeit deutlich, dass Schulen ihren Unterricht verbessert haben und mit anderen Bildungseinrichtungen eng vernetzt zusammenarbeiten, so dass allen Kindern und Jugendlichen optimale Chancen geboten werden. Bildung ist zu einem zentralen Thema in der Kommune oder Region geworden und wird gemeinsam gestaltet und verantwortet.

Literatur

Bastian, J. (2007). *Einführung in die Unterrichtsentwicklung.* Weinheim/Basel: Beltz.

Bastian, J. & Rolff, H-G. (2002). *Abschlussevaluation des Projektes „Schule & Co".* Gütersloh: Bertelsmann-Stiftung.

Baumert, J. (2006). „Was wissen wir über die Entwicklung von Schulleistungen?". Pädagogik, 4, 40-46.

Bildungskommission NRW (1995). *Zukunft der Bildung – Schule der Zukunft.* Neuwied: Luchterhand.

Boekarts, M. (1999). Self-regulated learning: Where we are today. *International Journal of Educational Research*, 31, 445-457.

Bonsen, M. & Rolff, H.-G. (2006). Professionelle Lerngemeinschaften von Lehrerinnen und Lehrern. *Zeitschrift für Pädagogik*, 2 (52), 167-184.

Brüning, L. & Saum, T. (2006). *Erfolgreich unterrichten durch Kooperatives Lernen. Strategien zur Schüleraktivierung.* Essen: Neue Deutsche Schule Verlagsgesellschaft.

Bürvenich, H. & Simon, P. (2007). Individuelle Förderung als regionale Aufgabe. Konzept aller Schulen der Stadt Troisdorf im Rahmen des Modellversuchs ‚Selbstständige Schule'". *Schulverwaltung NRW,* 10, 264-267.

Deutsches PISA-Konsortium (Hrsg.) (2001). *PISA 2000.* Opladen: Leske + Budrich Verlag.

Van Gathen, J. (2005). Was macht die Arbeit einer „Professionellen Lerngemeinschaft" aus?". *SchulVerwaltung*, 3, 88-90.

Green, N. & Green, K. (2005). *Kooperatives Lernen im Klassenraum und im Kollegium.* Seelze-Velber: Kallmeyer.

Gudjons, H. (1997). Handlungsorientierter Unterricht. Begriffskürzel mit Theoriedefizit?". *Pädagogik*, 1, 6-10.

Haenisch, H. (1989). Gute und schlechte Schulen im Spiegel der empirischen Schulforschung". In K.-J. Tillmann (Hrsg.), *Was ist eine gute Schule?* (S. 32-49). Hamburg: Bergmann + Helbig.

Herrmann, J. & Höfer, C. (1999). *Evaluation in der Schule – Unterrichtsevaluation. Berichte und Materialien aus der Praxis.* Gütersloh: Bertelsmann Stiftung.

Herrmann, J., Höfer, C. & Weisker, K. (2004). *Handbuch zur Basisqualifizierung von schulischen Beraterinnen und Beratern für Evaluation im Rahmen des Projektes "Selbstständige Schule", Projektpublikation.* Gütersloh: Bertelsmann Stiftung.

Höfer, C. & Madelung, P. (2006). *Lehren und Lernen für die Zukunft. Unterrichtsentwicklung in selbstständigen Schulen.* Troisdorf: Bildungsverlag EINS.

Homeier, W. (2006). Kooperatives Lernen und Schulentwicklung". *Lernende Schule. Für die Praxis pädagogischer Schulleitung in der Lernenden Schule*, 33, 1-8.

Klafki, W. (2003). Selbstständiges lernen muss gelernt werden!". In F. Stübig (Hrsg.), *Selbstständiges Lernen in der Schule Beiträge zur Gymnasialen Oberstufe* (S. 19-58). Universität Kassel.

Klippert, H. (2004). *Eigenverantwortliches Arbeiten und Lernen Bausteine für den Fachunterricht.* Weinheim: Beltz.

Klippert, H. (2005a). *Methodentraining. Übungsbausteine für den Unterricht.* Weinheim: Beltz.

Klippert, H. (2005b). *Kommunikationstraining. Übungsbausteine für den Unterricht.* Weinheim: Beltz.

Klippert, H. (2005). *Teamentwicklung im Klassenraum, Übungsbausteine für den Unterricht.* Weinheim: Beltz.

Lohre, W. (2005). Regionale Bildungslandschaften. Die Bedeutung regionaler Bildungslandschaften im Projekt ‚Selbstständige Schule'". *Journal für Schulentwicklung*, 1, 29-37.

Lohre, W. & Klippert, H. (1999). *Auf dem Weg zu einer neuen Lernkultur.* Gütersloh: Bertelsmann Verlag.

Lohre, W., Weisker, K. & Kober, U. (2006). Selbstständigkeit von Schulen ist kein Selbstzweck. Fortbildungsoffensive und regionale Unterstützung für selbstständige Schulen". *Pädagogik*, 12, 40-44.

Mau, J., Schack, N. (2007). Verbesserung der Unterrichtsqualität als Teil der Schulentwicklung: Neue Formen des Lernens". In B. Busemann, J. Oelkers & H. S. Rosenbusch (Hrsg.), *Eigenverantwortliche Schule – ein Leitfaden. Konzepte, Wege, Akteure* (S. 204-217). Köln: Luchterhand.

Projektleitung „Selbstständige Schule" (Hrsg.) (2004a). *Lehren und Lernen für die Zukunft. Guter Unterricht und seine Entwicklung im Projekt „Selbstständige Schule", Projektpublikation.* Gütersloh: Bertelsmann Verlag.

Projektleitung „Selbstständige Schule" (Hrsg.) (2004b). *Regionale Bildungslandschaften. Grundlagen einer staatlich-kommunalen Verantwortungsgemeinschaft.* Troisdorf: Bildungsverlag EINS.

Rolff, H.-G. (2006a). Unterrichtsentwicklung als Schulentwicklung". In W. Bos, H.G. Holtappels, R. Schulz-Zander & H. Pfeiffer (Hrsg.), *Jahrbuch der Schulentwicklung Band 14. Daten, Beispiele und Perspektiven* (S. 221-245). Weinheim/München: Juventa.

Rolff, H.-G. (2006b). Schulentwicklung, Schulprogramm und Steuergruppe". In H. Buchen & H.-G. Rolff, (Hrsg.), *Professionswissen Schulleitung* (S. 297-364). Weinheim: Beltz.

Rolff, H.-G. (2006c). „Was wissen wir über die Entwicklung von Schule?". *Pädagogik*, 6, 42-47.

Stübig, F. (2003). Selbsttätigkeit als Weg zur Selbstständigkeit – ein Rückblick". In F. Stübig (Hrsg.), *Selbstständiges Lernen in der Schule Beiträge zur Gymnasialen Oberstufe* (S. 9-18). Universität Kassel.

Tschekan, K. (2002). Guter Unterricht und der Weg dorthin". In H. Buchen, L. Horster & H.G. Rolff (Hrsg.), *Schulleitung und Schulentwicklung* (S. 1-16). Berlin: Raabe.

Tschekan, K. & Herrmann, J. (2004). Unterrichtsentwicklung im System am Beispiel des Hamburger ,Regionalprojekts'". *Journal für Schulentwicklung*, 2, 19-28.

Weidner, M. (2003). *Kooperatives Lernen im Unterricht. Das Arbeitsbuch*. Seelze-Velbert: Kallmeyer.

Wellenreuther, M. (2007). *Lehren und Lernen – aber wie? Empirisch-experimentelle Forschungen zum Lehren und Lernen im Unterricht*. Baltmannsweiler: Verlag Julius Klinkhardt.

Weinert, F.E. (2000). *„Lehren und Lernen für die Zukunft – Ansprüche an das Lernen in der Schule"*. Vortrag am 29.03.2000 im Pädagogischen Zentrum in Bad Kreuznach. In Pädagogische Nachrichten Rheinland-Pfalz 2/2000, S. 1-16.

Holger Gärtner

Einführung neuer Lehrpläne mit Hilfe eines videobasierten Qualitätszirkels – Unterrichtsmonitoring

Dieser Beitrag stellt das Konzept des Unterichtsmonitorings als einen neuen Weg zur nachhaltigen Unterrichtsentwicklung vor. Die großen Schulleistungsstudien mit deutscher Beteiligung wie TIMSS (Baumert et al., 2000) und PISA 2000 (Baumert et al., 2001) haben nach Bekanntgabe der Ergebnisse bekanntlich zu intensiven Diskussionen über die Veränderung des deutschen Unterrichts geführt. Insbesondere die TIMSS-Videostudie (Baumert et al., 1997; Stigler et al., 1999) hat allen Beteiligten anschaulich vorgeführt, dass es im Gegensatz zum typisch deutschen fragend-entwickelnden Unterricht auch andere Unterrichtsscripts gibt. Entsprechend wurden in den letzten Jahren vielfältige Empfehlungen formuliert, in welche Richtung sich Unterricht entwickeln soll. Die Empfehlungen haben sich mittlerweile in etlichen Rahmenlehrplänen niedergeschlagen, was wiederum ein erhebliches Problem mit sich bringt, das in der Forschung zwar bekannt ist, in der Praxis aber noch nicht angemessen berücksichtigt wird: Dass nämlich – selbst wenn die Kenntnis, welche Richtung die Veränderung nehmen soll, vorhanden ist –, einer nachhaltigen Implementation von Innovationen in das Unterrichtsgeschehen etliche Widerstände entgegenstehen.

Herausforderung Unterrichtsentwicklung

Beispiele für gescheiterte Innovationsversuche sind zahlreich (Reinmann, 2005; Sarason, 1982, 1990; Tirosh & Graeber, 2003). Das typische Top-Down-Vorgehen z.B. durch die Einführung eines neuen Rahmenlehrplans im Zusammenspiel mit kurzfristigen, allein kognitiv akzentuierten Formen der Fortbildung hat kaum Einfluss auf die pädagogische Praxis (Blömeke et al., 2003; Fischler et al., 2002; Paul & Volk, 2002; Reinmann-Rothmeier & Mandl, 1998; Wahl, 2002). Gräsel und Parchmann (2004) drücken sehr anschaulich ihre Einschätzung dieses Vorgehens aus: „Es mutet seltsam an, dass in diesen […] Implementationsversuchen nicht berücksichtigt wurde, wie schwer Erfahrungswissen, Überzeugungssysteme und Handlungsroutinen zu verändern sind und wie stark der soziale Kontext der Schule auf die Umsetzung einer Innovation Einfluss nimmt" (S. 200). Dieses Zitat beschreibt die Ebenen, auf denen sich Widerstände gegenüber Neuerungen formieren. Sie liegen zum einen in der *Lehrkraft* selbst begründet, in ihrem Wissen, ihren Überzeugungen und ihren Handlungsroutinen, und zum anderen im jeweiligen *sozialen Kontext*, in den eine Innovation eingeführt werden soll.

Ursachen, dass Lehrkräfte Neuerungen nur mangelhaft umsetzen, liegen zum Teil in dem jeweils vorherrschenden Wissen über Unterricht, in den bestehenden Überzeugungen hinsichtlich „guten" Unterrichts und in den jahrelang eingeübten Handlungsroutinen begründet. Neuerungen passen entweder nicht zum Vorwissen bzw. klassische Implementationsstrategien schaffen es nicht, neue Wissensbestände so aufzubauen, dass sie im Unterricht handlungsleitend wirken (van Driel et al., 2001). Stehen Neuerungen im Gegensatz zu den eigenen Überzeugungen, wie man unterrichten „sollte", kommt es ebenfalls nicht zur Übernahme in den eigenen Unterricht (Richardson, 1996). Wenn jahrelang eingeübte Handlungsroutinen in Fortbildungsveranstaltungen nicht reflektiert bzw. gelockert werden können, sind stabile Verhaltensänderungen im Unterricht unwahrscheinlich (Wahl, 2001).

Als Problem auf der sozialen Ebene als zweite Komponente sind vor allem die sozialen Normen innerhalb eines Kollegiums zu nennen. Hierzu gehören traditionelle Überzeugungen sowohl von Lehrkräften, als auch von Eltern und Schülern, welche Veränderungen entgegenwirken. Des Weiteren führt die langjährige Isolation am Arbeitsplatz zu Unsicherheit, so dass Lehrkräfte nicht gewöhnt sind, kooperativ und offen mit den eigenen Kolleginnen und Kollegen zusammenzuarbeiten, um Innovationen einzuführen (Anderson, 1991; Ball, 1994). Die Schulleitung baut möglicherweise zusätzliche Hemmnisse auf, auch die Schulkultur insgesamt kann Innovationen entgegenstehen (Geijsel et al., 2003; Jones, 1997; Tirosh & Graeber, 2003).

Neuere Forschungsarbeiten kommen zu dem Schluss, dass eine nachhaltige Veränderung von Unterricht nur durch langfristige und kooperative Programme erreicht werden kann, die im Gegensatz zu früheren Implementationsansätzen keiner Top-Down-Strategie folgen, sondern sich vielmehr an Bottum-Up- bzw. *symbiotischen* Implementationsstrategien orientieren sollten (Gräsel & Parchmann, 2004; Paul & Volk, 2002; van Driel et al., 2001). Beispiele für solche Ansätze sind: *Coaching* (West & Staub, 2003), *Qualitätszirkel* (Lovett & Gilmore, 2003), *Netzwerke* bzw. *Learning Communities* (Fey et al., 2004; Keiny, 2002; Ostermeier, 2004) oder sogenannte *Videoclubs* (Tochon, 1999).

Obwohl der Trend hin zu langfristigen und kooperativen Formen der Fortbildung zu erkennen ist, weiß man um die Effekte dieser Programme wenig (Ball, 1994; Kramis-Aebischer, 1995; Lipowsky, 2004). Dieses Erkenntnisdefizit steht dem Trend entgegen, neue Formen der Fortbildung verstärkt zwingend in der dritten Phase der Lehrerbildung einzusetzen (Lenzen et al., 2002). Der Trend entstand zum Teil durch öffentlichen Druck aufgrund der als mittelmäßig wahrgenommenen Resultate in den letzten internationalen Vergleichsstudien. Effektivere Fortbildungskonzepte zu entwickeln kommt bei der Qualitätssteigerung von Schule und Unterricht eine Schlüsselfunktion zu (Boyle et al., 2005), um die Kompetenzentwicklung deutscher Schülerinnen und Schüler zu steigern.

Konzept Unterrichtsmonitoring

Mit dem hier vorgestellten Unterrichtsentwicklungskonzept soll eine Möglichkeit eröffnet werden, erziehungswissenschaftliche bzw. pädagogisch-psychologische Erkenntnisse im Unterricht nachhaltig umzusetzen. Das Konzept des Unterrichtsmonitorings basiert auf einer langfristigen Zusammenarbeit von Lehrkräften im Rahmen eines moderierten Qualitätszirkels. Dieser Qualitätszirkel beinhaltet die

Arbeit mit Unterrichtsvideos. Demzufolge kann das Unterrichtsmonitoring als ein videobasierter Qualitätszirkel bezeichnet werden.

Das Konzept des Unterrichtsmonitorings sieht eine moderierte fachspezifische Zusammenarbeit von Lehrkräften vor. Um mögliche Synergieeffekte zu verstärken, steht zudem eine eng umgrenzte Klassenstufe im Zentrum der Zusammenarbeit, d. h., alle an einem Qualitätszirkel beteiligten Lehrpersonen unterrichten zur selben Zeit dasselbe Fach in derselben Klassenstufe. Ausgangspunkt der Zusammenarbeit ist eine gemeinsame Zielstellung, z. B. der gemeinsame Wunsch, Gruppenarbeit im Unterricht einzuführen. Der Qualitätszirkel selbst gibt keine zu bearbeitenden Inhalte vor. Es ist der Gruppe selbst überlassen, Themen der Zusammenarbeit festzulegen.

Vor dem Hintergrund eines gemeinsam festgelegten Ziels besteht der erste Schritt darin, eine Stunde oder eine Unterrichtseinheit zu planen. Diese Planung kann in Tandems oder kleineren Gruppen geschehen, sofern die Lehrkräfte in ihren Klassen zeitgleich ein bestimmtes Thema behandeln (z. B. eine Gruppenarbeit zum Thema Binomische Formeln). Sie kann aber auch allein vorgenommen werden und muss nicht unmittelbar während der Gruppentreffen erfolgen.

Der zweite Schritt sieht vor, diese geplante Unterrichtsstunde bzw. Einheit im eigenen Unterricht auszuprobieren. Diese Stunden werden auf Video aufgezeichnet. Im Anschluss daran werden Sequenzen der Aufzeichnung ausgewählt, welche sich besonders dazu eignen, der Gruppe ein Bild vom Ablauf der Stunde zu vermitteln bzw. über welche die aufgezeichnete Lehrkraft von ihren Kolleginnen und Kollegen Rückmeldung erhalten will.

Der dritte Schritt sieht vor, beim nächsten Gruppentreffen anhand der visuellen Aufzeichnungen und der mitgebrachten Arbeitsmaterialien gemeinsam über die Stunde zu reflektieren und Erfahrungen auszutauschen. Im Mittelpunkt stehen Fragen der Lehrkräfte, deren Unterrichtsaufzeichnungen behandelt werden.

Vor dem Hintergrund der Erfahrungen und Erkenntnisse startet nun ein neuer Durchgang des Qualitätszirkels (s. Abbildung 1). Der zweite Durchgang kann dieselbe Themenstellung wie der erste verfolgen oder ein neues Thema wird gewählt. Das Konzept des Qualitätszirkels sieht keine bestimmte Dauer der Zusammenarbeit vor, ist grundsätzlich aber auf eine langfristige Kooperation angelegt.

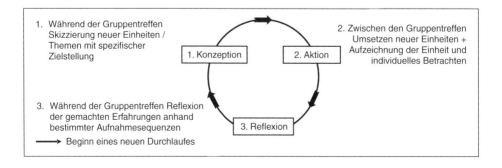

Durch das beschriebene Vorgehen werden Widerstände gegenüber Neuerungen auf Kognitions- und Handlungsebene eher überwunden, da a) bewusst eine veränderte Unterrichtsplanung initiiert wird; b) eigenes Vorwissen und eigene Überzeugungen über Unterricht und Lernen im Diskurs expliziert werden können; c) die Videoaufzeichnungen zu einer Bewusstmachung der aktuellen Handlungssteuerung führen und Handlungsroutinen somit aufgebrochen werden können; d) die regelmäßigen Treffen eine tatsächliche Umsetzung forcieren und e) die Lernumgebung im Unterrichtsmonitoring situiert ist, da z. B. ein neuer Lehrplan im für die Lehrkraft relevanten Rahmen des eigenen Klassenkontextes behandelt wird (Putnam & Borko, 2000; Wahl, 2001, 2002). Diese Situierung wird durch den Gebrauch der Videoaufzeichnungen unterstützt.

Somit stellt das Unterrichtsmonitoring eine effektivere Form der Fortbildung dar als klassische Formen. Dies zeigte sich in einer ersten Evaluation des Konzeptes mit Berliner Mathematiklehrkräften, welche im Rahmen von zwei Qualitätszirkeln Aspekte eines neuen Rahmenlehrplanes umsetzten (Gärtner, 2007).

Implementation des Unterrichtsmonitorings

Grundlage der Zusammenarbeit in den Qualitätszirkeln war der neu eingeführte Rahmenlehrplan Mathematik (Senatsverwaltung für Bildung, Jugend und Sport, 2004). Um eine ganzheitliche Kompetenzentwicklung zu fördern, sollte die Gestaltung von Lernumgebungen im Mathematikunterricht nach dem Rahmenlehrplan folgende Aspekte umfassen: problemorientierte Aufgaben; Kooperation; vielfältige Formen des Übens; fächerverbindende Elemente; vielfältige Medien; Schülerbeteiligung. Der Lehrplan sieht des Weiteren vor, neue Formen der Leistungsermittlung und Leistungsbewertung umzusetzen. Hierzu gehören z. B. Klassenarbeiten auf unterschiedlichen Niveaustufen durchzuführen, die Bewertung von Präsentationen vorzunehmen oder praktische Leistungen und die Mitarbeit in Gruppenarbeitsphasen zu beurteilen.

Qualitätszirkel Grundschule

Der Qualitätszirkel mit Grundschullehrkräften nahm die Klassenstufen 5 und 6 in den Fokus. Insgesamt fanden zehn Treffen über das Schuljahr hinweg statt. Die durchschnittliche Dauer einer Sitzung betrug ca. 90 Minuten. Während dieser Treffen wurden insgesamt 7 Aufzeichnungen eigener Unterrichtsstunden diskutiert. Die Gruppe wählte zwei zentrale Elemente des neuen Lehrplans: *Einführung einer neuen Aufgabenkultur* sowie *Einführung neuer Formen der Leistungsbewertung*. Die acht Teilnehmerinnen entwickelten während des gesamten Schuljahres 15 neue Aufgaben/Einheiten, erprobten und tauschten sie untereinander aus. Zusätzlich wurde weiteres Material ausgetauscht, welches die beteiligten Lehrerinnen schon früher entwickelt hatten. Ebenso verfuhren die Teilnehmerinnen mit sechs neuen Formen der Leistungsbewertung. Hierzu zählen vor allem Klassenarbeiten mit verschiedenen Niveaustufen und differenzierte Klassenarbeiten, bei denen sich die Schüler auswählen können, welchen Schwierigkeitsgrad sie bearbeiten wollen.

Verschiedene Aspekte von Gruppenarbeit wurden ebenfalls zur Bewertung herangezogen: das Engagement der Schülerinnen und Schüler, ihre Ergebnisse und deren Präsentation.

Qualitätszirkel Gymnasium

Im Mittelpunkt des Qualitätszirkels mit Gymnasiallehrkräften standen die Klassenstufen 7 und 8. Die durchschnittliche Dauer der insgesamt acht Treffen lag mit ca. 100 Minuten etwas über dem Grundschulzirkel. Auf den Treffen wurden 22 Unterrichtsaufzeichnungen diskutiert. Die Gruppe wählte als Inhalt der Zusammenarbeit vier Leitfragen:
1. Wie verhalte ich mich während der Gruppenarbeit?
2. Wie führe ich einen neuen Stoff ein?
3. Wie veranstalte ich Hausaufgabenkontrollen?
4. Wie gehe ich bei der Auswertung von Gruppenarbeit vor?

Im Anschluss an die Betrachtung der Unterrichtssequenzen (Dauer der Ausschnitte ca. 6–10 Minuten) wurde im Schnitt 20 Minuten diskutiert.

Fazit der Implementation

Eine detaillierte Analyse des Gruppenprozesses (Gärtner, 2007) ergab, dass der Ablauf der Zusammenarbeit in beiden Qualitätszirkeln dem grundlegenden Dreischritt 1) Konzeption 2) Aktion und 3) Reflexion folgte. Unterschiedlich erfolgte dagegen die Akzeptanz der Video-Komponente. Während es im Qualitätszirkel Gymnasium nie strittig war, die Unterrichtsaufzeichnungen als Diskussionsgrundlage und zum Feedback zur eigenen Arbeit zu nutzen, gab es im Qualitätszirkel Grundschule Widerstände. Die Arbeit mit Videos wurde als zu bewertend empfunden. So musste die Moderation immer wieder zu Videoaufnahmen ermuntern. Überhaupt hatte die Moderation immer wieder die Aufgabe, die Diskussion zu den gesehenen Unterrichtssequenzen zurückzuführen, da die Diskussion schnell vom aktuellen Video fortführte.

Beim Umsetzen neuer Einheiten orientierten sich beide Gruppen, trotz unterschiedlicher Themensetzungen, an denselben didaktischen Richtlinien. Hierzu zählten vor allem, die Schülerinnen und Schüler stärker zu aktivieren, realitätsnahe und komplexe Aufgaben zu entwickeln und einzusetzen, Gruppenarbeit vermehrt durchzuführen und Präsentationen von mathematischen Inhalten zu fördern. Diese Akzentuierung spiegelte sich auch in neuen Formen der Leistungsbewertung wieder. Die unterschiedliche Nutzung der Video-Komponente führte also nicht zu Unterschieden in den gewählten Inhalten der Zusammenarbeit oder in den real umgesetzten Einheiten.

Ergebnisse

Die innerhalb eines Prä-Post-Experimental-Kontrollgruppen-Designs festgestellten Ergebnisse deuten darauf hin, dass bei den am Qualitätszirkel beteiligten Lehrkräfte offensichtlich Veränderungen im Bereich des Unterrichts stattgefunden haben (Gärtner, 2007): Diese Veränderungen in der durchschnittlichen Selbsteinschätzung der Lehrkräfte betrafen einen signifikanten Anstieg an modernen Formen der Unterrichtsgestaltung, Formen anspruchsvollen Übens, Formen der Leistungsermittlung und Differenzierung sowie eine Verstärkung der Aufgabenkultur. Des Weiteren fand sich eine signifikante Verringerung an repetitiven Formen des Übens und an traditionelleren Formen der Unterrichtsgestaltung. In der Gruppe der Kontroll-Lehrkräfte, welche während desselben Zeitraumes an durchschnittlich 8,4 Tagen mathematik-spezifische Fortbildungen anderer Anbieter besuchten, kam es zu keiner einzigen signifikanten Veränderung.

Auch Überzeugungen der Lehrkräfte darüber, wie man im Unterricht richtigerweise vorgehen sollte, veränderten sich in der Qualitätszirkelgruppe deutlich. Während das konstruktivistische Verständnis der Qualitätszirkel-Lehrkräfte weiter zunahm, sank es in der Kontrollgruppe. Das Gegenteil trifft auf die Entwicklung des rezeptiven Mathematikverständnisses zu. Dieses sinkt im Durchschnitt für die Teilnehmerinnen und Teilnehmer der Qualitätszirkel und steigt innerhalb der Kontrollgruppe an.

Auf Schülerebene wurden mithilfe von Fragebögen, welche die subjektiven Kompetenzeinschätzungen der Schüler erhoben, ebenfalls Effekte des Qualitätszirkels nachgewiesen. Die eingesetzten Skalen wurden hierbei nach den im Rahmenlehrplan geforderten Kompetenzbereichen (fachlich, methodisch, personal und sozial) unterschieden.

Die Auswertung zeigt, dass die subjektive Einschätzung der Fachkompetenz bei den Schülerinnen und Schülern der Qualitätszirkel-Lehrkräfte stärker wuchs als bei denen der Kontrollgruppen-Lehrkräfte. Auf allen anderen Kompetenzbereichen zeigte sich jedoch keine Programmwirkung.

Diskussion

Hauptziel des Unterrichtsmonitorings ist es, Lehrkräfte besser darin zu unterstützen, eine Veränderung des Unterrichts u.a. entsprechend den Vorgaben eines neuen Rahmenlehrplans zu bewirken. Eine erste Evaluation hat ergeben, dass sich im Vergleich zu einer Kontrollgruppe, welche ebenfalls während des relevanten Schuljahres mathematik-spezifische Fortbildungen besuchte, Veränderungen im Unterrichtsgeschehen feststellen lassen. Die Qualitätszirkel-Lehrkräfte wiesen viele signifikante Veränderungen in relevanten Aspekten des Unterrichtsgeschehens auf, und zwar alle in konformer Richtung der Anforderungen des neuen Rahmenlehrplanes. So nahm z.B. der Anteil traditioneller Formen der Unterrichtsgestaltung ab, während moderne Formen zunahmen. Entsprechend fand sich eine Zunahme anspruchsvoller Formen des Übens, während repetitive Formen abnahmen. Zudem wurde von einer verstärkten Umsetzung einer „neuen" Form der Aufgabenkultur mit komplexeren, realitätsnäheren mathematischen Problemen berichtet. Des Weiteren wurden vermehrt neue Formen der Leistungsbewertung verwendet. In der Kontrollgruppe trat während desselben Schuljahres keine einzige signifikante Veränderung auf diesen lehrplanrelevanten Dimensionen auf.

Die Ergebnisse zu konkreten Aspekten des Unterrichtsgeschehens stehen in Einklang mit den Veränderungen, die sich auf der Ebene der Überzeugungen zum „richtigen" Vorgehen im Mathematikunterricht feststellen ließen. Die durch die Skalen „konstruktivistisches" bzw. „rezeptives" Verständnis von Mathematikunterricht erfassten Überzeugungen sind von großer Bedeutung für den Kompetenzerwerb der Schülerinnen und Schüler (Staub & Stern, 2002). Dass hier eine entsprechende Veränderung bei den Qualitätszirkel-Lehrkräften hin zum konstruktivistischen und weg vom rezeptiven Verständnis erreicht wurde, kann vor dem Hintergrund der in der Literatur berichteten hohen Stabilität von Überzeugungen (Handal, 2003; Richardson, 1996) als beachtlich bewertet werden.

Diese Ergebnisse weisen auf eine Bestätigung der Wirksamkeitshypothese des Unterrichtsmonitorings auf Lehrerebene hin. Das Unterrichtsmonitoring war besser in der Lage Veränderungen im Unterricht zu bewirken, als dies mit klassischen Fortbildungen der Fall war. Prozessanalysen, die an anderer Stelle dargestellt sind (Gärtner, 2007), zeigen auf, dass aus Sicht der Teilnehmerinnen und Teilnehmer vor allem die Moderation, die Möglichkeit zum Austausch, das Feedback, die selbst bestimmte Wahl der Themen, die positive Atmosphäre sowie die regelmäßigen Treffen bedeutsame Bestandteile des Unterrichtsmonitorings waren. Die Videokomponente wurde vor allem innerhalb des Gruppensettings geschätzt, d.h. durch das Video konnte eine gemeinsame Gesprächsgrundlage geschaffen werden. Das „Sehen" des Unterrichts von Anderen lieferte große Impulse, entsprechende Einheiten auch selbst zu realisieren.

Obwohl das zentrale Interesse dieser Arbeit darauf beruhte, Lehrkräfte und ihren Unterricht zu verändern, kommt der Wirkung dieses veränderten Unterrichts auf die Kompetenzentwicklung der Schülerinnen und Schüler letztendlich die entscheidende Bedeutung zu. Entgegen der Annahme zeigte sich in den meisten Kompetenzbereichen kein Programmeffekt. Die beiden Schülergruppen entwickelten sich über das Schuljahr hinweg nahezu identisch. Der Kompetenzbereich, in dem sich die Schülerinnen und Schüler der Qualitätszirkel-Lehrkräfte besser entwickelten als die der Kontroll-Lehrkräfte, ist die subjektive Einschätzung der mathematischen Fachkompetenz.

Als Fazit bleibt, dass das Unterrichtsmonitoring einen Beitrag zur nachhaltigen Professionalisierung von Lehrkräften leisten kann. Dies gilt in besonderem Maße aufgrund der festgestellten Veränderung unterrichtsrelevanter Überzeugungen, welche in der Literatur als einerseits hochstabil, andererseits als besonders relevant für Veränderungsprozesse beschrieben werden (Richardson & Placier, 2001). Vor allem dieses Ergebnis lässt darauf schließen, dass die eingeleiteten Veränderungen nachhaltig sein werden und in Zukunft verstärkt positive Effekte auf Schülerebene zu erwarten sind.

Die Konzeption des Unterrichtsmonitorings als ein stark selbstgesteuertes Vorhaben scheint die Veränderungsmotivation der Teilnehmerinnen und Teilnehmer zu stärken und dazu zu führen, dass viele neue Unterrichtseinheiten realisiert werden. Dies spricht dafür, weiterhin verstärkt langfristige und kooperative Fortbildungsprojekte dieses Typs anzubieten.

Literatur

Anderson, L. W. (1991). Die pädagogische Autonomie des Lehrers: Chancen und Risiken. In E. Terhart (Hrsg.), *Unterrichten als Beruf: neuere amerikanische und englische Arbeiten zur Berufskultur und Berufsbiographien von Lehrern und Lehrerinnen* (S. 121-133). Köln: Böhlau.

Ball, D. B. (1994). *Developing mathematics reform: What don't we know about teacher learning – but would make good working hypotheses?* Paper presented at the Teacher Enhancement in Mathematics K-6, Arlington, VA.

Baumert, J., Bos, W. & Lehmann, R. (Hrsg.) (2000). *TIMSS/III – Dritte Internationale Mathematik- und Naturwissenschaftsstudie – Mathematische und naturwissenschaftliche Bildung am Ende der Schullaufbahn. 2 Bände.* Opladen: Leske & Budrich.

Baumert, J., Lehmann, R., Lehrke, M., Schmitz, B., Clausen, M., Hosenfeld, I, Köller, O. & Neubrand, J. (Hrsg.) (1997). *TIMSS – Mathematisch-naturwissenschaftlicher Unterricht im internationalen Vergleich. Deskriptive Befunde.* Opladen: Leske & Budrich.

Blömeke, S., Eichler, D. & Müller, C. (2003). Rekonstruktion kognitiver Strukturen von Lehrpersonen als Herausforderung für die empirische Unterrichtsforschung. Theoretische und methodologische Überlegungen zu Chancen und Grenzen von Videostudien. *Unterrichtswissenschaft, 31* (2), 103-121.

Boyle, B., Lamprianou, I. & Boyle, T. (2005). A longitudinal study of teacher change: What makes professional development effective? Report of the second year of the study. *School Effectiveness and School Improvement, 16* (1), 1-27.

Clausen, M. (2002). *Unterrichtsqualität: eine Frage der Perspektive?: empirische Analysen zur Übereinstimmungs-, Konstrukt- und Kriteriumsvalidität.* Münster: Waxmann.

Deutsches PISA-Konsortium (Hrsg.) (2001). *PISA 2000. Basiskompetenzen von Schülerinnen und Schülern im internationalen Vergleich.* Opladen: Leske & Budrich.

Fey, A., Gräsel, C., Puhl, T. & Parchmann, P. (2004). Implementation einer kontextorientierten Unterrichtskonzeption für den Chemieunterricht. *Unterrichtswissenschaft, 32* (3), 238-256.

Fischler, H., Schröder, H. J., Tonhäuser, C. & Zedler, P. (2002). Unterrichtsskripte und Lehrerexpertise: Bedingungen ihrer Modifikation. In M. Prenzel & J. Doll (Hrsg.), *Zeitschrift für Pädagogik. 45.* Beiheft (S. 157-172). Weinheim: Beltz.

Gärtner, H. (2007). *Unterrichsmonitoring – Evaluation eines videobasierten Qualitätszirkels zur Unterrichtsentwicklung.* Münster: Waxmann.

Geijsel, F., Sleegers, P., Leithwood, K. & Jantzi, D. (2003). Transformational leadership effects on teachers' commitment and effort toward school reform. *Journal of Educational Administration, 41,* 228-256.

Gräsel, C. & Parchmann, P. (2004). Implementationsforschung – oder: der steinige Weg, Unterricht zu verändern. *Unterrichtswissenschaft, 32*(3), 196-214.

Handal, B. (2003). Teachers' mathematical beliefs: a review. *The Mathematics Educator, 13*(2), 47-57.

Helmke, A. (2003). *Unterrichtsqualität – erfassen, bewerten, verbessern.* Seelze: Kallmeyersche Verlagsbuchhandlung.

Jones, D. (1997). A conceptual framework for studying the relevance of context to mathematics teachers' change. In E. Fennema & B. Nelson (Hrsg.), *Mathematics teachers in transition* (S. 131-154). Mahwah, NJ: Lawrence Erlbaum Associates.

Keiny, S. (2002). *Changing Teachers Conception of Science in a „Community of Learners". Paper presented at the Third European Symposium on Conceptual Change. A process approach to conceptual change.* Finnland: Turku.

Kramis-Aebischer, K. (1995). *Stress, Belastungen und Belastungsverarbeitung im Lehrberuf.* Bern: Paul Haupt.

Lenzen, D., Mattenklott, G., Sahm, J. & Tenorth, H. E. (2002). *Lehrerbildung an Universitäten – ein Reformmodell der Kooperation zwischen Universität und Schule* Verfügbar unter: www.fu-berlin.de/service/zuvdocs/bildung/lehrerbildung-reform.pdf [15.9.2003]

Lipowsky, F. (2004). Was macht Fortbildungen für Lehrkräfte erfolgreich? *Die Deutsche Schule,* 96(4), 462-479.

Lovett, S. & Gilmore, A. (2003). Teachers' Learning Journeys: The Quality Learning Circle as a Model of Professional Development. *School Effectiveness and School Improvement,* 14 (2), 189-211.

Ostermeier, C. (2004). *Kooperative Qualitätsentwicklung in Schulnetzwerken. Eine empirische Studie am Beispiel des BLK-Programms „Steigerung der Effizienz des mathematisch-naturwissenschaftlichen Unterrichts" (SINUS).* Münster: Waxmann.

Paul, G. & Volk, T. (2002). Ten years of teacher workshops in an environmental problem – solving model: teacher implementation and perceptions. *The Journal of Environmental Education,* 33 (3), 10-20.

Putnam, R. T. & Borko, H. (2000). What do new views of knowledge and thinking have to say about research on teacher learning? *Educational Researcher,* 29 (1), 4-15.

Reinmann, G. (2005). Innovation ohne Forschung? Ein Plädoyer für den Design-Based Research-Ansatz in der Lehr-Lern-Forschung. *Unterrichtswissenschaft,* 33(1), 52-69.

Reinmann-Rothmeier, G. & Mandl, H. (1998). Wenn kreative Ansätze versanden: Implementation als verkannte Aufgabe. *Unterrichtswissenschaft,* 26 (4), 292-311.

Richardson, V. & Placier, P. (2001). Teacher Change. In V. Richardson (Hrsg.), *Handbook of Research on Teaching* (4 ed., S. 905-947). Washington, DC: AERA.

Richardson, V. (1996). The role of attitudes and beliefs in learning to teach. In J. P. Sikula, T. J. Buttery & E. Guyton (Hrsg.), *Handbook of research on teacher education* (S. 102-119). New York: Macmillan.

Sarason, S. B. (1982). *The culture of the school and the problem of change.* Boston: Allyn & Bacon.

Sarason, S. B. (1990). *The predictable failure of educational reform: Can we change course before it's too late?* San Francisco: Jossey-Bass.

Senatsverwaltung für Bildung, Jugend und Sport (Hrsg.). (2004). *Rahmenlehrplan Grundschule Mathematik.* Berlin: Wissenschaft und Technik.

Staub, F. C. & Stern, E. (2002). The Nature of Teachers' Pedagogical Content Beliefs Matters for Students' Achievement Gains: Quasi-Experimental Evidence From Elementary Mathematics. *Journal of Educational Psychology,* 94(2), 344-355.

Stigler, J. W., Gonzales, P., Kawanaka, T., Knoll, S. & Serrano, A. (1999). *The TIMSS Videotape Classroom Study: Methods and Findings from an Exploratoty Research Project on Eighth-Grade Mathematics Instruction in Germany, Japan, and the United States.* Washington, DC: National Center for Education Statistics.

Tirosh, D. & Graeber, A. O. (2003). Challenging and Changing Mathematics Teaching Classroom Practices. In A. J. Bishop, M. A. Clements, C. Keitel, J. Kilpatrick & F. K. S. Leung (Hrsg.), *Second International Handbook of Mathematics Education* (S. 643-687). Dordrecht: Kluwer.

Tochon, F. V. (1999). *Video Study Groups for Education, Professional Development, and Change.* Madison, Wisconsin: Atwood.

van Driel, J. H., Beijaard, D. & Verloop, N. (2001). Professional Development and Reform in Science Education: The Role of Teachers' Practical Knowledge. *Journal of Research in Science Teaching,* 38(2), 137-158.

Wahl, D. (2001). Nachhaltige Wege vom Wissen zum Handeln. *Beiträge zur Lehrerbildung,* 19(2), 157-174.

Wahl, D. (2002). Mit Training vom trägen Wissen zum kompetenten Handeln? *Zeitschrift für Pädagogik,* 48(2), 227-241.

West, L. & Staub, F. C. (2003). *Content-focused coaching.* Portsmouth, NH: Heinemann.

Gerrit Staphorsius & Ronald Krom

Das Schüler-Monitoring-System in den Niederlanden

Cito steht für Centraal Instituut voor Toetsontwikkeling [Zentrales Institut für Testentwicklung]. Cito besteht seit fast 40 Jahren. Aufgabe des Instituts war von Anfang an die Konstruktion von Instrumenten, mit denen die Entwicklung der menschlichen Möglichkeiten auf der Basis unabhängiger Daten nachvollzogen und vor dem Hintergrund relevanter Standards beurteilt werden kann. Der erste von Cito entwickelte Test ist ein prädiktives Instrument, der Cito Primary Education Final Test [Cito Grundschulabschlusstest]. Dieser Test liefert auf der Grundlage der Lernfortschritte objektive Informationen für die Wahl einer weiterführenden Schule. Dieser Test wurde 2006 von fast 85% der niederländischen Schulen im Grundschulunterricht verwendet. Der Test kann als Abschluss des Schüler-Monitoring-Systems for primary Education (LOVS PO) und als Anfang des Schüler-Monitoring-Systems for secundary Education, das mit VAS (volg- en adviessysteem voor voortgezet onderwijs), untersucht wird, verstanden werden. Teile des LOVS PO werden von etwa 90% der niederländischen Grundschulen verwendet. Das Computerprogramm LOVS PO wird von etwa 70% der Benutzer dieser Schulen zur begleitenden Beobachtung der Schülerleistungen und des Unterrichtsqualität verwendet.

In diesem Beitrag werden wir das LOVS PO in Bezug auf den Sprachunterricht besprechen. Im ersten Abschnitt wird kurz auf die Funktion des LOVS PO eingegangen. In den darauf folgenden Abschnitten wird eine Übersicht der Teile des LOVS PO gegeben, die sich auf den niederländischen Sprachunterricht beziehen.

1. Eine Übersicht des LOVS PO: Funktion und Zusammenstellung

1.1 Funktion des LOVS PO

Die Funktion des LOVS PO kann am besten beschrieben werden mit (1) dem begleitenden Beobachten der Entwicklung der Kenntnisse und Fähigkeiten der Schüler in den Schuljahren 1–8 (Altersstufe 4–12) der Grundschule und (2) der Erhebung der Unterrichtsqualität.

Beim Gebrauch des LOVS PO unterscheidet Cito drei Phasen: Signalisieren, Analysieren und Handeln (siehe Abb. 1). Für das Bewerten des Unterrichts wird der Schülerdurchschnitt aus einem bestimmten Schuljahr zugrunde gelegt.

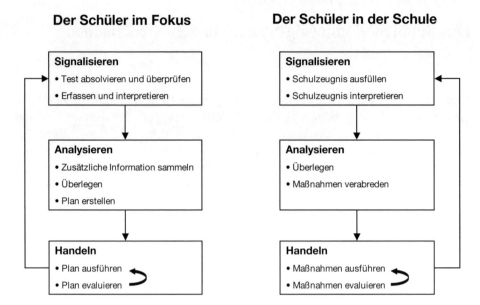

Abb. 1:   Schematische Darstellung der Funktionen des LOVS PO

1.2 Konstruktionsunterstützende Forschung

Die Tests im LOVS PO basieren auf kalibrierten Aufgabendateien. Die Aufgaben für die meisten ‚Powertests‘ sind mittels OPLM (Verhelst & Eggen, 1989), ein IRT-Modell, zu beschreiben. Die Punktzahlen für die verschiedenen Tests, die mit den Aufgaben aus diesen Dateien zusammengestellt werden, sind deshalb auf eine Kompetenzskala zu transformieren und ermöglichen longitudinale Vergleiche. Um die Aufgaben kalibrieren zu können, werden Kalibrationsforschungen durchgeführt.

Die Tatsache, dass sich die Aufgaben in den Dateien auf einer mehrdimensionalen Kompetenzskala befinden, ist ein wichtiger Hinweis für die Validität der Aufgaben und die darauf basierenden Tests. In Untersuchungen mit den Aufgaben und Tests haben wir außerdem zusätzliche empirische Evidenz für die Begriffsvalidität der Tests gefunden.

Für alle Tests ist in einer groß angelegten Eichungsuntersuchung die Verteilung der erreichten Punktzahlen in den Populationen, für die die Tests bestimmt sind, geschätzt worden. Die Daten werden bei der Interpretation der erreichten Punktzahlen der Tests verwendet.

Von allen Tests sind die Schätzungen der Validitäten bekannt. Die bestimmten Indizes sind mit dem KR20 vergleichbar und befinden sich zwischen .80 und .96.

1.3 Zusammenstellung des LOVS PO

Das LOVS PO besteht für die ersten zwei Schuljahre (Altersstufe 4–6) aus Tests in drei Entwicklungsbereichen. Diese sind:
- Ordnen
- Raum und Zeit
- Sprache
- Sozial-emotionale Entwicklung

Für die Schuljahre 3–8 (Altersstufe 6–12) stehen für diese Entwicklungs- und Bildungsbereiche folgende Tests zur Verfügung:
- Rechnen und Mathematik (Schuljahre 3–8);
- Niederländische Sprache (Schuljahre 3–8);
- Englische Sprache (Schuljahre 7 und 8);
- Studiumsfähigkeiten (Schuljahre 5–8);
- Weltkunde (Geographie, Geschichte und Natur- und Technikunterricht (Schuljahr 6–8);
- Sozial-emotionale Entwicklung (Schuljahre 3–8)

Die meisten Tests sind als pbt (paper based test) erhältlich, werden aber demnächst auch als cbt (computer based test) angeboten.

Das Computerprogramm LOVS PO ist ein wichtiger Teil des Schüler-Monitoring-Systems. Das Programm speichert und verwaltet Daten und verarbeitet diese zu Berichten, die das Verfolgen der Schülerentwicklung und der Unterrichtsqualität unterstützen.

Die Lernfortschrittstests im LOVS PO schließen eng an das Curriculum des Grundschulunterrichts an. Die Tests sind methodenunabhängig. Sie geben ein mehr oder weniger spezifiziertes Bild des Schülerfortschrittes in Zeitabständen von einem halben bis ein Jahr wieder. Im folgenden Abschnitt wird der Hintergrund des Ausbaus des LOVS PO ‚Nederlandse Taal' näher erläutert.

2. Inhalt des LOVS PO ‚Niederländische Sprache für die Schuljahre 1 und 2' (Altersstufe 4–5)

Das LOVS PO hat für den Unterricht in den Schuljahren 1 und 2 in der Grundschule die Aufgabendatei ‚Taal voor Kleuters' zur Verfügung gestellt. Die Tests auf Grundlage dieser Datei können sowohl als pbt als auch als cbt durchgeführt werden. ‚Taal voor Kleuters'[4] ist Teil eines Gesamtpaketes der Datenerhebung zur Entwicklung von Kindern in der Altersstufe 4–5. Teil dieses Paketes sind ferner ‚Ordenen digitaal', ‚Ruimte en Tijd' und die ‚papieren Observationsliste' für Kinder von 4 bis 5 (eine Observationsskala für sozial-emotionale Entwicklung und

---

4   ‚Taal voor Kleuters' geht ‚Taal voor Peuters' voraus, der Teil des Folgesystems für Kleinkinder ist.

Spiel-Arbeitsverhalten). Zu ‚Taal voor Kleuters' gehört das Hilfsprogramm ‚Taal-plezier'. Die Lehrer können anhand dieses Programms, wenn nötig, zielgerichtete Hilfestellungen geben.

Im Abschnitt 2.1 wird kurz das Ziel, die Zielgruppe und der Gebrauchswert von ‚Taal voor Kleuters' besprochen. Im Abschnitt 2.2 werden die inhaltlichen Spezifizierungen dieser Aufgabendatei näher erläutert.

2.1 Ziel, Zielgruppe und Benutzerwert

‚Taal voor Kleuters' ist für die Schuljahre 1 und 2 (Altersstufe 4-5) der Grund-schule bestimmt. Es gibt zwei Testzeitpunkte pro Schuljahr: ‚Mitte Lehrjahr' und ‚Ende Lehrjahr'. Lehrer können mit Hilfe von ‚Taal voor Kleuters' die Sprach-entwicklung und die Entwicklung der beginnenden Lesefähigkeit verfolgen sowie Schüler mit möglichen Rückständen in diesen Entwicklungsbereichen ausmachen.

In der ersten Anlage wird eine Kompetenzskala für ‚Taal voor Kleuters' darge-stellt.

2.2 Spezifizierung von ‚Taal voor Kleuters'

In die Aufgabendatei ‚Taal voor Kleuters' (Van Kuijk et al., 2004) sind Aspekte der Sprachentwicklung (konzeptionelles Bewusstsein und des erwachendes Sprach-wissens metalinguistisches Bewusstsein) aufgenommen (siehe Abb. 2). Zum kon-zeptionellen Bewusstsein gehören Aufgaben, die Informationen über den (passiven) Wortschatz[5] und das kritische Hören (Verstehen von kurzen gesprochenen Texten) liefern. Mit metalinguistischem Bewusstsein ist die Fähigkeit gemeint, ein Wort als Objekt zu verstehen, also nicht die Bedeutung eines Wortes zu berücksichti-gen, sondern stattdessen die graphischen und auditiven Formaspekte zu betrach-ten. Zu der Rubrik metalinguistisches Bewusstsein gehören Aufgaben, in denen es um ‚Schriftorientierung, ‚Klang' und ‚Reim', ‚erstes und letztes Wort wiedergeben und um ‚auditive Synthese' geht. Für die jüngsten Schüler (Schuljahr 1, Alters-stufe 4) werden die Aufgaben ‚konzeptionelles Bewusstsein' stärker betont; im zweiten Schuljahr (Altersstufe 5) werden mehr Aufgaben zum ‚metalinguistischen Bewusstsein' verwendet.

In Anlage 1 sind Aufgabenbeispiele aufgenommen und es wird dargestellt, welche Positionen diese Aufgaben in der zugrunde liegenden Kompetenzskala haben.

---

5   Die fünf- bis sechsjährigen Kinder werden aufgefordert, die richtige Bedeutung aus einer Zahl angebotener Bedeutungen für ein Wort zu benennen. Diese Testform liefert eine direkte Messung des passiven und eine indirekte Messung des aktiven Wortschatzes.

Aspekt	Aufgabendatei
Konzeptuelles Bewusstsein	(Passiver) Wortschatz
	Kritisches Hören
Metalinguistisches Bewusstsein	Klang und Reim
	Erstes und letztes Wort wiedergeben
	Schriftorientierung
	Auditive Synthese

Abb. 2:   Zusammenstellung der Aufgabendatei ‚Taal voor Kleuters‘

3.   Inhalt des LOVS PO ‚Nederlandse Taal‘ für die Schuljahre 3–8

Für die Beschreibung des Teils ‚Nederlandse Taal‘ im LOVS verwenden wir die Übersicht in Abbildung 3.

- **Produzieren von Texten**
  - Sprechen
  - Schreiben

- **Verstehen von Texten**
  - Hören
  - Lesen

- **Allgemeine unterstützende Kenntnisse und Fähigkeiten**

- **Spezifische unterstützende Kenntnisse und Fähigkeiten**
  - Sprechen
  - Schreiben
  - Hören
  - Lesen

Abb. 3:   Einteilung des Sprachunterrichts in Teilbereichen

Abbildung 3 beschreibt die Struktur des Sprachunterrichts in der Grundschule sehr allgemein. Wir unterscheiden zuerst zwischen Produzieren von Texten und Verstehen von Texten. Abstrahierend von verschiedenen möglichen konkreten Situationen könnten wir das Produzieren von Texten als das Wählen von Inhalten und Formulierungen im Hinblick auf das Ziel des Textes beschreiben. Das Verstehen von Texten, sowohl von geschriebenen als auch von gesprochenen, wird näher erläutert mit: Feststellen, was der Verfasser oder Sprecher des Textes worüber mit welchem Ziel und für wen sagt. Im Unterricht wird auch Zeit für Lernaktivitäten, die die funktionale Verwendung der Sprech-, Schreib-, Hör-, und Lesefähigkeiten unterstützen, reserviert. Einige dieser Aktivitäten zielen auf die Sprachfähigkeit im Allgemeinen. Das ist zum Beispiel der Fall, wenn das Ziel der Aktivitäten die Erweiterung des Wortschatzes ist. Aber auch der Erwerb der Einsicht in die Struktur von Sätzen und einiger anderen Lernaktivitäten im Bereich der ‚Sprachbetrachtung‘ können als ‚allgemein unterstützend‘ verstanden werden. Beispiele für spezifisch unterstützende Fähigkeiten sind: das Erkennen der Personalform („unterstützend' für die Rechtschreibung oder das richtige Konjugieren der Verben), die Rechtschreibung von Wörtern („unterstützend' beim Schreiben von Texten) und das Lautmalen von Wörtern („unterstützend' beim verstehenden Lesen von Texten).

Abbildung 4 (Staphorsius et al., 2003) stellt dar, für welche Teile des Sprachenunterrichts im LOVS Aufgabendateien (und Tests) konstruiert sind.

- Produzieren von Texten
  - Schreiben (siehe Abschnitt 4)
    - Inhalt
      - Richtigkeit der in den Text aufgenommenen Informationen
      - Abstimmung der Informationen auf das Ziel und den Leser

  - Sprachgebrauch
    - Richtiger Sprachgebrauch
    - Interpretierbarer Sprachgebrauch
    - Geeigneter Sprachgebrauch

Unterstützende Fähigkeiten ‚Schreiben'
- Erkennen der Personalform (siehe Abschnitt 5)
      - Rechtschreibung (siehe Abschnitt 5)
      - Nicht-Verben
      - Verben

- Verstehen von Texten
  - Hören (siehe Abschnitt 6)
  - Verstehend Hören
  - Lesen
    - Verstehend Lesen (siehe Abschnitt 6)

  - Unterstützende Fähigkeiten ‚Lesen'
    - Lesetechnik und Lesetempo (siehe Abschnitt 7)

- Allgemeine ‚unterstützende' Fähigkeiten
- Wortschatz (siehe Abschnitt 8)

Abb. 4:   Einteilung der Ziele, die den Aufgaben in den Dateien und Tests des LOVS PO zugrunde liegen

Alle Aufgaben innerhalb des Moduls zur niederländischen Sprache sind die Basis der sogenannten Lernfortschrittstests. Der Inhalt der Tests schließt eng an die Ziele im Curriculum ‚Nederlandse Taal in de basisschool' (Niederländische Sprache in der Grundschule) an. Beim Aufbau der Tests beziehen wir uns auf den Informationsbedarf der Schulen. Die Tests werden deshalb auch von einer große Mehrheit der Grundschulen genutzt (die Tests ‚Spelling' (Rechtschreibung) und ‚Begrijpend Lezen' (Verstehend Lesen)) werden von mehr als 90% der Schulen verwendet). Die Tests im LOVS PO werden als unabhängige Tests neben den informellen ‚teacher made' Instrumenten und den methodengebundenen Evaluationsinstrumenten benutzt.

Obschon die Ziele im Bereich des ‚Sprechens' selbstverständlich sehr wichtig sind, haben wir für diese Subdomäne der Sprachfähigkeit keine Erhebungsinstrumente in das LOVS PO aufgenommen. Wir hoffen, dass die Entwicklungen der Computeranwendung (z. B. ‚gaming') in den nächsten Jahren auch einen Beitrag zur objektiven Begleitbeobachtung der Entwicklung der Sprechfähigkeit leisten kann.

In den folgenden Abschnitten werden nun die einzelnen Aufgabendateien und Tests besprochen.

4. Das LOVS PO auf Basis der Aufgabendatei ‚Schrijven van teksten'

Im Abschnitt 4.1 wird kurz das Ziel, die Zielgruppe und der Benutzerwert der Tests im LOVS PO, die aus den Aufgaben aus der Aufgabendatei ‚Schrijven van Teksten' (Schreiben von Texten) (Lehrjahr 5–8, Altersstufe 9–12; Staphorsius, 2000) zusammengestellt sind, angesprochen.

Im Abschnitt 4.2 wird die Aufgabendatei, die keine Aufgaben im Bereich der Rechtschreibung umfasst, inhaltlich spezifiziert.[6]

Die Tests messen den Schreibfertigkeitsbegriff indirekt mittels Multiple-Choice-Fragen (Westdorp, 1974). Der Unterschied zwischen den Aufgaben basiert auf einer streng logischen (nicht oder nicht automatisch psychologischen) Analyse.

4.1 Ziel, Zielgruppe und Benutzerwert

Das LOVS PO stellt verschiedene standardisierte Tests mit Aufgaben aus der Aufgabendatei ‚Schrijven van Teksten' für Anwendung am Ende der Schuljahre 5 bis 8 (Altersstufe 9–12) der Grundschule zur Verfügung. Ziel der Tests ist die Einstufung in Niveaus, die sich aus der Position der erreichten Punktzahl innerhalb der Normalverteilung der von der Gesamtpopulation erreichten Punkte ergibt. Weitere Ziele sind die Bestimmung und Weiterverfolgung der schriftlichen Ausdrucksfähigkeit der Schüler. Die bei den einzelnen Tests erreichten Punktzahlen können auf der Grundlage der OPLM-Analyse in eine ungefähre Kompetenzskala übertragen werden. Schulen können den Durchschnittswert ihrer Schüler mit dem Durchschnittswert aller niederländischen Grundschulen vergleichen. Der Schuldurchschnitt der Prüfung im 8. Schuljahr (Altersstufe 12) wird hinsichtlich des unterschiedlichen Zustroms an Schülern korrigiert. Im 8. Schuljahr werden für den Grundschul-Abschluss-Test Aufgaben aus der Aufgabendatei ‚Schrijven van Teksten' benutzt. Als Bestandteil dieses Tests liefern die Texterstellungstests einen Bei-

---

6 Die Aufgabendatei Spelling für die Schuljahr 3 bis 6 (Altersstufe 6–12) wird im Abschnitt 5 besprochen.

trag, Entscheidungen hinsichtlich der Einstufung der Schüler in Schultypen des weiterführenden Bildungssystems zu untermauern.

Die Tests knüpfen an die Ziele des Unterrichts in der niederländischen Sprache in der Grundschule an, insoweit es sich um das Schreibenlernen von Texten handelt. Wir haben oben schon bemerkt, dass die Tests diese Fähigkeiten nur indirekt messen. Grundschullehrer verfolgen die Schreibfähigkeit ihrer Schüler von Monat zu Monat, vor allem anhand eigener Urteile zu den Aufsätzen der Schüler. Die Tests ‚Schrijven van Teksten' bieten Lehrern die Möglichkeit ihr eigenes Urteil mit den Testleistungen zu vergleichen.

4.2 Spezifizierung von ‚Schrijven van Teksten'

Die Aufgaben in der Aufgabendatei ‚Schrijven van Teksten' bestehen aus Texten mit Fragen. Damit kann die Schreibfähigkeit indirekt gemessen werden. Die Texte, die Ausgangspunkt für die Aufgaben sind, sind von Schülern geschrieben und mehr oder weniger an unser Ziel angepasst worden. Die ‚Fehler', die die Schüler in den Geschichten gemacht haben, haben wir beibehalten. Die Schüler werden im Test aufgefordert, Fehler zu erkennen und aus vorgegebenen Verbesserungsvorschlägen die beste Lösung auszuwählen. Wir unterscheiden in der Aufgabendatei ‚Schrijven van Teksten' zwei Hauptrubriken: (1) Inhalt und (2) Sprachgebrauch. Wir stützen uns dabei auf die folgende Definition von Schreiben von Texten aus der Inhaltsverantwortung bei den Tests ‚Schrijven van Teksten': Schreiben ist die schriftliche Übertragung von Informationen mit einem bestimmten Ziel; zielgemäß selektiert der Verfasser Informationen und Formulierungen (siehe dazu auch Staphorsius, 1995, 1998, 2000 und 2001). Die Spezifizierung der beiden Rubriken basiert auf einer Analyse und Klassifizierung der ‚Fehler', die Schüler, die zu der Zielgruppe gehören, machen. Die Spezifizierung ist von der Inhaltsverantwortung für Lehrer übernommen worden. Zu jeder Rubrik geben wir in Klammern an, welcher Anteil der Aufgaben in den Tests, die mit Aufgaben aus der Aufgabendatei im LOVS PO zusammengestellt sind, aus der Rubrik stammen.

(1) Inhalt: Wahrheit, Logik und ziel- und lesergerichtete Entscheidungen
   (10–15 %)

Welche Fehler machen Schreiber, wenn es um die Informationswahl geht? Manchmal halten Verfasser sich – bewusst oder unbewusst, gewollt oder ungewollt – nicht an die Tatsachen oder sind ungenau. Viele Missverständnisse bei Lesern entstehen dadurch, dass unzureichende oder undeutliche Informationen erteilt werden. Manchmal widersprechen Schreiber sich selber. Dann ist der Text nicht logisch. Oft ist die Ursache fehlende Sorgfältigkeit. Bei der Abstimmung ihres Textes auf das Ziel und das Publikum sind die Entscheidungsmöglichkeiten der Verfasser etwas größer als bei der ‚Logik' der Nachrichten. Um feststellen zu können, was mehr oder weniger effektiv ist, gibt es keine scharfen und allgemein geltenden Kriterien. Trotzdem ist es, auch wenn es um die Effizienz geht, manchmal sehr deutlich, dass die Entscheidungen des Verfassers im Hinblick auf das Ziel ungeschickt sind. Viele junge und also weniger erfahrene Schreiber liefern manchmal viel mehr Informationen, als der Leser braucht. Bei der Informationsselektion berücksichtigen sie oft nicht oder nur ungenügend die Vorkenntnisse ihrer Leser.

(2)   Sprachgebrauch: Korrektheit, Interpretierbarkeit und Adäquatheit.

(2.1) Korrekter Sprachgebrauch (30–35%).
Oben war schon die Rede vom Schreiben als Entscheidungsprozess, aber vor allem, wenn es um die Richtigkeit des Sprachgebrauches geht, muss das Bild des Schreibens von Texten als Entscheidungsprozess relativiert werden. Meistens verstoßen Sprachbenutzer nämlich ungewollt gegen die Regeln, die entscheiden, ob Wörter oder Sätze richtig sind. Ein Teil des Sprachunterrichts ist es, zu lernen, die Sprache richtig zu verwenden. Schreiben wir ‚es‘ wie es sich gehört? Und mit ‚es‘ meinen wir dann: die Form des Wortes, des Satzes oder des Textes. Wie können wir beim Schreiben von Wörtern gegen die richtige Form verstoßen? Sowieso durch eine falsche Rechtschreibung. In die Schreibfähigkeitsaufgaben sind keine Rechtschreibaufgaben aufgenommen. In den Fragen sind aber Fehler, wie beispielsweise zum Gebrauch von belastingrekening (Steuerveranlagung) statt belastingaanslag (Steuerbescheid), aufgenommen. Wir sehen diese Art Fehler als das Verstoßen gegen die Regeln, die aus den Konventionen zur Form der Sprache stammen (‚ich verstehe zwar, was du meinst, aber das sagen wir nicht so‘). Und selbstverständlich sind mit falschem Wortgebrauch auch Formen wie bloemtje (Blumchen) statt bloempje (Blümchen) gemeint.

Und wenn es um die Formulierung eines Satzes geht? In den Aufgaben über Fehler in Sätzen wird u.a. folgendes angesprochen: falsche Zusammenziehungen, schiefe Sätze, falsche Tempusformen, Inkongruenz der Personalform und des Subjekts (ich gehen …). Die Aufgabendatei ‚Schrijven van Teksten‘ hat eine Teilsammlung mit Aufgaben zur Zeichensetzung: Großschreibung, Fragezeichen, Punkt, Ausrufezeichen, Komma, Doppelpunkt und Anführungszeichen werden angesprochen. Mit Richtigkeit auf der Textebene meinen wir u.a. Konventionen in Bezug auf die Einteilung von Briefen usw. Aufgaben zu dieser Art Konventionen sind kein Teil der Aufgabendatei ‚Schrijven van Teksten‘ und damit auch nicht von Tests im LOVS PO, die auf dieser Datei basieren.

(2.2) Interpretierbarer Sprachgebrauch (30–35%)
Wörter, Sätze und Texte als Ganzes müssen verständlich sein. Wenn wir Mühle meinen, können wir nicht Kirche sagen, ohne falsch verstanden zu werden. Oder etwas subtiler: Für Einbrecher können wir nicht ohne weiteres Gast oder Räuber verwenden. Doppeldeutige Formulierungen, überflüssige Wörter und undeutlich oder falsch ausgedrückte Beziehungen zwischen und innerhalb von Sätzen sind Beispiele der Fehler, die auf Satzebene zu Missverständnissen führen können. In den Aufgaben fordern wir die Schüler auch dazu auf, die inhaltliche Struktur eines

gegebenen Textes oder Fragments darauf hin zu beurteilen und eventuell zu verbessern. Stehen die Informationen an der richtigen Stelle? Und wenn nicht, wo
können die Informationen im Text besser angeboten werden? Ist die Einteilung in
Absätze richtig?

(2.3) Geeigneter Sprachgebrauch (25–30%)
Bei Entscheidungen in Bezug auf den Sprachgebrauch spielen das Ziel des Verfassers und seine Beziehung zu den Lesern eine wichtige Rolle. Texte, die richtig und
interpretierbar sind, können im Bereich der Abstimmung des Zieles und des Publi-
kums noch das ein oder andere Manko aufweisen. Sogar dermaßen, dass der Verfasser z. B. sein Ziel nicht erreicht, trotz eines, syntaktisch und semantisch betrachtet, fehlerfreien Textes. Beispielsweise, weil die Wortwahl nicht auf die Kenntnisse
des Lesers abgestimmt ist, weil die Sätze zu kompliziert sind, oder weil der Ton
des Textes durch eine ungeschickte Wortwahl zu anderen Effekten als beabsichtigt führt. Ob ein Wort oder Satz in einem Text geeignet ist, kann außer aus dem
Blickpunkt des Zieles und der Beziehung des Verfassers mit der Zielgruppe, auch
auf den Sprachgebrauch im Text als Ganzes hin beurteilt werden. In einem Text,
der in Bezug auf die Wortwahl sehr informell ist, fällt ein sehr vornehmer oder
formeller Ausdruck sofort ins Auge (und umgekehrt natürlich auch).

5.   Das LOVS PO auf Basis der Aufgabendatei ‚Spelling‘

Im Abschnitt 5.1 wird kurz das Ziel, die Zielgruppe und der Benutzerwert der
Tests im LOVS PO dargestellt, die aus den Aufgaben aus der Aufgabendatei ‚Spelling‘ (Rechtschreibung) (für die Schuljahre 3–8, Altersstufe 6–12) zusammengestellt sind und die Tests im LOVS PO, die für den ersten Anfang des Unterrichts
(Lesen und) Schreiben bestimmt sind: Test für Auditive Analyse und Phonemdiktat. In 5.1 wird kurz näher auf diesen Teil des Rechtschreibunterrichts eingegangen. In 5.2 spezifizieren wir den Inhalt der Aufgabendatei ‚Spelling‘.

5.1 Ziel, Zielgruppe und Benutzerwert

Die Aufgabendatei besteht aus drei Arten von Aufgaben: Wortdiktat (der Lehrer
liest ein Wort vor und die Schüler schreiben dieses Wort zwischen vier Schreib-
linien, die neben einer Abbildung des Wortes stehen), Satzdiktat (die Schüler schreiben ein Wort auf, das im Kontext eines mündlich angebotenen Satzes präsentiert wird) und Multiple-Choice-Aufgaben (Erkennen von Rechtschreibfehlern).
Die Aufgaben aus der Datei befinden sich auf einer Kompetenzskala. Sie sind für
Schüler in den Schuljahren 3–8 (Altersstufe 6–12) gedacht. Mit den Rechtschreibtests aus dem LOVS PO können Lehrer die Entwicklung der Rechtschreibfähigkeit
ihrer Schüler verfolgen. Sie können pro Testzeitpunkt (zwei Mal pro Schuljahr:
Mitte und Ende des Schuljahres) ihre Schüler nach Niveau einstufen (das Niveau

ergibt sich aus der Position der erreichten Punktzahl innerhalb der Normalverteilung der von der Gesamtpopulation erreichen Punkte) und sie können von Messung zu Messung die Entwicklung verfolgen, weil die Punkte der verschiedenen
Tests auf eine für alle Tests gültigen Kompetenzskala umgesetzt werden können.
Die Aufgaben sind so zusammengestellt, dass es möglich ist, eine Fehleranalyse
durchzuführen, die es ermöglicht, nachzuvollziehen, in welchen Bereichen des
Rechtschreibunterrichts die Schüler im Vergleich zu anderen Bereichen auffallend
zurückbleiben.

Die Rechtschreibtests im LOVS haben 50 (Schuljahre 3–5, Altersstufe 6–9)
oder 60 (Schuljahre 6–8, Altersstufe 10–12) Aufgaben und sind adaptiv: Der Lehrer kann abhängig von dem Niveau der Schüler aus zwei Modulen einen Test
zusammenstellen, der dem Rechtschreibniveau am besten gerecht wird. Dies erhöht
die Genauigkeit der Punktzahlen.

Im 8. Schuljahr (Altersstufe 12) werden Multiple-Choice-Aufgaben aus der
Aufgabendatei ‚Spelling‘ im Cito-Grundschulabschlusstest verwendet. Der Teil
‚Rechtschreibung‘ dieses Tests leistet einen Beitrag zur Untermauerung der Entscheidungen über die Qualifizierung der Schüler in Schultypen in der Sekundarstufe (Altersstufe 12–16/18). Schulen können den Durchschnittswert ihrer Schüler
mit dem Durchschnittswert aller niederländischen Grundschulen vergleichen. Auch
hier wird der Durchschnittswert im 8. Schuljahr für den unterschiedlichen Zustrom
an Schülern korrigiert.

Im Rahmen der Rechtschreibung von Verben ist das Erkennen der Personalform notwendig. Das LOVS PO verwendet für die Tests für diesen Teil des Rechtschreibunterrichts eine separate Aufgabendatei: Aufgabendatei ‚Herkennen van
de Persoonsvorm‘ (Erkennen der Personalform). Die Tests im LOVS für diesen
Teil werden ab dem 6. Schuljahr (Altersstufe 10) verwendet. Die wichtigste Funktion ist die Identifizierung von Schülern, die das Erkennen der Personalform nicht
beherrschen.

Der Test Auditive Analyse hat als wichtigstes Ziel, Schüler zu identifizieren,
die das Zerlegen von Wörtern in einzelne Klänge nicht beherrschen. Das Phonemdiktat hat dasselbe Ziel wie der Test Auditive Analyse, wobei es bei diesem Diktat
um die Kopplung von Graphemen an Phoneme geht. Die Durchführung von
sowohl dem Test Auditive Analyse als auch vom Phonemdiktat ist im Februar oder
Mai des 3. Schuljahres (Altersstufe 6) geplant, des Schuljahres, in dem mit dem
Anfangsleseunterricht begonnen wird.

Die Tests schließen an die Ziele des Rechtschreibunterrichts an. Der Inhalt
der Tests ist genau auf die ‚modale‘ didaktische Sequenz des Rechtschreibunterrichts abgestimmt. Grundschullehrer verfolgen die Schreibfähigkeit ihrer Schüler
von Woche zu Woche mittels Diktaten und passen ihr didaktisches Handeln auf
dieser Basis an. Die Rechtschreibtests ermöglichen es, die Entwicklung halbjährig
(objektiviert) zu verfolgen. Lehrer können so nicht nur hinterbliebene Leistungen
bei individuellen Schülern entdecken, sondern auch feststellen, ob im Hinblick
auf die Schülerleistungen vielleicht etwas im Unterricht nicht stimmt. Die Rechtschreibtests sind – die oben genannten Ziele implizieren es schon – ein Monitor

für die Entwicklung der Rechtschreibfähigkeit der Schüler und des darauf gerichteten Unterrichts.

5.2 Spezifizierung von ‚Rechtschreibung'

Die Rechtschreibung ist ein Aspekt vom ‚Schreiben von Texten'. Es geht um die Fähigkeit, auf Grundlage sprachbenutzer Wörter richtig schreiben zu können.

Die Aufgaben in der Aufgabendatei ‚Spelling' schließen eng an den Aufbau des niederländischen Rechtschreibunterrichts an. In der Aufgabendatei und in den darauf basierten ‚LOVS PO'-Tests werden folgende Hauptrubriken unterschieden:

(1)   Nicht-Verben
       (1a) klangreine Wörter
       (1b) nicht-klangreine Wörter
(2)   Verben

Ein Wort ist klangrein (1a) wenn eine Eins-zu-eins-Beziehung zwischen Graphemen und Phonemen existiert. Auf nicht-klangreine Wörter kann die phonologische Strategie nicht angewendet werden. Beispiele sind: Wörter mit einem Diphthong (im Niederländischen ei, ij, au, ou, uw usw.) und Klangkombinationen (im Niederländischen aai, ieuw, eeuw, usw.). Wörter, auf die das Etymologieprinzip angewendet werden kann oder die nach Analogie anderer Wörter geschrieben werden können.

Die Rechtschreibregeln für das richtige Schreiben von Verben beziehen sich auf die Personalform des Verbes. Nichtsdestoweniger werden auch die Rechtschreibung des Infinitivs, des Partizip Präsens und des Partizip Perfekts und des adjektivierten Partizips zu der ‚Verbrechtschreibung' gerechnet, weil die Regeln für die Rechtschreibung der Personalform zu Unrecht nach diesen Formen generalisiert werden. In der Grundschule wird ab dem 7. Schuljahr (Altersstufe 11) die Rechtschreibung der Verben systematisch beachtet.

Mittels der Abnahme der LOVS PO-Tests ‚Herkennen van de Persoonsvorm' können Lehrer herausfinden, ob ihre Schüler das Objekt der ‚Verb-Rechtschreibung', die Personalform(en) im Satz, erkennen können. Die Aufgaben in der Aufgabendatei ‚Herkennen van de Persoonsvorm' befinden sich auf derselben Kompetenzskala.

Wir haben oben schon bemerkt, dass die Aufgaben in der Aufgabendatei ‚Spelling' zwei Formen haben: (1) die Schüler bekommen die Aufgabe, ein mündlich präsentiertes Wort aufzuschreiben (Diktat) und (2) die Schüler werden aufgefordert, aus vier oder mehr Sätzen den Satz mit einem falsch geschriebenen Wort zu identifizieren. Die Aufgaben in der Aufgabendatei befinden sich auf einer Skala. Von beiden Aufgabentypen geben wir ein Beispiel.

Beispiel 1 (Diktat)
Der Lehrer liest einen Satz vor: Het is een grappig verhaal [Es ist eine witzige Geschichte] und fordert auf: Schrijf op: grappig. [Schreibe auf: witzig].

Beispiel 2 (Multiple Choice, Variante 1)
In welchem Satz ist das kursive und fett gedruckte Wort falsch geschrieben?
A De voetballers vierden hun overwinning. [Die Fußballer feierten ihren Sieg.]
B Het meisje kreeg een grote pleister op haar knie geplakt. [Das Mädchen bekam ein großes Pflaster auf ihr Knie geklebt.]
C Het was regenachtig weer. [Das Wetter war regnerisch.]
D De brandweer rukt met wel 5 bluswagens uit! [Die Feuerwehr rückte mit 5 Wagen aus!]

Beispiel 3 (Multiple Choice, Variante 2)
In welchem Satz ist das kursiv und fett gedruckte Wort falsch geschrieben? Wenn alle kursiv und fett gedruckte Wörter richtig geschrieben sind, dann wähle D.
A De voetballers vierden hun overwinning. [Die Fußballer feierten ihren Sieg.]
B Het meisje kreeg een grote pleister op haar bloedende knie geplakt. [Das Mädchen bekam ein großes Pflaster auf ihr blutendes Knie geklebt.]
C Het was regenachtig weer. [Das Wetter war regnerisch.]
D Geen van de dik en schuin gedrukte woorden is fout gespeld.[Keins der fett und kursiv gedruckten Wörter ist falsch geschrieben.]

6. Das LOVS PO auf Basis der Aufgabendatei ‚Begrijpen van Teksten‘

Die Aufgabendatei ‚Begrijpen van Teksten‘ (Verstehen von Texten) besteht aus zwei Teilsammlungen: die Aufgabendatei ‚Begrijpend Luisteren‘ (Verstehend Hören) und die Aufgabendatei ‚Begrijpend Lezen‘ (Verstehend Lesen). Auf Basis dieser Dateien stellt das LOVS PO Tests ‚Hören‘ und Tests ‚Verstehend Lesen‘ zur Verfügung. Diese können miteinander verwendet werden. In 6.3 wird auf diese Verwendungsmöglichkeit näher eingegangen.

6.1 Aufgabendatei ‚Luisteren‘

Im Abschnitt 6.1.1 werden die Funktion, Zielgruppe und Interpretation oder Benutzerwert der Hörtests näher erläutert und im Abschnitt 6.1.2 wird der Begriff ‚Hören‘ und der Inhalt der Tests spezifiziert.

6.1.1   Ziel, Zielgruppe und Benutzerwert

Das LOVS PO stellt standardisierte Tests mit Aufgaben aus der Aufgabendatei ‚Luisteren' für die Durchführung in den Schuljahren 3–8 (Altersstufe 6–12) der Grundschule zur Verfügung. Ziel des Tests ist die Einstufung in Niveaus, die sich aus der Position der erreichen Punktzahl innerhalb der Normalverteilung der von der Gesamtpopulation erreichen Punkte ergibt. Weitere Ziele sind die Bestimmung und Weiterverfolgung der Hörfähigkeiten der Schüler. Die bei den einzelnen Tests erreichten Punktzahlen können auf der Grundlage der OPLM-Analyse in eine ungefähre Kompetenzskala übertragen werden. Schulen können den Durchschnittswert ihrer Schüler mit dem Durchschnittswert aller niederländischen Grundschulen vergleichen.

Die LOVS PO-Tests ‚Luisteren' können mittels einer Diskrepanzanalyse mit den Testergebnissen der Schüler für die LOVS PO-Tests ‚Begrijpend Lezen' eine wichtige Rolle bei der Lokalisierung von Kindern mit spezifischen Leseproblemen spielen. Im Abschnitt 6.3 wird dieser Aspekt näher erläutert.

6.1.2   Spezifizierung von ‚Hören'

Die Multiple-Choice-Aufgaben im ‚LOVS PO-Luisteren' für die Schuljahre 3 und 4 (Altersstufe 6–8) bestehen aus einem (kurzen) Text, einer isolierten Sprachäußerung oder einer Aneinanderreihung dieser Varianten, über die eine Frage gestellt wird. Wir verwenden den Begriff Sprachäußerung statt gesprochener Satz, weil in der gesprochenen Sprache – anders als in der Schriftsprache – der Satz keine Organisationseinheit ist. Die Stimuli werden durch den Lehrer angeboten.[7] Das bedeutet, dass in den Jahrgängen 3 und 4 keine Aufgaben, die sich in der Beantwortung nachdrücklich auf Intonations- oder Akzentuierungsphänomen im Gesprochenen stützen, verwendet werden.

Die Antwortalternativen in den Tests für das 3. Schuljahr sind gezeichnete Abbildungen; nicht geschriebene, weil angenommen werden muss, dass einige Schüler in der Zielgruppe noch Leseprobleme haben. Die Testaufgaben für das 4. Schuljahr beinhalten auf die Zielgruppe zugeschnittene geschriebene Antwortalternativen.

Die Stimuli für die Jahrgänge 5–8 bestehen aus einem (längeren) gesprochenen Text oder einem Teil eines Textes, zudem eine Frage gestellt wird. Pro Text wird immer zuerst eine Frage über den Text als Ganzes gestellt, gefolgt von einigen Fragen über Textteile. Bevor eine derartige ‚Teilfrage' gestellt wird, wird der diesbezügliche Textabschnitt wiederholt.

Die meisten Texte für die Schuljahre 5 und 6 sind speziell für diese Testreihe geschrieben und auf Tonband gesprochen, nur eine kleine Zahl Texte ist authentisch. In den Tests für die Schuljahre 7 und 8 sind die meisten Texte authentisch. Die Bedeutung dieser Texte basiert oft auf Sprachtempo, Länge der Pausen, Zahl

---

7   Eine große Mehrheit der Grundschullehrer hat ein Angebot, in dem die Texte auf Tonbandgeräten angeboten wurden, abgelehnt.

der Sprachfehler, Zweifel, ,falsche Starts' usw. wodurch authentische Materialien oft für die höheren Schuljahre geeigneter sind als für die niedrigen Lehrjahre. Die Textmaterialien variieren in Bezug auf Gattung und Textsorte.

Der Begriff ,Hören', wie er in den LOVS PO-Tests ,Luisteren' gemeint ist, wird näher bestimmt mit dem Prozess, der Sprachklängen Bedeutung verleiht. Der Verlauf dieses Prozesses ist abhängig von Kenntnissen und Fähigkeiten. Die Testaufgaben basieren auf wichtigen Aspekten dieses Prozesses. Wir denken z. B. an fehlerfreie und automatische Klangsegmentierung, den Wortschatz, Weltkenntnisse, die Möglichkeit, Informationen schnell und ohne große Anstrengungen im Gedächtnis zu speichern und – hier geht es um einen wichtigen Unterschied zum Verstehen geschriebener Texte – akustische Merkmale des Gesprochenen zu verwenden: den subtilen Tonwechsel, den Sprecher ihren Äußerungen mitgeben (Intonation), die Unterschiede in der Betonung der Wörter und Wortgruppen (Akzentuierung) und den Tempowechsel während des Sprechens. Vertrautheit mit der (gesprochenen) Sprachsystematik, inklusive der ,Wirkung' der Intonation, Akzentuierung und Sprechgeschwindigkeit, sorgen dafür, dass der Hörer auch versteht, was mit Äußerungen oder Teilen von Äußerungen mit ungewöhnlicher Wortfolgen, kompliziert aufgebauten oder inkompletten Äußerungen usw. gemeint ist.

Die Aufgaben in den LOVS PO-Tests schließen eng an die oben unterschiedenen Aspekte an. Wir unterscheiden folgende Aufgabentypen:

1 Aufgaben, die verdeutlichen, ob der Schüler sich die gegebenen Informationen in gesprochenen Texten, Textteilen oder Äußerungen gemerkt hat.
2 Aufgaben, die verdeutlichen, ob der Schüler die Bedeutung(en) eines Wortes oder einer Wortgruppe in einem gesprochenen Text, Textteil oder einer Äußerung kennt.
3 Aufgaben, die verdeutlichen, ob der Schüler isolierten Sprachäußerungen oder gesprochenen Textteilen die richtige Bedeutung zuschreibt.
4 Aufgaben, die verdeutlichen, ob der Schüler den lokalen Zusammenhang innerhalb einer Reihe von Äußerungen oder eines Teiles eines gesprochenen Textes durchschaut (lokale Kohärenz).
5 Aufgaben, die verdeutlichen, ob der Schüler fehlende, aber implizierte Informationen in gesprochenen Texten, Textteilen oder Äußerungen richtig abgeleitet hat (Interferenz).
6 Aufgaben, die verdeutlichen, ob der Schüler das zentrale Thema eines gesprochenen Textes oder Textteiles erkennt (globale Kohärenz)
7 Aufgaben, die verdeutlichen, ob der Schüler die Funktion gesprochener Texte, Textteile oder Äußerungen erkennt.
8 Aufgaben, die verdeutlichen, ob der Schüler figürlich gemeinten Sprachgebrauch (Sprachhandlungen, Metaphern usw.) in gesprochenen Texten, Textteilen oder Äußerungen erkennt.

Mit den unterschiedlichen Fragen intendieren wir nicht, genauso viele Teilfähigkeiten zu unterscheiden. Die Fragen basieren auf einer logischen, modellmäßigen Analyse der Hörfähigkeit. In Wirklichkeit greifen sie ineinander, beeinflussen einander und bauen aufeinander auf: Das Erkennen des zentralen Themas eines Tex-

tes z. B. setzt u.a. das Erkennen lokaler Zusammenhänge voraus, die wieder Wort-
kenntnisse voraussetzen. Wir können diese Aspekte also nicht als isolierbare Teilfähigkeiten der Hörfertigkeit, die separat überprüft werden können, verstehen. Dass
es nicht logisch ist, Aufgabentypen und Teilfähigkeiten miteinander zu assoziieren,
wird mit der Tatsache verdeutlicht, dass die Schwierigkeitsunterschiede der Aufgaben auf einer unidimensionalen Kompetenzskala abzubilden sind. Die Testergebnisse Hören können in eine ungefähre Kompetenzskala übertragen werden. Dies
deutet darauf hin, dass ein derartiger Unterschied psychologisch irrelevant ist.

Der Unterschied der Aufgabentypen hat einen praktischen Hintergrund: eine
derartige Typologie – in der Konstruktionsphase der Tests bis auf die Ebene von
Sub- und Sub-Subtypen ausgearbeitet – gewährleistet uns, dass die Hörfähigkeiten
von allen Seiten beleuchtet werden.

6.2 Aufgabendatei ‚Begrijpend Lezen'

Im Abschnitt 6.2.1 werden die Funktion, Zielgruppe und Interpretation oder Benutzerwert der Tests auf Basis der Aufgabendatei ‚Begrijpend Lezen' (Verstehend
Lesen) näher erklärt und im Abschnitt 6.2.2. wird der Inhalt der Aufgabendatei
(und der Tests) spezifiziert.

6.2.1 Ziel, Zielgruppe und Benutzerwert

Das LOVS PO stellt standardisierte Tests mit Aufgaben aus der Aufgabendatei ‚Begrijpend Lezen' für die Durchführung in den Schuljahren 3–8 (Altersstufe
6–12) der Grundschule zur Verfügung. Das Ziel des Tests ist, wie bei den anderen LOVS PO-Tests, die Einstufung in Niveaus, die sich aus der Position der
erreichten Punktzahl innerhalb der Normalverteilung der von der Gesamtpopulation erreichten Punkte ergibt. Weitere Ziele sind die Bestimmung und Weiterverfolgung der Hörfähigkeiten der Schüler, weil die bei den einzelnen Tests erreichten Punktzahlen auf der Grundlage der OPLM-Analyse in eine ungefähre Kompetenzskala übertragen werden können. Außerdem kann die Fähigkeitspunktzahl, der
Cito Leseindex Leesbegrip [Cito Leseindex Leseverstehen] (CLIB) auf die LOVS
PO-Tests Begrijpend Lezen domänengerichtet interpretiert werden. Der CLIB
deutet an, was der schwierigste Text ist (Bücher, Zeitschriften, Internetseiten mit
geschriebenem Text usw.), den ein Schüler mit großer Chance auf Verstehen noch
lesen kann. So bedeutet ein CLIB von 42: Dieser Schüler kann wahrscheinlich
Texte mit einem CLIB von etwa 42 und niedriger lesen. Dazu hat Cito eine sogenannte Lesbarkeitsuntersuchung durchgeführt. Für die Hintergründe verweisen wir
auf Staphorsius (1994) und Staphorsius, Verhelst und Kleintjes (1996).

Schulen können den Durchschnittswert ihrer Schüler mit dem Durchschnittswert aller niederländischen Grundschulen vergleichen.

Die Tests Begrijpend Lezen im LOVS PO sind adaptiv. Der Lehrer kann
abhängig vom Niveau der Schüler aus zwei Modulen einen Test zusammenstellen,

die dem Lesefähigkeitsniveau am besten gerecht wird. Diese optimierende Einsatzmöglichkeit erhöht die Genauigkeit der Punktzahlen.

Der Inhalt der Tests ‚Begrijpend Lezen‘ ist auf den Inhalt der am meisten verwendeten Lektionen in der Grundschule abgestimmt. Das Ziel dieser Tests schließt an die breit anerkannte Auffassung an, dass die Schwierigkeit der Texte, um den Spaß am Lesen zu fördern, so gut wie möglich auf die Fähigkeit abgestimmt sein muss. In den Methoden für die Grundschule sind die Aufgaben Verstehend-Lesen oft mit Aufgaben zur ‚Studiumsfähigkeiten‘ gemischt. Wie sich aus dem nächsten Abschnitt noch ergeben wird, betrachten wir ‚verstehend Lesen‘ als instrumentell oder vorausgesetzt für das Hantieren von Studientexten, das Benutzen von Texten für den Informationserwerb und das Behalten von Informationen. Das Schematisieren und Paraphrasieren von Texten für dieses Ziel fällt nicht in unsere Definition von ‚verstehend Lesen‘.

6.2.2   Spezifizierung von ‚Begrijpend Lezen‘

Die LOVS PO-Tests ‚Begrijpend Lezen‘ bestehen aus Texten – Fiktion und Non-Fiktion – mit Multiple-Choice-Aufgaben. Die Aufgaben sind im Allgemeinen Varianten von den folgenden Fragen nach der Textbedeutung: Was sagt der Verfasser des Textes worüber mit welchem Ziel und für wen ist sein Text gedacht? Wenn die Fragen sich auf größere Textabschnitte beziehen, betreffen sie die Leitlinien des Textes. In den meisten Fragen steht die konzeptuelle Bedeutung oder der Textinhalt im Mittelpunkt: Von welchen Tatsachen und Ereignissen in der (erdachten) Wirklichkeit handelt der Text? Aber auch sehr wichtig für die Bedeutung eines Textes ist das ‚Wie‘ eines Textes. Die Aufgaben, die daran anschließen, fragen nach Merkmalen der Situation, in der kommuniziert wird und beziehen sich also auf den Verfasser und die Leser, für die er den Text geschrieben hat, sein Publikum. Ein Text sagt etwas über die Situation durch die Entscheidungen, die der Verfasser in Bezug auf den Sprachgebrauch (Stil) und den Inhalt des Textes, getroffen hat. Ein Verfasser kann denselben Inhalt (das ‚Was‘ des Textes) auf verschiedene Arten richtig und interpretierbar sagen; er kann ein Thema oberflächlich, gründlich, global oder detailliert, populär oder eher wissenschaftlich behandeln und mehr oder weniger Vorkenntnisse beim Leser voraussetzen. Diese und vergleichbare Entscheidungen können indirekt seine Absicht zum Ausdruck bringen, für wen der Text bestimmt ist, was seine Haltung dem Thema gegenüber ist und was er mit dem Text macht (z. B. informieren, kommentieren, beleidigen, Spaß machen, scharf protestieren, befehlen, warnen, beraten, beglückwünschen, drohen, gratulieren, verurteilen, verspotten, amüsieren usw.). Das folgende Beispiel illustriert dies. Die Sätze ‚Daar loopt die politieagent nu al weer‘ [Da läuft der Polizist schon wieder], ‚Daar loopt die smeris nu al weer‘ [Da läuft der Bulle schon wieder] und ‚Daar loopt die diender nu al weer‘ [Da läuft der Diener schon wieder] können auf denselben Amtsträger hinweisen. Für das Verstehen dieser Sätze ist es wichtig, dass Schüler die Wortformen ‚politieagent‘, ‚smeris‘ und ‚diender‘ mit dem Konzept ‚politieagent‘ verknüpfen (etwa: ein Mann, der darüber wacht, dass Bürger sich verfassungsmäßig verhalten). Die Sätze haben aber außerdem noch eine zusätzliche Bedeutung, die die konzeptuelle Bedeutung ergänzt, eine Nebenbedeutung. Diese Nebenbedeutung entsteht in unserem Beispiel dadurch, dass die Verfasser oder Sprecher eine (un-)bewusste Entscheidung in Bezug auf die Wortwahl getroffen haben. So kann der erste Satz eine neutrale Haltung des Verfassers der Polizei oder dem Polizist gegenüber ausdrücken und der zweite Satz eine negative Haltung. Die ergänzende Bedeutung des dritten Satzes kann in der Assoziation mit dem regelmäßigen Benutzer des Wortes ‚diender‘ liegen. Es ist ein Wort, das in den Niederlanden in Interviews im Fernsehen oder Rundfunk oft von Polizeiräten verwendet wird und dadurch eine bestimmte Nebenbedeutung erhalten hat. Durch diese Nebenbedeutung kann der Leser urteilen: Dieser Text könnte vielleicht von jemandem sein, der sich mit der Polizeiorganisation gut auskennt.

Diese 'assoziative' Bedeutung von ‚diender‘ ist wahrscheinlich nicht so allgemein bekannt wie die negative (Neben-)Bedeutung von ‚smeris‘. Außer der Wortwahl tragen auch andere Aspekte des Sprachgebrauches zu der Textbedeutung bei. Man denke z.B. an Satzbau (Länge und Kompliziertheit) und Stil (persönlich, amtlich).

Aufgaben, die die assoziative Textbedeutung betreffen, sind meistens Aufgaben möglicher oder sehr wahrscheinlicher Interpretationen, von unmöglich bis weniger wahrscheinlich zu unterscheiden. Es geht bei dieser Art Aufgaben darum, wie bei der Frage nach dem Textinhalt, zu bestimmen, welche Informationen im Text dominant sind. Selbstverständlich wird es in der Formulierung der Frage zum Ausdruck gebracht, wenn die Aufgaben sich auf größere Textabschnitte beziehen: Was macht der Verfasser vor allem mit diesem Text? Was ist das wichtigste Ziel des Verfassers? Was kann man über die Haltung des Verfassers folgern? usw. (Staphorsius und Krom, 1996)

Die Aufgaben, die zu der Rubrik Verstehend-Lesen gehören, können verschiedene Formen haben.

(1) Fragen zu den Texten
Bei der Aufgabenkonstruktion bei Texten nehmen wir u.a. die nachstehend aufgelisteten Inhalte an:
• Die Absicht des Verfassers;
• Das Publikum des Verfassers (für wen ist der Text gedacht?);
• Typisierung der Eigenschaften oder Merkmale des Verfassers: seine Haltung, Ausgangspunkte, Werte oder Ideen;
• Typisierung dessen, was der Verfasser mit dem Text macht (Berichterstatten, Spaß machen, warnen usw.);
• Die Kernfrage des Textes oder die Antwort (der Hauptgedanke) darauf;
• Der Unterschied zwischen dem Kern oder Hauptgedanke und den als Unterstützung zugefügten Informationen;
• Ein geeigneter Titel oder eine Erklärung des verwendeten Titels;
• Der Unterschied zwischen Tatsache und Meinung;
• Die Brauchbarkeit des Textes für ein gegebenes Leseziel;

- Das zentrale Ereignis in einer Geschichte;
- Der Tenor oder Moral eines Textes oder einer Geschichte;
- Tatsachen und Verhältnisse zwischen Tatsachen;
- Typisierung von Eigenschaften oder Merkmalen von Figuren in dem Text: ihre Haltung, Ausgangspunkte oder Werte und Ideen;
- Typisierung von Situationen;
- Die Bedeutung von Wörtern und Wortgruppen;
- Die inhaltliche Struktur des Textes;
- Die Absicht von Wörtern oder Wortgruppen, die hinsichtlich ihrer Bedeutung ganz oder teilweise davon abhängig sind, was eher oder später im Text erzählt wird.
  Siehe für Aufgaben dieser Art Beispiel 1 in Anlage 3.

(2) Schütteltexte

Der Ausgangspunkt ist ein kurzer Text, von dem die Sätze ‚geschüttelt' sind. Die Schüler werden aufgefordert, die Sätze in die richtige Reihenfolge zu setzen oder den ersten Satz zu identifizieren. Diese Rekonstruktion appelliert an die Kenntnisse und Fähigkeiten, die beim Verstehen von Texten eine dominante Rolle spielen: das Verstehen von Verhältnissen zwischen und innerhalb von Sätzen.

Siehe für Aufgaben dieser Art Beispiel 2 in Anlage 3.

(3) Texttests

Die Aufgabenform besteht aus einem Text, bei dem Wörter oder Sätze ausgelassen sind. Der Schüler wird aufgefordert, inmitten einiger gegebenen Wörter oder Sätze das Wort oder den Satz zu erkennen, mit dem der Text inhaltlich oder in Bezug auf den Sprachgebrauch am besten komplettiert werden kann (siehe dazu Staphorsius, 1994). Auch diese Aufgaben appellieren an das Verstehen von Verhältnissen innerhalb und zwischen Sätzen.

Siehe für Aufgaben dieser Art Beispiel 3 in Anlage 3.

Für das Unterscheiden nach Teilfähigkeiten haben wir keine Evidenz gefunden. Aus unserer Kalibrationsuntersuchung ergibt sich, dass die mit den Aufgaben in der Aufgabendatei ‚Begrijpend Lezen' festgestellte Verhaltensunterschiede zwischen Schülern mittels eines unidimensionalen Konzepts zu erklären sind, obschon diese Aufgaben in allerlei verschiedene Kategorien, mit oder ohne den Vorsatz psychologischer Relevanz, einzuteilen sind.

In der Anleitung wird global zwischen ‚Fragen nach dem Inhalt' und ‚Fragen nach der Situation' unterschieden. Wir verwenden diesen Unterschied, um die Tests nach logisch-inhaltlichen Überlegungen ausgewogen zusammenzustellen. Aber wir hätten auf der Basis der erwarteten Unterschiede im Verhalten, die die Fragen hervorrufen, auch zwischen z. B. Reproduktions-, Folgerungs- und Zusammenfassungsfragen unterscheiden können. Die Rubriken wären gut gefüllt gewesen. Dasselbe gilt für eine Frageneinteilung nach der buchstäblichen und impliziten Bedeutung. Für die psychologische Relevanz dieser Aufgabeneinteilungen haben wir keine empirische Evidenz gefunden: Die Aufgaben befinden sich auf einer Kompetenzskala und können in eine ungefähre Kompetenzskala übertragen werden. Diese Befunde stehen in Übereinstimmung mit der Literatur (sehe Westdorp, 1981).

Oben wurde angedeutet, dass wir unterschiedliche Textsorten in den LOVS PO-Tests ,Begrijpend Lezen' als Ausgangspunkt für Aufgaben verwenden. Was oben anlässlich der zu unterscheidenden Aufgabensorten zu den Teilfähigkeiten gesagt worden ist, gilt auch für das Verstehen unterschiedlicher Textsorten. Unsere Kalibrations- und Validierungsuntersuchung hat keine Hinweise für z. B. das Existieren der Fähigkeit ,das Verstehen von Fiktion' neben ,Verstehen von Non-Fiktion' oder ,Verstehen informativer Texte' neben ,Verstehen direktiver Texte' und ,Verstehen argumentativer Texte' usw. ans Licht gebracht.

6.3 Index ,Begrijpen van Teksten'

Hören und Lesen sind unterschiedlich, berufen sich aber größtenteils auf dieselben Kenntnisse und Fähigkeiten. Das war für Staphorsius und Krom (1986) Anlass zu untersuchen, ob die Aufgaben ,begrijpend lezen' oder die Aufgaben in der Aufgabendatei ,Luisteren' (Teilsammlungen für die Lehrjahre 5–8 (Altersstufe 9–12); Krom, 1994, 1996) und die Aufgaben in der Aufgabendatei ,Begrijpend Lezen' auf eine Kompetenzskala zu bringen sind. Das Ergebnis war die Ausgabe eines ,Combitoets Begrijpen van Teksten' [Kombitest Verstehen von Texten] (Staphorsius & Krom 1998). Dieser Kombitest liefert den ,Index Begrijpen van Teksten' (IBT) [Index Verstehen von Texten], eine Transformation der rohen Punktzahlen des Kombitests. Dass die Aufgaben ,begrijpend lezen' und die Aufgaben ,luisteren' zusammen mit OPLM beschrieben werden können, ist ein Hinweis für die Begriffsvalidität beider Aufgabendateien. Am wichtigsten ist aber der Benutzerwert der Befunde von Staphorsius und Krom (1998).

Die Vergleichbarkeit des IBT auf Grundlage der Aufgaben aus der Aufgabendatei ,Begrijpend Lezen' und des IBT auf Basis der Aufgaben aus der Aufgabendatei ,Luisteren' ermöglicht es, schwache Leser zu identifizieren. Es gibt, grob gesagt, zwei Gruppen schwacher Leser (vgl. Van den Bos, Lutje Spelberg & Van Eldik, 1990). Die eine Gruppe entspricht dem Bild des allgemeinen sprachschwachen Schülers: Probleme beim technischen und verstehenden Lesen, Probleme beim Hören, ein geringer Wortschatz usw.; außerdem verfügen sie meistens nur über geringe Weltkenntnisse. Die schwachen Leser in der zweiten Gruppe werden dyslektisch genannt. Dyslexie wird auch eine ,unerwartete' Lesestörung genannt. ,Unerwartet', weil das Lesefähigkeitsniveau der dyslektischen Person nicht auf Grund ihrer intellektuellen Kompetenz vorhergesagt werden kann. In den klassischen Definitionen von Dyslexie ist der Hauptbegriff deshalb meistens die Diskrepanz zwischen dem Lesefähigkeitsniveau und der gemessenen Intelligenz. In der Literatur (sehe z. B. Royer, Sinatra & Schumer, 1990; Spring & French, 1990 und Stanovich, 1991) wird vorgeschlagen, statt der Diskrepanz zwischen Intelligenz und Lesefähigkeit eine andere Diskrepanz zu messen: nämlich die Diskrepanz zwischen dem Niveau der Lesefähigkeiten und dem Niveau der Hörfähigkeiten. Schüler, die sowohl schlecht hören als auch schlecht lesen, werden dann zu der ersten Gruppe gerechnet. Sie sind die sogenannten garden-variety schwachen Leser. Ihre schwachen Leseleistungen sind nicht unerwartet, denn sie sind auf Grund ihrer allgemeinen Sprachschwäche und ihre Kenntnisrückstände zu erklären. Die zweite Gruppe hört gut, aber liest schlecht, deshalb, ‚(…) in subjects who show a large reading discrepancy from listening comprehension we have probably isolated – as closely as we ever will – a modular decoding problem‘ (Stanovich, 1991).

7. ‚Toetsenbank Leestechniek & Leestempo‘ und der ‚Drie Minuten Toets‘ im LOVS

Das LOVS verwendet für den didaktischen Bereich ‚Entwicklung der Lesetechnik‘ die Tests ‚Leestechniek & Leestempo‘ (Schuljahre 3–8, Altersstufe 6–12) und außerdem den ‚Drie Minuten Toets‘ [Drei Minuten Test] (DMT; Schuljahre 3–8, Altersstufe 6–12). Beide Instrumente basieren auf derselben Analyse der Entschlüsselungsfähigkeit; deshalb fangen wir in diesem Abschnitt mit einer Spezifizierung dieser Fertigkeit an. Im Abschnitt 7.2 und 7.3 werden dann die Tests ‚Leestechniek & Leestempo‘ und der DMI näher erläutert.

7.1 Spezifizierung von ‚technisch Lesen‘

Lesen ist ein kompliziertes Zusammenspiel zwischen Prozessen höherer Ordnung, bei denen das Verstehen geschriebener Texte die Hauptrolle spielt und Prozessen niedriger Ordnung, bei denen die Technik des Lesens im Mittelpunkt steht (Adams, 1990; Hoover & Gough, 1990; Perfetti, 1985; Pressley, 2000; Stanovich, 1980). Hieraus geht hervor, dass innerhalb des Leseunterrichts in der Grundschule zwischen verstehend Lesen und technisch Lesen unterschieden wird. Das technische Lesen ist dabei, streng betrachtet, kein Teil an sich, kann aber als vorausgesetzte Aktivität für das Verstehen geschriebener Texte verstanden werden.

Die technische Lesefertigkeit: In den Leseprozessen niedriger Ordnung können zwei Teilprozesse unterschieden werden: Dekodieren und Worterkennung. Dekodieren ist das Entschlüsseln eines geschriebenen Textes oder das Umsetzen eines visuellen Codes in einen Klangcode. Während des Dekodierens wird eine Beziehung zwischen Buchstabenzeichen und ‚Sprachklängen‘ hergestellt, wobei die Anführungszeichen bei Sprachklängen in dieser Beschreibung darauf deuten, dass es beim Dekodieren nicht grundsätzlich, um das laut Aussprechen der entschlüsselten Wörter geht. Die Stärke der kognitiven Repräsentation der Klänge und die Geschwindigkeit und Genauigkeit, mit der die Repräsentationen der Klänge aufgerufen und verarbeitet werden, bestimmen in hohem Maße die Dekodierfähigkeit. Worterkennung, der zweite Teilprozess innerhalb der Leseprozesse niedriger Ordnung, betrifft das Aktivieren der mit einem Wort verknüpften Informationen syntaktischer und semantischer Art, im Hinblick auf das Verleihen einer Wortbedeutung. Der Worterkennungsprozess verläuft entweder immer effizienter und schneller in dem Maße, wie Wörter im Lexikon vollständiger präsentiert werden (Perfetti 1992, 1998) oder als Folge fortdauernder Anpassungen, auf Basis zunehmender Lesefähigkeit, in Verbindungen zwischen orthografischen und phonologischen Codes im Gedächtnis (Bosman & Van Orden, 2003; Van den Broeck, 1997; Van Orden, 1987; Van Orden & Goldiger, 1994, 1996).

Schließlich werden die Leseprozesse niedriger Ordnung – mit Ausnahme besonders schwieriger Textabschnitte – bei den meisten Menschen vollständig automatisiert ablaufen.

Der Unterricht im technischen Lesen: In der Unterrichtspraxis kommt die systematische Übung der Entwicklung der Dekodierfertigkeit zuerst beim anfänglichen Lesen an die Reihe. Die Basis der Dekodierfertigkeitsentwicklung wird aber schon in der vor- und frühschulischen Periode gelegt (vgl. Verhoeven & Aarnoutse, 2000), wenn die Schüler auf eine bedeutungsvolle Art und Weise die Schrift kennen lernen und so die Funktionen der Schriftsprache und eventuell einige Schriftkonventionen kennen lernen. Oft sind die Buchstaben des Alphabets bekannt und werden in Wörtern wiedererkannt. Manche Kinder können sogar mehr oder weniger spontan selbstständig neue Wörter lesen lernen. Die Mehrheit der Kinder braucht aber eine strukturelle Vorgehensweise, die ihnen – meistens im dritten Schuljahr (Altersstufe 6) – im anfänglichen Leseunterricht geboten wird. Zuerst lernen die Kinder während dieser Phase des Leseunterrichts, dass Wörter aus Klängen aufgebaut sind und dass Buchstabenzeichen die Klänge repräsentieren. So entwickeln sie systematisch, was man ein phonemisches Bewusstsein nennt, wobei sie lernen, wie Klänge unserer Sprache mittels Buchstaben wiedergegeben werden können und was das Verhältnis zwischen Buchstaben und Klängen ist. Daneben ist es sehr wichtig, dass bei den Schülern stabile Buchstaben-Klangkopplungen entstehen und dass diese Kopplungen auch immer rasch zur Verfügung stehen (vgl. Bachman, 2000). Während des anfänglichen Lesens wird deshalb auch das Zerlegen des geschriebenen Wortes in die zusammengestellten Buchstabenzeichen oder Graphemen betont: pet → p-e-t, [Mütze → M-ü-t-z-e], die sogenannte visuelle Analyse. Danach müssen die Grapheme an die richtigen Sprachklänge oder Phoneme gekoppelt werden: /pu/-/e/-/t/. Durch die Zusammenfügung dieser Phoneme, die auditive Synthese, wird das Wort schließlich mit Klang versehen: /pet/. (Beispiele und vorliegende Beschreibung des anfänglichen Leseunterrichts sind Moelands, Kamphuis & Verhoeven, 2003 entliehen). Um den Leseprozess rasch verlaufen zu lassen, werden zuerst die klangreinen Wörter gelehrt, das sind Wörter mit einem eindeutigen Verhältnis zwischen Buchstaben und Klängen. In einer nächsten Phase des Leseunterrichts werden nicht nur Wörter mit einer komplizierteren Struktur angeboten, sondern das Versehen mit Klang und Erkennen der Wörter wird immer schneller stattfinden (vgl. Wentink, 1997). Diese Phase wird auch als die Phase des kontrollierten Worterkennens bezeichnet (Swerling & Sternberg, 1994). Im vierten Schuljahr der Grundschule (Altersstufe 8) verläuft das Versehen mit Klang und Erkennen der Wörter und Sätze bei der Mehrheit der Schüler ohne all zu viel Mühe und es ist für sie beispielsweise nicht länger notwendig Wörter buchstabierend mit Klang zu versehen, sondern es folgt beim Sehen eines Wortes sofort die Worterkennung. Unter Einfluss der Tatsache, dass Kinder die Verhältnisse zwischen Buchstabenzeichen, Sprachklängen und Wörtern immer schneller zu durchschauen lernen, erhalten die Dekodierungsprozesse immer mehr einen automatischen Verlauf. Share (1995) spricht hier von einem ,self-teaching device', auf dessen Basis Kinder ihre Dekodierfertigkeit mehr oder weniger selbstständig auszudehnen wissen. Dadurch, dass Schüler die schon gelernten Dekodiertechniken in einem stets höheren Tempo anwenden lernen, können sie mit zunehmender Leichtigkeit einfache Texte lesen.

Das anfängliche Lesen geht so allmählich in fortgeschrittenes Lesen über. Was die Lesetechnik angeht, ist das fortgeschrittene Lesen vor allem auf Automatisieren, Beschleunigen, Verbessern und Verfeinern gerichtet (sehe z. B. Verhoeven & Aarnoutse, 1999; Huizenga, 2000; Paus et al., 2002). Obschon die meisten Schüler in den Schuljahren 5 und 6 keine Probleme mehr mit dem richtig Lesen von Wörtern haben, bleibt das technische Lesen ein wichtiger Schwerpunkt. Für das Erreichen eines befriedigenden Niveaus im verstehenden Lesen ist es nämlich sehr wichtig, dass Schüler Wörter nicht nur richtig, sondern auch rasch automatisiert lesen können. Dadurch kann – weil im Gedächtnis Kapazität für die Prozesse einer höheren Ordnung frei wird – die Aufmerksamkeit des Schülers sich immer stärker auf die Verarbeitung von Sätzen und das Integrieren textueller Informationen gerichtet werden (vgl. McGuinnes, 1997; Perfetti, 1998) mit dem schlussendlichen Ergebnis des richtigen Verstehens auch von komplizierteren Texten.

Das Messen der technischen Lesefertigkeit: Cito hat zwei Instrumente entwickelt, um die technische Lesefertigkeit der Schüler festzustellen: den ,Drie Minuten Toets' und die Tests ,Leestechniek & Leestempo'. Beide Instrumente ermöglichen es Lehrern, festzustellen, in welchem Ausmaß die Schüler beim akkuraten und schnellen Dekodieren Fortschritte machen.

Der ,Drie Minuten Toets' ist ein Lesegeschwindigkeitstest, wobei Schüler in einer Minute so viele Wörter wie möglich von einer Karte vorlesen müssen. Der Test besteht aus drei verschiedenen Lesekarten mit spezifischen Worttypen von Vokal (V) und Konsonantenkombinationen (K), die beide während einer Minute laut gelesen werden müssen:

- Auf Lesekarte 1 stehen 150 einsilbige Wörter des Typs VK, KV und KVK
- Auf Lesekarte 2 stehen 150 einsilbige Wörter des Typs KKVK, KVKK, KKVKK, KKKVK und KVKKK (Herbst).
- Auf Lesekarte 3 stehen 120 Wörter mit zwei, drei und vier Silben, wie Geräusch, Königin und Papageien.

Bei der Zusammenstellung des Tests sind beliebige Wörter aus den Wörterlisten von Kohnstamm et al. (1981) und von Staphorsius et al. (1987) gewählt worden. Danach wurde untersucht, ob diese Wörter recht oft verwendet werden. Wörter, die nicht so oft verwendet werden, wurden nicht aufgenommen. Um zu vermeiden, dass die Schüler sich die ersten Wörter einer Karte merken und sie schon im Voraus sagen können, wenn der Test im Laufe der Jahre mehrmals durchgeführt wird, sind von jeder Lesekarte drei Parallelversionen entwickelt worden – Version A, B und C. Diese Versionen enthalten zwar dieselben Wörter, sind aber pro Set von 8 Wörtern in einer anderen Reihenfolge aufgelistet.

Mit den Tests ‚Leestechniek' wird die technische Lesefähigkeit der Schüler in der Phase des anfänglichen Leseunterrichts gemessen. Es sind Tests, die pro Gruppe abgenommen werden können, wobei die Schüler leise lesen. Jede Aufgabe in diesen Tests hat die Form: Stammwort-Illustration-Ableiter. Das Stammwort ist die richtige Antwort. In der Illustration wird die Bedeutung des Stammworts dargestellt. Die Stammwörter sind, abhängig vom Testmoment, ein-, zwei- oder dreisilbig. Die einsilbigen Stammwörter werden schwieriger, je mehr die Anzahl der Konsonanten zunimmt. Die zwei- und dreisilbigen Wörter haben eine unterschiedliche Schwierigkeit, weil die erste, bzw. zweite Silbe entweder geschlossen oder offen ist. Die Ableiter sind vom Stammwort abgeleitet, die Abweichungen hinsichtlich des Stammwortes stehen für mehr oder weniger frequent gemachte technische Lesefehler der schwachen Leser.

Die Tests ‚Leestempo' sind Lesegeschwindigkeitstests. Es geht in diesen Tests aber nicht um eine reine Geschwindigkeitsmessung. Mit einem Lesetempotest wird nicht festgestellt, wie viele Wörter oder Sätze ein Schüler in einer bestimmten Zeit lesen kann, sondern ob ein Schüler das, was er in einer bestimmten Zeit gelesen hat, auch richtig gelesen hat; oder wenigstens so, dass er entscheiden kann, ob bestimmte Wörter zum Gelesenen gehören oder nicht. In einem Lesetempotest kann, anders gesagt, ein Schüler zeigen, wie schnell und präzise er liest. Die Aufgabe, die die Schüler im Lesetempotest bewältigen müssen, ist das leise Lesen von Texten. Die Testform des Lesetempos kann kurz umschrieben werden als ein Text in dem Schüler ‚lesend' nach durchschnittlich jedem zehnten Wort, aber nicht öfter als einmal pro sieben Wörter, mit einem Entscheidungsproblem konfrontiert werden. Die Schüler müssen, abhängig von ihrer Jahrgangsstufe, in einer bestimmten Zeit den Text lesen. Im Allgemeinen werden schnelle Leser weiter im Text fortgeschritten sein als langsame Leser. Um nachher feststellen zu können, bis an welcher Stelle der Schüler fortgeschritten ist, muss er im Text Wörter unterstreichen. Alle Unterstreichungen zusammen stellen dar, wie weit der Schüler im Text fortgeschritten ist. Jede Unterstreichung markiert eine Entscheidung, die der Schüler zwischen drei orthographisch minimal unterschiedlichen Alternativen getroffen hat: Das Wort, das in den Text gehört (die richtige Antwort) und zwei davon abgeleitete (falsche) Antworten. Beide Ableiter sind mehr oder weniger oft gemachte (technische) Lesefehler schwacher Leser.

Im Folgenden ist ein Teil des niederländischen Tests ‚Leestempo' abgebildet. Die Aufgaben sind an den Unterstreichungen wiederzuerkennen.

Wie is raar?

Stel je eens voor: je graaft een <u>kuit</u> <u>luik</u> <u>kuil</u>. Een diepe kuil. Eén meter, twee <u>meter</u> <u>meten</u> <u>mester</u>, tien, honderd, duizend meter. Je graaft steeds maar verte ver der veder. Dit wordt geen gewone kuil. Dit wordt de diepste kuil de die drie er bestaat. Het wordt een kuil helemaal <u>tot</u> <u>tol</u> <u>tolt</u> de andere kant van de wereld.

Schüler könnten, um als schnelle Leser zu erscheinen, aufs Geratewohl Wörter unterstreichen. Diese Schüler müssen nachher von den wirklich schnellen Lesern unterschieden werden. Jede Entscheidung für eine der drei Antwortalternativen muss deshalb eindeutig als eine richtige oder falsche Entscheidung bezeichnet werden können. Das Kriterium dafür liegt im Text. Die falschen Alternativen gehören nicht in den Text, das zu wählende Wort wohl. Das Dazugehören oder Nicht-Dazugehören einer Alternative kann sich auf syntaktischer Ebene abspielen (die Alternative verstört den Satzbau (nicht), auf semantischer Ebene (die Alternative gehört in Bezug auf die Bedeutung (nicht) im Kontext) und auf beiden Ebenen. Auf diese Art und Weise ist in den Tests eine Kontrollform eingebaut worden. Eine derartige Kontrolle stört unvermeidlich den normalen Leseprozess. Die Schüler werden, neben dem Lesen eines Textes nämlich noch nach etwas anderem gefragt: Eine Entscheidung zwischen stets drei Wörtern zu treffen. Das Ausführen dieser zusätzlichen Aufgabe ist aber an sich wie das einer Funktion der Lesefähigkeit: schnelle Leser ‚sehen‘ die Unterschiede zwischen den Wörtern schneller als langsame Leser.

7.2 ‚Drie Minuten Test‘: Ziel, Zielgruppe und Benutzerwert

Das LOVS PO stellt mit dem ‚Drie Minuten Test‘ drei Lesekarten für die Nutzung in den Jahrgängen 3–8 der Grundschule (Altersstufe 6–12) zur Verfügung. Das Ziel des Tests ist, wie bei den anderen Instrumenten im LOVS PO die Einstufung in Niveaus, die sich aus der Position der erreichten Punktzahl innerhalb der Normalverteilung der von der Gesamtpopulation erreichten Punkte ergibt. Weitere Ziele sind die Bestimmung und Weiterverfolgung der technischen Lesefähigkeit der Schüler. Die bei den einzelnen Tests erreichten Punktzahlen können mittels des Simplexmodells in eine ungefähre Kompetenzskala übertragen werden (Krom et al., 2001). Die Testpunktzahlen der drei Lesekarten informieren über die technische Lesefähigkeit bei unterschiedlichen Typen von Wortsorten. Die Punktzahlen der drei Lesekarten stellen zusammen ein Profil der technischen Lesefähigkeiten dar. Vor allem für die Hilfe an Schülern, die sich nicht gut entwickeln, sind in der Anleitung zum Test Vorschläge für zusätzliche Tests und für das Zusammenstellen eines adäquaten Übungsprogrammes aufgenommen. Diese Hinweise enthalten didaktische Hinweise, Beschreibungen einiger Übungen und Hinweise auf geeignete Hilfsprogramme.

Im Test sind ferner zusätzlich zwei Tests für schwache Leser im dritten Lehrjahr (Altersstufe 6), mit denen Teilfertigkeiten des technischen Lesens dargestellt werden können, aufgenommen: der Graphemtest und ein Test für Auditive Synthese. Mit dem Graphemtest kann untersucht werden, ob Kinder wissen, welche Sprachklänge (Phoneme) mit den verschiedenen Buchstabenzeichen (Grapheme) angedeutet werden. Mit dem Test für Auditive Synthese kann festgestellt werden, ob Kinder im Stande sind, einzelne Klänge zu Wörtern zusammenzufügen. Wiederum können die Schulen den Durchschnittswert ihrer Schüler mit dem Durchschnittswert aller niederländischen Grundschulen vergleichen.

7.3 ‚Leestechniek & Leestempo': Ziel, Zielgruppe und Benutzerwert

Das LOVS PO stellt standardisierte Tests aus der Aufgabendatei ‚Leestechniek & Leestempo' für Abnahme in den Schuljahren 3–8 der Grundschule (Altersstufe 6–12) zur Verfügung. Ziel der Tests ist die Einstufung in Niveaus, die sich aus der Position der erreichten Punktzahl innerhalb der Normalverteilung der von der Gesamtpopulation erreichten Punkte ergibt. Weitere Ziele sind die Bestimmung und Weiterverfolgung der technischen Lesefähigkeit der Schüler. Die bei den einzelnen Tests erreichten Punktzahlen können auf Grundlage der OPLM-Analyse oder einer CLAT-Analyse (Leestempo; Moelands 2001) in eine ungefähre Kompetenzskala übertragen werden. Der Schuldurchschnitt der Prüfung im 8. Schuljahr (Altersstufe 12) wird für den unterschiedlichen Zustrom an Schülern korrigiert. Im 8. Lehrjahr werden für den Grundschul-Abschlusstest Aufgaben aus der Aufgabendatei ‚Schrijven van Teksten' benutzt. Als Bestandteil dieses Tests liefern die Texterstellungstests einen Beitrag, die Entscheidungen über die Einstufung der Schüler in Schultypen des weiterführenden Bildungssystems zu untermauern. Außerdem kann die Fähigkeitspunktzahl für jeden Test in ‚Leestechniek & Leestempo', der ‚Cito Index voor de LeesTechniek' (CILT) [Cito Index für Lesetechnik] domänengerecht interpretiert werden. Der CILT ist ein Index für sowohl die technische Lesefähigkeit der Leser als auch für die technische Lesbarkeit oder Schwierigkeit der Texte (siehe für Hintergrundinformationen: Staphorsius & Verhelst, 1997). So wie die Leistungen der Schüler im Bereich der Lesetechnik und des Lesetempos in einen CILT umgesetzt werden können, kann auch die Schwierigkeit, die ein Text lesetechnisch hat, mit Hilfe einer Lesbarkeitsformel in einem CILT ausgedrückt werden. Mithilfe des CILTs werden Lesefähigkeit und Lesbarkeit (z.B. die geförderte Lesefähigkeit) auf einer Kompetenzskala zusammengebracht. Dies ermöglicht es, jeder Fähigkeitspunktzahl in einem Text ‚Leestechniek & Leestempo' Bedeutung zu verleihen und darzustellen, welche Lesetexte eine Schwierigkeit haben, die auf die Lesetechnik eines Schülers mit der diesbezüglichen Punktzahl abgestimmt sind.

Der Inhalt des Tests ‚Leestechniek' ist auf das Ziel des auf diese Fähigkeit gerichteten Unterrichts abgestimmt. Der Test knüpft – wie bei den Tests verstehend Lesen – an die breit anerkannte Auffassung an, dass die Schwierigkeit der Texte so gut wie möglich auf die Fähigkeit abgestimmt sein muss, um den Spaß am Lesen zu behalten und zu fördern. Zusammen mit den Informationen, die die Tests ‚Begrijpend Lezen' und die Tests verstehend Hören liefern, sind die Daten der Tests ‚technisch Lesen' sehr gut in einer Diskrepanzanalyse zu verwenden. Solch eine Analayse kann Hinweise für eventuelle spezifische Leseprobleme liefern.

8. Das LOVS PO auf Basis der Aufgabendatei ‚Woordenschat'

Im Abschnitt 8.1 wird kurz das Ziel, die Zielgruppe und der Benutzerwert der Tests im LOVS PO, die mit Aufgaben aus der Aufgabendatei ‚Woordenschat' (Wortschatz) (für die Schuljahre 5–8, Altersstufe 9–12) erklärt. Im Abschnitt 8.2 wird die Aufgabendatei inhaltlich spezifiziert.

Ziel, Zielgruppe und Benutzerwert

Das LOVS PO stellt verschiedene standardisierte Tests mit Aufgaben aus der Aufgabendatei ‚Woordenschat' für die Durchführung am Ende der Schuljahre 5 bis 8 der Grundschule zur Verfügung. Ziel der Tests ist die Einstufung in Niveaus, die sich aus der erreichten Punktzahl innerhalb der Normalverteilung der von der Gesamtpopulation erreichten Punkte ergibt. Weitere Ziele sind die Bestimmung und Weiterverfolgung der Wortschatzentwicklung der Schüler. Die bei den einzelnen Tests erreichten Punktzahlen können auf der Grundlage der OPLM-Analyse in eine ungefähre Kompetenzskala übertragen werden. Schulen können den Durchschnittswert ihrer Schüler mit dem Durchschnittswert aller niederländischen Grundschulen vergleichen. Im 8. Schuljahr werden Aufgaben aus der Aufgabendatei im Cito-Grundschulabschlusstest verwendet. Der Schuldurchschnitt der Prüfung im 8. Jahrgang (Altersstufe 12) wird für den unterschiedlichen Zustrom an Schülern korrigiert. Im 8. Jahrgang werden für den Grundschul-Abschlusstest Aufgaben aus der Aufgabendatei „Woordenschat" benutzt. Als Bestandteil dieses Tests liefern die Texterstellungstests einen Beitrag, die Entscheidungen über die Einstufung der Schüler in Schultypen des weiterführenden Bildungssystems zu untermauern.[8]

Die Tests ‚Woordenschat' schließen an die globalen Ziele des Sprachunterrichts in der Grundschule an. Die verschiedenen Methoden für den Muttersprachenunterricht berücksichtigen die Ausdehnung des Wortschatzes, aber das Angebot ist sehr verschieden. Das ist, im Hinblick auf die Bedeutung des Wortschatzes für die Fähigkeit in der Muttersprache auch nicht notwendig und es gibt für diesen Unterricht auch keine Domäne, die an Aufgabenspezifizierungen (ein Schüler soll über den näher bestimmten Wortschatz verfügen, um eine Aufgabe lösen zu können, z. B. das Lesen eines Textes für die Zielgruppe 9-Jährigen) gekoppelt sind. Der Test ‚Woordenschat' ist sehr gut für Informationen über das Niveau eines Schülers bei anderen Fähigkeiten zu verwenden. Eine Punktzahl, die auf einen breiten und tiefen Wortschatz deutet, deutet auf einen unterrichtsfähigen Schüler. Solch eine

---

8   Wir berichten das Perzentil des korrigierten Schuldurchschnittes für den Cito Grundschulabschlusstest (IC-Perzentil).

Punktzahl, neben einer Punktzahl, die auf eine stark zurückgebliebene Entwicklung der Fähigkeit, einen kohärenten Text zu schreiben, deutet, könnte bei dem Lehrer relevante Fragen über das Verhältnis zwischen dem Potenzial eines Schülers und der Realisierung dessen hervorrufen.

Spezifizierung von ‚Wortschatz‘

Wenn die Rede vom Wortschatz eines Sprachbenutzers ist, meinen wir den Umfang der Wortsammlung, deren Bedeutung dem Sprachbenutzer bekannt ist, oder anders ausgedrückt, wovon das Wortgedächtnis einen Hinweis auf geeignete inhaltliche oder konzeptuelle Kenntnisse besitzt. Trotzdem geben die meisten existierenden Wortschatztests keine Schätzung des Wortschatzumfangs der Kandidaten. LOVS PO untersucht im Moment die Entwicklung der sogenannten domängerichteten Wortschatztests, aber die Stimuluswörter in den bereits existierenden Tests Wortschatz im LOVS PO können nicht als Stichprobe aus einer umschriebenen Wortsammlung betrachtet werden und die Testergebnisse der Schüler können deshalb nicht domänengerichtet interpretiert werden.[9]

Die Messprätention der bereits existierenden Wortschatztests ist: Unterschiede in Punktzahlen deuten auf Unterschiede in der Breite und Tiefe des ‚allgemeinen‘ Wortschatzes hin. Mit ‚allgemein‘ wollen wir ausdrücken, dass es nicht um domänspezifische Wortschätze geht und auch, dass Unterschiede keine spezifizierte Beziehung zum Gesamtwortschatz haben: Eine Punktzahl sagt nicht aus, wie viele Wörter ein Schüler kennt und wie die Qualität der semantischen Kenntnisse ist, die dem Wortschatz zu Grunde liegt. Standunterschiede der Schüler für die Tests ‚Woordenschat‘ geben unspezifiziert an, dass die Breite und Tiefe des Wortschatzes der Schüler unterschiedlich ist. Während der Testabnahme gibt es für die Schüler keinen Zeitdruck.

Für die Selektion der Stimuluswörter in den Tests verwenden wir die Wörterlisten aus ‚Frequenties van woordvormen en letterposities in jeugdliteratuur‘ (Staphorsius, Krom & De Geus, 1988) und eine Stichprobe von Texten für Jugendliche. Aus diesem Material wird für jedes einzelne Schuljahr der Schuljahre 5–8 (Altersstufe 9–12) eine Wortsammlung selektiert, die laut des Urteils erfahrener Grundschullehrer bei den Schülern bekannt sein müssen. Das Lautmalen der Wörter darf für die meisten Schüler in der Zielgruppe, für die die Wörter selektiert sind, kein Problem sein. Wir geben jetzt einige Aufgabenbeispiele aus der Aufgabendatei ‚Woordenschat‘.[10]

---

9 Die Testpunktzahl kann also nicht nach einer Domäne generalisiert werden und gestattet keine absoluten Interpretationen, wie ‚dieser Schüler beherrscht 80% der Wörtern aus der definierten Domäne‘. Solch eine Aussage hat vor allem Sinn, wenn bekannt ist, welche Sprachverwendungsaufgaben ein Schüler mit einer gegebenen Punktzahl in welchem Ausmaß oder mit welcher Erfolgschance lösen kann.

10 In den Tests des LOVS PO bekommen Schüler immer als Hilfe ein oder mehrere Beispielaufgaben für die verschiedenen Tests.

Beispielaufgaben

(1) In welcher Gruppe haben die Wörter ungefähr dieselbe Bedeutung?

A uitgeven, kopen, verzamelen   C denken, piekeren en peinzen
[A ausgeben, kaufen, sammeln]   [C denken, grübeln und sinnen]
B onderzoeken, bekijken en bedenken   D sparen, verzamelen en verdienen
[B untersuchen, anschauen und bedenken] [D sparen, sammeln und verdienen]

(2) Worum geht es bei der Bedeutung von Attraktivität? Um …
A aantrekkelijk [anziehend]
B afwijkend [abweichend]
C aggregaat [Aggregat]
D ongelofelijk [unglaublich]
E Geen van de antwoorden is goed. [Keine der Antworten ist richtig]

(3) Ein Imitator ist jemand, der einen anderen …
A achtervolgt [verfolgt].
B beledigt [beleidigt].
C inhaalt [überholt].
D nadoet [nachahmt].
E uitnodigt [einlädt].

(4) Was ist das Gegenteil von Pionier?
A avonturier [Abenteurer]
B uitvinder [Erfinder]
C verrader [Verräter]
D waaghals [Draufgänger]
E Geen van de antwoorden is juist [Keine der Antworten ist richtig].

(5) Wo stehen die Wörter in der richtigen Reihefolge?
Immer schmutziger …

A schoon – smerig – smoezelig   C smerig – smoezelig – schoon
[sauber – schmutzig – schmuddelig]
B schoon – smoezelig – smerig   D smoezelig – schoon – smerig

(6) Welches Wort kann man am besten verwenden, wenn man deutlich machen
will, worum es bei der Bedeutung des kursiv gedruckten Wortes vor allem geht?

Paraplu [Regenschirm]

A bedreigen [bedrohen]   C opvouwen [falten]
B beschermen [schützen]   D opzetten [aufspannen]

9.   Zum Schluss: zukünftige Entwicklungen im LOVS

In der Einleitung haben wir schon erwähnt, dass das Cito-LOVS in den Niederlanden in sehr großem Umfang im Primarunterricht angewandt wird. Die Prüfungen werden in einem Zyklus von fünf bis sechs Jahren erneuert. In den kommenden Jahren wird dies aber mehr beinhalten als die Erneuerung der Aufgaben. Im Hinblick auf die technologischen Entwicklungen liegt ein Übergang von *paper based tests* zu *computer based tests* auf der Hand. Wir sind in unseren Prophezeiungen vorsichtig geworden, erwarten aber, dass in zehn Jahren die Herausgabe von *paper based tests* nicht länger nötig sein wird. Der Gebrauch von *computer based tests* hat nun mal große praktische Vorteile. Lehrer brauchen sie nicht selber zu beurteilen, die Daten werden unmittelbar in der Datenbasis des Computerprogramms gespeichert und die Berichte können online zur Verfügung gestellt werden. Außerdem werden die Schulen zu der Zeit, wo wir das LOVS über das Internet vollständig digital anbieten können, aus dem Gesamtangebot ein „LOVS nach Maß" zusammenstellen können. Sie werden dann in Bezug auf die Testteile, die Testfrequenz und die unterschiedlichen Arten von Berichten über Schüler bzw. Unterricht, welche das LOVS liefert, aus Optionen auswählen können. Eine andere bedeutende Entwicklung: Im Jahre 2008 wird Cito mit der Entwicklung eines LOVS Spezial-Unterrichts starten, einem LOVS, das das Monitoring von Fortschritten bei Schülern mit Lernbehinderungen ermöglichen wird.

In den kommenden Jahren wird der Informationswert des Cito-LOVS noch größer werden. Erstens werden die LOVS-Prüfungen an Referenzniveaus oder Standards gekoppelt werden. Cito hat nämlich in einem Projekt, das die Qualität des Schulwesens erfassen soll, jahrelange Erfahrungen mit „Referenzniveaus" oder „Lernstandards" gesammelt. Im Auftrag des niederländischen Unterrichtsministeriums untersucht Cito momentan, ob es möglich ist, Referenzniveaus an die LOVS-Prüfungen zu koppeln. Wenn das gelingt, wird es nicht nur möglich sein, die Fortschritte einzelner Schüler mit Leistungen in der Population, der sie angehören, zu vergleichen – und die Fortschritte auf Fertigkeitsskalen zu verfolgen –, sondern es lässt sich dann auch überprüfen, ob Schüler zum Beispiel ein von Sachverständigen festgesetztes Minimumniveau erreicht haben.

Zum Schluss erwähnen wir zwei andere psychometrische Entwicklungen. Die erste benennen wir als „Profilanalyse": Wir untersuchen momentan Modelle, die die Interpretation zwischen „deelscores" (unterschiedliche Sub-Punktzahlen) besser unterstützen können. Eine zweite Entwicklung könnte eine Folge des sogenannten „leerrendementsonderzoek" (Lernertragsuntersuchung) sein. In dieser Untersuchung recherchieren wir, inwieweit Ergebnisse von Schülern und Schülerinnen auf einem psychometrisch geeigneten Niveau, zukünftige Ergebnisse vorhersagen können. Lehrkräfte werden damit imstande sein, festzustellen, ob Schülerinnen und Schüler zu einem bestimmten Zeitpunkt, unter Berücksichtigung von eher geleisteten Ergebnissen (und später vielleicht auch noch auf Grundlage von außerhalb der Schule erworbenen kognitiven Fähigkeiten), Leistungen erwartungsgemäß erbringen.

Literatur

Adams, M.J. (1990). *Beginning to read. Learning and thinking about print.* Cambridge, MA: MIT Press.

Bosman, A.M.T. & G.C. van Orden (2003). *Het fonologisch coherentiemodel voor lezen en spellen.* Pedagogische Studiën, 80.

Hoover, W.A. & P.B. Gough (1990). *The simple view of reading. Reading and Writing: An Interdisciplinary Journal,* 2, 127-160.

Huizenga, H. (2000). *Taal & Didactiek. Aanvankelijk en technisch lezen.* Groningen: Wolters-Noordhoff.

Kohnstamm, G.A., A.M. Schaerlaekens, A.D. de Vries, G.W. Akkerhuis & M. Froonincksx (1981). *Nieuwe Streeflijst Woordenschat voor 6-jarigen.* Lisse: Swets en Zeitlinger.

Krom, R.S.H. (1994). *Luisteren 1.* Arnhem: Cito.

Krom, R.S.H. (1996). *Luisteren 2.* Arnhem: Cito.

Krom, R.S.H. (2001, 2004²). *Leestechniek & Leestempo.* Arnhem: Cito.

Krom, R.S.H. & F.H. Kamphuis (2001). *Wetenschappelijke verantwoording van de toetsserie Leestechniek & Leestempo.* Arnhem: Cito.

McGuinness, D. (1997). *Why our children can't read.* New York: Free Press.

Moelands, F., F. Kamphuis & L. Verhoeven (2003). *Verantwoording Drie-Minuten-Toets.* Arnhem: Cito.

Paus, H. (red.), S. Bacchini, R. Dekkers, Th. Pullens & M. Smits (2002) *Portaal. Praktische taaldidactiek voor het primair onderwijs.* Busssum: Coutinho.

Perfetti, C.A. (1998). Learning to read. In P. Reitsma & L. Verhoeven (Eds.), *Literacy problems and interventions* (pp. 15-48). Dordrecht: Kluwer.

Share, D.L. (1995). Phonological recoding and self-teaching: sine qua non of reading acquisition. *Cognition* 55, 151-218.

Stanovich, K.E. (1980). Toward an interactive compensatory model of individual differences in the development of reading fluency. *Reading Research Quarterly,* 16.

Staphorsius, G. (1994). *Leesbaarheid en leesvaardigheid. De ontwikkeling van een domeingericht meetinstrument.* Academisch proefschrift, Enschede: Universiteit van Twente.

Staphorsius, G. (1995). *Didactische Toetsen Schrijfvaardigheid.* Arnhem: Cito.

Staphorsius, G. (1998). *Entreetoets Groep 7, Inhoudsverantwoording Taal.* Arnhem: Cito

Staphorsius, G. (2000). *Entreetoets Groep 6, Inhoudsverantwoording Taal.* Arnhem: Cito

Staphorsius, G. (2001). *Entreetoets Groep 5, Inhoudsverantwoording Taal.* Arnhem: Cito

Staphorsius, G., R.S.H. Krom & K. de Geus (1988). *Frequenties van woordvormen en letterposities in jeugdlectuur.* Arnhem: Cito.

Staphorsius, G., N.D. Verhelst & F.G.M. Kleintjes (1996). *De ontwikkeling van een domeingerichte index voor leesbaarheid en leesvaardigheid.* Taalbeheersing, 18, 116-132.

Staphorsius, G. & N.D. Verhelst (1997). Indexering van de leestechniek. *Pedagogische Studiën, 74,* 154-164.

Staphorsius, G. & R.S.H. Krom (1998). *Toetsen Begrijpend Lezen.* Arnhem: Cito.

Staphorsius, G., N.D. Verhelst & F.G.M. Kleintjes (2000). *Didactische Toetsen Schrijfvaardigheid. Verslag van kalibratie-, validerings- en normeringsonderzoek, Wetenschappelijke verantwoording.* Arnhem: Citogroep.

Staphorsius, G., R. Krom, J. Janssen, F. Scheltens, H. Notté & H. Wagenaar (2003). *Inhoudsverantwoording Groep 7. Basisvaardigheden Taal, Rekenen-Wiskunde en Studievaardigheden.* Entreetoetsen Arnhem: Cito.

Swerling, L. & R.J. Sternberg (1994). The road not taken: an integrative theoretical model of reading disability. *Journal of Learning Disabilities, 27,* 91-103.

Van den Broeck, W. (1997). *De rol van fonologische verwerking bij het automatiseren van de leesvaardigheid.* Universiteit van Leiden: Academisch Proefschrift.

Van Kuijk J. & N. Lansink (2004). *Taal voor kleuters.* Arnhem: Cito.

Van Orden, G.C. (1987). A ROWS is a ROSE: Spelling, sound and reading. *Memory & Cognition, 15,* 181-198.

Van Orden, G.C. & S.D. Goldinger (1994). Interdependence of form and function in cognitive systems explains perception of printed words. *Journal of Experimental Psychology: Human Perception and Performance, 20,* 1269-1291.

Van Orden, G.C. & S.D. Goldinger (1996). Phonological mediation in skilled and dyslexic reading. In C.H. Chase, G.D. Rosen & G.F. Sherman (Eds.), *Developmental dyslexia: Neural, cognitive and genetic mechanisms* (pp. 185-223). Timonium, MD: York Press.

Verhelst, N.D. (1992). *Het één parameter model (OPLM). Een theoretische inleiding en een handleiding bij het computerprogramma.* Arnhem: Cito.

Verhelst, N.D. & T.J.H.M. Eggen (1989). *Psychonomische en statistische aspecten van peilingsonderzoek* (PPON-rapport, nr. 4). Arnhem: Cito.

Verhoeven, L. & C. Aarnoutse (red.) (1999). *Tussendoelen beginnende geletterdheid. Een leerlijn voor groep 1 tot en met 3.* Nijmegen: Expertisecentrum Nederlands.

Verhoeven, L. & C. Aarnoutse (2000). *Tussendoelen beginnende geletterdheid.* Nijmegen: Expertisecentrum Nederlands.

Wentink, H. (1997). From graphemes to syllables. Academisch Proefschrift, Universiteit van Nijmegen.

Wesdorp, H. (1974) *Het meten van de produktief-schriftelijke taalvaardigheid; directe en indirecte methoden: ,Opstelbeoordeling' versus ,schrijfvaardigheidstoetsen'.* Amsterdam RITP/Purmerend: Muuses.

Wesdorp, H. (1981). *Evaluatietechnieken voor het moedertaalonderwijs.* 's-Gravenhage: Staatsuitgeverij.

Inge Blatt, Andreas Voss, Miriam Gebauer & Kerstin Kowalski

Integratives Konzept zur Lese- und Sprachförderung

1. Einleitung

Lesen ist ein sprachverarbeitender und bedeutungsschaffender Prozess. Die Vermittlung von Lesekompetenz ist daher eine Aufgabe, die der Arbeitsbereich *Lesen/ Literatur/Medien* des Deutschunterrichts alleine nicht leisten kann. Besonders wichtig ist eine Verknüpfung mit dem Arbeitsbereich *Sprache und Sprachgebrauch untersuchen*. Dies ist ganz im Sinne der Bildungsstandards, wonach dem Arbeitsbereich Sprache eine grundlegende Bedeutung für den gesamten Deutschunterricht zukommt (z.B. Bildungsstandards im Fach Deutsch für den Mittleren Schulabschluss: KMK, 2005a; vgl. Abbildung 1).

Sprache und Sprachgebrauch untersuchen		
Sprache zur Verständigung gebrauchen, fachliche Kenntnisse erwerben, über Verwendung von Sprache nachdenken und sie als System verstehen *Methoden und Arbeitstechniken* *werden mit den Inhalten des Kompetenzbereichs erworben*		
Sprechen und Zuhören zu anderen, mit anderen, vor anderen sprechen, Hörverstehen entwickeln	**Schreiben** reflektierend, kommunikativ und gestalterisch schreiben	**Lesen – mit Texten und Medien umgehen** Lesen, Texte und Medien verstehen und nutzen, Kenntnisse über Literatur erwerben
Methoden und Arbeitstechniken *werden mit den Inhalten des Kompetenzbereichs erworben*	*Methoden und Arbeitstechniken* *werden mit den Inhalten des Kompetenzbereichs erworben*	*Methoden und Arbeitstechniken* *werden mit den Inhalten des Kompetenzbereichs erworben*

Abb. 1: Kompetenzbereiche im Fach Deutsch[1]

---

1 KMK. (2005a). *Bildungsstandards im Fach Deutsch für den Mittleren Schulabschluss.* Verfügbar unter: http://www.kmk.org/schul/Bildungsstandards/Deutsch_ MSA_BS_04-12-03.pdf [16. November 2007].

Darüber hinaus sollte Leseförderung nicht auf den Deutschunterricht beschränkt sein. Anzustreben ist ein fächerübergreifendes Lesen, bei dem vielfältiges Welt- und Sachwissen sowie Lesestrategien erworben werden können.

In diesem Beitrag wird ein didaktisches Konzept vorgestellt, das aus Unterrichtsforschungsprojekten der Universitäten Hamburg (Sektion 4: Didaktik der sprachlichen und ästhetischen Fächer) und Dortmund (Institut für Schulentwicklungsforschung, IFS) hervorgeht und auf Grundlage der laufenden Untersuchungsergebnisse und neuer didaktischer Ansätze weiterentwickelt wird. Eine zentrale Rolle spielt dabei der Einsatz von Tests zur Lernbeobachtung und -kontrolle als Grundlage individueller Förderung.

2.   Integratives Lese- und Sprachförderkonzept

2.1 Lesekompetenz und ihre Grundlagen

> *„Lesekompetenz heißt, geschriebene Texte zu verstehen, zu nutzen, über sie zu reflektieren, um eigene Ziele zu erreichen, das eigene Wissen und Potential weiterzuentwickeln und am gesellschaftlichen Leben teilzunehmen."*

(Artelt et al., 2001, 80)

Das Verstehen von Texten ist ein komplexer Prozess. Gute Leserinnen und Leser bilden beim Lesen – z.B. auf der Grundlage der Überschrift, des Autornamens, des Buchumfangs, des ersten Satzes – Hypothesen zum Inhalt und überprüfen diese mit fortschreitender Lektüre. Sie nutzen dazu ihre automatisierte Dekodierfähigkeit, ihre Sprachkompetenz (Wortschatz, Syntax), ihre Lesestrategien sowie ihr Text- und Weltwissen.

Das Textverstehen kann unterschiedlich gut ausgeprägt sein. In der IGLU-Studie werden vier Aspekte der Verstehensleistung unterschieden (Bos et al., 2003, 74):

- Erkennen und Wiedergeben explizit angegebener Informationen
- Einfache Schlussfolgerungen ziehen
- Komplexe Schlussfolgerungen ziehen und begründen; Interpretieren von Gelesenem
- Prüfen und Bewerten von Inhalt und Sprache

Die getestete Leseleistung wird in IGLU 2001 auf vier Kompetenzstufen berichtet Bos et al., 2003, 88):

1. Gesuchte Wörter in einem Text erkennen
2. Angegebene Sachverhalte aus einer Textpassage erschließen
3. Implizit im Text enthaltene Sachverhalte aufgrund des Kontextes erschließen
4. Mehrere Textpassagen sinnvoll miteinander in Beziehung setzen

Die Ausprägung der Lesekompetenz bei Viertklässlern (IGLU 2001) und bei Fünfzehnjährigen (PISA 2001) unterscheidet sich im unteren Bereich zu ungunsten der Fünfzehnjährigen. Während ca. 10 Prozent der Grundschulkinder nur die Kompetenzstufe der Wiedergabe lokal begrenzter und explizit genannter Informationen erreichen, gehören bei den Fünfzehnjährigen fast 23 Prozent zu dieser Risikogruppe. Im obersten Kompetenzbereich sind jedoch sowohl die Grund- als auch die Sekundarstufenschülerinnen und Schüler im internationalen Vergleich unterrepräsentiert. In der IGLU-Untersuchung erreichen lediglich 18 Prozent die höchste Kompetenzstufe (4). In Großbritannien dagegen sind 30 Prozent und in Schweden 28 Prozent der Viertklässler auf dieser Kompetenzstufe (vgl. Bos et al., 2003, 121). Von den in PISA getesteten Fünfzehnjährigen befinden sich 9 Prozent auf der höchsten Kompetenzstufe (V: Tiefenstruktur begreifen und kritisches Bewerten (vgl. Artelt et al., 2001, 89)). Im Vergleich dazu erreichen in Großbritannien 16 Prozent der Schülerinnen und Schüler dieses Kompetenzniveau. In Schweden sind es 11 Prozent (vgl. OECD, 2001, 50f.). Dies zeigt, dass Leseförderung in allen Schularten notwendig ist. Durch eine gezielte Leseförderung zu Beginn der Sekundarstufe könnte auch die vergleichsweise hohe Zahl der Schülerinnen und Schüler verringert werden, die nach der 6. Klasse vom Gymnasium bzw. von der Realschule wegen unzureichender Leistung in eine andere Schulform wechseln müssen (vgl. Statistisches Bundesamt, 2005, 246ff.).

Die Ursachen der gravierenden Zunahme von leseschwachen Schülerinnen und Schülern in der Sekundarstufe sind nur zum Teil aus den empirischen Ergebnissen der Leseleistungsstudien zu erschließen. Eine wichtige Ursache ist darin zu sehen, dass die Leselust im Verlauf der Sekundarstufe erheblich abnimmt. Während in der PISA-Studie 42 Prozent der befragten Schülerinnen und Schüler angeben, nicht zum Vergnügen zu lesen, liegt dieser Anteil am Ende der Grundschulzeit bei nur 14 Prozent (Artelt et al., 2001; Bos et al., in Druck). Die aus der Lesepraxis erwachsende Leseroutine ist jedoch zum Aufbau von Lesekompetenz unerlässlich.

Ein weiterer Aspekt betrifft das Leserselbstbild, d. h. die Selbsteinschätzung der eigenen Lesefähigkeit. Das Leserselbstbild wirkt sich „im Unterricht z. B. auf die Größe der Bereitschaft aus, sich zu beteiligen, sich anzustrengen oder sich mit unvertrauten oder schwierigen Aufgaben auseinander zu setzen" (vgl. Mielke et al., 2006, 87). Lernförderlich ist ein realistisches Leserselbstbild. Ist es dagegen zu niedrig, traut sich der Schüler zu wenig zu, ist es zu hoch, kann sich dies negativ auf seine Anstrengungsbereitschaft auswirken.

Die Frage, ob die wachsende Zahl der Risikoschüler bei den Fünfzehnjährigen durch die steigenden Anforderungen in der Sekundarstufe bedingt ist, für die sie aus der Grundschule keine ausbaufähige Basiskompetenz mitbringen, lässt sich derzeit nicht eindeutig klären. Es ist anzunehmen, dass ein Teil der Schülerinnen und Schüler auf Kompetenzstufe II, die einfache Schlussfolgerungen auf Textebene ziehen können, bei schwieriger werdenden Lesetexten auf die Kompetenzstufe I zurückfallen. Vertiefende Untersuchungen aus der IGLU-Studie liefern Hinweise dafür, dass die Viertklässler Leseverständnisfragen auf Grundlage ihres Erfahrungswissens gut lösen können, nicht aber, wenn abstraktes und begriffliches Denken und analytisch-synthetische Fähigkeiten verlangt werden. Ein weiterer

Grund ist, dass auf der basalen Ebene die Lesegeschwindigkeit nicht ausreicht, um schwierigere Texte zu verstehen (vgl. Blatt et al., 2007). Dies spricht dafür, dass die Sekundarstufenschüler in diesen Bereichen gefördert werden müssen.

In Tabelle 1 sind die Ziele, Inhalte und Konzepte für das integrative Lernen im Deutsch- und Fachunterricht der Sekundarstufe zusammengestellt.

Tab. 1:   Ziele, Inhalte und Konzepte einer integrativen Leseförderung

	Ziele, Inhalte und Konzepte
Deutschunterricht, Arbeitsbereich Sprache	Erwerb sprachsystematischen Grundlagenwissens für das Lesen und Verstehen von Texten auf Basis entdeckenden und handlungsorientierten Lernens
Deutschunterricht, Arbeitsbereich Lesen und Literatur	Erwerb grundlegender Lesefähigkeiten durch regelmäßige Lesezeit im Unterricht und Vermittlung von Lesestrategien durch Reflexion der Leseerfahrung
Fachunterricht	Erwerb von Welt- und Fachwissen; Anwendung des Wissens und Könnens in lernbereichs- und fachübergreifenden Projekten

2.2 Lesezeit im Unterricht

Lesen im Unterricht der Sekundarstufe beschränkt sich häufig darauf, dass kürzere Textpassagen leise gelesen oder laut vorgelesen werden sollen, damit Fragen beantwortet werden können. Hinzu kommt das laute sinngestaltende Vorlesen literarischer Textpassagen. Das Lesen längerer Texte wird in der Regel als Hausaufgabe aufgegeben.

Diese Praxis genügt für Schülerinnen und Schüler aus schriftfernem Milieu nicht, da diese privat wenig oder gar nicht lesen. Für diese Schülerinnen und Schüler ist es nicht nur wichtig, im Unterricht das Verstehen von Texten einzuüben, sondern es muss viel grundsätzlicher an ihrer Lesemotivation und an ihrem Leserselbstbild angesetzt werden. Schülerinnen und Schülern aus schriftfernem Milieu fehlen nicht nur Anregungen zum Lesen, sondern auch Vorbilder als Leser. Da die Lesesozialisation nachweislich die Entwicklung der Lesekompetenz in der Grundschule beeinflusst, gehören solche Schülerinnen und Schüler in der Regel zur Gruppe der leseschwachen Schülerinnen und Schüler, was sich wiederum negativ auf ihr Leserselbstbild und auf ihre Lesemotivation auswirkt (vgl. Hurrelmann & Groeben, 2002). In Verbindung mit dem primär fehlenden Selbstverständnis als Leser kann daraus eine Verweigerungshaltung dem Lesen gegenüber entstehen. Deshalb sollten gerade für diese Schülergruppe regelmäßige Lesezeiten im Unterricht eingeplant werden.

Darüber hinaus wird die Lesekompetenz nachweislich dadurch gefördert, dass Schülerinnen und Schüler mit- und voneinander lernen. Daher sind Lesezeiten im Unterricht auch für leistungsstärkere Schülerinnen und Schüler lernförderlich.

Ein bewährtes Konzept für regelmäßige Lesezeiten im Unterricht ist das Lesepatenmodell (vgl. Rosebrock & Nix, 2006; Masanek, 2006). Es handelt sich um ein Lautleseverfahren zur Steigerung der Leseflüssigkeit, zur Automatisierung von grundlegenden Leseverstehensprozessen, zur Förderung von Sprach- und Weltwissen, zur Entwicklung von Lesestrategien und Leseinteresse und zum Aufbau eines realistischen Leserselbstbildes.

Bei diesem Konzept bilden jeweils zwei Schülerinnen bzw. Schüler, die von der Lehrerperson nach den Testergebnissen im Stolperwörtertest (s.u. Punkt 2.2) ausgewählt werden, ein Lesepatenteam. Diese Teams werden wie folgt gebildet: Die Lerngruppe wird nach den Leistungsergebnissen des Stolperwörtertests in zwei Hälften geteilt und die Schülerinnen und Schüler der beiden Gruppen werden der Reihe nach einander zugeteilt. Bei 24 Schülern bilden die Schüler auf Rang 1 und 13 ein Team, auf Rang 2 und 14 usw. Von dieser strengen Regelung kann abgewichen werden, wenn Teampartner gar nicht miteinander auskommen.

Die Lehrperson stellt mit Hilfe der Schulbibliothek und/oder der öffentlichen Bücherhallen eine Auswahl an Büchern zusammen, wobei jeweils zwei Exemplare vorhanden sein müssen. Es können auch die Lesebücher mit herangezogen werden. Die Schülerinnen und Schüler wählen daraus ihre Lektüre selbst aus und lesen sich gegenseitig absatzweise vor. Die Aufgabe des jeweiligen Lesers ist es, den Text möglichst flüssig und betont vorzulesen. Die Aufgabe des jeweiligen Mitlesers ist es, Stopp zu sagen, z.B. wenn ein Wort nicht verstanden wird („Was heißt denn dieses Wort?"), wenn der Vorleser einen Fehler gemacht hat (falsches Wort, falsche Aussprache) oder wenn der Vorleser so schnell liest, dass der Mitleser nicht mitkommt. Das Stopp-Sagen soll freundlich und nicht kritisierend sein.

Das Vorlesen findet zwei Mal wöchentlich für 20 Minuten im Deutschunterricht über einen Zeitraum von ca. 3 Monaten statt. Die Schülerteams lesen z.B. im Klassenraum, im Gruppenraum, im Flur oder auf der Fensterbank. Die Lehrkraft beobachtet die Teams und greift bei Problemen auch ein. Sie kann auch besondere Beobachtungen schriftlich festhalten. Die Schülerinnen und Schüler werden angewiesen, unbekannte Wörter, die sich beide Partner auch nicht aus dem Kontext erschließen können, aufzuschreiben. Weiterhin können sie die Anzahl der Seiten, die sie geschafft haben, notieren.

Im Unterricht tauschen sich die Schülerinnen und Schüler über ihre Erfahrungen beim Lesepatentraining, über die Schwierigkeiten und Erfolge, aus. Dabei kann auch die Bedeutung der unbekannten Wörter geklärt werden, z.B. mit Hilfe eines deutsch-deutschen Wörterbuches. Das Unterrichtsgespräch ist für den Lernerfolg des Lesepatenprojektes sehr wichtig, da es die Schülerinnen und Schüler dabei zur Reflexion über den Leseprozess, die Herangehensweise beim Lesen, insbesondere bei Verstehensproblemen, und den gelesenen Text anregt. Dabei können sich vor allem auch höherrangige Verstehensprozesse (analysieren, synthetisieren und beurteilen; IGLU-Verstehensaspekte 3 und 4) entwickeln. In vielen Fällen bildet sich dadurch gerade bei leseunmotivierten Schülerinnen und Schülern ein Interesse am Lesen aus.

Neben diesem Modell sind weitere Organisationsformen und Methoden für Lesezeiten möglich, deren Rahmen flexibel gestaltet werden kann. Bei einem thematisch vielfältigen Literaturangebot können die Schülerinnen und Schüler entweder nach ihrem Interessensgebiet oder aus literarischen und Sachbüchern zu nur einem Thema ihre Lektüre auswählen. Wichtig erscheinen schriftliche Aufzeichnungen zu Leseprozess und Leseverständnis. Dies kann in freier Form geschehen, wobei Art und Umfang ganz in das Belieben des Schülers gestellt sind, bis hin zur formalisierten Formen eines Lesetagebuches. Die Schülerinnen und Schüler können alleine, in Partner- oder Gruppenarbeit lesen und sich in Kleingruppen oder im Plenum über ihr Textverständnis und ihren Leseprozess austauschen.

Das regelmäßige Lesen im Unterricht sollte also durch den Sprachunterricht unterstützt werden.

2.3 Sprachsystematischer Unterricht

Schülerinnen und Schüler können ihr Wissen, das sie im herkömmlichen Rechtschreib- und Grammatikunterricht erwerben, vielfach nicht nutzen, um ihre Lesefähigkeit zu entwickeln. Es hilft ihnen nicht, Wörter und Sätze zu analysieren, um die Wortbedeutung schnell zu erfassen, die wichtigen Informationen aus einem Satz sicher zu entnehmen und diese Informationen auf Absatz- und Textebene zu verknüpfen.

Neuere sprachsystematische Konzepte zeigen demgegenüber auf, wie Sprachunterricht der Leseförderung dienen kann (vgl. Munske, 2005). Nach sprachwissenschaftlichen Erkenntnissen zur Entwicklung des deutschen Schriftsystems liegt der Sinn der Rechtschreibung nicht in der Erfüllung einer Rechtschreibnorm, sondern in der funktionalen Bedeutung, die Rechtschreibung als Lesehilfe hat (vgl. Eisenberg & Fuhrhop, 2007; Munske, 2005). So ermöglicht z. B. das Stammprinzip dem Leser, die Wortbedeutung unmittelbar zu erfassen. Großschreibung und Kommasetzung helfen ihm, einen Satz rasch zu gliedern, um ihn zu verstehen.

Im sprachsystematischen Unterrichtskonzept werden Rechtschreibung und Grammatik aufeinander bezogen (vgl. Tabelle 2). Es setzt am Kernbereich der Rechtschreibung, das heißt am Regelhaften und somit Verstehbaren, an. Die Inhalte werden aufeinander aufbauend vermittelt.

Tab. 2:   Unterrichtsinhalte

1. Wort Phonetik, Phonologie, Morphologie, Semantik	2. Satz Syntax	3. Text Textstruktur
Laut/Lautstruktur, Buchstabe/ Schriftstruktur Wortarten Wortbildung Wortbedeutung/Wortschatz	Satzarten Satzglieder und ihre Stellung Verbindung von Satzgliedern, Teilsätzen und Haupt- und Nebensätzen	Textsorten Textverknüpfende Mittel (Konjunktionen, Adverbien, Pronomen, Begriffe)

Zur Rechtschreibkompetenz gehören Teilfähigkeiten im Bereich der Wortschreibung, der Wortbildung, der Syntax und auf Textebene.

Die Wortschreibung folgt drei Prinzipien: dem phonographischen (Graphem-Phonem-Korrespondenz), dem silbischen (Silbenschnitt, Silbenanfangs- und -endrand) und dem morphologischen (morphologische Konstanz, Flexionsmorpheme) (vgl. Eisenberg & Fuhrhop, 2007). Die Schreibweisen lassen sich in einen Kern- und einem Peripheriebereich einteilen.

Die Prinzipien der Wortbildung beziehen sich auf Ableitungen und Komposita. Durch Präfixe, Suffixe und Wortzusammensetzung werden neue Bedeutungen und Wortarten gebildet (z. B. ablaufen, Läufer, Laufschuhe). Für den Unterricht bieten sich in erster Linie Aufgaben zu Wortfamilien an. Die analytische und synthetische Fähigkeit zur Wortbildung trägt zur Wortschatzerweiterung und somit mittelbar zum Textverstehen bei.

Ein weiteres Mittel zur Wortschatzerweiterung ist die Wortfeldarbeit. Um den Begriff Wortfeld zu verstehen und bedeutungsähnliche Wörter derselben Wortart zu finden, bietet sich eine handlungsorientierte Herangehensweise an. Schülerinnen und Schüler können in einem ersten Schritt Tätigkeiten zu einem Wortfeld ausführen und erst im zweiten Schritt diese Tätigkeiten benennen. So können sie z. B. herausfinden, dass schreien, flüstern, murmeln, sagen, anreden, antworten etc. zum Wortfeld sprechen gehören.

Die Groß- und Kleinschreibung wird durch die Wortart und durch die Funktion des Satzgliedes im Satz geregelt. Da im Satz jeweils der Kern einer Nominalgruppe großgeschrieben wird, kann die Einsicht in die Satzstruktur zum Erlernen der Großschreibung genutzt werden. Auch das Wissen über substantiv- und adjektivbildende Suffixe hilft beim Aufbau der Teilkompetenz Groß- und Kleinschreibung, die wiederum als Verstehenshilfe dient.

Syntaktische Gesetzmäßigkeiten können die Schülerinnen und Schüler mit Hilfe der grammatischen Proben (Umstell-, Weglass-, Erweiterungs- und Ersatzprobe) selbstständig untersuchen. Dabei können sie entdecken, dass die Stellung des Prädikats von der Satzart abhängig ist und dass das Prädikat den Satzbau bestimmt. Die Proben helfen den Schülerinnen und Schülern auch beim Erlernen der Kommasetzung. Die Gliederung der Satzteile und Teilsätze durch Kommata wiederum stellt eine Lesehilfe dar.

Auf Textebene geht es um kohäsive Mittel wie Pronomina, Konjunktionen, Adverbien und Ober- bzw. Unterbegriffe. Diesbezügliche Übungen helfen den Schülerinnen und Schülern, Textzusammenhänge schneller zu erfassen.

Der sprachsystematische Unterricht ist auf forschend-entdeckendes und handlungsorientiertes Lernen ausgerichtet. Die Systematik ist vor allem für schwächere Schülerinnen und Schüler entscheidend, da sie ihnen eine verlässliche Basis zum Lernen liefert. Zudem bildet sie die Grundlage dafür, dass die Schülerinnen und Schüler die Struktur der Sprache mit Hilfe geeigneter Strategien selbst entdecken können. Damit erwerben sie transferfähiges Wissen, was sie wiederum zur eigenständigen Kontrolle und zum selbstständigen Lernen befähigt. Die Handlungsorientierung eröffnet den Schülerinnen und Schülern einen Zugang zum abstrakten sprachlichen Denken, um Struktur und Bedeutung von Sprache aufeinander beziehen und darüber reflektieren zu können.

3.   Lernbeobachtung als Mittel gezielter Förderung

3.1 Test- und Förderzirkel

Die Sprach- und Lesefähigkeiten von Schülerinnen und Schülern der Sekundarstufe aller Schulformen sind sehr unterschiedlich. Daher stehen die Lehrerinnen und Lehrer vor der großen Herausforderung, heterogene Lerngruppen zu unterrichten. Eine regelmäßige Erfassung des Lernstandes liefert eine Grundlage dafür, den Unterricht und spezielle Fördermaßnahmen gezielt zu planen, den Lernzuwachs festzustellen und das Unterrichts- und Förderkonzept zu evaluieren bzw. anzupassen. Dies wird in der Abbildung 2 veranschaulicht.

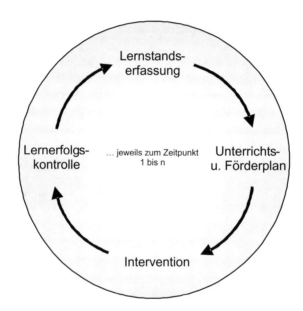

Abb. 2:   Didaktischer Kreislauf

Die Ergebnisse aus solchen Testungen zeigen, wie lernförderlich die Konzepte und Interventionsmaßnahmen für die jeweilige Lerngruppe und für bestimmte Schülergruppen (leistungsstärkere, mittlere und leistungsschwächere) sind. Sie unterstützen Lehrkräfte in ihrer Beurteilung, ersetzen aber ihre Erfahrung und fortlaufende Lernbeobachtung nicht.

3.2 Testinstrumente zur Erfassung der Lesekompetenz

Um den Stand der Lesekompetenz der Schülerinnen und Schüler zu erfassen, werden zwei unterschiedliche Tests zu drei Testzeitpunkten eingesetzt (vgl. Tabelle 3).

Tab. 3:   Übersicht über die eingesetzten Testverfahren, Ziele und Zeitpunkte

Test	Ziel	Zeitpunkt
Stolperwörtertest (STOLLE Version A und B)	Erfassung basaler Lesefähigkeit: Lernstand, Lernerfolgskontrolle, Nachhaltigkeit	• Vor Beginn der Förderung • Ende der Förderung (nach drei Monaten) • Ende des Schuljahres
Leseverstehenstest auf IGLU-Standard • Der Sprung (literarisch) • Spaghetti und ein Sachtext • Der Sprung und ein Sachtext	Erfassung des Leseverständnisses nach Verstehensaspekten: Lernstand, Lernerfolgskontrolle, Nachhaltigkeit	• Vor Beginn der Förderung • Ende der Förderung (nach drei Monaten) • Ende des Schuljahres

a) Stolperwörtertest[2]

Dies ist ein schnell durchzuführender und auszuwertender Test zur Erfassung basaler Lesefähigkeit. Er besteht aus insgesamt 60 Sätzen, in denen je ein Stolperwort eingebaut ist, das die Schülerinnen und Schüler durchstreichen müssen:

Bsp.:   A: Ich kann gut ~~Name~~ lesen.

B: Mein Freund ist acht ~~jung~~ Jahre alt.

Das Testergebnis besagt, wie viele Sätze die Schülerinnen und Schüler in einer vorgegebenen Testzeit, die streng einzuhalten ist, bearbeitet haben und wie viele davon richtig sind. Es gibt also Auskunft über die Lesegeschwindigkeit und -genauigkeit. Es stehen Referenztabellen zur Verfügung, allerdings nur bis Klasse 4. Bis zu 20 richtige Sätze deuten auf eine sehr schwache Leseleistung, bis zu 40 richtige Sätze auf eine mittlere und bis zu 60 richtige Sätze auf eine gute bis sehr gute Leseleistung.

b) Lesetests nach IGLU-Standards

Die zum Einsatz kommenden Leseverstehenstests werden nach IGLU-Standards konzipiert und ausgewertet. Als Textgrundlage werden literarische Texte ausgewählt, die der Altersgruppe entsprechen.

Die 20–22 Aufgaben enthalten in etwa jeweils zur Hälfte offene und Multiple-Choice-Aufgaben zu den vier Verstehensaspekten (vgl. Punkt 2.1). Bei den offenen Antwortformaten müssen die Schülerinnen und Schüler kurze Antworten aufschreiben, die im Anschluss mit Hilfe einer Anweisung von geschulten Kodierern entsprechend ihrer Antwortqualität mit ein, zwei oder drei Punkten bewertet werden.

Die Auswertung der Schülerantworten mit IRT-Skalierungsverfahren gibt Auskunft über die Schwierigkeit der Aufgaben und über die Fähigkeit der Schülerinnen und Schüler, diese Aufgaben zu lösen. Dies wird am folgenden Beispiel (Paul

---

2   Abrufbar unter: http://www.agprim.uni-siegen.de/lust/stolpermanual.pdf [Stand: 16. November 2007].

Maar: Neu in der Klasse) erläutert. Die Skalierungsergebnisse sind auf einer sogenannten Logitmetrik dargestellt (vgl. Abb. 3).

Im linken Teil der Abbildung sind die Schülerinnen und Schüler entsprechend
ihrer Fähigkeit auf der Lesekompetenzskala verortet. Die Skala reicht vom Wert 3
bis -2. Je größer die entsprechenden Kompetenzwerte der Schülerinnen und Schüler sind, desto höher sind ihre Fähigkeiten. Die Zahlen 1 bis 19 auf der rechten

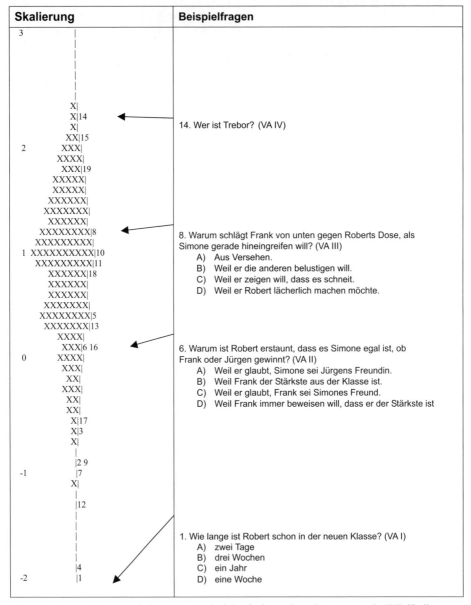

Abb. 3:   Auswertungsergebnisse von Beispielaufgaben eines Lesetests mit IRT-Skalierungsverfahren

Seite der Kompetenzskala verorten die Leseaufgaben entsprechend ihrer ermittelten Schwierigkeit auf dieser Lesekompetenzskala. Bei den Aufgaben 1 und 4 handelt es sich um sehr leichte und bei den Aufgaben 14 und 15 um überdurchschnittlich schwierige Testaufgaben. Aus der Schwierigkeit einer Aufgabe und der Fähigkeit einer Person lassen sich die nach dem IRT-Modell zu erwartenden Lösungswahrscheinlichkeiten ermitteln.

Das wird beispielhaft an den 30 Prozent der Schülerinnen und Schüler gezeigt, die einen Fähigkeitswert von maximal 0 Logits erreichen. Die Wahrscheinlichkeit, dass diese Schülerinnen und Schüler die Frage 6 zum Verstehensaspekt II (siehe Abbildung 3) lösen, liegt bei unter 50 Prozent. Dies ergibt sich daraus, dass die Personenfähigkeiten dieser Gruppe unter dem Wert der Aufgabenschwierigkeit liegen. Bei Schülerinnen und Schülern mit einer über 0 Logits liegenden Personenfähigkeit erhöht sich die Wahrscheinlichkeit, Frage 6 zu lösen, auf über 50 Prozent. Diese Information kann genutzt werden, um angemessene Aufgaben für unterschiedliche Leistungsgruppen zu stellen. Angemessen sind Aufgaben dann, wenn ihr Anforderungsniveau von den Fähigkeiten der Lerngruppe nur moderat nach oben und unten abweicht und schwierigere und einfachere Aufgaben in einem ausgewogenen Verhältnis zueinander stehen.

Nach den oben dargestellten Skalierungsergebnissen ist Frage 1 eine extrem einfache Aufgabe, die von fast allen Schülerinnen und Schülern gelöst wird. Sie verlangt, dass eine im Text explizit gegebene Information wiedergegeben wird. Aufgaben auf diesem Kompetenzniveau konnten fast 99 Prozent der in IGLU 2001 getesteten Schülerinnen und Schüler lösen.

Bei Frage 6 handelt es sich um eine Aufgabe, die von 66 Prozent der Schülerinnen und Schüler gelöst wurde. Die richtige Antwort zu finden verlangt, die im Text enthaltene Information, dass Robert Frank für Simones Freund hält, als Ursache des Erstaunens zu erkennen. Weiterhin müssen die Schülerinnen und Schüler die angegebenen Namen in den Antwortvorgaben genau lesen. Das mit der richtigen Antwort verbundene Kompetenzniveau, einfache Schlussfolgerungen aus einem Text ziehen zu können, erreichten bei IGLU 90 Prozent.

Um die richtige Antwort auf Frage 8 zu finden, müssen die Leserinnen und Leser aus seinen Handlungen und Einstellungen auf das Motiv des Akteurs schließen. In der IGLU-Studie erreichten 60 Prozent das Kompetenzniveau des komplexen Schlussfolgerns.

Als schwierigste Aufgabe erwies sich Frage 14. Um sie beantworten zu können, müssen die Leser eine Leerstelle im Text ausfüllen. Dort wird die Information geliefert, dass Robert nach der Enttäuschung mit seinen Klassenkameraden nur noch mit Trebor spielen möchte, wer Trebor ist, wird aber nicht gesagt. In einer richtigen Antwort muss dies zum Ausdruck kommen. Möglich ist auch die Feststellung, dass Robert rückwärts gelesen, das Wort Trebor ergibt. Der Leser kommt also durch eine Bewertung von Inhalt oder Sprache zur richtigen Antwort. Auf diesem Kompetenzniveau liegen 18 Prozent der in IGLU getesteten Viertklässler (vgl. Bos et al., 2004, 77).

In den Beispielaufgaben stimmen die Aufgabenschwierigkeiten mit den Kompetenzniveaus überein. Dies ist aber keineswegs immer der Fall. Die tatsächliche Aufgabenschwierigkeit ergibt sich erst aus der Untersuchung der Testdaten.

Die bisherigen Analysen der Untersuchungsergebnisse zum Verhältnis von Verstehensaspekten und Aufgabenschwierigkeit haben jedoch bereits wichtige Hinweise auf die sprachlichen und analytisch-synthetischen Anforderungen geliefert, die die Aufgabenschwierigkeit bestimmen (vgl. Blatt & Voss, 2005). In laufenden Forschungsvorhaben gehen wir vor allem der Frage nach, wie sich die Antwortvorgaben auf die Aufgabenschwierigkeit auswirken. Das Ziel dieser Forschung besteht darin, wissenschaftlich begründete Hinweise für die Erstellung differentieller Lesetests für die Unterrichtspraxis zu entwickeln.

3.3 Testinstrumente zur Erfassung der Sprachkompetenz

Um den Stand der Lesekompetenz der Schülerinnen und Schüler zu erfassen, werden drei unterschiedliche Tests eingesetzt, die in Tabelle 4 aufgeführt sind.

Tab. 4:   Eingesetzte Testinstrumente

Tests	Ziele	Zeitpunkte
1. Wort- und Bilderkennungstest	Erfassung basaler Sprach- und Denkfähigkeit Lernstand	Vor Beginn der Förderung
2. Wortdiktat	Erfassung der Fähigkeit, Wortstrukturen zu erkennen Lernstand, Lernerfolgskontrolle, Nachhaltigkeit	Vor Beginn der Förderung Ende der Förderung (nach drei Monaten) Ende des Schuljahres
3. C-Test	Erfassung der Fähigkeit, Satzstrukturen zu erkennen Lernstand, Lernerfolgskontrolle, Nachhaltigkeit	Vor Beginn der Förderung Ende der Förderung (nach drei Monaten) Ende des Schuljahres

Der Wort- und Bilderkennungstest gibt Auskunft über die kognitive Fähigkeit der Schülerinnen und Schüler. Hier wird den Schülerinnen und Schülern auf Grundlage der Skalierungsergebnisse je nach bearbeiteten Aufgabensatz ein Fähigkeitswert zugewiesen.

Bei dem Wortdiktat handelt es sich um 20 bis 25 Wörter, die nach einzelnen Struktureinheiten ausgewertet werden und somit eine genaue Auskunft über die Einsicht des Schülers in Wortstrukturen gibt. Von besonderer Bedeutung für die Lesefähigkeit sind Einsichten in Bildung von Wortformen und Wörtern.

Der C-Test ist ein kurzer Lückentext, in dem Wörter ergänzt werden müssen, bei denen jeweils die letzten drei bis vier Buchstaben fehlen (vgl. Grotjahn, 2002; Baur et al., 2006). Seine Ergebnisse lassen Rückschlüsse auf die allgemeine Sprachkompetenz des Schülers zu, und zwar auf Wortschatz und grammatisches Wissen.

4. Ergebnisse aus der Unterrichtserprobung

Das vorgestellte integrative Konzept, das Sprach- und Leseunterricht aufeinander bezieht, wurde im Schuljahr 2006/07 an fünf Hamburger Schulen in Klassenstufe 5 durchgeführt und ausgewertet. Im laufenden Schuljahr wird das Projekt auf 10 Schulen und 30 Klassen sowie 10 Kontrollklassen ausgeweitet. Es hat sich in der bisherigen Erprobung in allen Schulformen als lernförderlich und praxisnah erwiesen (vgl. Blatt et al., 2007; Kurz & Masanek, 2007).

Insgesamt wurden 375 Schülerinnen und Schüler zu drei Messzeitpunkten (t0, t1, t2) getestet und befragt. Die Verteilung der Untersuchungsgruppe nach Geschlecht, Migrationstatus und Bildungshintergrund entspricht den Angaben der in der IGLU-Studie untersuchten Schülerschaft und weist auf eine unverzerrte Stichprobe hinsichtlich dieser Kriterien hin.

Die Testergebnisse der Schülerinnen und Schüler entwickelten sich in allen Leistungsgruppen positiv. Tabelle 5 zeigt die Gruppierung in Leistungsbereiche aufgrund der Ergebnisse im Stolperwörtertest (STOLLE) bei allen drei Messzeitpunkten (t0, t1 und t2).

Tab. 5:   Leistungsentwicklung nach der Lernausgangslage (MW=Mittelwert, N=Stichprobengröße und SD=Standardabweichung)

Leistungsgruppen zum ersten Messzeitpunkt		STOLLE t0	STOLLE t1	STOLLE t2
unterer Leistungsbereich (bis 20 Sätze)	MW	16,79	25,69	28,47
	N	53	49	47
	SD	3,52	6,03	7,08
mittlerer Leistungsbereich (zwischen 20 und 40 Sätzen)	MW	29,95	37,29	40,86
	N	269	249	251
	SD	5,29	6,92	7,43
oberer Leistungsbereich (mehr als 40 Sätze)	MW	47,12	50,98	53,39
	N	42	40	38
	SD	4,79	5,89	5,32
Insgesamt	MW	30,01	37,22	40,54
	N	364	338	336
	SD	9,19	9,28	9,51

Der mittlere Leistungszuwachs vom ersten bis zum dritten Messzeitpunkt beträgt im unteren Leistungsbereich 11,68 Sätze, im mittleren 10,91 Sätze und im oberen 6,27 Sätze. Das lässt darauf schließen, dass das Lesepatenmodell insbesondere für schwache und mittlere Leserinnen und Leser lernförderlich ist. Es muss aber auch berücksichtigt werden, dass der Stolperworttest im oberen Bereich nicht mehr differenziert. Nimmt man die Ergebnisse aus den übrigen Tests hinzu, so zeigt sich, dass die Schülerinnen und Schüler aus dem oberen Leistungsbereich im Mittel ausnahmslos die höchsten Werte erzielen.

Besonders erfreulich ist, dass nach der Förderung im Mittel kein Schüler mehr im unteren Leistungsbereich ist. Dazu hat neben dem Lesepatenmodell auch eine additive Förderung von 33 Schülerinnen und Schülern beigetragen, die aufgrund ihrer geringen Leseleistung zum zweiten Messzeitpunkt (t1) ausgewählt und nach dem sprachsystematischen Konzept von Studierenden gefördert wurden.

Betrachtet man die Lernentwicklung im Hinblick auf Geschlecht, Migrations- und Sozialstatus, so lässt sich auch hier feststellen, dass alle Gruppen im Mittel ihre Leistung verbessern konnten. Jungen holten ihren anfänglichen Leistungsrückstand gegenüber den Mädchen nahezu auf – der Unterschied verringerte sich im Projektzeitraum von 1,78 auf 0,83 Sätze. Die Verbesserung von Schülerinnen und Schülern aus bildungsfernen Familien lag mit 9,94 Sätzen nicht weit unter dem Zuwachs ihrer Klassenkameraden aus bildungsnahen Elternhäusern, der bei 10,98 Sätzen lag. Schülerinnen und Schüler mit Migrationshintergrund (beide Eltern nicht in Deutschland geboren) verbesserten sich um 11,32 Sätze, während sich Schülerinnen und Schüler, deren Eltern in Deutschland geboren sind, um 10,10 Sätze verbesserten. Schülerinnen und Schüler anderer Herkunftssprachen konnten also in besonderer Weise profitieren.

5. Ausblick

Das durch die systematische Förderung wachsende Interesse und Können der Schülerinnen und Schüler in den sprachbezogenen Kompetenzen kann für lernbereichs- und fächerübergreifende Projektarbeit genutzt werden. Dazu liegen vielfältige Ideen vor, die größtenteils auch schon erfolgreich umgesetzt wurden.

Das literarische Schreiben und das szenische Gestalten sind handlungs- und produktionsorientierte Verfahren, die in kleineren oder größeren Projekten eingesetzt werden können (vgl. Waldmann, 1999). Beispiele sind die Herstellung von Broschüren, szenische Lesungen oder Theateraufführungen zu einem Thema, zu einer Gattung oder zu einer Epoche. Je nach Zielsetzung und Schwerpunkt bietet sich die Zusammenarbeit des Faches Deutsch mit den Fächern Kunst, Musik, Geschichte, Geographie oder Sport an.

Das Lesen und Schreiben von Sachtexten kann ebenfalls in fächerübergreifender Projektarbeit umgesetzt werden. Die Palette der Möglichkeiten ist groß. Denkbar ist ein Medienprojekt in Kooperation mit Sozialkunde, Geschichte und Ethik unter dem Leitgedanken der Verantwortung der Presse, die Herstellung einer Broschüre mit fachbezogenen Texten zu bestimmten Themen (z. B. Naturwissenschaft, Musik, Geographie etc.) oder Buchbesprechungen für eine bestimmte Zielgruppe. Besonders motivierend ist, wenn der Raum Schule geöffnet und mit Partnern von außerhalb zusammengearbeitet wird. Ein Beispiel ist die Gestaltung des Schaufensters einer Buchhandlung zu Ferienbeginn. Die Schülerinnen und Schüler erhalten in diesem Fall eine Auswahl neuerer Jungendbücher – gesponsert von den Verlagen – die sie lesen und zu denen sie eine Buchbesprechung mit dem Ziel anfertigen, Gleichaltrige bei der Wahl von Ferienlektüre zu unterstützen. Am Ende des Projekts werden die gelesenen Bücher im Schaufenster der Buchhandlung ausgestellt. Die Broschüre mit den Buchbesprechungen liegt im Buchladen zur Information für die jugendlichen Kunden aus. Ein vergleichbares Projekt wäre auch mit öffentlichen Bücherhallen möglich.

Die Ergebnisse einer vergleichenden Untersuchung zu einem solchen Projekt in einer Realschule und einem Gymnasium sprechen dafür, dass es lernwirksam sein kann, wenn es den Abschluss einer gezielten Fördermaßnahme bildet. In diesem Fall kann es aufkommendes Interesse leseschwächerer Schülerinnen und Schüler festigen. Als alleinige Maßnahme profitieren demgegenüber vor allem lesekompetente und -motivierte Schülerinnen und Schüler davon (vgl. Mattwig & Müntz, 2006).

Dies zeigt, dass der Aufwand für einmalige, isolierte Maßnahmen oft in keinem angemessenen Verhältnis zum Nutzen steht und insbesondere die förderbedürftigsten Schülerinnen und Schüler nicht erreicht werden. Daher ist es wichtig, dass Kollegien ihre Projekte sorgfältig planen und koordinieren, damit sie ihre Kräfte sinnvoll einsetzen. Denn Projektarbeit ist zeitaufwendig und nur dann wirksam, wenn sie auch gelingt.

Die im Zusammenhang mit der Einführung der neuen Medien so viel beschworene „lernende Gemeinschaft" in den Kollegien, den Klassenzimmern, zwischen Schulen und mit Kooperationspartnern außerhalb sollte wieder verstärkt ins Blickfeld geraten. Lehren und Lernen können nicht in Isolation, sondern nur in Kooperation und Teamarbeit gelingen.

Aus einem Leseförderprojekt an Hamburger Schulen liegen Erfahrungen vor, wie sich eine solche lernende Gemeinschaft entwickeln kann (vgl. Blatt et al., 2007; Kurz & Masanek, 2007). Die Keimzelle bildete eine Lesemultiplikatorenfortbildung am Landesinstitut. Von dort kam der Anstoß zur gemeinsamen Konzeption und Planung von leseförderndem Unterricht in Klasse 5, da gerade der Beginn der Sekundarstufe für Schülerinnen und Schüler in allen Schulformen Schwierigkeiten mit sich bringt. In Zusammenarbeit mit der Universität Hamburg und unter Einbezug von Studierenden wurde der Unterricht zunächst in fünf Schulen wissenschaftlich begleitet und evaluiert. Auf Grundlage der Ergebnisse des ersten Schuljahres wurden das Konzept und die Testinstrumente weiterentwickelt und mittlerweile in zehn Schulen eingesetzt. Das Gelingen des Unterrichts ist in hohem Maße auf die Kooperation, den regelmäßigen Austausch von Erfahrungen und Materialien und die Arbeitsteilung zurückzuführen. Genauso wichtig ist aber auch die Evaluation, da sie eine verlässliche Planungsgrundlage für die Lehrenden bietet. Aber auch die Schülerinnen und Schüler akzeptieren das Testen in hohem Maße, da sie Lernerfolge zeitnah zurückgespiegelt und Bereiche aufgezeigt bekommen, in denen sie sich noch anstrengen müssen. Lehren und Lernen wird auf Lehrer- und Schülerseite transparenter, planbarer und steuerbarer. Das ermutigt zum selbst verantworteten und lustvollen Lernen.

Literatur

Artelt, C., Stanat, P., Schneider, W. & Schiefele, U. (2001). Lesekompetenz: Testkonzeption und Ergebnisse. In J. Baumert, E. Klieme, M. Neubrand, M. Prenzel, U. Schiefele, W. Schneider, P. Stanat, K.-J. Tillmann & M. Weiß (Hrsg.), *PISA 2000: Basiskompetenzen von Schülerinnen und Schülern im internationalen Vergleich* (S. 69-137). Opladen: Leske + Budrich.

Baur, R. S., Grotjahn, R.& Spettmann, M. (2006). Der C-Test als Instrument der Sprachstandserhebung und Sprachförderung. In J.-P. Timm (Hrsg.), *Fremdsprachenlernen und Fremdsprachenforschung: Kompetenzen, Standards, Lernformen, Evaluation. Festschrift für Helmut Johannes Vollmer* (S. 389-406). Tübingen: Narr.

Blatt, I., Müller, A., & Voss, A (2007). Schulentwicklung auf Unterrichtsebene. *Schulmanagement, 3,* 22-25

Blatt, I. & Voss, A. (2005). Leseverständnis und Leseprozess. Didaktische Überlegungen zu ausgewählten Befunden der IGLU-/IGLU-E-Studien. In W. Bos, E.-M. Lankes, M. Prenzel, K. Schwippert, G. Walther & R. Valtin (Hrsg*.), IGLU. Vertiefende Analysen zum Leseverständnis, Rahmenbedingungen und Zusatzstudien* (S. 239-282). Münster: Waxmann.

Bos, W., Lankes, E.-M., Schwippert, K., Valtin, R., Voss, A., Badel, I. & Plaßmeier, N. (2003). Lesekompetenzen deutscher Grundschülerinnen und Grundschüler am Ende der vierten Jahrgangsstufe im internationalen Vergleich. In W. Bos, E.-M. Lankes, M. Prenzel, K. Schwippert, G. Walther & R. Valtin (Hrsg.), *Erste Ergebnisse aus IGLU. Schülerleistungen am Ende der vierten Jahrgangsstufe im internationalen Vergleich* (S. 69-142). Münster: Waxmann.

Bos, W., Lankes, E.-M., Schwippert, K., Valtin, R., Voss, A., Badel, I. & Plaßmeier, N (2004). Lesekompetenz am Ende der vierten Jahrgangsstufe in einigen Ländern der Bundesrepublik Deutschland im nationalen und internationalen Vergleich. In W. Bos, E.-M. Lankes, M. Prenzel, K. Schwippert, G. Walther & R. Valtin (Hrsg.), *Erste Ergebnisse aus IGLU. Schülerleistungen am Ende der vierten Jahrgangsstufe im nationalen und internationalen Vergleich* (S. 49–92). Münster: Waxmann.

Bos, W., Valtin, R., Hornberg, S., Buddeberg, I., Goy, M. & Voss, A. (2007). Internationaler Vergleich 2006: Lesekompetenzen von Schülerinnen und Schülern am Ende der vierten Jahrgangsstufe. In W. Bos, S. Hornberg, K.-H. Arnold, G. Faust, L. Fried, E.-M. Lankes, K. Schwippert & R. Valtin (Hrsg.), *IGLU 2006. Lesekompetenzen von Grundschulkindern in Deutschland im internationalen Vergleich* (S. 109-157). Münster: Waxmann.

Eisenberg, P. & Fuhrhop, N. (2007). Schulorthographie und Graphematik. *Zeitschrift für Sprachwissenschaft, 26,* 15-41.

Grotjahn, R. (Hrsg.) (2002). *Der C-Test: theoretische Grundlagen und praktische Anwendungen.* Bochum: AKS-Verlag. (Bd. 4).

Hurrelmann, B. & Groeben, N. (2002). *Lesekompetenz. Bedingungen, Dimensionen, Funktionen.* Weinheim und München: Juventa.

KMK. (2005a). *Bildungsstandards im Fach Deutsch für den Mittleren Schulabschluss* (S. 8). München: Luchterhand.

KMK. (2005b*). Bildungsstandards im Fach Deutsch für den Hauptschulabschluss.* München: Luchterhand.

Kurz, D & Masanek, N. (2007). Leseförderung in heterogenen Gruppen. Das Lesepatenmodell. *Schulmanagement, 5,* S. 16-18.

Masanek, N. (2006). Fördern durch Vorlesen. *Praxis Deutsch, 19,* 34-35.

Mattwig, M. & Müntz, W. (2006). *Empirische Untersuchung eines Leseprojekts zur Förderung der Lesemotivation in Klasse 7.* Unveröffentlichte wissenschaftliche Hausarbeit im Rahmen der ersten Staatsprüfung für das Lehramt Grund- und Mittelstufe, Universität Hamburg.

Mielke, R., Goy, M. & Pietsch, M. (2006). Das Leseselbstkonzept am Ende der Grundschulzeit. In W. Bos & M. Pietsch (Hrsg*.), KESS 4. Kompetenzen und Einstellungen von Schülerinnen und Schülern am Ende der Jahrgangsstufe 4 in Hamburger Grundschulen* (S. 87-109). Münster: Waxmann.

Munske, H. (2005). *Lob der Rechtschreibung. Warum wir schreiben, wie wir schreiben.* München: Verlag C.H. Beck.

OECD. (2001). *Lernen für das Leben. Erste Ergebnisse der internationalen Schulleistungsstudie PISA 2000.* Paris: OECD.

Rosebrock, C. & Nix, D. (2006). Forschungsüberblick: Leseflüssigkeit (Fluency) in der amerikanischen Leseforschung und -didaktik. *Didaktik Deutsch,* 20, 90-108.

Statistisches Bundesamt (2005). *Bildung und Kultur: Allgemeinbildende Schulen, Schuljahr 2005/06* (Fachserie 11, Reihe 1). Wiesbaden: Statistisches Bundesamt.

Waldmann, G. (1999). *Produktiver Umgang mit Literatur im Unterricht. Grundriss einer produktiven Hermeneutik. Theorie – Didaktik – Verfahren – Modelle.* Baltmannsweiler: Schneider Hohengehren.

Stephan Hußmann

Mathematik und Individuum im Mathematikunterricht

Jeden Schüler, jede Schülerin gleichermaßen zu unterstützen, ohne dabei die Inhalte zu vernachlässigen, ist ein wichtiges Ziel des Mathematikunterrichts. Dies kann erreicht werden, wenn im Unterricht beide Seiten – Mensch und Mathematik – die gleiche Bedeutung erlangen. In diesem Sinne ist auch das von Hartmut von Hentig formulierte Motto zu verstehen: „Den Menschen stärken, die Sache klären" (Hartmut von Hentig, 1993). Mit diesem Zitat lassen sich die zentralen Dimensionen des Mathematikunterrichts beschreiben: Die Sache selbst: *die Mathematik*; der Mensch: *das Individuum*, das tätig Mathematik betreibt und *der Unterricht*, der beides voranbringen möchte.

1.   Die Mathematik

Mathematik ist eine der zentralen Anschauungen, die uns umgebende Welt wahrzunehmen, die erlebten Phänomene zu verstehen und zur Deutung nutzbar zu machen. Anders als beispielsweise die Naturwissenschaft, die die Phänomene empirisch beschreibt, oder die Religion, die den Dingen einen über das endliche Dasein hinausweisenden Sinn zuschreibt, arbeitet die Mathematik mit Denkmodellen, die die erlebten Objekte in idealisierte und strukturorientierte Kategorien einordnet (vgl. auch Hefendehl-Hebeker, 2005). Damit lassen sich die Dinge der erfahrbaren Welt beschreiben, aber auch übersteigen: Es gibt auf dieser Welt kein Quadrat in seinem idealen Zustand, insofern als die Kreation eines Quadrates nur gedanklich möglich ist. An jedem in der Welt geschaffenen Quadrat haftet die Unvollkommenheit der beschränkten Darstellungswerkzeuge, die die Dinge nicht in ihre ideale Seinsform darzustellen vermögen. Nimmt man sich eine hinreichend stark vergrößernde Lupe und blickt auf das ‚reale' Quadrat, so sind die Winkel selten 90° oder die Strecken tatsächlich gleich lang. Und selbst gesetzt den Fall diese Werte ließen sich in etwa durch (Mess-)Werkzeuge bestätigen, so kann niemals bestätigt werden, dass die Seiten unendlich dünn sind.

Andersherum existieren mathematische Objekte, die keine – nicht einmal annähernde – korrespondierende Gestalt in der erlebten Wirklichkeit besitzen. So können in der Mathematik Objekte geschaffen werden, die nur einer inneren Kohärenz verpflichtet sind, aber keine Referenz zu realen Objekten besitzen. Mathematik ist in diesem Sinne eine Wissenschaft – je nach Perspektive auch ein Spiel – mit in sich widerspruchsfreien Strukturen. Demgemäß ist der theoretische Charakter maßgeblich für die mathematischen Objekte.

Damit einhergehend zeichnen sich mathematische Denkprozesse durch ihr Streben nach Genauigkeit und Stringenz aus. Sie haben zum Ziel, Strukturen und Muster als Charakterisierungsmerkmale von erlebbaren Phänomenen herauszuarbeiten.

Dabei sind Tätigkeiten wie Verallgemeinern, Abstrahieren, Spezialisieren, und Systematisieren von zentraler Bedeutung. All dies sind Tätigkeiten, die das zentrale Ziel von Mathematik unterstützen: Herausarbeitung des strukturellen Kerns der Dinge.

Gleichermaßen muss dieser Kern kognitiv gefasst und kommuniziert werden. Hierfür ist mit der algebraischen Formelsprache eine eigene Darstellung geschaffen worden, mit der die Struktur der Dinge abgebildet und beschrieben werden kann, ohne dabei den Einzelfall zu fokussieren. So lassen sich beispielsweise Formeln nach bestimmten Regeln manipulieren, ohne Vorstellungen von konkreten Situationen zu aktivieren. Die Gleichung $y=x+2$ lässt sich umformen in die Gleichung $y-2=x$, unabhängig davon, was die Zeichen y und x bedeuten. Um zu verstehen, warum dies möglich ist, muss man verstanden haben, dass die Subtraktion die Umkehroperation der Addition ist. Dazu muss man bestimmte Vorstellungen besitzen, was Addition und Subtraktion bedeuten. Dies zeigt sich beispielsweise daran, ob man in der Lage ist, eine bestimmte Situation für die Gleichung zu benennen, z. B. kann die genannte Gleichung für das Verhältnis einer Anzahl von konkreten Objekten stehen. Um das zu verstehen, muss aber neben dem Verständnis von Addition und Subtraktion ein entsprechendes Variablenverständnis vorhanden sein, so dass man diese nicht nur nach bestimmten Regeln manipulieren kann, sondern auch deren Bezug zur realen Situation versteht.

So liegt die Stärke der Mathematik zum einen darin begründet, dass mit theoretischen Objekten und deren Zeichen nach bestimmten Regeln agiert werden kann, ohne dabei Bezug auf das zu nehmen, was diese Objekte und deren Zeichen in der realen Welt bedeuten. Dies macht die Mathematik für die einen so faszinierend und für die anderen so abschreckend und sinnentleert. Die andere Stärke der Mathematik liegt in der Modellentwicklung zur Beschreibung und Deutung realer Phänomene. Besondere Brisanz erfahren diese Kennzeichnungen von Mathematik dadurch, dass in Schulen häufig ausschließlich die Manipulation von Zeichen geübt wird. Damit wird weder die Kraft der algebraischen Formelsprache in ihrer Vollständigkeit erfahren, noch der eigentliche Zweck, die Phänomene einer Analyse zugänglich zu machen (vgl. auch Hußmann & Leuders, 2008a). Folge dieser einseitigen Vermittlung nach vielen Jahren in der Schule ist, dass zwar die Manipulation von Termen intensiv geübt wird, die Kraft, Bedeutung und Umsetzung dieser sprachlichen Werkzeuge aber nicht verstanden wird. Dies beschreibt Günter Malle (1993) eindrucksvoll in Interviews, die er mit verschiedenen Akademikern und Akademikerinnen zum Variablenbegriff geführt hat, wie folgender Auszug zeigt:

Interviewer: In einem Saal sind x Männer und y Frauen.

Was bedeutet die Formel y = x + 2?

Helga (29, Akademikerin) schweigt minutenlang.

I: Vielleicht ist die Aufgabe leichter, wenn wir die Anzahl der Männer mit M und die Anzahl der Frauen mit F bezeichnen. Dann lautet die Formel F = M + 2. Was bedeutet das?

H: (spontan) Die Frau hat einen Mann und zwei Kinder.

I: Muss denn diese 2 unbedingt 2 Kinder bedeuten. Können es nicht zwei Männer oder zwei Frauen sein?

H: Nein, denn sonst müsste ja hier stehen: F = M + 2M. Oder: F = M + 2F.

l: Wenn es zwei Kinder sind, dann müsste ja eigentlich F = M + 2K hier stehen.

H: Ja ... richtig.   (aus Malle, 1993)

Hier wird die Gleichung nicht zum Anzahlvergleich verwendet, sondern als Abkürzung für einen sprachlichen Ausdruck. Damit drückt das Gleichheitszeichen lediglich aus ‚steht in Beziehung mit'. Die Anwendung auf eine konkrete Situation misslingt. Doch warum haben so viele Erwachsene Schwierigkeiten beim Aufstellen und Interpretieren von Formeln, obwohl sie zu den zentralen mathematischen Objekten des Schulunterrichts gehören? Liegt es möglicherweise daran, dass die Mathematik all zu häufig kalkülorientiert unterrichtet wird? Wird sie zu selten in sinnstiftenden Kontexten erlebbar und als Antwort auf relevante Probleme erfahrbar gemacht? Mathematik ist alles andere als ein Fertigprodukt, das via rezeptive Aufnahme verinnerlicht werden kann. Mathematik ist vielmehr ein Prozess, in dem durch selbsttätiges Nacherfinden, manchmal auch durch schöpferische Akte, aber immer durch spezifische Denk- und Arbeitsweisen, Antworten auf Probleme und Fragen des Alltags gefunden werden können.

Hierbei ist die algebraische Formelsprache jedoch nur eine Möglichkeit mathematische Objekte darzustellen und den strukturellen Kern zu kommunizieren. Neben dieser symbolischen Darstellung bieten die graphischen und numerischen Darstellungen geeignete Wege, reale Phänomene einer mathematischen Analyse zugänglich zu machen.

Nimmt man beispielsweise die in Abb. 1 dargestellte Aufgabe (angelehnt an Hahn, 2005; Hußmann & Leuders, 2007), so kann sowohl eine Zeichnung als auch eine numerische Entwicklung helfen, den strukturellen Kern sichtbar zu machen, nämlich die Bedeutung von Wendestelle und Extremstelle inhaltlich zu unterscheiden und in diesen alltäglichen Anwendungssituationen sinnvoll zu verwenden. Inhaltliches Verstehen heißt hier den Kontext ernst nehmen. Dies soll an einem weiteren Beispiel sichtbar gemacht werden: Bei den Lernstandserhebungen 2004 in Nordrhein-Westfalen wurde gefragt, wie viele Busse mit jeweils 36 Personen Aufnahmekapazität es bedarf, um 1128 Kinder in Bussen zu befördern. Aus dem rechnerischen Ergebnis 1128:36=31,333... entwickelten sehr viele Schülerinnen und Schüler die Lösung 31. Hintergrund ist die Befolgung der Regel, dass bei der

Meine Nachbarin, Frau Meier, glaubte nach dieser Meldung, Hamburgs Schuldenberg würde nun sinken.

Beurteilen Sie die Aussage von Frau Meier,

- indem Sie (ohne konkrete Zahlen) die Skizze eines Graphen zu einer möglichen Schuldenentwicklung anfertigen und die Aussage von Frau Meier stützen oder widerlegen.

- indem Sie mit Hilfe konkreter Werte eine Prognose für die zukünftige Entwicklung der Schulden und der Zinsentwicklung erstellen. Die Verschuldung in den vergangenen Jahren ist näherungsweise in der Tabelle dargestellt:

Jahr	2000	2001	2002	2003
Verschuldung in Mill. €	848	828	812	800

Hamburger Abendblatt

24. Januar 2004

Neuverschuldung gesunken

Die Einnahmesituation Hamburgs bleibt nach Einschätzung von Finanzsenator Wolfgang Peiner (CDU) „unverändert kritisch". Allerdings sei der „freie Fall" gestoppt. […] Wolfgang Peiner zeigte sich zuversichtlich, dass die Netto-Neuverschuldung weiter sinkt. Nach dem vorläufigen Haushaltsabschluss musste Hamburg 2003 insgesamt 800 Millionen Euro neue Schulden machen, 12 Millionen weniger als 2002. […]

Abb. 1:   Schulden und Neuverschuldung

Zahl 3 hinter dem Komma abgerundet wird. Der inhaltliche Kontext wurde von einem Großteil der Kinder nicht berücksichtigt.

Zusammenfassend und ergänzend lassen sich daraus folgende Aufgaben für den Mathematikunterricht ableiten:

- Mathematisches Denken und mathematische Objekte sind theoretischer Natur und sollten als solche erlebbar gemacht werden.
- Mathematisches Denken hilft die Funktionsweisen und Gestaltungsprinzipien der realen Phänomene zu erkunden und zu verstehen; insofern sollte spezifisches mathematisches Denken immer wieder an alltägliche Handlungsmuster anknüpfen. Auf diese Weise wird die Mathematik nicht nur in ihrer gesellschaftlichen Relevanz wahrgenommen, sondern auch in ihrer Bedeutung für das Individuum.
- Mathematisches Denken sollte den inhaltlichen Kontext ernst nehmen, so dass mathematische Konzepte kein Eigenleben führen, sondern auf die jeweilige Situation abgestimmt sind.
- Mathematik dient als nützliches Kommunikations- und Beschreibungsmittel, graphische, numerische und symbolische Darstellungen haben ihre je eigenen Vorteile, den inhaltlichen Kern zu beschreiben und zu verstehen.

2. Das Individuum

Susann zeigt sehr gute Leistungen in Geometrie, fällt im algebraischen Bereich jedoch deutlich ab. Jonas löst am liebsten Päckchenaufgaben und scheut Aufgaben, bei denen die Herangehensweise nicht direkt ersichtlich ist. Tim ist schon mit seinen Aufgaben fertig und lenkt Niklas ab, der sich noch mit der ersten Aufgabe abmüht. Sonja und Leonie arbeiten ihre Aufgaben jeweils alleine durch und vergleichen zum Schluss ihre Ergebnisse. Fabian mag es am liebsten, wenn der Lehrer die ganze Zeit neben ihm steht, während er die Aufgaben rechnet und Steffen hat lieber seine Ruhe. Einige arbeiten sehr motiviert an den Aufgaben, andere äußern sofort: „Das kann ich sowieso nicht."

Schon bei diesen wenigen Beispielen wird deutlich, wie vielfältig die Bandbreite der unterschiedlichen individuellen Vorlieben und Fähigkeiten ist. Doch nicht nur bzgl. der fachlichen Kompetenzen, sondern auch im Bereich der sozialen, personalen und methodischen Kompetenzen sind die Vorerfahrungen und Kenntnisstände äußerst heterogen.

Wie kann man mit einer solchen Vielfalt umgehen? Im traditionellen Unterricht ist häufig eine von der Lehrperson vorgenommene Fokussierung auf besondere Aspekte des Gegenstandes zu beobachten:

L: Wie lässt sich $x^2+6x+8=0$ lösen? Patrick?
P: Das haben wir aber noch nicht gehabt.
L: Simon?
S: Durch Probieren
L: Jule
J: Da gibt es doch sicher eine Formel.
L: Elias
E: Mit dem Satz von Wata, oder so?
L: Satz von Vièta heißt es. Wie geht es noch?
T: Quadratische Ergänzung?
L: Genau. Wie gehst du vor?
T: Äh … Ich addiere auf beiden Seiten eine 1.
L: Susann?
S: Ich nehme die Hälfte von 6 und dann …
L: Genau, die 6 ist unser p …

Hier wird der Gegenstand so reduziert und in Beziehung zum Individuum gestellt, dass nur noch die eine richtige Antwort akzeptiert und als Indiz für einen erfolgreichen Lernprozess gesehen wird. Doch es stellt sich die Frage, wer die von der Lehrperson intendierten Zusammenhänge tatsächlich erschlossen hat. Da in diesem Unterrichtsgespräch viele sehr schöne Ideen der Schülerinnen und Schüler unberücksichtigt bleiben, sind für diese Lernenden die Verstehenschancen als gering zu bewerten, da die letztendlich erwünschte Antwort nicht an den singulären Schüleräußerungen anknüpft und ein hohes Maß an Umdenken des Einzelnen notwendig macht. Die Logik dieses Unterrichts orientiert sich nicht an dem breiten Ideenspektrum der Schülerinnen und Schüler, sondern allein an stoffdidaktischen Erwägungen, nach denen die Lerninhalte nach gewissen subjektunabhängigen Kriterien geordnet werden. Da die Lehrperson sich an einem durchschnittlichen Fähigkeits-niveau orientiert und versucht die Lernprozesse zu vereinheitlichen, bringt diese Art der Unterrichtsgestaltung weder die Sache noch das Individuum weiter.

Damit die Mathematik zu den Schülern und Schülerinnen gelangt, muss man sich darüber klar werden, wie Lernen funktioniert. Lernen ist nicht – wie in die-sem Beispiel angenommen wird – die rezeptive Übernahme der von außen heran-getragenen Informationen. Statt der unmittelbaren Übernahme des Wissens anderer muss das Wissen von jedem einzelnen Subjekt aktiv errungen und aufgebaut wer-den.

Richtet man nach diesem Verständnis den Blick auf die Prozesse, in denen Ler-nende versuchen, den Dingen eine Bedeutung zu verleihen, so zeigt sich ein ganz und gar nicht einheitliches Bild, wie die folgenden beiden Interviews exemplarisch aufzeigen.

Interview 1:

David: Fünfzehn ist ungerade und eine Hälfte ist gerade.
Interviewer: Fünfzehn ist ungerade und eine Hälfte ist gerade? Tatsächlich?
D: Ja.
I: Warum ist die Hälfte gerade?
D: Weil, ähm, ein Viertel ist ungerade und eine Hälfte muss gerade sein.
I: Warum ist ein Viertel ungerade?
D: Weil es nur drei sind.
I: Was ist nur drei?
D: Ein Viertel.
I: Ein Viertel ist nur drei?
D: Das ist das, was ich mit meiner Division gemacht habe.
Robert: Ja, es gibt drei Teile in einem Viertel wie bei einer Uhr. Es funktioniert so: fünf, zehn, fünfzehn.
I: Ah, ich verstehe.   (Voigt, 1996)

Interview 2:

Interviewer: Gibt es gerade Brüche?
Elias: Klar, Ein Viertel, auch ein Halb ist gerade, weil man es in zwei Teile teilen kann.
I: Und ein Drittel?
E: Hmm. Ist auch gerade. Eigentlich ist jeder Bruch gerade.
I: Die Summe von zwei geraden Zahlen ergibt wieder eine gerade Zahl. Ist das bei Brüchen auch so?
E: Ein Halb und ein Halb ist 1. ... 1 ist aber ungerade.
I: Und nun?
E: Als Bruch ist 1 gerade und als normale Zahl ist 1 ungerade. Bei den normalen Zahlen ist jede zweite Zahl gerade, bei den Brüchen alle.

Während im ersten Interview sichtbar wird, wie ein zu enges Spektrum an Alltagsvorstellungen zu nicht tragfähigen Deutungen des mathematischen Gegenstandes führen kann, behandelt der Schüler im zweiten Interview die Objekte nur in ihrer theoretischen Natur. Schon diese beiden Ausschnitte deuten auf ein breites Spektrum an Vorerfahrungen und Herangehensweisen hin, die nicht selten in einer Lerngruppe anzutreffen sind. Bedeutet das nun, dass jeder Schüler einen anderen, ausschließlich individuell konstruierten Standpunkt einnimmt? Besteht bei dieser Sicht nicht die Gefahr der Beliebigkeit von Lernprozessen, wenn alles in die Konstruktionsleistung eines Individuums gelegt wird? Beide Fragen sind zu verneinen. Neues Wissen entsteht niemals isoliert ohne eine Verknüpfung zu vorhandenem Wissen. Es muss vom Lernenden kohärent und logisch stringent in die bei ihm vorhandenen Wissensstrukturen integriert werden. Und dies vollzieht sich nicht allein im Kopf des Individuums, sondern basiert auf Interaktionen mit anderen und der Auseinandersetzung mit der Umwelt. Schon die Zusammenführung der Schüler aus den beiden Interviews beinhaltet für beide Seiten ein großes Maß an Entwicklungspotential.

Damit muss der Gestaltung der Lernprozesse durch kleinschrittig vororganisierte Sequenzen, in denen die Schülerinnen und Schüler vom Leichten zum Schwierigen geführt werden, eine deutliche Absage erteilt werden. „Die Klassifizierung in ‚leicht' und ‚schwer' ist entsprechend fragwürdig, da diese Klassifizierung in der Regel aus fachsystematischen Erwägungen erfolgt und sich weniger auf die individuelle Situation der Lernenden bezieht" (Hußmann & Fröhlich, 2005).

Lässt sich dann überhaupt noch lehren? Versteht man Lernen so wie beschrieben, hat dies Auswirkungen auf die Gestaltung von Lehrprozessen. Lehren, das sich als reine Informationsvermittlung versteht, verbietet sich von selbst. Vielmehr bedeutet Lehren das Bereitstellen von geeigneten Angeboten zum Lernen. Diese so geschaffenen Lernarrangements sollten zur aktiven Auseinandersetzung mit dem Lerngegenstand herausfordern. Der Lernende muss diesen für sich als relevant erkennen und ihm Sinn und Bedeutung in seiner individuellen Erfahrungswelt zuschreiben. Damit er aber mit dieser Wissenskonstruktion wirksam in seiner Umwelt umgehen kann, ist es notwendig, dass er auch einen Zugang zu den gesellschaftlich gewachsenen Begriffen und Ideen des Faches erhält. Daraus erwachsen dialektisch aufeinander bezogene, grundlegende Anforderungen an ein Lernarrangement:

„Einerseits muss Offenheit für individuelle Lernwege eingeräumt werden, andererseits aber müssen klare, herausfordernde Zielvorgaben und begleitende Orientierungen durch Informationen auf inhaltlicher wie metakognitiver Ebene das Lehr-Lerngeschehen effektiv steuern" (Hefendehl-Hebeker, 2005).

Diese Perspektive wird unterstützt durch aktuelle Befunde aus unterschiedlichen wissenschaftlichen Disziplinen, die belegen, dass sich Wissen durch Informationsweitergabe nicht *eindeutig* vermitteln lässt, sondern nur in einem Akt der individuellen, aktiven Aneignung nachhaltig aufgebaut werden kann. Damit ist die Individualisierung von Lernprozessen ein wichtiger Schritt zur besseren Unterstützung der Schülerinnen und Schüler. Erfolgreicher Unterricht, gemessen in den Lernergebnissen, enthält immer eine Balance von Elementen der Lenkung und Elementen der Offenheit. Bei der Untersuchung von erfolgreichen Klassen zeigt sich vor allem, dass es eine große Vielfalt in den Ausprägungen von Unterrichtsmerkmalen, wie Klarheit, Methodenvielfalt oder Motivierung geben kann. Zur Erklärung dieser Situation dient oft das Angebots-Nutzungs-Modell (Helmke, 2003, 41f.), das feststellt, inwieweit die Wirkungen von Unterricht von den Eingangsvoraussetzungen der Schülerinnen und Schüler und deren Nutzung der Lernangebote abhängen.

Zusammenfassend und ergänzend lassen sich daraus folgende Kriterien für den Mathematikunterricht formulieren:

• Das Individuum muss in seinem Gestaltungswillen angesprochen werden. Das gelingt nur, wenn die spezifischen Interessen und Vorerfahrungen durch sinnstiftende Kontexte Berücksichtigung finden.

• Die Begleitung individueller Entwicklungsprozesse gelingt durch die Bereitstellung wohlorganisierter Rahmenbedingungen und klaren Zielvorgaben gleichermaßen wie der Bereitschaft zur Offenheit für eigene Lernwege.

• Das Zutrauen in die Wirkkraft des Individuums bildet die Grundlage für erfolgreiche Lernprozesse. Das Gefühl des ‚Ich kann das' gedeiht umso besser, je mehr das Gefühl ‚Mir wird das auch zugetraut' existiert.

• Die individuelle Perspektive muss reflektiert und im Austausch mit anderen weiter entwickelt werden.

3.   Der Mathematikunterricht

Eine konstruktive Umsetzung im Mathematikunterricht einzelner der hier vorgestellten Kriterien wird nun an einigen Aspekten diskutiert:

Mathematikunterricht muss inhaltliches Denken fördern, muss den Schülerinnen und Schülern sinnstiftende Problemsituationen zur Auseinandersetzung zur Verfügung stellen und dabei die individuellen Vorstellungen angemessen berücksichtigen.

3.1 Inhaltliches Denken

Um der Kalkülorientierung entgegenzuwirken und inhaltliches Denken zu fördern, bieten sich verschiedene Strategien an, wie beispielsweise:

1. Verstärkte Einbeziehung von Grundvorstellungen
2. Reduktion der operativen Tätigkeiten (z. B. Termumformungen) auf einfache Aufgabentypen

3. Reflexion des mathematischen Handelns, z.B. hinsichtlich der Grenzen von Standardverfahren
4. Verwendung der Mathematik als Argumentations-, Kommunikations- und Beschreibungsmittel

Ein sehr schönes Beispiel für den reflektierenden Umgang mit mathematischen Verfahren unter Einbeziehung von Grundvorstellungen bei gleichzeitiger Reduktion der operativen Tätigkeiten zeigen Fernholz und Prediger (2007). Sie stellen den Lernenden Aufgaben zur Verfügung, zu denen jeweils die passenden Rechenoperationen ausgewählt werden sollen, ohne jedoch die Aufgabe auszurechnen (vgl. Abb. 2).

Bootsvermietung im Bürgerpark

a) Wie viel kosten ein Kanu und ein Tretboot zusammen?
b) Wie viel kosten 3 Stunden Tretboot und Kanu?
c) Hanna und Jens waren 5 Stunden unterwegs und haben 45 € gezahlt. Mit welchem Boot sind sie gefahren?
d) Das Tretboot ist 1,20 m breit. Wie viele Tretboote passen nebeneinander in den Schuppen (6 m Breite)?
e) Das Ruderboot ist in Wirklichkeit 3 m lang, auf dem Foto 4 cm. Um welchen Faktor ist es auf dem Foto verkleinert?
f) Wie groß ist der Baum in Wirklichkeit, der auf dem Bild 5 cm groß ist?
g) Tom und seine Freunde zahlen jeder 4 €, insgesamt 20 €. Mit wie viel Personen waren sie unterwegs?

Preise pro angefangene Stunde
Ruderboot (max 4 Pers.) 12,- €
Tretboot (max 4 Pers.) 8,50 €
Kanu (max 2 Pers.) 9,- €

Abb. 2:   Richtige Rechenoperationen auswählen (aus Fernholz & Prediger, 2007)

So wird in den Aufgabenteilen c, d und g beispielsweise unterschieden zwischen drei zentralen Vorstellungen zum Dividieren. Während in Teil c das Dividieren als Umkehroperation zum Multiplizieren gesehen werden muss, ist die Grundvorstellung in d die des ‚Passen in'. Dagegen werden in a und b Situationen zum Addieren und zum Multiplizieren gegenüber gestellt. Durch die Aktivierung der zu bestimmten Aufgabentypen passenden Vorstellungen lernen die Schülerinnen und Schüler nicht nur einen kompetenten Umgang mit Textaufgaben, sondern sie lernen darüber hinaus, zu verschiedenen Rechenoperationen die passenden Situationen anzugeben.

Ein Beispiel für den kritischen Umgang mit Standardverfahren wurde mit der Aufgabe zu der Verteilung von Bussen schon dargelegt. Interessanter noch ist die Einbeziehung mathematischer Begriffe für das Argumentieren. Im traditionellen Unterricht wird verstärkt Gewicht darauf gelegt, dass die Lernenden bestimmte mathematische Größen rechnerisch bestimmen können, z.B. statistische Kenngrößen, oder sie in der Lage sind für bestimmte Funktionstypen die Kennwerte zu bestimmen. Weniger wird Wert darauf gelegt, inwieweit die Konzepte zur Stützung von Argumenten verwendet werden können. In diesem Sinne ließe sich etwa durch die Umformulierung der Aufgabe „Bestimme den Median und das arithmetische Mittel der Werte 18; 20,2; 19,3; 24,6; 28,7" in die Aufgabe „Du sollst einen der drei Läufer für den Schullauf nominieren. Tom ist in den letzten fünf Rennen eine

Durchschnittsgeschwindigkeit von 25,2 s gelaufen, Julian hat nur den Median von 26,4 s angegeben und Elias seine schnellsten und schwächsten Werte: 24,1 s und 28,2 s" der Argumentationsanlass deutlich steigern.

3.2 Sinnstiftende Problemsituationen

Sinnstiftung bedeutet, dass die Beantwortung der jeweiligen Fragestellung die Relevanz des mathematischen Denkens für die Teilnahme am rationalen Diskurs erkennbar werden lässt. Dabei können die Problemsituationen in einen Anwendungskontext eingebettet sein aber auch eine innermathematische Frage behandeln. Im ersten Fall sollte nur so viel Einkleidung wie nötig sein, dass die spezifische Mathematik herausgearbeitet werden kann und so wenig Einkleidung wie möglich sein, dass mit dem Bearbeiten der Aufgabe auch etwas über den Kontext gelernt werden kann. Ein Beispiel für den zweiten Typ zeigt die Aufgabe in Abbildung 3. Dort lernen die Schülerinnen und Schüler nicht nur etwas über das Messen im

Tiere haben kein Maßband – oder doch?

Wüstenameisen können Entfernungen messen

Washington/Ulm (dpa). Wüstenameisen messen Entfernungen mit einer Art körpereigenem Schrittzähler. Das haben Forscher der Universitäten Ulm und Zürich mit einem ungewöhnlichen Experiment nachgewiesen.

Erst mussten die Versuchstiere von ihrem Nest zu einer 10 m entfernten Futterquelle laufen. Dann klebten die Forscher einigen Ameisen Stelzen aus Schweineborsten an die Beine, um die Bein- und damit auch die Schrittlänge zu vergrößern. Auf dem Rückweg zum Nest zeigte sich dann, dass die Ameisen mit den Stelzen um mehr als 5 m über das Ziel hinausschossen. In einem zweiten Versuch mussten die Tiere mit den veränderten Beinen von ihrem Nest sowohl zur Futterquelle hin als auch zurück laufen. Dabei zeigte sich, dass sie auf dem Rückweg von der Futterquelle die Entfernung bis zum Nest fast richtig abschätzten.

- Ameisen kennen keine Zentimeter. Wie können sie trotzdem den Abstand vom Nest zur Futterquelle messen?
- Stell dir vor, du könnstest eine Ameise fragen: „Wie weit ist die Futterquelle weg?" Was würde sie antworten?
- Die Ameisen haben nicht gemerkt (oder nicht verstanden), dass man ihnen für den Rückweg Stelzen angeklebt hat. Wie würden sie ihr merkwürdiges Erlebnis beim Gang zur Futterquelle und zurück beschreiben?

Abb. 3: Ameisen mit Stelzen (aus Barzel & Leuders, 2007)

mathematischen Sinne, sondern sie erfahren auch Interessantes aus einem für sie zugänglichen außermathematischen Kontext.

Mit solchen Aufgaben kann der Frage vieler Schülerinnen und Schüler nach der Relevanz des Mathematikunterrichts („Warum muss ich überhaupt Mathematik lernen, wofür brauche ich das im Leben?") konstruktiv entgegengetreten werden.

3.3 Differenziert unterrichten – individuell fördern

Differenzierung umfasst alle Strategien, der Unterschiedlichkeit der Lernenden durch geeignete Lernsituationen gerecht zu werden. Individualisierung bedeutet, die Lernsituationen so zu gestalten, dass jeder Schüler und jede Schülerin auf ihrem Niveau gefordert und gefördert werden (Hußmann & Prediger, 2007; Paradies & Linser, 2001). Damit ist die Notwendigkeit zu differenzieren immer auch Anlass zu individualisieren.

Ein Beispiel für Differenzierung stellen selbstdifferenzierende Aufgaben dar. Anders als bei der geschlossenen Differenzierung, bei der die Lehrperson jedem Schüler ein individuelles Angebot auf den Leib schneidert, wird bei selbstdiffe-

Querfeldeinlauf
Hannah macht einen Querfeldeinlauf im Wald, bei dem sie versucht, sich nicht mehr als 2 km von ihrem Startpunkt zu entfernen. Der abgebildete Funktionsgraph beschreibt die Entfernung von Hannah zu ihrem Startpunkt in Abhängigkeit von der Zeit.
Welche Informationen lassen sich der Grafik entnehmen?

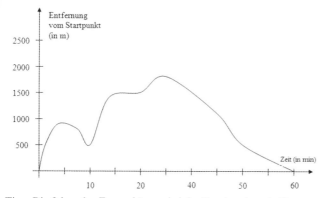

Tipp: Die folgenden Fragen können bei der Beantwortung helfen:
- Wie lange ist Hannah gelaufen?
- Wie weit ist sie mindestens / höchstens gelaufen?
- Wie schnell ist sie mindestens / höchstens gelaufen?
- Was lässt sich über den Laufweg von Hannah sagen, ist sie häufig berghoch gelaufen, mehr gerade Strecken oder in erster Linie durch das dichte Unterholz?

Abb. 4:   Querfeldeinlauf (Hußmann, 2007)

renzierenden Aufgaben die Verantwortung für die Wahl eines geeigneten Bearbeitungsniveaus mit den Lernenden geteilt. Voraussetzung ist die Reichhaltigkeit der Aufgaben.

Die Aufgabe ‚Querfeldein-Lauf‘ (vgl. Hußmann, 2007) eröffnet einen reichhaltigen qualitativen Zugang zur Differentialrechnung in Klasse 10 bzw. 11, der auf selbsttätiges Erkunden durch Schülerinnen und Schüler setzt. Dabei können die Lernenden nicht nur ihre eigenen Untersuchungsschwerpunkte festlegen, sondern auch die Strategien zu einer der vielen Lösungen.

4. Fazit

Mensch und Mathematik sind im Mathematikunterricht eng miteinander verbunden, und die Vernachlässigung des einen geht immer auch zu Lasten des jeweils anderen. Insofern stärkt nicht nur die Klärung der Sache den Menschen, sondern das Zutrauen in die Fähigkeiten des Menschen bringt auch die Sache voran.

Literatur

Fernholz, J. & Prediger, S. (2007) „… weil meist nur ich weiß, was ich kann!" Selbstüberprüfung als Baustein für eigenverantwortliches Lernen. In S. Hußmann, T. Leuders & S. Prediger (Hrsg.), Schülerleistungen verstehen – Diagnose im Alltag. *Praxis der Mathematik in der Schule* 49 (15), 14-19.

Hefendehl-Hebeker, L. (2005). Perspektiven für einen künftigen Mathematikunterricht. In H. Bayrhuber, B. Ralle, K. Reiss, L.-H. Schön, & H. Vollmer (Hrsg.), *Konsequenzen aus PISA – Perspektiven der Fachdidaktiken* (S. 141-189). Innsbruck: Studienverlag.

Hußmann, S. & Fröhlich, I. (2005). Selberlernen macht schlau. Selbstlernen in kleinen Schritten. *Praxis der Mathematik in der Schule* 47 (1), 2-9.

Hußmann, S. & Prediger, S. (2007) (Hrsg.). Mit Unterschieden rechnen – Differenzieren. *Praxis der Mathematik in der Schule* 49 (17), 1-9.

Hußmann. S. & Leuders, T. (2008a, im Erscheinen) (Hrsg.), Wie geht es weiter? – Wachstum und Prognose. *Praxis der Mathematik in der Schule* 50 (19).

Hußmann. S. & Leuders, T. (2008b, im Erscheinen). Wachstum vorhersagen – Algebraisch denken lernen. *Praxis der Mathematik in der Schule* 50 (19).

Malle, G. (1993). *Didaktische Probleme der elementaren Algebra*. Braunschweig: Vieweg.

Paradies, L. & Linser, H.J. (2001). *Differenzieren im Unterricht*. Berlin.

Von Hentig, H. (1993). *Die Schule neu denken. Eine Übung in praktischer Vernunft*. Hanser, München, Wien.

Teil C:
Unterrichtsentwicklung managen

Michael Jäger & Maike Reese

Projektmanagement ermöglicht die Unterrichtsentwicklung im Netzwerk

1. Einleitung

Unterrichtsentwicklung lebt vom Engagement und dem Enthusiasmus von Personen, die ihre Erfahrungen und Kompetenzen in einen verbesserten Unterricht einfließen lassen wollen. Auf dem Weg dorthin lauern jedoch eine ganze Menge Stolpersteine und Barrieren, die das anfängliche Engagement schnell zunichte machen können. Schwierigkeiten treten an vielen Stellen bei der Umsetzung eines Inhalts auf, z. B. durch fehlende Expertise für einzelne Themen, durch Streit oder Konflikte im Kollegium, oder auch aufgrund ausbleibender Entscheidungen über Prioritäten – die Liste der möglichen Probleme ließe sich beliebig fortsetzen.

Ein gutes Projektmanagement löst zwar nicht alle diese Probleme, die Stolpersteine und Barrieren bei einem so komplexen Vorhaben wie einer gemeinschaftlichen Unterrichtsentwicklung werden womöglich auch nicht weniger: Sie bleiben aber auch nicht unkommentiert stehen, sondern können in einer klar strukturierten und geplanten Art angegangen werden. Somit werden die wertvollen Ressourcen – die Arbeitszeit aller Beteiligten genauso wie Sachmittel – gezielt und nachvollziehbar eingesetzt. Letztendlich ist ein Problem, für das man bereits eine Lösungsidee hat, auch weniger bedrohlich als eines, vor dem man ratlos steht.

In unserem Beitrag fassen wir also Grundkonzepte des Projektmanagements zusammen, die für eine professionelle Weiterentwicklung des Unterrichts mindestens hilfreich, unserer Meinung nach sogar unerlässlich sind. Wir starten dazu mit einem kurzen Ausflug in die Forschung zum Projektmanagement und den mit dieser Methode zu erzielenden Effekten.

Wir übertragen dann die Techniken des Projektmanagements auf die Unterrichtsentwicklung im Schulnetzwerk und durchwandern dabei unterschiedliche Bereiche einer Projektarbeit, angefangen von der Basis, nämlich dem gemeinsamen Verständnis von Unterrichtsqualität und den dazu nötigen Zielen der Entwicklungsarbeit, über Planungs- und Bewertungsprozesse hin zur Umsetzung und der dazu nötigen Teamentwicklung und Konfliktlösung.

Natürlich kann ein so kurzer Ausschnitt das Thema Projektmanagement nur an der Oberfläche streifen. Daher geben wir am Ende noch einige Empfehlungen für vertiefende Literatur.

2.   Erfolg und Effekte des Projektmanagements

In der betriebswirtschaftlichen Literatur finden sich zahlreiche Werke zur Durchführung von Projekten (z. B. Litke, 1995; Schelle, 1999). Zahlreiche Praxisratgeber und eher seltene forschungsorientierte oder theoretische Texte ergeben ein insgesamt unübersichtliches Gesamtbild. Deutlich wird, dass der Begriff „Projekt" in einem sehr breiten Verständnis benutzt wird. Im Unternehmenskontext werden Projekte wahrgenommen als „[...] komplexe Aufgaben, als spezifische Organisationsformen und/oder als eigenständige soziale Systeme [...]" (Gareis, 1989, 19f.). Für Schulentwicklungsprojekte trifft diese Einschätzung ebenfalls zu. Im Gegensatz zu Projekten in Unternehmen findet Projektarbeit innerhalb von Schulen allerdings nicht als eigenständige Organisationsform (im Sinne einer finanziell und disziplinarisch getrennten Unterorganisation) statt, sondern geschieht meist durch eine freiwillig zusammengeschlossene Untergruppe des Kollegiums oder als Verbund mehrerer Kollegien. Sowohl schulintern als auch in einer Außensicht können dabei Merkmale eines eigenständigen sozialen Systems, wie z. B. informelle Hierarchien, eigener Sprachstil, Gruppenkohäsion etc. auftreten. Dies wird uns noch bei den Themen „Teamentwicklung" und „Umsetzung und Transfer" beschäftigen.

Wenn Schulentwicklung in Form von Projekten erfolgt, dann sollten wir von den Erkenntnissen der Projektmanagementforschung – die vor allem in der Betriebswirtschaft durchgeführt wird – lernen und nach Parallelen zu den Schulentwicklungsprojekten suchen.

2.1 Erfolgsfaktoren für Projekte

Projekte werden in der betriebswirtschaftlichen Literatur vor allem aus der Perspektive des Managements betrachtet.[1] Begründet wird dies unter anderem mit den Effekten, die aus dem Vergleich unterschiedlicher Managementphilosophien deutlich wurden. So weist z. B. Litke (1995) auf die Vorteile der japanischen Automobilproduzenten durch kürzere Entwicklungszeiten und geringere Personalkosten bei der Entwicklung neuer Modelle hin und führt dies auf die grundlegenden Vorteile der zu diesem Zeitpunkt gerade in Mode gekommenen Ansätze der „lean production" gegenüber den herkömmlichen Projektstrukturen westlicher Automobilfirmen zurück. Der Unterschied bestand neben strukturellen Unterschieden der Hierarchien vor allem in der Ressourcenverteilung im Verlauf des Projekts. Die effizienteren Projekte hatten hohen Personal- und Kostenaufwand in der anfänglichen Planungsphase, während in herkömmlichen Projekten über die Projektlaufzeit immer mehr Personal (und damit auch eine immer komplexere Struktur) aufgebaut wurde, je näher der eigentliche Produktionsstart rückte. Aus diesem Beispiel wird deutlich, dass unterschiedliches Management dieser Projekte nicht allein die Projektleitung betrifft, sondern sich in zahlreiche Bereiche aufgliedern lässt. In dieser

---

1   Ausführlicher bei Jäger (2004).

Vielfalt der möglichen Einflussbereiche liegt eine entscheidende Schwierigkeit der Projektanalyse.

2.1.1 Was sind relevante Einflussgrößen für Projekterfolg?

Für Projekte in Unternehmen hat Lechler 44 Studien zum Projekterfolg, basierend auf insgesamt 1798 erfolgreichen und 1202 erfolglosen Projekten, einem Review unterzogen (eine Aufstellung der Studien ist bei Lechler, 1997, 59f. angegeben). Dabei wurde die Vielfalt der Messgrößen aus den Ausgangsstudien zu drei Bereichen zusammengefasst: Erstens dem Kontext, innerhalb dessen ein Projekt stattfindet, zweitens dem Prozess des Projekts, dargestellt durch Akteure, Funktionen und Instrumente sowie drittens dem Projekterfolg. Auf Grund der Komplexität der Ausgangsdaten konnte dabei nur ein globales Urteil zum Gesamterfolg berücksichtigt werden, spezifischere Erfolgskriterien wie z. B. Effizienz, Akzeptanz etc. waren nur in Einzelfällen erfasst.

Der erste Eindruck aus dieser Übersicht ist, dass der Zieldefinition, der Planung, der Kommunikation und der Motivation der Projektmitarbeiter ein hoher Einfluss auf das Projektergebnis zugeschrieben wird. Zusammenhänge zwischen diesen Bereichen gehen aus dieser Arbeit noch nicht hervor, allerdings formuliert z. B. Gemünden (1995, 254 ff.) vier Funktionsklassen von Projektzielen: Motivationsfunktion, kognitive Funktion, Koordinationsfunktion, sowie Konfliktregulationsfunktion. Damit wären direkte Auswirkungen der Ziele auf die Motivation der Mitarbeiter oder auch auf die projektinterne wie -externe Kommunikation zu erwarten.

Nach einer weiteren Studie von Lechler (1997) hat in der eindeutig top-down orientierten Hierarchie von Projekten in Unternehmen das Top-Management sowohl direkt wie auch indirekt eine große Bedeutung ür den Projekterfolg. Der Faktor Top-Management setzt sich aus den Komponenten „Unterstützung zur Erfolgssicherung", „Entscheidungsunterstützung", „Unterstützung in Krisen" und „zusätzliche Ressourcen" zusammen. Die Stellung des Projektleiters scheint überraschenderweise eher schwach zu sein, dafür ist der Faktor Team (bestehend aus den Komponenten Fachkompetenz, Organisation und Schulung) von zentraler Bedeutung. Sowohl Zieländerungen wie auch Teamkonflikte werden als entscheidende Faktoren für das Scheitern eines Projekts herausgestellt.

Die Beziehungen der Faktoren untereinander variieren allerdings mit den Rahmenbedingungen des Projekts. Zusammenfassend kommt Lechler zu folgenden Ergebnissen:

> „Bei besonders innovativen und technisch riskanten Projekten ist mit Barrieren des „Nicht-Wissens" zu rechnen. Für diese Projekte ist die Kommunikation und die technische Qualifikation des Projektteams besonders wichtig. Bei einer hohen Projektkomplexität gewinnt aufgrund der wachsenden Distanz zwischen Top-Management und Projektteam das Einflusspotential des Projektleiters an Bedeutung.

Für die erfolgreiche Abwicklung kleiner und wenig dringlicher und bedeutender Projekte ist das Engagement des Top-Managements erfolgsentscheidend. Daneben ist für diese Projekte besonders auf eine Planung und Steuerung zu achten.[…]
Besonders dringliche und wenig innovative Projekte sind hauptsächlich auf die effiziente Realisierung der Projektziele ausgerichtet. Das erfordert ein hohes Engagement des Top-Managements, um schnell Konflikte zu lösen und Entscheidungen zu fällen. Eine hochwertige Projektplanung und Steuerung, ein kompetentes Projektteam und ein effizientes Informations- und Kommunikationssystem sind von ähnlicher Bedeutung." (Lechler, 1997, 246)

Inwieweit diese Schlussfolgerungen auf Schulentwicklung übertragen werden können, wird im folgenden Abschnitt diskutiert.

2.1.2   Anwendung auf Schulentwicklung

Lassen sich denn die in Unternehmen gewonnenen Erfahrungen aus Großprojekten (häufig aus der Automobil- oder Computerindustrie, aber auch der Luft- und Raumfahrt sowie dem Kraftwerksbau) auf die Situation in Schulen überhaupt übertragen?
   Nach Litke (1995, 43) stehen Forschungs- und Entwicklungsprojekte in Unternehmen vor folgenden Problemen: Sie arbeiten
* mit begrenzten Ressourcen (personell wie finanziell),
* an einer einmaligen, neuartigen Projektaufgabe,
* mit zeitlicher Befristung,
* und hoher Komplexität,
* bei großer Unsicherheit,
* möglicherweise ungenauen Zielvereinbarungen,
* sowie hohem Risiko
interdisziplinär zusammen.

Einzig „hohes Risiko" mag für die Situation in der Schulentwicklung weniger zutreffen. Selbst wenn ein Schulentwicklungsprojekt scheitern sollte, ist dadurch in der Regel weder die Schule als Ganzes noch die Stelle der am Projekt mitarbeitenden Lehrkräfte gefährdet.
   Die Erfolgsfaktoren für Projekte sind daher – unter Berücksichtigung einiger Anmerkungen – auch auf Schulentwicklungsprojekte übertragbar:
* Das Top-Management hat in Projekten eine wichtige unterstützende Funktion, die insbesondere auch in der Zusicherung von Ressourcen besteht. Gerade in zunehmend eigenverantwortlichen Schulen übernehmen die Schulleitungen verantwortliche Managementaufgaben. Sie steuern beispielsweise die Personalentwicklung, verwalten das Schulbudget oder vereinbaren die Schwerpunkte der Schulentwicklung mit der Schulaufsicht. Im Innenverhältnis zum Kollegium

fällt dieser Rollenwechsel zwar nicht immer leicht, eine Projektunterstützung durch die Schulleitung ist aber besser möglich als in früheren Zeiten der zentralen Steuerung.

- Die Projektleitung wird von der Schulleitung, nach bisherigen Erfahrungen an eine Steuergruppe delegiert (Rolff, 2001). Dies würde für die Schulleitung eher eine unterstützende Rolle (ähnlich der des Top-Managements) nahe legen.
- Das Projektteam rekrutiert sich in Schulentwicklungsprojekten überwiegend aus dem Kollegium, wenngleich auch andere Interessengruppen der Schule (Eltern, Schüler) vertreten sein können. Die hohe Bedeutung, die dem Projektteam für das Ergebnis zuteil wird, ist auch im Schulumfeld zu erwarten, insbesondere unter Berücksichtigung der möglichen Konflikte zwischen Befürwortern und Gegnern der Innovation im Kollegium.
- Weitere Einflussfaktoren betreffen die Arbeitsprozesse innerhalb des Projekts und sind – nicht zuletzt durch die Freiwilligkeit der Teilnahme – in der Schulentwicklung ebenfalls relevant.

Insgesamt erscheint es also sinnvoll, die allgemeinen Erfolgsfaktoren und Prinzipien für Projektmanagement auf die spezielle Situation der Schulentwicklung zu übertragen. Klare Ziele, abgestimmte und realistische Planung, konstruktive Zusammenarbeit und die Bereitschaft, Konflikte aktiv anzugehen sind damit auch wesentliche Erfolgsfaktoren für Unterrichtsentwicklungsprojekte. Wie können diese Erfolgskriterien praktisch erreicht werden?

3. Projektmanagement praktisch

Erich Kästners Satz „Es gibt nichts Gutes, außer: Man tut es" mag vielleicht für ein so pragmatisches Thema wie Projektmanagement zu hoch gegriffen sein – im Kern jedoch ist das die eigentliche Leistung des Projektmanagements, nämlich Handlungen zu unterstützen und einer Handlungsstarre vorzubeugen.

Projektmanagement hilft, in schwierigen Situationen Entscheidungen zu erleichtern oder erst zu ermöglichen. Wenn an einer Schule zahlreiche Problemfelder wahrgenommen werden, ist die Gefahr groß, sich bei der parallelen Lösung aller dieser Probleme zu verzetteln und schließlich auch zu scheitern. Ein gutes Projektmanagement unterstützt die Analyse, hilft Prioritäten zu setzen und sorgt für ein realistisches Einsetzen der zur Verfügung stehenden Ressourcen.

Für die Unterrichtsentwicklung bedeutet das, sich zuerst über das Qualitätsverständnis zu einigen, auf dessen Basis dann die bestehende Situation analysiert wird. Im Anschluss daran können Arbeitsfelder festgelegt und im Detail mit Aufgaben belegt werden. Hier spielt die Planung sowohl der zur Verfügung stehenden Ressourcen als auch des zeitlichen Ablaufs eine wichtige Rolle. Eng verknüpft mit der Planung ist dann die konkrete Steuerung, d.h. den Fortschritt zu überprüfen, flexibel auf Anforderungen zu reagieren und konsequente Entscheidungen im Sinne der Projektziele zu treffen. Dabei kommt es immer wieder auch zu Konflikten, z.B. über die Verteilung von Ressourcen (z.B. Zeit für Entwicklung vs.

Zeit für Elternkontakte), die im Rahmen der Steuerung konstruktiv bewältigt werden müssen. Schließlich steht die Umsetzung und Verbreitung der Entwicklung als weitere Aufgabe an, denn wenn schon etwas Gutes entwickelt wurde, dann sollten es mehr Kolleginnen und Kollegen wissen und tun.

3.1 Ausgangspunkt Qualität

Unterrichtsentwicklung soll den Unterricht verbessern – die gemeinsame Entwicklung im Netzwerk bietet dafür eine gute Umgebung (Ostermeier, 2004). Damit dies allerdings funktionieren kann, braucht das Entwicklungsteam eine gemeinsame Basis, ein geteiltes Verständnis von gutem Unterricht. Erst dann können die zukünftigen Arbeitsfelder gesucht werden.

3.1.1   Was heißt Qualität?

Die Kriterien für guten Unterricht sind mittlerweile gut untersucht, wenngleich sich daraus kein für alle Situationen und Personen einheitliches „Unterrichtsrezept" ableiten lässt. So ist es sicher sinnvoll, sich an den Erkenntnissen z. B. von Brophy (2000) zu orientieren, die empirisch abgesicherte Kriterien für guten Unterricht formuliert hat:

Inhalt und Planung
• Orientierung am Lehrplan
• Innerer Zusammenhang der Inhalte
• Gut durchdachter Unterrichtsplan

Prozess
• Aufbau einer Lern- und Aufgabenorientierung
• Übung und Anwendung
• Lerngelegenheiten
• Unterstützung der Lerntätigkeit
• Lehren von Strategien
• Kooperatives Lernen

Bewertung
• Leistungserwartungen
• Kriteriumsorientierte Beurteilung
• Unterstützendes Klima im Klassenzimmer

Ganz ähnlich äußern sich auch Helmke (2003) und Meyer (2004).
    Für die konkrete Arbeit der Unterrichtsentwicklung im Netzwerk ist eine solche Aufstellung von Kriterien aber nur dann eine gut abgesicherte Grundlage, wenn diese Kriterien von allen Beteiligten verstanden und akzeptiert werden.

3.2 Am Anfang steht die Analyse der Situation

Um Ihr Projekt starten zu können, benötigen Sie zunächst ein genaues Bild der Lage.

Eine Möglichkeit der Bestandsaufnahme ist die SWOT-Analyse. Mit Hilfe der Analyse können die Ausgangsbedingungen für ein Projekt analysiert oder Zwischenbilanzen durchgeführt werden. Sie dient dem systemischen Verständnis des Projektes in seinem Kontext (siehe Tabelle 1).

Tab. 1:   Felder der SWOT-Analyse

	Gegenwart	Zukunft
Positiv	STRENGTHS	OPPORTUNITIES
negativ	WEAKNESSES	THREATS

Diese Felder zu füllen ist keine leichte Aufgabe. Schließlich braucht es dazu nicht nur eine hohe Bereitschaft und Fähigkeit zur Reflektion der eigenen Situation; möglicherweise müssen auch erst geeignete Diagnoseinstrumente herangezogen werden. Externe und/oder interne Evaluation können hier wertvolle Hinweise liefern. Hilfreich können auch die in Tabelle 2 aufgeführten Fragen sein:

Tab. 2:   Anwendung der SWOT-Analyse

S	Strengths Stärken Satisfaction	**Was sind unsere Stärken?** **Worauf können wir stolz sein?** **Was gab uns Energie und motiviert uns?**
W	Weaknesses Schwächen	Was war schwierig? Wo liegen Hindernisse vor uns? Welche Störungen gab es? Was fehlt uns?
O	Opportunities Chancen	Was können wir ausbauen? Welche Unterstützung im Umfeld können wir nutzen? Was sind die Zukunftschancen?
T	Threats Gefahren	Welche Schwierigkeiten kommen auf uns zu? Welche Risiken sehen wir? Wo lauern Gefahren oder Widerstände?

Nach der SWOT-Analyse können aus den Ergebnissen erste Ziele für die eigene Arbeit abgeleitet werden, indem Stärken ausgebaut, Schwächen kompensiert, Chancen aktiv angegangen und Gefahren beobachtet und vermieden werden.

Eine weitere Möglichkeit der Bestandsaufnahme bietet die Selbstbewertung anhand der Kriterien des Orientierungsrahmens Schulqualität. Die Steuergruppe oder auch das Gesamtkollegium beschreiben den Ist-Stand der Schule zu jedem beschriebenen Teilkriterium. Wie sieht die Situation an Ihrer Schule aus? Womit sind Sie zufrieden? Was wollen Sie ändern? Wo ist dringender Handlungsbedarf?

Dieses Verfahren ist aufwändiger, erbringt im Ergebnis jedoch ein umfassenderes und detailliertes Bild der Situation.

Das Ergebnis einer Bestandsaufnahme ist meist eine Fülle von möglichen Ansatzpunkten für Veränderungsprojekte. Im Anschluss sind immer Prioritäten zu setzen und die Bereiche auszuwählen, mit denen sich mit den zur Verfügung stehenden Ressourcen der sinnvollste Veränderungsschub für die Schule erreichen lässt.

3.3 Ziele weisen den Weg

Ziele sind die gedankliche Vorwegnahme des erwünschten zukünftigen Zustandes, der durch das Handeln des Projektteams erreicht werden soll. Der erstrebte Zustand wird positiv beschrieben, anstatt negativ festzuhalten, was nicht eintreten soll (sog. „Vermeidungsziel"). Positive Ziele haben eine höhere Anziehungskraft, setzen mehr schöpferische Kräfte frei und sind damit motivierender. Die Aufmerksamkeit wird direkt auf das gelenkt, was erreicht werden soll.

Durch die zeitliche Festlegung ist definiert, wann überprüft werden kann, wie weit das angestrebte Ziel umgesetzt werden konnte. Ein Ziel stellt immer eine Herausforderung dar, wodurch Energie und Durchhaltewillen gestärkt werden können. Etwas, das man sowieso irgendwann ohne weitere Bemühungen erreichen wird, ist kein Ziel. Die Ziele der Schule sollen schließlich mehr sein als „gute Vorsätze"!

Wichtig bleibt, sich realistische Ziele zu setzen, um die Balance zu halten zwischen dem motivierenden Charakter von Zielen und dem Druck, den sie nach sich ziehen, wenn man sich zu viel vorgenommen hat.

WAS IST EIN „IDEALES" ZIEL?

spezifisch:
Ein konkretes (Teil)ziel ist angegeben.

messbar:
Der Grad der Zielerreichung lässt sich beobachten oder messen.

akzeptiert:
Im Kollegium besteht Konsens darüber, dass dieses Ziel erreicht werden soll.

realistisch:
Das Ziel ist unter den gegebenen Rahmenbedingungen erreichbar.

terminiert:
Ein Zeitpunkt für die geplante Zielerreichung ist angegeben.

Abb. 1:   Smarte Zieldefinition (Reese, 2007)

Checkliste: smarte Zielformulierung:

* Sind Ihre Ziele genügend spezifiziert bzw. sind sie konkret genug formuliert?
* Haben Sie hinreichend konkrete Erfolgskriterien definiert bzw. haben Sie genau definiert, woran Sie im Nachgang des Projekts erkennen, dass Sie erfolgreich waren? (Indikatoren)
* Sind Ihre Ziele für alle Beteiligten attraktiv genug formuliert?
* Sind Sie bei der Formulierung Ihrer Ziele von realistischen Ausgangsbedingungen und tatsächlich realisierbaren Ergebnissen ausgegangen?
* Haben Sie die Zielerreichung terminiert?
* Wissen Sie bereits, wann und wie die Zielerreichung überprüfen werden?
* Wissen alle Projektbeteiligten, was von ihnen erwartet wird und was sie zu tun haben?
* Sind die erforderlichen zeitlichen und finanziellen Ressourcen für das Projekt vorhanden?

3.4 Gut geplant ist halb umgesetzt

Nach der Analyse der Situation und der Definition des Projektrahmens beginnt die Projektplanung. In dieser Phase wird das Fundament für den zukünftigen Projekterfolg gelegt. Sie kennen vermutlich aus eigener Erfahrung ein Beispiel für die Auswirkungen ungenügender Projektplanung. Der Aufwand, der in der Vorlauf- und Planungsphase aufgrund von knappen Ressourcen oder hektischem Start „eingespart" wird, wird sich erfahrungsgemäß später potenzieren und ein Vielfaches an eigentlich vermeidbaren Konflikten, und damit Mehraufwand mit sich bringen.

Die Planung sollte bezüglich Strukturen, Ressourcen, Kosten und Terminen einen Überblick schaffen. Ein erstes Raster kann sich dabei an den Hauptzielen orientieren. Darauf aufbauend erfolgt die Feinplanung durch das Projektteam: Projektstruktur- und ablaufplan, Zeitplanung mit Meilensteinen, Ressourcen und Kostenplanung vervollständigen das Bild. Auch die Teilprojekte und Arbeitspakete mit Verantwortlichkeiten werden dokumentiert. Schließlich werden über die Qualitätssicherung sowie Kommunikations- und Informationssteuerung Vereinbarungen getroffen.

Schon ein einfacher Aktivitätenplan (Wer macht was bis wann?) hilft dabei, Verbindlichkeit und Transparenz herzustellen. Eine einheitliche Gestaltung der Planungs- und Dokumentationshilfen erleichtert die Integration der Projekte in den Alltag und bewahrt die Orientierung. Um an diesen Plan zu gelangen, müssen allerdings zuerst die Ziele im Detail ausgearbeitet werden. Dazu verhilft eine gegliederte Darstellung im Strukturplan.

3.4.1   Strukturplan

Der Strukturplan (Abbildung 2) zeigt die inhaltlichen Abhängigkeiten der einzelnen Ziele und Teilziele auf und leitet die nötigen Arbeitspakete logisch aus den Zielen ab. Auf der untersten Ebene angelangt, können direkte Maßnahmen mit Verantwortung und Zeitplan benannt werden:

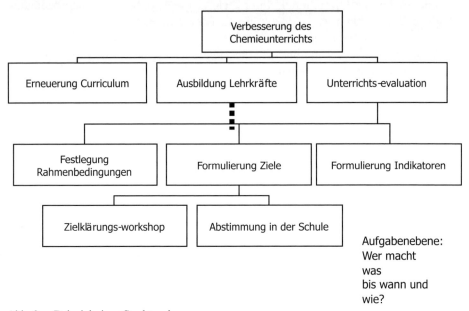

Abb. 2:   Beispiel eines Strukturplans

Die einzelnen Felder lassen sich durch Leitfragen für die Projektplanung gewinnen, z. B.:
• Wie sollen diese Ergebnisse erreicht werden?
• Was tun wir dazu auf jeden Fall?
• Was vermeiden wir auf jeden Fall?
• Unter welchen Bedingungen starten wir?
• Wann ist ein Ziel erreicht?

Diese genaue Planung, in der auch die Verantwortung für die Ausführung der einzelnen Schritte benannt wird, hilft später bei der Steuerung der Umsetzung. Sie unterstützt aber auch den zweiten wichtigen Planungsschritt, die Zeit- und Ressourcenplanung.

Zeit- und Ressourcenplan
Inwieweit die einzelnen Aufgaben mit den zur Verfügung stehenden Ressourcen umgesetzt werden können, lässt sich aus dem Strukturplan noch nicht ablesen. Um die genaue Planung der einzelnen Arbeitspakete durchführen zu können, müssen

sowohl der Aufwand für die einzelne Aufgabe als auch deren Reihenfolge abgebildet werden. Grundlegende Fragen dazu sind beispielsweise:

* Wann muss das Projekt abgeschlossen sein?
* Welche finanziellen und personellen Ressourcen werden für die einzelnen Arbeitspakete benötigt?
* Wie viel Zeit können die Beteiligten aufwenden?
* Welche Projektschnittstellen gibt es? Wie viel Abstimmungsbedarf gibt es also innerhalb des Projekts sowie nach außen?

Mit diesen Informationen lassen sich dann die einzelnen Aufgaben auf einem Zeitstrahl (sog. Gantt-Diagramm) abbilden. Zeiten besonders hoher Belastung werden dann durch die parallele Anordnung der Aufgaben sichtbar (siehe Abbildung 3).

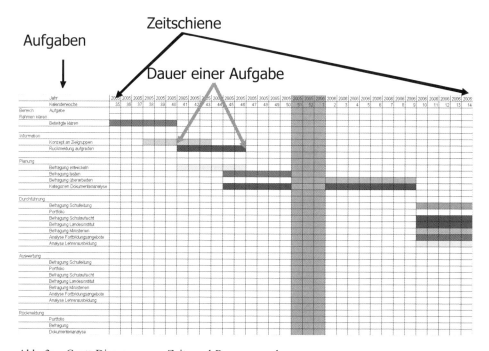

Abb. 3:   Gantt-Diagramm zur Zeit- und Ressourcenplanung

Mittlerweile stehen auch Open-Source-Programme zur Projektplanung zur Verfügung, beispielsweise Ganttproject (http://ganttproject.biz).

3.5 Projektsteuerung

In der Steuerungsphase werden die zuvor vereinbarten Arbeitspakete umgesetzt. Der Projektleitung oder die Projektsteuergruppe behält das Controlling, d.h. die Indikatoren für Projektfortschritt oder -verzögerung und Ressourcenverbrauch im Blick und informiert sich über das Erreichen der Meilensteine, ggf. wird nachgesteuert. Kurskorrekturen sind üblich und wünschenswert, sofern sie expliziert und gezielt erfolgen und nicht nur das Ergebnis zufälliger Ereignisse sind.

In vielen Schulen fehlt es nicht am Engagement, sondern am Überblick und der Koordination der zahlreichen parallelen Aktivitäten. Wertvolle Zeit wird vergeudet, wenn nicht auf Vorarbeiten anderer Kollegen Bezug genommen werden kann oder das Rad immer wieder neu erfunden werden muss.

Die Gesamtleitung und Koordination aller Qualitätsprojekte der Schule liegt üblicherweise bei der Schulleitung und der Steuergruppe. Die Qualitätsprojekte sind zudem fester Bestandteil der Tagesordnung der Steuergruppensitzungen. Hier erfolgt das Projektcontrolling, um Schwierigkeiten frühzeitig zu erkennen, eine Projektgruppe gegebenenfalls zu unterstützen oder das Projekt nachzusteuern. Hier wird außerdem der Bezug zwischen einzelnen Projekten und der Entwicklung der Schule als Ganzes (wie im Schulprogramm beschrieben) hergestellt.

3.5.1 Prozessmanagement

Eine wichtige Aufgabe der Projektgruppe ist es dabei, Handlungsroutinen für die veränderte Unterrichtsgestaltung zu entwickeln. Lehrerinnen und Lehrer unterstützen den Bildungs- und Erziehungsprozess der Kinder durch im besten Falle wohlüberlegte Impulse und Korrekturen. Die Lernarrangements werden dabei von verschiedenen häufig wechselnden Personen gestaltet. Um auf Vorarbeiten aufsetzen zu können, muss bekannt sein, wie der Vorgänger gearbeitet hat bzw. welche Kompetenzen bei den Schülern als gegeben angenommen werden können. Mit Hilfe des Prozessmanagements lassen sich auch die Handlungsroutinen einer Schule gut analysieren und entwickeln.

Ein *Prozess* ist dabei eine Abfolge von Arbeitsschritten, die zum Erreichen eines bestimmten Ergebnisses/Produktes erforderlich sind. Wir möchten dies zunächst an einem Alltagsbeispiel erläutern:

Wenn ich zuhause feststelle, dass keine Milch im Kühlschrank ist, kann ich einen einfachen Prozess „Milchbeschaffung" mit folgenden *Prozessschritten (oder auch Teilprozessen) definieren:* Einkaufszettel schreiben, Portemonnaie einstecken, zum Supermarkt gehen, Milch kaufen, nach Hause transportieren und in den Kühlschrank stellen. Es wären weitere, feine Untergliederungen denkbar, die das Ergebnis beeinflussen könnten. So könnte ich die Angebote der verschiedenen Anbieter im Wochenblatt auswerten und so die kostengünstigste Milch erwerben und mein Haushaltsbudget schonen (die Auswertung wäre eine meiner *Steuergrößen).* Der Einkaufsprozess ist alltäglich, zeitlich überschaubar und mit viel Routine verbunden, so dass kleine Korrekturen prozessbegleitend möglich sind.

Eine isolierte Betrachtung meines Prozesses kann mir unnötige Belastung bringen, was mir spätestens dann auffallen wird, wenn ich meine Mitbewohnerin beim Bezahlen der Butter an der Kasse des Supermarktes treffe.

Etwas komplexer wird das Vorhaben, wenn ich weitere *Prozessbeteiligte* einbinde und meinen Sohn mit der Milchbeschaffung beauftrage. Meine Aufgaben ändern sich: Ich muss mein Anliegen kommunizieren (*Schnittstelle*) und im Vorfeld bereits erzieherisch tätig gewesen sein, so dass mein Sohn den Auftrag auch annimmt. Ferner muss ich ihn mit Geld aus einer vorab befüllten Haushaltskasse (*Budget*) bestücken. Nach einem vereinbarten Zeitraum muss ich eine *Prozesserfolgskontrolle* durchführen und den Eingang von Milch und Wechselgeld registrieren. Auf Probleme der mangelnden Kooperation pubertierender Jugendlicher (*Projektbeteiligter*) soll hier nicht eingegangen werden. Es liegt nahe, dass die Prozesse einer Organisation oder Schule, an der viele Menschen mit unterschiedlichen Aufgabenbereichen mitwirken, erheblich komplexer ausfallen und zahlreiche Schnittstellen zu definieren sind.

Mit dem *Prozessmanagement* können Prozesse systematisch auf die Ziele und Anforderungen ausgerichtet werden. In diesem Verständnis gibt es für jeden Prozessschritt mindestens einen Lieferanten, der Ergebnisse liefert und mindestens eine Kundin oder einen Kunden, die/der das Produkt erhält. Man kann jede Mitarbeiterin/jeden Mitarbeiter gleichzeitig als Kundin/Kunden und Lieferantin/Lieferanten betrachten. In langen Prozessketten zwischen verschiedenen Lieferanten wird das Produkt wie ein Staffelstab weitergereicht und jede/jeder leistet seinen Beitrag zum gemeinsamen Ergebnis. Bei der Betrachtung von Arbeitsschritten in Prozessen oder Prozessketten werden auch Schwachstellen offenkundig.

Konfliktsteuerung

Bei der Umsetzung von Projekten bleiben Konflikte nicht aus. Sie sind kein Anzeichen einer schlechten Planung oder einer ungenügenden Steuerung, sondern zeigen auf, wo besondere Anforderungen auf das Projekt einwirken. Wenn also beispielsweise bei der Unterrichtsentwicklung ein Kollege im Team die Recherche übernimmt, Ideen und Lösungen aus anderen Schulen analysiert und sie für das eigene Netzwerk aufbereitet, dann hat diese Person in dieser Phase womöglich eine höhere Arbeitslast als der Rest des Projektteams.

Verzögert sich nun – beispielsweise wegen Krankheit – die Recherche etwas, dann kann diese Aufgabe nicht einfach auf die übrigen Personen des Teams übertragen werden, da diese meist die Vorarbeiten des erkrankten Teammitglieds nicht problemlos aufgreifen können. Somit resultiert dieses Ressourcenproblem (Arbeitszeit ist hier eine wesentliche, wenn nicht die bedeutsamste Ressource im Entwicklungsprozess) in einer Verschiebung des Zeitplans.

Prinzipiell wären auch andere Konsequenzen denkbar – alle liegen sie im „Bermuda-Dreieck der Projektsteuerung" (Abbildung 4):

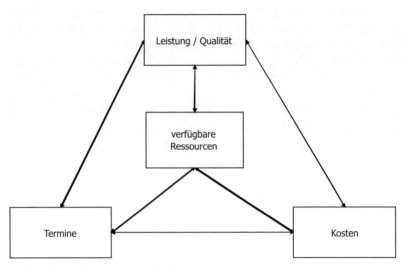

Abb. 4:   Das Bermuda-Dreieck der Projektsteuerung

Sie könnten sich als Projektteam auch dazu entschließen, die Recherche abzubrechen, damit also die Qualität der Arbeit zu reduzieren. Alternativ könnten sie auch eine externe Recherche beauftragen, was allerdings mit erhöhten Kosten verbunden wäre. Schließlich sind auch alle Mischformen dieser drei Handlungsstränge denkbar.

In dieser Darstellung betrachten wir ausschließlich sachlich begründete Ressourcenkonflikte. Der Umgang mit Konflikten auf emotionaler Ebene ist ein Thema, das in der Kürze dieses Beitrags nicht angemessen gewürdigt werden kann. Hilfestellung bieten hier beispielsweise Gesprächstechniken, wie sie in der themenzentrierten Interaktion oder der nondirektiven Gesprächsführung beschrieben sind (z. B. Langmaack, 2001; Schulz von Thun et al., 2003).

3.5.3   Teamentwicklung

Projektteams durchlaufen bei ihrer Arbeit eine Entwicklung, die Tuckman (1965) ausführlich beschrieben hat. Auch wenn das von ihm aufgestellte Phasenmodell nicht immer im Detail zu beobachten ist, machen viele Projektgruppen zu Beginn ihrer Arbeit eine ernüchternde Erfahrung: Hochmotivierte und erfahrene Lehrkräfte treffen sich beispielsweise, um fächerverbindende Elemente in ihrem Unterricht auszubauen und ihre Unterrichtskonzepte aufeinander abzustimmen. Auch nach der anfänglichen Vorstellungsrunde gehen jedoch die Ideen zur Umsetzung ihres Vorhabens weit auseinander. Während ein Kollege bereits zahlreiche gute Erfahrungen mit Rückmeldung zu seinen Konzepten gemacht hat, erlebte eine Kollegin gerade erst destruktive Kritik und ist daher sehr vorsichtig beim Offenlegen ihrer Ideen.

Das Team funktioniert somit in der Anfangsphase nicht miteinander, die einzelnen Personen wären alleine sogar deutlich leistungsfähiger, da sie nicht durch die

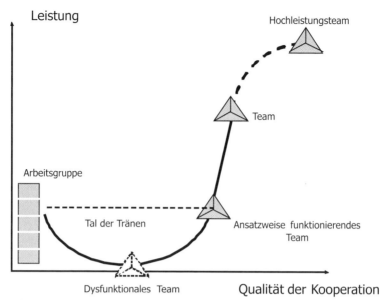

Abb. 5: Anfängliche Probleme sind die Regel, nicht die Ausnahme!

zusätzliche Zeit zur Abstimmung sowie die gegenseitigen Bedenken und Vorbehalte von ihrer individuellen Unterrichtsvorbereitung abgehalten würden. Das Entwicklungsteam durchläuft also eine im Hinblick auf die zielgerichtete gemeinsame Weiterentwicklung der Inhalte frustrierende Phase – ein Tal der Tränen (Abbildung 5).

Erst wenn die gegenseitigen Stärken und Schwächen im Hinblick auf die gemeinsame Arbeit bekannt sind und genutzt bzw. berücksichtigt werden, leistet die Gruppe gemeinsam mehr als die einzelnen Gruppenmitglieder es allein könnten. Die gegenseitige Anregung und damit die Weiterentwicklung der individuellen Ideen fußt dabei auf einem Vertrauen, dass sich die einzelnen Gruppenmitglieder in der Anfangsphase erst erarbeiten müssen. Durch vertrauensbildende Maßnahmen, gemeinsame Aktivitäten und das Verdeutlichen der gemeinsamen Ziele können diese Prozesse beschleunigt werden.

3.6 Umsetzen und Verbreiten

In Netzwerken Unterrichtsentwicklung zu betreiben bedeutet, bereits einen ersten Schritt zur Verbreitung zu tun. Die Erfahrung aus vielen Entwicklungsprojekten zeigt, dass häufig die Ergebnisse außerhalb des kleinen Kreises der engagierten Lehrkräfte unbekannt bleiben. Diese wiederum wenden sich irgendwann neuen Themen zu – Entwicklungen verschwinden unnötigerweise in der Versenkung. Zwei Aufgaben lassen sich somit aus diesem Problem ableiten: (1) Frühzeitig und ausdauernd über das Entwicklungsprojekt zu reden hilft, bislang nicht informierte und engagierte Personen an der Schule ins Boot zu holen. (2) Strukturelle Verankerung, geeignete Aufbereitung der Inhalte und motivationale Unterstützung der Anwendergruppe fördern den Transfer.

3.6.1 Kommunikation im und über das Projekt

Unsere oben vorgestellten Schritte des Projektmanagements fördern bereits wesentliche Aspekte der projektinternen Kommunikation. So werden Ziele gemeinsam definiert, Arbeitspakete nachvollziehbar und mit klaren Verantwortlichkeiten festgelegt und der Projektfortschritt transparent gemacht.

Weitere Unterstützung für die Unterrichtsentwicklung innerhalb der beteiligten Schulen und Netzwerke wird dann möglich, wenn
- regelmäßig
- interessantes und nützliches
- an relevante Personen des jeweiligen sozialen Umfelds

kommuniziert wird.

Regelmäßige Kommunikation soll sicherstellen, dass die Unterrichtsentwicklung nicht zu einer Nischenveranstaltung einer isolierten Gruppe wird. Interessant und nützlich werden Informationen aus dem Projekt dann, wenn die angesprochenen Personen mit diesen Informationen Vorteile für die eigene Arbeit bekommen, sei es durch direkte Arbeitserleichterung oder aber auch durch einen wahrgenommenen Kompetenzzuwachs.

Die Betonung der relevanten Personen verlangt wahrscheinlich nach einer etwas ausführlicheren Erläuterung: In jedem Kollegium gibt es Personen, die einerseits zahlreiche Kontakte ins Kollegium pflegen, andererseits aber auch von Kollegen häufig angesprochen und um Rat gefragt werden. Oft sind diese Personen auch an Meinungsbildungsprozessen im Kollegium beteiligt und nehmen dabei andere Personen auf ihrer Seite mit. Wenn es gelingt, diese Personen im Kollegium zu identifizieren und für die Ideen des Projekts zu gewinnen, dann erleichtert dies die schulinterne Verbreitung der Ideen deutlich. Und umgekehrt wirkt sich ein deutlicher Widerstand dieser Personen auf die Nachhaltigkeit der Projektarbeit sehr hinderlich aus.

Sofern nicht das gesamte Kollegium an dem Entwicklungsprojekt beteiligt ist, besteht außerdem die Gefahr, dass sich die Projektgruppe vom Rest des Kollegiums abkoppelt und Merkmale einer Gruppenkohäsion, d.h. eines besonders engen, durch die Abgrenzung vom Restkollegium definierten Zusammenhalts, entwickelt. Für einen Transfer der Innovation, ausgehend von der Projektgruppe hin zum Rest des Kollegiums, ist dies überaus hinderlich. Schließlich ist eine der Grundlagen der schnellen Verbreitung einer Innovation der Grad der Vernetzung des zugrunde liegenden sozialen Systems. Also: Je besser die Projektgruppe in das Kollegium der Schule eingebunden ist, je mehr Kommunikationsbeziehungen unterhalten werden, desto förderlicher wirkt sich dies auf den Transfer aus. Der Gruppenkohäsion kann durch eine Intensivierung des schulinternen Austauschs entgegengewirkt werden; regelmäßige Veröffentlichungen aus dem Projektkontext sind eine erste Maßnahme dieses Austauschs.

3.6.2 Transfer von Erkenntnissen

Während der Laufzeit der Modellversuchsprogramme wird der Grundstein für die Verbreitung von Erkenntnissen gelegt. Aus der Transferforschung lassen sich für die Durchführung noch zusätzliche Schlussfolgerungen ableiten (Gräsel et al., 2006; Jäger, 2004; Rogers, 2003):

Inhalt

Nutzen aufzeigen: Auch das beste Unterrichtskonzept wird beim Transfer eine Veränderung erfahren. Innovationen werden nicht ungeprüft übernommen, sondern zuerst auf ihre Folgen, insbesondere im Hinblick auf Kosten und Nutzen überprüft. Transfer kann gefördert werden, indem der Nutzen der neu entwickelten Unterrichtsmodule verdeutlicht wird. Die Entscheidung für eine neue Herangehensweise an einzelne Unterrichtsinhalte fällt leichter, wenn diese vorher erprobt oder in der Anwendung beobachtet werden können. Damit dies möglich wird, müssen allerdings die Inhalte auch entsprechend vorbereitet auf für die zukünftigen Adressaten ausgerichtet sein.

Struktur

Verlässliche Unterstützungsstrukturen aufbauen: Mit dem Ende der Projektlaufzeit fallen die projektspezifischen Unterstützungsstrukturen weg. Für die schulinterne Verbreitung sowie die Weitergabe an andere Schulen steht nur dann eine weitergehende fachliche Beratung zur Verfügung, wenn bereits während der Projektlaufzeit die Unterstützungsstrukturen geschaffen wurden. In Anbetracht der langen Zeit, die für Veränderungen im Schulsystem in anderen Ländern – insbesondere in Skandinavien – veranschlagt wurden, sollten diese Unterstützungssysteme verlässlich installiert werden bzw. vorhandene Unterstützungssysteme frühzeitig in die Umsetzung der Entwicklung eingebunden werden. Wenn die Schulaufsicht beispielsweise die Arbeit der Netzwerke nicht nur kennt, sondern aktiv als Qualitätsmerkmal der jeweiligen Schule unterstützt, dann ist eine Form der strukturellen Unterstützung etabliert. Das langfristige Ziel einer strukturellen Verankerung besteht dann darin, die Unterstützung unabhängig von einzelnen Personen zu gewährleisten – etwa über die Verankerung im Lehrplan oder in einer Rollen- bzw. Funktionsbeschreibung einer Stelle.

Person

Motivationsunterstützende Maßnahmen fördern Transfer: Während der Durchführung der Entwicklungsarbeit können sowohl die Steuergruppen als auch die Schulleitungen die Motivation der Lehrkräfte zur Übernahme der Entwicklung positiv beeinflussen. Die aus der Selbstbestimmungstheorie sowie der pädagogisch-psychologischen Interessentheorie bekannten Einflussfaktoren Autonomieunterstützung, Kompetenzunterstützung, Verbesserung der sozialen Einbindung sowie Verdeutlichung der inhaltlichen Relevanz wirken für die Verbreitung der Innovation förderlich (Jäger, 2004). Praktisch bedeutet dies beispielsweise, den Lehrkräften Freiräume zum Ausprobieren der Innovation zu lassen, sowie qualifizierte und konstruktive Rückmeldungen zu geben und zu akzeptieren.

Transfer bedeutet, das Netzwerk zu erweitern!

Die Planung dieser Verbreitung auf der Ebene des gesamten Systems sollte dabei nicht vernachlässigt werden. Diese Sichtweise der Dissemination richtet sich eher auf das Gesamtsystem aller Schulen. Ein funktionierendes Unterstützungssystem ist für die Arbeit innerhalb einer einzelnen Schule wichtig; es kann aber nur dann sinnvoll installiert werden, wenn aus der Distanz die gesamte Struktur des Systems Schule erfasst wird. Ob der Transfer gelingt, wird dann in jeder der Schulen einzeln entschieden. Diese Entscheidung hängt von den schulinternen Prozessen ab, und wird letztendlich von den Lehrkräften, Schulleitungen und anderen an der Schulentwicklung beteiligten Personen individuell getroffen.

Schulen sind im Verbund, also in einem gut aufgestellten Netzwerk, in der Lage, selbst – mit Hilfe des Engagements und der Kompetenz der beteiligten und betroffenen Personen im Schulsystem – ihre Entwicklung zu bestimmen. Sie haben den Vorteil der gegenseitigen Hilfe und damit auch der gegenseitigen Motivierung. Für den nachhaltigen Erfolg ihrer Arbeit benötigen sie verlässliche Unterstützungssysteme, die gemeinsam mit ihnen die Entwicklungsarbeit gestalten und begleiten.

Literatur

Brophy, J. E. (2000). *Teaching*. Brüssel: International Academy of Education (IAE).

Gareis, R. (1989). Management by Projects – Der zukunftsorientierte Managementansatz. In Reschke & H. Schelle (Hrsg.), *Projektmanagement: Beiträge zum Projektmanagement-Forum 89*. München: Vahlen.

Gemünden, H. G. (1995). Zielbildung. In H. Corsten & M. Reiß (Hrsg.), *Handbuch Unternehmensführung. Konzepte – Instrumente – Schnittstellen* (S. 251-266). Wiesbaden: Gabler.

Gräsel, C., Jäger, M., & Willke, H. (2006). Konzeption einer übergreifenden Transferforschung und Einbeziehung des internationalen Forschungsstandes. In R. Nickolaus & C. Gräsel (Hrsg.), *Innovation und Transfer – Expertisen zur Transferforschung* (S. 445-566). Hohengehren: Schneider.

Helmke, A. (2003). *Unterrichtsqualität erfassen – bewerten – verbessern*. Seelze: Kallmeyer.

Jäger, M. (2004). *Transfer in Schulentwicklungsprojekten*. Wiesbaden: VS Verlag für Sozialwissenschaften.

Langmaack, B. (2001). *Einführung in die Themenzentrierte Interaktion TZI. Leben rund ums Dreieck*. Weinheim und Basel: Beltz.

Lechler, T. (1997). *Erfolgsfaktoren des Projektmanagements*. Frankfurt am Main: Peter Lang.

Litke, H.-D. (1995). *Projektmanagement – Methoden, Techniken, Verhaltensweisen* (3 Aufl.). München: Hanser.

Meyer, H. (2004). *Was ist guter Unterricht?* Berlin: Cornelsen Scriptor.

Ostermeier, C. (2004). *Kooperative Qualitätsentwicklung in Schulnetzwerken. Eine empirische Studie am Beispiel des BLK-Modellversuchsprogramms „Steigerung der Effizienz des mathematisch-naturwissenschaftlichen Unterrichts"*. Münster: Waxmann.

Reese, M. (2007). *Wie macht man gute Schule?* München: Luchterhand.

Rogers, E. M. (2003). *Diffusion of innovations* (5. Aufl.). New York: The Free Press.

Rolff, H.-G. (2001). *Schulentwicklung konkret – Steuergruppe, Bestandsaufnahme, Evaluation*. Velber: Kallmeyersche Verlagsbuchhandlung.

Schelle, H. (1999). *Projekte zum Erfolg führen* (2 Aufl.). München: dtv.

Schulz von Thun, F., Ruppel, J., & Stratmann, R. (2003). *Miteinander reden: Kommunikationspsychologie für Führungskräfte* (6 Aufl.). Reinbek: Rowohlt.

Tuckman, B. W. (1965). Developmental sequences in small groups. *Psychological Bulletin, 63*, 348-399.

Martin Bonsen

Schulleitungen und Unterrichtsentwicklung

Die Verbesserung der Unterrichtsqualität als Aufgabe der Einzelschule erfordert ein systematisches und planmäßiges Vorgehen. Es gibt keinen Anlass zu der Hoffnung, dass sich Unterrichtsentwicklung als ein natürlicher Prozess „von selbst" einstellt, also als Evolution der Unterrichtskultur einer Schule verstanden werden kann. Unterrichtsentwicklung, soll sie nicht nur von einzelnen Lehrkräften getragen werden, sondern das gesamte Kollegium erfassen, muss als zielorientierter, komplexer Reformprozess verstanden werden, der initiiert und gesteuert werden muss.

Der Schulleitung wird, wie in eigentlich allen Fragen der inneren Schulentwicklung, auch hinsichtlich der Unterrichtsentwicklung eine besondere Bedeutung zugemessen: Sie ist primär dafür verantwortlich, Unterrichtsentwicklung anzuregen und zu unterstützen und muss darauf achten, dass Prozessbeteiligte nicht auf Abwege geraten oder Entwicklungsziele beliebig werden. Der Schulleitung fällt in der systematischen Unterrichtsentwicklung zum einen eine organisatorisch-ermöglichende Funktion (=Management), zum anderen eine strategisch-herausfordernde Funktion (=Leadership) zu.

Strategische Schulleitung bedeutet, Schule nicht „nur" zu verwalten und sich auf organisatorische Tätigkeiten zu konzentrieren (was allein schon den Alltagsablauf eines Schulleiters oder einer Schulleiterin gut und gerne ausfüllen könnte). Strategische Schulleitung bedeutet den Status quo an einer Schule herauszufordern und zielbezogen Entwicklungs- und Verbesserungspotenziale zu suchen und zu nutzten.

1. Die zentrale Bedeutung der Schulleitung für die Verbesserung von Unterricht auf Ebene der Einzelschule

Empirische Forschungsergebnisse belegen wiederholt die zentrale Bedeutung der Schulleitung in Fragen der Einzelschulentwicklung (vgl. Hallinger und Heck, 1998; Waters, Marzano & McNulty, 2004). Doch obwohl belegt ist, dass sogenannte „Schulqualitätsmerkmale", also Prozessmerkmale in Schule und Unterricht, mit dem Handeln von Schulleiterinnen und Schulleitern im Zusammenhang stehen und Forschungsergebnisse auf die Wirksamkeit eines insgesamt führungsbetonten Bildes von erfolgreichen Schulleitungen hindeuten (vgl. Bonsen et al., 2002), erscheint der konkrete Zusammenhang zwischen Schulleitungshandeln und der Entwicklung von Schülerleistungen bislang eher diffus. Zwar scheint es wenig plausibel zu sein, dass Schulleitungen die Kompetenzentwicklung von Schülerinnen und Schülern durch ihr Handeln direkt fördern können, allerdings zeigen empirische Studien, dass Schulleiterinnen und Schulleiter die Lernprozesse von Schülerinnen und Schülern trotzdem beeinflussen können. Dies geschieht allerdings in erster Linie vermittelt über Interaktionen mit Lehrkräften und über eine gezielte Steuerung der Schulorganisation, also auf indirektem Wege (vgl. Hallinger und Heck, 1998).

Mit Blick auf den Stand der internationalen Schulforschung fassen Scheerens, Glas & Thomas (2003) typische Merkmale von Schulleitungen zusammen, die einen positiven Einfluss auf die Unterrichtsqualität innerhalb der von ihnen geleiteten Schulen erkennen lassen. Demnach zeichnen sich „unterrichtswirksame" Schulleitungen durch die folgenden Handlungsweisen aus:

- *Fokussierung auf Unterricht:* Sie räumen administrativen Tätigkeiten keinesfalls eine höhere Priorität ein, als solchen Aktivitäten, die sich direkt auf die Verbesserung des Fachunterrichts beziehen.
- *Beratung und Aufsicht:* Sie beraten Lehrkräfte in Unterrichtsfragen und werden vom Kollegium als Experten für Unterrichtsfragen anerkannt.
- *Förderung unterrichtsbezogener Kooperation:* Sie ermöglichen und unterstützen unterrichtsbezogene Team-Arbeit im Kollegium.
- *Förderung von Professionalisierung:* Sie unterstützen aktiv die Professionalisierung der Lehrkräfte.

Ein anderer Versuch unterrichtsbezogene Führung anhand von Kerncharakteristika zu umschreiben findet sich bei Murphy (1990). Demnach muss unterrichtsbezogene Führung

- eine begrenzte Anzahl klar definierter Ziele entwickeln und diese ständig kommunizieren;
- die schulischen Bildungsprozesse managen:
  Beobachtung des Unterrichts,
  Sicherstellung einer maximalen Zeitnutzung im Unterricht,
  Koordination von schulinternen Curricula,
  Leistungsmessung und Evaluation;
- ein lernfreundliches und akademisches Klima pflegen:
  Formulierung hoher Ansprüche an die Schülerinnen und Schüler,
  persönliche Präsenz,
  Schaffung von Anreizen für Lehrkräfte und Schüler,
  systematische Förderung der Professionalisierung des Kollegiums;
- eine unterstützendes Lernklima schaffen
  Schaffung eines sicheren und geordneten Lernumfelds,
  Beteiligung von Schülerinnen und Schülern am Schulleben,
  Förderung von Lehrerkooperation,
  Nutzung externer Ressourcen zur Unterstützung des Schullebens,
  aktive Elternarbeit.

Die Aufstellung von Murphy enthält neben direkten Maßnahmen zur Unterrichtsverbesserung auch übergeordnete Führungsziele, die das enggefasste Konzept der unterrichtsbezogenen Führung deutlich erweitern. Nach Leithwood (1992, 2) besteht das Ziel der unterrichtsbezogenen Führung vor allem in einem genauen „Monitoring" der Unterrichtsarbeit von Schülern und Lehrern insbesondere unter methodischen und didaktischen Aspekten mit dem Ziel der Unterrichtsentwick-lung. Im Englischen hat sich hier der Begriff der „first-order changes" etabliert (ebd.). Diese werden systematisch ergänzt durch indirekte Aktivitäten, sogenannte „second-order changes" (ebd.). Hierzu gehören insbesondere die Entwicklung einer gemeinsamen schulweiten Vision, die Verbesserung der Kommunikation im Kol-legium und die Entwicklung gemeinschaftlicher Entscheidungsfindungsprozesse, also Themen und Ziele, die dem Bereich der Organisationsentwicklung zuzuord-nen sind (vgl. Rolff, 1995), wie im Folgenden noch zu zeigen ist.

2. Die Tragweite von Unterrichtsentwicklung für die einzelne Lehrkraft

Unterrichtsentwicklung bedeutet Veränderung und erfordert häufig eine Verände-rung des Lehrerhandelns. Hierbei werden möglicherweise existierende Überzeu-gungen und Gewohnheiten in Frage gestellt, denn verändert wird vielfältig: Neue Methoden werden erprobt, Organisationsformen wechseln, neue Materialien müs-sen entwickelt oder adaptiert werden. Anspruchvolle Unterrichtsentwicklung kann sogar eine ganz neue Aufgabenkultur erfordern oder einen grundlegenden Rollen-wechsel der Lehrkraft im Unterricht erfordern. Wie solche Veränderungen konkret aussehen können, verdeutlichen Baptist und Raab (2007, 10f.) für den Mathema-tikunterricht. Sie wollen Lehrerinnen und Lehrer dazu anregen anhand von fünf Aspekten den eigenen Unterricht zu reflektieren:

1. Überdenken Sie Ihren Unterrichtsstil
- Nicht Sie stehen im Zentrum des Unterrichts, sondern Ihre Schüler.
- Unterstützen Sie Ihre Schüler beim Lernen, vermeiden Sie ein Belehren.
- Ermutigen Sie Ihre Schüler, eigene Lernwege zu gehen.
- Geben Sie Anregungen und Hilfen zur Selbsthilfe.
- Trennen Sie ganz deutlich Lern- und Prüfungssituationen.
- Variieren Sie Unterrichtsformen und –methoden.
- Nicht Sie, sondern die Schüler selbst sind letztendlich für ihre Lernfortschritte verantwortlich.

2. Überdenken Sie das Arbeiten mit Aufgaben
- Lassen Sie die Schüler nicht lediglich Lösungen produzieren, sondern sich mit Aufgaben beschäftigen: Der Weg ist das Ziel.
- Ermöglichen Sie ein aktives und produktives Arbeiten mit Aufgaben: Aufga-ben öffnen, Aufgaben variieren, Muster erkennen, Lösungsstrategien herausar-beiten.
- Unterschiedliche Lösungswege finden und dann auch gehen.
- Verknüpfen Sie Alltagswissen und mathematisches Wissen sinnvoll miteinan-der.

- Lassen Sie Lerntagebücher führen. Leiten Sie zum Verschriftlichen von Lösungs- und Lernprozessen an.

3. Überdenken Sie die fachlichen Inhalte
- Beschränken Sie sich auf grundlegende Inhalte.
- Stellen Sie wesentliche Ideen der jeweiligen Thematik deutlich heraus.
- Behandeln Sie die Inhalte innerhalb eines angemessenen und ansprechenden Kontexts.
- Legen Sie Wert auf das Entdecken und Herausarbeiten inhaltlicher und struktureller Zusammenhänge.
- Reduzieren Sie die vorherrschende Kalkül-Orientierung zugunsten einer Verständnis- Orientierung.

4. Überdenken Sie Ihre bislang übliche Art der Leistungserhebungen
- Muss es immer eine Rechnung sein?
- Kann eine Aufgabe nicht auch aus einer Beschreibung bestehen?
- Lassen sich Erklärungen und Begründungen bei einer „traditionellen" Aufgabe einbauen?
- Können Aufgaben so gestellt werden, dass verschiedene Lösungswege möglich und sinnvoll sind?
- Das Variieren einer Aufgabe kann anspruchsvoller sein als das formale Anwenden eines Rechenverfahrens.
- Bewerten Sie auch, wie das Lerntagebuch geführt wird.
- Beziehen Sie mögliche Lernzielkontrollen bei Ihrer Unterrichtsplanung mit ein.

5. Überdenken Sie Ihre eigene Rolle als Mathematiklehrerin bzw. -lehrer
- Zeigen Sie Ihre Begeisterung für die Mathematik.
- Machen Sie immer wieder auf die Bedeutung der Mathematik aufmerksam, und zwar in kultureller, technischer und wirtschaftlicher Hinsicht.
- Zeigen Sie ein persönliches Interesse an den Inhalten, die Sie unterrichten.
- Bleiben Sie selbst mathematisch aktiv: Problemlösen, Wettbewerbe, populärwissenschaftliche Literatur etc.
- Vermeiden Sie „Einzelkämpfertum", setzen Sie auf die Zusammenarbeit in der Fachschaft bzw. im Kollegium.
- Vermitteln Sie durch Ihren Unterricht, dass die Mathematik eine lebendige, sich ständig weiterentwickelnde Disziplin ist.

Die aufgeführten Anregungen entstammen einer Publikation zum Projekt „Steigerung der Effizienz des mathematisch-naturwissenschaftlichen Unterrichts (SINUS)" bzw. „SINUS-Transfer", dem wohl derzeit größten Projekt zur Verbesserung von Fachunterricht im deutschen Sprachraum. An dieser Stelle sollen sie verdeutlichen, in welchem Umfang grundlegende Überzeugungen und Annahmen von Lehrerinnen und Lehrern im Rahmen systematischer Unterrichtsentwicklung möglicherweise berührt werden. Dass Reflexion und Hinterfragen der bestehenden Unterrichtspraxis nicht ohne Irritationen, Unsicherheiten und zuweilen auch Widerstände stattfinden, dürften vielen Schulleiterinnen und Schulleitern aus Erfahrung kennen. Veränderungen erzeugen Unsicherheit und Ängste im Kollegium, was weniger ein exklusives Problem des Lehrerberufes ist, sondern der menschlichen Natur entspricht. Die allermeisten Menschen stehen Veränderungen generell skeptisch gegenüber, da Veränderungen mit Unsicherheit über die Zukunft verbunden sind und somit als Gefahren und Risiken wahrgenommen werden können.

Die weiter oben vorgenommene Unterscheidung von first- und second-order changes wird von Waters et al. (2004) vor allem aufgrund der den Veränderungen von unterschiedlichen Akteuren in der Schule zugemessenen Tragweite getroffen. Während first-order changes konsistent zu bestehenden Normen und Werten und ohne externe Unterstützung umgesetzt werden können, bedeuten second-order changes für sie in der Regel dramatischer empfundene Veränderungen. Hier werden die existierenden Modelle, Normen und Werte der Betroffenen in Frage gestellt (ebd., 51).

3. Unterrichtsentwicklung erfordert Veränderungsmanagement

Als Veränderungsmanagement werden allgemein solche Leitungstätigkeiten und Maßnahmen bezeichnet, die eine umfassende, bereichsübergreifende und inhaltlich weit reichende Veränderung in einem Unternehmen oder einer Organisation fördern sollen. Ein wichtiger Teil des Change Managements betrifft die formale Organisation und setzt mit Änderungen an der Aufbauorganisation an. Solche eher technisch-organisatorischen Anpassungen können im Bereich schulischer Unterrichtsentwicklung zwar durchaus sinnvoll, zuweilen auch notwendig sein, die weitaus größere Herausforderung schulischen Change Managements dürfte jedoch in der Veränderung grundlegender Einstellungs- und Verhaltensmuster der Beteiligten bestehen.

Nach Schreyögg (1998) erfordern Veränderungen in Organisationen (1) Information und Partizipation, (2) Gruppen als Medium zum Wandel, (3) Kooperation sowie (4) Einsicht in den zyklischen Vollzug von Wandel. Ähnlich wird organisationaler Wandel in der Organisationsentwicklung (OE) verstanden (vgl. French & Bell, 1994; Becker & Langosch, 1995). OE wird von Hanft (2002) als intentionales, zielgerichtetes und systematisches Vorgehen, das u.a. auf folgenden Grundprinzipien beruht verstanden:

- Beteiligung: OE setzt die offene Information und aktive Mitwirkung der Betroffenen voraus. Ein Organisationsentwicklungsprozess muss von der Gesamtheit der Organisationsmitglieder der betroffenen Einheit (Kollegium, Abteilung, Gesamtorganisation) getragen werden. Das Beteiligungsprinzip ermöglicht erstens, dass Wissen der Beschäftigten im Rahmen des OE-Prozesses fruchtbar gemacht wird und kann zweitens dazu beitragen, Veränderungen „sozialverträglich" abzufedern, indem die Akzeptanz bei Mitarbeiterinnen und Mitarbeitern steigt.
- Veränderungen als sequentieller Prozess: OE ist als ein immer gleichförmiger Prozess mit unterschiedlichen Phasen zu verstehen: Ausgehend von einer sys-

tematischen und empirischen Problemanalyse erfolgt zunächst die Planung von Veränderungen, dann deren Durchführung und schließlich ihre Auswertung und Evaluation.

Der humanistisch orientierte Ansatz der Organisationsentwicklung betont also besonders die systematische Datenerhebung („Diagnose") zum Zweck der Planung von Veränderungen. Die auf der Grundlage der empirischen Organisationsdiagnose geplanten und umgesetzten Veränderungen sollen grundsätzlich evaluiert werden. Ein Organisationsentwicklungsprozess in der Schule ließe sich demnach idealtypisch in die folgenden Phasen einteilen:

1. Datensammlung zur Bestandsaufnahme
2. Datenfeedback an die Beteiligten (Lehrer, Schüler, Eltern)
3. gemeinsame Datenanalyse (z. B. im Rahmen eines Päd. Tages)
4. gemeinsame Planung von Veränderungen und Umsetzung
5. anschließende Überprüfung der Umsetzung und des Erfolges der Veränderung (Evaluation).

Probleme der linearen Umsetzung lassen sich vor allem in Schulen mit ihren spezifischen, die individuelle (Lehrer-)Autonomie unterstützenden Strukturen, antizipieren. Bei allen Zweifeln an der Möglichkeit einer linearen Umsetzung dieses Konzepts sollte jedoch die Leitidee der möglichst rationalen Planung und Reflexion von Veränderungen erkannt und als Anregung für den schulischen Bereich verstanden werden.

Unterrichtsentwicklung kann – im Sinne der OE – im gesamten Kollegium betrieben werden. Dann stehen vor allem Fragen der allgemeinen Didaktik im Fokus (z. B. Methodentraining, Lernorganisation, Kooperative Lernformen). Sie kann aber auch in Subgruppen des Kollegiums mit einer deutlichen fachlichen Ausrichtung betrieben werden (z. B. in der Fachgruppe).

4. Die gesamte Schule für Unterrichtsentwicklung „fit machen": organisatorische und strukturelle Aufgaben der Schulleitung

Obwohl in erster Linie die Lehrerinnen und Lehrer für die Qualität des von ihnen gestalteten Unterrichts verantwortlich sind, liegt es im Aufgabenbereich der Schulleitung, Unterrichtsentwicklung im Gesamtkollegium zu thematisieren. Die Verbesserung und Entwicklung des Unterrichts muss als notwendige, eigentlich selbstverständliche Aufgabe im Kollegium verstanden, akzeptiert und angegangen werden. Aufgabe der Schulleitung ist es keinesfalls, der Schule ein fertiges Konzept „überzustülpen" und ihre eigenen Ideen „durchzusetzen". Gefragt ist vielmehr ein systematisches Management und eine verantwortungsbewusste Form der Führung.

Unter Management lassen sich in diesem Zusammenhang drei Kerntätigkeiten verstehen. Neben der Sicherung von für die Unterrichtsentwicklung notwendigen Ressourcen (Zeit, Raum und notwendiges Material) und der Gewährleistung eines möglichst reibungslosen und im positiven Sinne „routinisierten" Ablaufs alltäglicher innerschulischer Prozesse, gehört hierzu auch die Entwicklung von Arbeitsstrukturen für eine kooperative Unterrichtsentwicklung. Dass die Architektur einer solchen Struktur nicht neu ersonnen werden muss, sondern vielfach eine Aktivierung möglicherweise „eingeschlafener" bzw. „unterentwickelter" Formen der unterrichtsrelevanten interpersonalen Zusammenarbeit bedeutet, kann die Arbeit erleichtern. So schlagen Horster & Rolff (2001) vor, dass die Schulleitung zur Prozesssteuerung auf drei organisatorischen Ebenen ansetzen kann:

Fachkonferenzen

Fachkonferenzen liegen in vielen Schulen fast brach. Dabei tragen die Fachkonferenzen die Hauptverantwortung für die innerschulischen fachlichen Standards sowie die Qualitätsentwicklung und Qualitätssicherung in ihrem jeweiligen Fach. Zur Aktivierung der Fachkonferenzen kann die Schulleitung
*   Zielvereinbarungs- und Bilanzgespräche mit den Konferenzvorsitzenden durchführen,
*   gelegentlich an den Konferenzen teilnehmen, um sich über die Arbeit der Fachgruppe zu informieren,
*   sich die Einladungen, Tagesordnungen und Protokolle aller Konferenztermine aushändigen lassen,
*   zur Entwicklung der Selbststeuerung der Fachkonferenz ein eigenständiges Budget ermöglichen und in diesem Zusammenhang eine verbindliche Organisation und regelmäßige Arbeit der Fachkonferenz einfordern,
*   die Verschriftlichung der Aufgaben, Rechte und Pflichten der Mitglieder und der Vorsitzenden der Fachkonferenz einfordern,
*   einen engen Fokus auf Unterrichtsentwicklung einfordern.

Auch sie lassen sich auf Qualitätsentwicklung hin orientieren. Hierzu gehört, dass Probleme selbstverantwortlich diagnostiziert werden und eine gemeinsame Handlungsplanung und Handlungsumsetzung zu konkreten und überprüfbaren Qualitätsmaßnahmen führt. Unterricht sollte hier im umfassenden Sinn gestaltet werden:
*   Unterrichtsinhalte, wie z. B. Unterrichtsreihen und Projekte werden in Arbeitsteilung vorbereitet und parallel durchgeführt,
*   Parallelarbeiten werden gemeinsam entworfen und bewertet,
*   außerunterrichtliche Aktivitäten werden koordiniert,
*   individuelle Fragen und Probleme werden angesprochen.

Klassenteams

Klassenteams lassen sich nutzen, um Unterricht gemeinsam abzusprechen, vorzubereiten und wechselseitige Hospitation zu erproben. Die Schulleitung kann hierzu
*   Klassenteams anregen, z. B. durch die Bildung einer Steuergruppe, die in Austausch mit bereits so arbeitenden Schulen tritt,

- Organisatorische Unterstützung anbieten (z. B. die Berücksichtigung des Teams im Stundenplan) und
- zeitliche Ressourcen bereitstellen (z. B. regelmäßige Koordinierungsstunden, mehr Doppelstunden).

Strukturen und Voraussetzungen für Unterricht zu schaffen, bedeutet genau genommen nichts anderes als unterrichtsbezogener Kommunikation im Kollegium Raum zu geben und ein kollegiales Feedback zu ermöglichen, welches regelmäßig, systematisch und datengestützt durchgeführt wird. Für Phillip und Rolff (2004, 132) ist für das Gelingen von Unterrichtsentwicklung entscheidend, inwieweit Teamarbeit und Kooperationsstrukturen genutzt werden können und die geplanten Entwicklungsmaßnahmen daran orientiert sind, die Lehr-Lernprozesse innerhalb der Schule zu optimieren und den Lernerfolg der Schülerinnen und Schüler zu verbessern. Ein Beispiel für die Zielrichtung, in die sich die obengenannten Strukturen im Idealfall entwickeln, sind die in jüngerer Zeit in der Literatur beschriebenen „Professionellen Lerngemeinschaften" von Lehrerinnen und Lehren (vgl. Hord, 1997; Bonsen & Rolff, 2006). Hierunter werden Gruppen von Lehrpersonen verstanden, welche sich fortlaufend um Möglichkeiten zur Steigerung der Effektivität ihres Unterrichts bemühen. Hierzu arbeiten sie kooperativ und tauschen neues Wissen und Methoden untereinander aus. Sie probieren Neuerungen im Unterricht aus und überprüfen systematisch deren Erfolg. Die beteiligten Lehrerinnen und Lehrer erhalten im Rahmen gemeinschaftlicher und kooperativer Unterrichtsarbeit dauerhaft neue professionelle Anregungen und haben Gelegenheiten, neue Unterrichtsmethoden und –praktiken sowie Unterrichtsmaterialien auszuprobieren.

Die Aufgabe der Schulleitung, bestehende Arbeitsstrukturen für die Unterrichtsentwicklung zu aktivieren und somit Unterrichtsentwicklung auf eine schulweite strukturelle Basis zu stellen, lässt sich auf zwei zentrale Begriffe bringen: Im Kern geht es darum die unterrichtsbezogene Kooperation und Reflexion innerhalb des Kollegiums zu fördern. Es geht darum isolierte Arbeitsformen in der Schule zu überwinden, mit dem Ziel der gegenseitigen Unterstützung und der Institutionalisierung gemeinsamen Lernens der Lehrerinnen und Lehrer.

5. Unterrichtsentwicklung in den Mittelpunkt der Entwicklungsbemühungen rücken: Zielführung durch die Schulleitung

Strukturen und Voraussetzungen zu schaffen, damit Unterrichtsqualität durch Lehrerkooperation und gemeinsame Reflexion entwickelt werden kann, ist eine Sache. Lehrerinnen und Lehrer tatsächlich zur aktiven Entwicklungsarbeit und Annahme von Neuerungen zu motivieren, eine andere. Der Umgang mit individuellen oder kollektiven Widerständen gegenüber Reform und Veränderungsmaßnahmen ist und bleibt in diesem Zusammenhang eine der offenen Fragen der Schulentwicklung. Illusorisch wäre die Hoffnung, alle Lehrpersonen einer Schule von Beginn an mitnehmen zu können, zu unterschiedlich sind die Berufsbiografien, Einstellungen und Ansichten innerhalb jedes Kollegiums. Unterrichtsentwicklung voranzutreiben, bedeutet den Balanceakt zwischen Freiwilligkeit und Verbindlichkeit. Natürlich kann man Reformwillen und Lernoffenheit nicht von oben durch die Schulleitung anordnen, jedoch eignen sich gerade die oben angesprochenen Arbeitsstrukturen dazu, Unterrichtsentwicklung zu thematisieren und auf eine verbindliche schulinterne Basis zu stellen. Strukturell verankert, ist es kaum mehr möglich, der Forderung nach Unterrichtsentwicklung auszuweichen, zumal wenn das Entwicklungsziel gerade eine engere Kooperation und gegenseitige Koppelung Aller ist.

Damit Schulentwicklung sich nicht den Vorwurf gefallen lassen muss, sie würde unfokussiert und unterrichtsfern betrieben (vgl. Oelkers, 2000), muss tatsächlich eine Schärfung der innerschulischen Entwicklungsprozesse erfolgen. Die Schulleitung hat dabei eine „Aufschließfunktion", um Unterrichtsentwicklung zu initiieren und nimmt eine steuernde Funktion ein. Sie steuert allerdings nicht in Richtung eines fertigen Konzepts, sondern dahingehend, dass sie versucht, die reflexive Auseinandersetzung mit der Qualität des Unterrichts im Kollegium auf Dauer zu stellen.

Unterrichtsqualität muss zunächst im Kollegium thematisiert werden, in die Fach- und Jahrgangsgruppen getragen und zum Thema der gesamten Schule gemacht werden. Zentrale Handlungsformen einer unterrichtsbezogenen Führung sind für Horster und Rolff (2001, 186f.) die Folgenden:

* über Lernen und Unterricht, Unterrichtskonzepte und Unterrichtsmethoden informieren,
* Interpretieren dieser Informationen, da diese häufig auslegungsbedürftig sind,
* die Interessen der Lehrerinnen und Lehrer aufgreifen und gemeinsam ausformen zu lassen,
* selbst inspirieren, aber auch Inspirationen aus dem Kollegium aufgreifen und zur Artikulation verhelfen,
* die unterschiedlichen persönlichen, fachlichen (zuweilen auch ideologisch motivierten) Vorstellungen und Ideen in einem möglichst breiten Konsens integrieren.

Unterrichtsentwicklung, die nicht bloß das Steckenpferd einzelner Lehrpersonen ist, sondern schulweit betrieben wird, erfordert die Entwicklung gemeinsamer und individueller Arbeitsziele. Für viele Lehrerinnen und Lehrer ist der Gedanke, konkrete Ziele für die pädagogische Arbeit festzulegen, und den Grad der Zielerreichung zu einem späteren, genau festgelegten Zeitpunkt zu überprüfen, ein Novum. Die Adaptivität von Zielen, die Re-Formulierung und die Nicht-Planbarkeit pädagogischer Prozesse werden häufig als Merkmale einer professionellen und einzelfallbezogenen Arbeit verstanden, die einer linearen und zuweilen ökonomisch anmutenden Abfolge von Zielsetzung, Handlungsplanung und Evaluation zu widersprechen scheinen. Unterrichtsentwicklung ohne Zielvereinbarung, Arbeitsplanung und Überprüfung von Arbeitszielen kann jedoch nicht als systematisch, sondern allenfalls evolutionär, schlimmstenfalls als chaotisch bezeichnet werden. Zur Reflexion und Kooperation tritt damit die Zielführung als dritte Größe einer systematischen, institutionellen Unterrichtsentwicklung. Im Idealfall würde sich die von vielen Lehrerinnen und Lehrern traditionell gepflegte Sichtweise des „Ich und mein Unterricht" zu einer neuen, schulweiten Organisationskultur entwickeln: „Wir, unsere Schule und unser Unterricht".

Literatur

Baptist, P. & Raab, D. (2007). *Auf dem Weg zu einem veränderten Mathematikunterricht.* Bayreuth: Zentrum zur Förderung des mathematisch-naturwissenschaftlichen Unterrichts, Universität Bayreuth.

Becker, H. & Langosch, I. (1995). *Produktivität und Menschlichkeit* (4). Stuttgart: Lucius & Lucius.

Bonsen, M. & Rolff., H.-G. (2005). Professionelle Lerngemeinschaften von Lehrerinnen und Lehrern. *Zeitschrift für Pädagogik,* 52 (2), 167-184.

Bonsen, M., Gathen, J.v.d. & Pfeiffer, H. (2002): Wie wirkt Schulleitung? Schulleitungshandeln als Faktor für Schulqualität. In H.-G. Rolff, H.G. Holtappels, K. Klemm, H. Pfeiffer & R. Schulz-Zander (Hrsg.), *Jahrbuch der Schulentwicklung Band 12,* (S. 287-322). Weinheim/München: Juventa.

French, W.L. & Bell, C.H. jr. (1994) *Organisationsentwicklung.* (4. Auflage). Stuttgart: UTB.

Hallinger, P. & Heck R. H. (1998). Exploring the Principal's Contribution to School Effectiveness: 1980-1995. *School Effectiveness and School Improvement* 9 (2), 157-191.

Hanft, A. (2003). *Evaluation und Organisationsentwicklung.* Vortrag zur 6. Jahrestagung der Deutschen Gesellschaft für Evaluation e.V. (DeGEval), Evaluation und Organisationsentwicklung. Hamburg.

Hord, S. M. (1997). *Professional Learning Communities: Communities of Continuous Inquiry and Improvement.* Austin, Texas.

Horster, L. & Rolff, H.-G. (2001). *Unterrichtsentwicklung. Grundlagen, Praxis, Steuerungsprozesse.* Weinheim und Basel 2001.

Kempfert, G. & Rolff, H.-G. (2005). *Qualität und Evaluation. Ein Leitfaden für pädagogisches Qualitätsmanagement.* Weinheim, Basel: Beltz.

Leithwood, K. (1992). The move towards transformational leadership. In Leithwood, K. u.a. (Hrsg.), *Educational Leadership* 49 (5), 8-12.

Murphy, J. (1990). Principal Instructional Leadership. In Thurston, P. & Lotto, L. (Hrsg.), *Advances in Educational Leadership* (S. 163-200). Greenwich.

Oelkers, J. (2000). *Unterricht und Effizienz: Probleme der Schulentwicklung.* Vortrag auf dem 11. Schweizerischen Tag für Mathematik und Unterricht am 16.05.2000 in der Kantonsschule Wohlen.

Phillip, E. & Rolff. H.-G. (2004). *Schulprogramme und Leitbilder entwickeln.* 4. überarbeitete und erweiterte Auflage. Weinheim, Basel: Beltz.

Rolff, H.-G. (1995). *Wandel durch Selbstorganisation. Theoretische Grundlagen und praktische Hinweise für eine bessere Schule.* Weinheim: Juventa.

Scheerens, J., Glas, C. & Thomas, S. M. (2003). *Educational Evaluation, Assessment, and Monitoring.* Lisse: Swets and Zeitlinger.

Schreyögg, G. (1998). *Organisation – Grundlagen moderner Organisationsgestaltung.* (2. Auflage). Wiesbaden: Gabler.

Strittmatter, A. (1997). An der Schwelle zur schulgerechten Schulleitung. In *Journal für Schulentwicklung* Heft 4. Innsbruck, Wien. S. 4-7.

Waters, J. T., Marzano, R. J. & McNulty, B. (2004): Leadership that sparks learning. *Educational Leadership* 61 (7), 48-51.

Sabine Schwebel

Öffentlichkeitsarbeit für „Schulen im Team": Chancen für ein nachhaltiges Projektmanagement

1.   Öffentlichkeitsarbeit – wo ihre Chancen liegen

„Tue Gutes und rede darüber" – diese Regel der professionellen Öffentlichkeitsarbeit gilt auch für Ihr Projekt. Ein Dialog mit der Öffentlichkeit bietet viele Chancen: Er kann Wissenslücken schließen, Vorurteile abbauen, das Vertrauen in Ihre Arbeit fördern. Vor allem jedoch kann er ihr Bildungsprojekt, dem Sie tagtäglich Mühen und Herzblut widmen und von dessen Nutzen Sie überzeugt sind, nach außen bekannt machen. Nutzen Sie diesen Mehrwert! Je stärker Sie der Öffentlichkeit klar machen, welche Ziele Sie verfolgen, wie sich Ihre Arbeit gestaltet und welchen Nutzen die Initiative erbringt, desto mehr Verständnis und Unterstützung bekommen Sie für Ihr Projekt. Das heißt: Jede Berichterstattung in den Medien hilft, das Bewusstsein für die Thematik Ihres Projektes insgesamt zu steigern.

Lassen Sie sich nicht abschrecken, falls Sie bisher noch nicht so viel Erfahrung mit Öffentlichkeitsarbeit haben. Das geht vielen Projektmanagern so, deren berufliche Expertise zumeist in einem anderen Bereich liegt. Ein paar grundsätzliche Überlegungen und Tipps aus der Praxis können Ihnen helfen und den Start erleichtern. Diese haben wir im Folgenden für die Akteure in Schule und Bildungswesen zusammengestellt, die sich im Rahmen des Projektmanagements auch mit Öffentlichkeitsarbeit befassen müssen – als Anregung, wie Ihr Projekt effektiv, d. h. durch eine gezielte Herangehensweise mit gleichzeitig überschaubarem Aufwand, kommuniziert werden kann.

2.   Botschaften, Kommunikationsziele und -zielgruppen

Finden von Zielen, Inhalten und Botschaften
Sei es zum Projektstart oder in dessen Verlauf – irgendwann kommt der Zeitpunkt, an dem eine Kommunikation in die Öffentlichkeit opportun erscheint oder sogar notwendig wird. Wir empfehlen für eine zielgerichtete Öffentlichkeitsarbeit, möglichst gleich zum Projektstart oder spätestens sobald die erste Aktion geplant ist, in Ihrem Team einige Fragen zu klären, die Sie ohnehin im Prozess der Projektkonzeption beschäftigt haben bzw. noch beschäftigen: Welche sind die übergeordneten Ziele des Projekts und daraus abgeleitet: Was sind Ihre Kernbotschaften? Welchen Ansatz oder welches Ergebnis möchten Sie der Öffentlichkeit bekannt machen? Welches Alleinstellungsmerkmal hat Ihr Projekt im Vergleich zu anderen Initiativen im Themenumfeld, welchen Mangel kann es beheben, auf welche gesellschaftliche Notwendigkeit reagiert es?

Das Ziel bestimmt die Zielgruppe

Wenn Sie entschieden haben, was Sie erreichen wollen, definieren Sie, wen sie dazu am besten ansprechen sollten (die Zielgruppen). Potenzielle Zielgruppen und wichtige Multiplikatoren für ein Projekt im Bereich Schulnetzwerke können zum Beispiel sein:

- Experten aus der Bildung allgemein, aus Schule und Wissenschaft
- Vertreter der Politik und Schulverwaltung
- Interessenverbände im Bereich der Bildung
- (Lehramts-)Studierende
- Eltern
- Breite Öffentlichkeit
- Medien als Multiplikatoren

Vom Projektziel zur PR-Maßnahme

→   Was wollen Sie sagen? (Visionen und Botschaften)

→   Warum sagen Sie es? (Ziele)

→   Wem wollen Sie es sagen? (Zielgruppen)

→   Wie sagen Sie es? (Maßnahmen)

---

3. Die Instrumente der Öffentlichkeitsarbeit

Wenn Sie Ihre Zielgruppen so genau wie möglich definiert haben, sollten Sie überlegen, auf welchem Weg Sie diese erreichen können. Welche Maßnahmen sind für diesen Personenkreis Erfolg versprechend? Hier gibt es viele Möglichkeiten, etwa den Versand einer Pressemitteilung, eine Pressekonferenz mit anschließendem Versand einer Pressemitteilung, Veranstaltungen wie Podiumsdiskussionen oder Workshops und schließlich die Kommunikation über Publikationen unterschiedlicher Art (etwa Broschüren für Schulen, die Sie gewinnen möchten, eine wissenschaftliche Publikation oder eine Projektwebsite). Oft lassen sich diese Maßnahmen auch kombinieren.

Instrumente der Öffentlichkeitsarbeit:

→   Medienarbeit (z.B. Pressemitteilungen, Pressekonferenzen, Medienkooperationen, Hintergrundgespräche)

→   Aktionen und Veranstaltungen (z.B. Workshops, Tagungen, Podiumsdiskussionen, Tag der offenen Tür)

→   Printmaterialien und Websites (z.B. Infobroschüren, Leitfäden, Auswertungen, Newsletter, Erfahrungsberichte)

Unabhängig davon, ob Sie eine Broschüre herstellen oder gezielte Kooperationen mit den Medien anstreben, lässt sich auch mit wenig Zeit und knapper Haushaltskasse effektiv Öffentlichkeitsarbeit umsetzen, wenn Sie die lokalen Gegebenheiten, bereits vorhandene Anlässe und bestehende Kontakte nutzen:

Nutzen Sie bereits vorhandene Anlässe. Um die Ziele und Inhalte Ihres Projektes in die Öffentlichkeit zu bringen, können Sie, bevor Sie eigene Aktionen planen, recherchieren, ob in Ihrem Umkreis bereits Veranstaltungen geplant sind, bei denen Sie sich einbringen können. Dies könnten Sie tun, indem Sie bei thematisch verwandten Veranstaltungen zum Beispiel Materialien auslegen, einen eigenen Infostand aufbauen oder an einer Podiumsdiskussion teilnehmen.

Nutzen Sie bereits vorhandene Kontakte. Von welchen Einrichtungen wurden Sie schon einmal kontaktiert bzw. um eine Expertenmeinung gebeten? Welche Einrichtungen, Gruppen, Projekte, Institutionen könnten Ihrer Einschätzung nach Veranstaltungen durchführen, bei denen thematische Berührungspunkte zu Ihrem Thema vorliegen? Welche nationalen oder regionalen Anlässe stehen an, welche davon könnten Sie nutzen? Mit welchen Medien bzw. Journalisten haben Sie bereits einmal ein Gespräch geführt? Wer hat sich in der Vergangenheit schon für die Arbeit und Ziele Ihres Projektes eingesetzt? Wer von Ihren Mitarbeitern hat persönliche Kontakte?

3.1 Medienarbeit

Ein wichtiger Teil der Öffentlichkeitsarbeit ist der Kontakt zu Journalisten bzw. die Information der lokalen Medien. Ob Tageszeitung, Anzeigenblatt, Lokalradio oder -fernsehen: Die Medien vor Ort sind das Nadelöhr, um Neuigkeiten und Themen an die Zielgruppen zu bringen. Zudem ist Medienarbeit meist das beste Mittel, um mit geringen Kosten und Aufwand einen großen Effekt zu erzielen.

Ein Tipp: Wenn Sie mit Ihrer Medienarbeit starten und Ihnen nicht allzu viel Zeit zur Verfügung steht, dann verfahren Sie nach dem Prinzip „Weniger ist mehr". Ein einziger, guter Kontakt zur Lokalredaktion der führenden Zeitung vor Ort oder zu einem Radiojournalisten ist oft wichtiger und effektiver als unzählige Pressemitteilungen.

Für alle Bereiche der Medienarbeit sollten Sie darauf achten, Ihr Gegenüber nicht allein mit trockenen Zahlen und Fakten zu bombardieren. Wenn Sie mit Journalisten sprechen, verpacken Sie diese notwendigen Infos in Geschichten oder anschauliche Vergleiche, die das Thema anfassbar und die Fakten einschätzbar machen und sprechen Sie eine bildhafte Sprache.

Aufhänger und Anlässe: Sie sollten nur dann die Presse informieren, wenn Sie auch tatsächlich etwas Neues, Aktuelles oder Wichtiges zu erzählen haben. Aufhänger können ganz unterschiedliche Anlässe sein wie der Start Ihres Projekts, das Erreichen eines wichtigen Zwischenziels bzw. der Nachweis bestimmter Erfolge, die Stellungnahme zu aktuellen (bildungspolitischen) Ereignissen, in deren Themenumfeld Ihr Projekt steht, die Gewinnung eines prominenten Schirmherrn oder die Evaluationsergebnisse zum Abschluss des Projekts.

Presseverteiler: Die Bedeutung eines sorgfältig geführten Presseverteilers wird oft unterschätzt. Aber: Sein Aufbau und seine regelmäßige Pflege bzw. Aktualisierung sind Voraussetzung für eine große Resonanz in den Medien und erleichtern Ihnen die Arbeit erheblich. Wenn Sie an einer Hochschule beschäftigt sind, können Sie zur Identifikation geeigneter Ansprechpartner und zum Versand vielleicht die Hilfe der Pressestelle in Anspruch nehmen. Kommen wir noch einmal auf den Punkt Effektivität bzw. „Weniger ist mehr" zurück. Versuchen Sie, zu den 3–4 für Ihr Themenumfeld zentralen Journalisten der lokalen Medien gleich zu Anfang einen persönlichen Kontakt aufzubauen. Wenn Ihr Projekt dort erst einmal bekannt ist, können Sie diese ohne große Umwege kontaktieren, wenn Sie etwas Neues und Wichtiges zu berichten haben.

Pressemitteilung: *Die Pressemitteilung ist ein Standardinstrument der Medienarbeit. Neben Antworten auf die zentralen Fragen „Wer?", „Was?", „Wann?", „Wo?", „Warum?" und „Wie?" bietet sie ganz kompakt aktuelle Daten, Fakten und Hintergrundinformationen für Journalisten. Eine Pressemitteilung wird oft nicht eins zu eins abgedruckt, sondern dient dem Redakteur als „Ideenbuffet", um eine für ihn spannende Frage zu identifizieren. Bei der Mehrheit der deutschen Redakteure wandern über die Hälfte der eingehenden Pressemitteilungen sofort in den Papierkorb. Oft bemängeln Redakteure auch, dass der Großteil aller Pressemitteilungen formal schlecht ist – ein Ausschlusskriterium in der Flut an Informationen, die es von der Redaktion im hektischen Alltagsgeschäft schnell zu erfassen gilt.*

Um den Redaktionen möglichst zielgerichtete Informationen zur Verfügung zu stellen, empfehlen wir, zu überlegen: Welche Zielgruppen haben die möglichen Zeitungen, Radiostationen oder Fernsehsender? Welches Publikum mit welchem Interesse bedienen diese? Welches Medium ist daher für Sie von besonderem Interesse? Und schließlich: Wie sollten Sie folglich Ihre Nachricht verpacken, welcher inhaltliche Aufhänger eignet sich dazu, Interesse zu wecken?

→ Detaillierte Informationen zum Verfassen von Pressemitteilungen finden Sie in der angehängten Checkliste.

Pressekonferenz und Pressegespräch: *Bevor Sie über die Durchführung einer Pressekonferenz nachdenken, sollten Sie sich vor Augen führen, dass eine Pressekonferenz ein echtes Medienereignis ist. Viele Anlässe und Aufhänger eignen sich grundsätzlich für eine Pressemitteilung – jedoch nur wenige für eine Pressekonferenz. Sie sollten daher dieses Instrument nur dann anwenden, wenn Sie wirklich über etwas außergewöhnlich Aufregendes berichten können und andere Instrumentarien der Medienarbeit nicht ausreichen. Beachten Sie diesen Grundsatz nicht, kann es Ihnen passieren, dass zwar bei der ersten oder vielleicht auch noch der zweiten von Ihnen veranstalteten Pressekonferenz*

Pressevertreter da sind. Wird deren Informationsbedürfnis jedoch nicht befriedigt, setzen Sie damit unter Umständen nicht nur den Erfolg weiterer Pressekonferenzen aufs Spiel, sondern auch den Erfolg Ihrer übrigen Medienarbeit. Anlässe für eine Pressekonferenz können beispielsweise der Start Ihres Projektes, dessen erfolgreiche Abschluss mit grundlegenden Aussagen und Zahlen, das Erreichen eines wichtigen Zwischenziels oder die Stellungnahme Ihrer Initiative zu einer aktuellen öffentlichen Diskussion sein.

Auch bei Pressekonferenzen gibt es einige Grundregeln, die Sie bei der Planung und Durchführung beachten sollten: Meiden Sie das Wochenende, den Montag und den Freitagnachmittag als Veranstaltungszeitpunkte. Die günstigsten Termine sind dienstags bis freitags mit Start um 10.00 oder 11.00 Uhr, da dann noch eine Veröffentlichung in der Tagespresse des nächsten Tages möglich ist. Laden Sie zu einer Pressekonferenz ca. 1–2 Wochen vorher ein. Wir empfehlen, ein Antwortfax beizulegen, auf dem Sie auch anbieten, die Pressemappe zuzusenden, wenn der Journalist nicht teilnehmen kann. Es hat sich bewährt, die Redaktionen, die Ihnen besonders wichtig sind, 1–2 Tage vor dem Termin noch einmal anzurufen und nachzufragen, ob eine Teilnahme geplant ist.

Informellerer Natur als die Pressekonferenz sind Pressegespräche. Sie dienen in erster Linie der Vermittlung von Hintergrundinformationen und der Kontaktpflege, weniger hingegen der direkten Veröffentlichung eines Artikels. Da es sich um vertrauliche Gespräche im engeren Kreis handelt, sollten Sie dazu hauptsächlich Medienvertreter einladen, die Sie kennen oder dringend kennen lernen möchten. Für ein Pressegespräch müssen Sie nicht notwendigerweise extra Räume anmieten. Es reicht, wenn Sie die Teilnehmer in Ihr Büro oder einen Konferenzraum einladen. Anlässe für ein Pressegespräch können sein: die Darstellung und Diskussion Ihres Projektes, die Vermittlung komplexerer gesellschaftspolitischer Zusammenhänge oder die Diskussion über Entwicklungen in Ihrem Themenbereich.

→ Detaillierte Informationen zur Organisation von Pressekonferenzen finden Sie in der angehängten Checkliste.

Pressemappe: Zu jedem Anlass, zu dem die Presse geladen ist, erwarten Journalisten schriftliches Informationsmaterial, am besten in Form einer Pressemappe. Sie enthält in der Regel eine aktuelle Pressemitteilung, Hintergrundtexte wie Projektbeschreibungen und Fact Sheets (das sind – immer mit Quellennachweis versehene – Daten und Fakten zum Thema in Stichwortform) sowie Fotos. Allerdings darf eine Pressemappe nicht als Sammelsurium von Informationen missbraucht werden. Bei der Zusammenstellung der Materialien sollte stets im Vordergrund stehen: Was ist wirklich wichtig? Welche Botschaften möchte ich transportieren? Was ist für die Journalisten und ihre Leser besonders interessant? Bei mehr als fünf verschiedenen Texten ist ein Übersichtsblatt angebracht, das dem Redakteur die Orientierung erleichtert. Die wichtigste und aktuellste Information – also in der Regel die Pressemitteilung – kommt immer an den Anfang, Hintergrundinfos werden danach eingeordnet.

Medienkooperationen: *Während mit Instrumenten wie Pressemitteilung und Presse-*
konferenz auf eine breite Wirkung in vielen verschiedenen Medien gesetzt wird,
dienen Medienkooperationen einer individuellen und exklusiven Zusammen-
arbeit mit einem ausgewählten Medium: Bildungs- oder (hoch)schulpolitische
Themen werden dabei in enger Abstimmung mit den zuständigen Redakteuren
platziert – üblicherweise auf Sonderseiten von Tageszeitungen oder als exklu-
sive redaktionelle Beiträge. Zudem können Sie versuchen, mit Ihrer Tageszei-
tung eine Serie über ein in Ihrem Themenumfeld relevantes Problem zu lancie-
ren.

Als Initiator einer Medienkooperation profitieren Sie in doppelter Hinsicht: Zum
einen können Sie sich stärker in redaktionelle Inhalte einbringen, was beispielsweise dazu genutzt werden kann, für die Unterstützung des Projekts zu werben.
Zum anderen können Sie den Kontakt zum jeweiligen Medium ausbauen und
wecken bei den Redakteuren Interesse für Ihre Themen – dies wird sich bei der
zukünftigen Medienarbeit auszahlen.

Wichtig ist, dass Sie eine wirkliche Kooperation mit dem Medium eingehen,
d. h. machen Sie der Redaktion den Nutzen für ihre Leser klar und machen Sie ihr
konkrete Angebote. Sie können beispielsweise einen Experten als Interviewpartner
präsentieren oder Sie bieten einem Journalisten exklusiv einen Besuch bei Ihrem
Projekt an, um einen Hintergrundbericht zu lancieren.

Eine weitere Kooperationsform ist die Telefonaktion. Auf Ihre Initiative
hin könnte die Zeitung Interessenten dazu aufrufen, zu einem Thema Stellung
zu beziehen oder Fragen zu stellen. Am Tag der Anrufaktion, die bereits einige
Tage in der Tageszeitung angekündigt wurde, können Sie oder ein Ihnen bekann-
ter Experte in der Redaktion der Zeitung Anrufe entgegennehmen. Die zentralen
Aussagen, Hinweise, Fragen oder Erwartungen der Anrufer werden am Tag nach
der Aktion von der Zeitung in einem redaktionellen Beitrag veröffentlicht und
diskutiert. Anrufaktionen eignen sich deshalb sehr gut zur Steigerung des eigenen Bekanntheitsgrades, da sie es möglich machen, mit einer Aktion mehrmals an
die Öffentlichkeit zu kommen. Eine Telefonaktion kann auch zum Diskussionsfo-
rum werden. Über diesen Weg können Sie ebenfalls große Aufmerksamkeit in der
Öffentlichkeit generieren.

Pressespiegel: *Die beste und einfachste Form der qualitativen wie quantitativen*
Kontrolle im Rahmen der Medienarbeit ist die Erstellung eines Pressespiegels.
Sammeln und werten Sie alle Artikel quantitativ und qualitativ aus, die über
Ihr Projekt berichten. Die qualitative Auswertung soll die Frage beantworten,
ob das erarbeitete Kommunikationsziel erreicht wurde, d. h. ob die inhaltlichen
Aussagen korrekt wiedergegeben und ihrer Wichtigkeit entsprechend betont
wurden. Diese Auswertung bereitet den Weg für die kritische interne Analyse
und stetige Verbesserung der eigenen Öffentlichkeitsarbeit. Darüber hinaus
empfiehlt es sich, die Medienlandschaft insgesamt auf Themen hin zu beobach-
ten, die Ihr Projekt betreffen. Sie können, um Zeitressourcen zu sparen, einen
Pressespiegel zu Ihrer Initiative bei einem Medienausschnittdienst in Auftrag

geben oder, wenn Sie an einer Hochschule tätig sind, sicher über die dortige Pressestelle die relevanten Artikel beziehen.

3.2 Veranstaltungen und Aktionen

Veranstaltungen und Aktionen zeichnen sich dadurch aus, dass hier die direkte Ansprache und Einbeziehung der Zielgruppen im Mittelpunkt steht – das birgt eine große Chance für Ihre Kommunikation. Erfolgreiche Initiativen dieser Art verlangen einen hohen Grad an Attraktivität, denn zu einem Event macht man sich in der Regel nur dann auf, wenn das Programm Interesse weckt. Eine hohe Attraktivität gewährleisten die eingeladenen Redner und Gäste, ein attraktives Rahmenprogramm (Musik, Unterhaltung etc.) und der richtige Termin.

Auch hier gilt wieder: Eine Aktion oder Veranstaltung muss zu Ihren Zielen, Ihren Zielgruppen und Ihrer Zeitplanung passen. Nichts ist schlimmer als blinder Aktionismus, der die ursprüngliche Zielsetzung im Nachhinein ins Gegenteil verkehrt, oder eine Veranstaltung, die infolge Personal- oder Zeitmangels nur halbherzig und schlecht vorbereitet wurde. Als einige der vielen möglichen Aktionen bieten sich themenbezogene Diskussionsrunden, Workshops, Tagungen oder ein Tag der offenen Tür an, bei dem Sie verschiedenen Interessensgruppen Einblick in Ihr Projekt ermöglichen und zum Austausch zur Verfügung stehen. Solche Aktivitäten sollten Sie durch die Verteilung von Informationsmaterial und/oder Medienarbeit begleiten.

3.3 Printmaterialien und Websites

Ein bunter Strauß an Möglichkeiten bietet sich, um Ihren Außenauftritt zu gestalten: Flyer, Broschüren, Newsletter, Jahresberichte, Projektwebsites, Fotomaterial, Filmmaterial oder Plakate sind nur einige Beispiele.

Geben Sie Ihrem Projekt ein eigenes Gesicht! Mit Informationsmaterialien wie Broschüren und Flyern erreichen Sie Ihre Zielgruppen nachhaltig und umfassend. Achten Sie bei der Außendarstellung Ihres Projektes gerade auch bei der Erstellung Ihrer Materialien grundsätzlich auf ein ansprechendes und einheitliches Design, um Ihrem Projekt ein eigenes Gesicht und einen einheitlichen Namen zu geben. Was nützt Ihnen die beste Öffentlichkeitsarbeit, wenn Sie nicht wieder erkannt werden?

Fragen Sie sich bei der Erstellung der Materialien immer wieder nach den Zielgruppen. Eine Website zur Information der breiten Öffentlichkeit sieht anders aus und liest sich anders als ein Jahresbericht, den Sie Vertretern der Bildung zusenden möchten oder als ein Newsletter, der Lehrer über die neuesten Ergebnisse einer ihnen bereits bekannten Initiative informiert.

Ganz generell sollte für den Schreibstil all Ihrer Materialien gelten: Holen Sie Ihren Leser dort ab, wo er steht. Dieser wird in vielen Fällen nicht der Wissenschaft entstammen. Haben Sie keine Scheu, für Otto Normalverbraucher Ihre

Initiative allgemein verständlich zu beschreiben. Das tut Ihrer wissenschaftlichen Expertise keinen Abbruch. Mit Fritz Fachexperte hingegen können Sie nach Lust und Laune fachsimpeln.

Ihre Materialien sollten stets zum Einsatz kommen, d.h. legen Sie Flyer bei Veranstaltungen und Aktionen aus. Legen Sie die Materialien Ihrer Pressemappe bei. Verweisen Sie in den gedruckten Unterlagen auf Ihre Website. Eine breite Streuung Ihrer Materialien erhöht Ihren Bekanntheitsgrad.

Ein genereller Tipp, sobald Minderjährige als Beispiel genannt sind oder zitiert werden: Nennen Sie deren Nachnamen aus Gründen des Persönlichkeitsschutzes in allen Materialien, die an die Öffentlichkeit gelangen, nur nach vorheriger Einwilligung der Eltern. Wenn Sie ganz sicher gehen möchten, holen Sie auch bei Erwachsenen deren Genehmigung für die Nennung des Nachnamens ein. Auch wenn Minderjährige auf Fotos abgebildet sind, muss das Einverständnis der Eltern vorliegen (siehe hierzu auch untenstehende Informationen).

Bildmaterial: Für Pressearbeit wie für die Produktion Ihrer Publikationen und Website gilt: Bilder sollten professionelle Ansprüche erfüllen. Doch was heißt das? Für Ihre Pressearbeit bzw. den Druck von Broschüren und ähnlichem sollten die Fotos eine Auflösung von 300 dpi haben bei einer Größe von 13 x 18 Zentimetern. Für den Abdruck in Tageszeitungen sind in der Regel 150 dpi ausreichend. Je größer ein Bild gedruckt werden soll, desto größer muss die Auflösung sein. Für Poster etc. werden Sie daher Daten von deutlich über 300 dpi benötigen.

Insbesondere bei Tageszeitungen und Fachmagazinen erhöhen beigelegte Fotos die Abdruckwahrscheinlichkeit. Sie können Bilder als Hochglanzabzug, Dia oder digital zur Verfügung stellen. Besonders gerne werden Fotos abgedruckt, auf denen Menschen, vor allem Kinder, zu sehen sind. Auf jeden Fall sollte eine Aktion zu sehen sein. Falls Sie die Aufnahme nicht selbst gemacht haben, sollten Sie mit dem Fotografen die Urheberrechte und ein möglicherweise anfallendes Honorar klären. Zu jedem Foto gehört eine kurze Bildunterschrift, die auf die Bildrückseite geklebt oder digital mitverschickt wird. Mit der Bildunterschrift greifen Sie die wichtigste Botschaft der Pressemitteilung heraus. Damit verleihen Sie ihr noch einmal zusätzliches Gewicht. Außerdem sollten Sie erklären, was bzw. wer auf dem Bild zu sehen ist. Absender und Fotograf müssen ebensogenannt werden wie der Hinweis „Abdruck honorarfrei".

Wenn Minderjährige abgebildet sind, müssen Sie die Genehmigung der Eltern einholen – am besten schriftlich und schon im Rahmen des Fotoshootings.

4.   Zum Ende: Viele Wege führen nach Rom. Los geht's!

Wir hoffen, dass die vorangegangenen Tipps aus unserer alltäglichen Arbeit zwischen Öffentlichkeit und Projektträgern Ihnen neue Einblicke verschafft haben und bei der Außendarstellung Ihres Projekts nützlich sein werden. Schulentwicklungsinitiativen sind ein zukunftsorientiertes, menschennahes und enorm wichtiges Aufgabenfeld. Damit auch andere von Ihrem Wissen, Ihrer Expertise und Ihrem Angebot profitieren können: Erzählen Sie davon! Einige der vielen möglichen Wege haben wir hier aufgezeigt. Welchen Weg Sie auch gehen möchten – wir wünschen gutes Gelingen und auch ein wenig Spaß dabei.

Checkliste Pressemitteilung und -einladung

Sprache und Stil:

- Formulieren Sie eine aussagekräftige Überschrift (Headline) und ggf. eine oder mehrere Unterzeilen (Subheadlines). In den Überschriften sollten die wichtigsten Informationen so verpackt sein, dass der Journalist bereits beim Überfliegen alles Wesentliche erfassen kann. Denken Sie daran, dass ein Journalist mehrere Dutzend Presseaussendungen täglich erhält!
- Für den Aufbau der gesamten Pressemitteilung gilt: Das Wichtigste kommt an den Anfang. Erst der Kern der Nachricht, danach die näheren Umstände, schließlich weitere Einzelheiten und Hintergrundinfos.
- Beantworten Sie die W-Fragen („Wer?", „Was?", „Wann?", „Wo?", „Wie?" und „Warum?") daher möglichst im ersten Absatz der Pressemitteilung.
- Formulieren Sie kurze prägnante Sätze statt Schachtel- und Bandwurmsätze. Achten Sie darauf, keine langatmigen wissenschaftlichen Texte zu verfassen. Der Pressetext sollte auch einem Laien auf Anhieb verständlich sein. Fachbegriffe und Fremdwörter sollten erklärt werden. Wenn Sie mit der Redaktion später ins Gespräch kommen, haben Sie Gelegenheit, auch detaillierte bzw. wissenschaftliche Hintergrundinformationen zu geben.
- Schreiben Sie in einer bildhaften Sprache. Gerade komplizierte Fachthemen lassen sich durch bildhafte Ausdrücke, Vergleiche und Beispiele anschaulich machen.
- Stellen Sie die aktuellen Daten und Fakten in den Mittelpunkt. Eine Pressemitteilung sollte immer einen aktuellen Anlass haben.
- Verzichten Sie auf werbliche Selbstdarstellung. Meinungen und Bewertungen gehören ausschließlich in Zitate! Zitate bringen Leben in die Pressemitteilung und können genutzt werden, um Erfahrungen, Absichten oder Prognosen von Mitarbeitern, Nutznießern oder Unterstützern zu vermitteln. Beim Zitieren sollten der vollständige Name und die berufliche Funktion der zitierenden Person genannt werden. Wenn Sie Dritte zitieren, bitten Sie in jedem Einzelfall um die Erlaubnis einer Wiedergabe, denn auch öffentliche oder schriftliche Äußerungen genießen grundsätzlich urheberrechtlichen Schutz.
- Setzen Sie Adjektive sparsam ein und vermeiden Sie Superlative.
- Schreiben Sie im Aktiv.
- Vermeiden Sie Substantive und benutzen Sie stattdessen Verben.
- Sagen bzw. schreiben Sie immer alles nur einmal.

Äußere Form:

- Verwenden Sie Ihr Geschäftspapier.
- Kennzeichnen Sie Ihren Text als „Pressemitteilung" oder „Presseinformation" bzw. als „Einladung zur Pressekonferenz", zum Pressegespräch.
- Schreiben Sie Ort und Datum an den Anfang des Textes (als Datum wird dabei der Tag eingesetzt, an dem die Pressemitteilung verschickt wird).
- Verwenden Sie eine gut lesbare Schriftgröße (in der Regel 12 Punkt).
- Formatieren Sie einen Zeilenabstand von 1,5 Zeilen und lassen Sie einen breiten rechten Rand für Kommentare des Redakteurs.
- Bedrucken Sie das Papier nur einseitig.
- Schreiben Sie nicht mehr als zwei DIN A4-Seiten.
- Nennen Sie am Ende des Textes einen Ansprechpartner mit Adresse für weitere Informationen.
- Versenden Sie die Einladung mit einem Antwortfax zwei Wochen, jedoch spätestens eine Woche vor dem Termin.
- Versenden Sie die Pressemitteilungen möglichst sofort, also z.B. noch am Tag einer Pressekonferenz. Denn nichts ist so alt wie die Nachricht von gestern!

Checkliste Pressekonferenz

1. Vorbereitungsphase

- Fangen Sie ca. 4 Wochen vorher mit der Planung an
- Festlegung des Termins (Finden zur selben Zeit andere wichtige Ereignisse statt? Ist die Zeit „journalistenfreundlich"?)
- Festlegung der Themen entsprechend dem Anlass
- Auswahl eines zentralen Ortes und geeigneten Raums
- Auswahl der Redner, Verteilung der Redezeit und der Themen, Moderation
- Erstellung der Einladungsliste für Presse, Radio, TV aus Ihren Kontakten (Passen Thema und angesprochene Journalisten/Redaktionen/Ressorts zueinander? Niemanden vergessen?)
- Persönliche Terminabstimmung mit wichtigen Journalisten
- Formulierung der Einladungen inklusive Rückantwort
- Ca. 14 Tage vorher Versand der Einladungen per Post oder per Fax (bei Fachpresse besser 4 Wochen vorher)
- Erstellen der Pressemappe (Texte, Fotos, Reden etc.)
- Organisation des Caterings (Imbiss und/oder Getränke)
- Ggf. Organisation der Konferenzausstattung (Mikrofone, Overhead-Projektor etc.)
- Ggf. Einholen einer Einverständniserklärung für Bildaufnahmen von Minderjährigen
- Durchführen der telefonischen Nachfassaktion bei den wichtigsten Medien (ca. 2–3 Tage vorher)

- Ggf. Pressefotografen bestellen, der das Foto zur Pressekonferenz vor Ort für den Versand mit der Pressemitteilung aufbereitet
- Erstellen der Teilnehmerliste und Namensschilder
- Am Tag vorher: kurze Generalprobe (Achtung: Eine Pressekonferenz sollte maximal eine Stunde, ein Pressegespräch nicht länger als zwei Stunden dauern.)

Richten Sie sich darauf ein, dass viele Journalisten – gerade aus Hörfunk und TV – bereits am Tag vor der Pressekonferenz ein Interview mit Ihnen machen möchten oder Ihr Projekt besuchen möchten.

2. Durchführungsphase

- Begrüßung der Journalisten und Vorstellung des Podiums
- Sachliche Darstellung der Fakten
- Fragemöglichkeiten für die Journalisten einräumen
- Ggf. Vermittlung von Interviews mit Experten, Prominenten oder Personen, die von Ihrem Projekt profitieren
- Ggf. Besuch bei Ihrem Projekt ermöglichen

3. Nachbereitungsphase

- Versand einer aktuellen Pressemitteilung am Tag der Konferenz an Ihren Presseverteiler
- Versand der Pressemappen an die eingeladenen, aber nicht anwesenden Journalisten. Mit einem netten Anschreiben versehen sollten Sie die Mappe möglichst am selben Tag verschicken.
- Presseausschnitte sammeln und Pressespiegel erstellen

Kritische interne Analyse

- Wie war die Presseresonanz (qualitativ und quantitativ) und welche Gründe waren dafür ausschlaggebend?
- Waren die richtigen Journalisten da? Wenn ja, weiter so. Wenn nein, warum nicht? Ursachenforschung betreiben! Gründe können sein: die ausgewählten Inhalte, die Art und Weise der Darstellung, der gewählte Zeitpunkt, die Form der Ansprache.

Nils Berkemeyer

Selbstevaluation in Schulen – Grundlagen und Beispiele

1. Einleitung

Evaluation ist mittlerweile ein zentraler und gern zitierter Begriff der Schulentwicklung geworden. Sein vielschichtiger Gebrauch und seine starke Präsenz führen dabei jedoch gehäuft zu eher zurückhaltenden Reaktionen auf Seiten derer, die Evaluation konkret in der Praxis umsetzten sollen. Denn Evaluation einfordern einerseits und Evaluation durchführen andererseits sind zwei sehr unterschiedliche Vorgänge mit einem sehr differenten Arbeitsaufwand. Somit erscheint es nicht zu verwundern, wenn Lander und Ekholm pointiert feststellen:

> „However, it is clear from the research discussed here, that evaluation and its modest contribution to school improvement may well get lost in the struggle between the social technology of teaching and the running of schools. If evaluation as management becomes too dominant, it is likely that teachers will administer the kiss of the death to the whole idea of evaluation as improvement" (Lander & Ekholm 2005, 98).

Die im Zitat formulierte Gefahr der Überforderung von Schulen in Form zunehmender Anforderungen an Quantität und Qualität von Evaluationsprojekten ist kaum zu unterschätzen: „Wenn Unrealistisches gefordert wird, dann werden viele Schulen ‚so tun als ob' und viele Schulaufsichtsbeamte werden sich damit zufrieden geben, weil sie wissen, dass mehr nicht drin ist" (Altrichter et al., 2006, 33). Gerade wegen dieser, mit der Forderung nach Evaluation einhergehenden, immanenten Gefahr der Überforderung ist es bedeutsam, sich mit Formen und Verfahren von Evaluation auseinanderzusetzen, um sinnvolle Evaluationsmaßnahmen durchzuführen und unsinnige Unternehmungen rechtzeitig abzuwenden. Damit soll die grundsätzliche Notwendigkeit von Evaluationsvorhaben keinesfalls bestritten werden: „Der ‚Kern der Evaluationsidee' besteht darin, die Selbststeuerungsfähigkeit von Schulen zu stärken und sie anzuregen, die Informationsbasis, auf der diese Selbststeuerung erfolgt, zu verbessern und zu verbreitern" (ebd., 33).

In Anlehnung an dieses Zitat von Altrichter et al. geht es also um die Verbesserung der Entscheidungsgrundlagen in Schulen durch Bereitstellung systematisch erhobener Informationen. Kurzum: Es geht um die Steigerung von Systemrationalität auf Datenbasis.

Wesentlich lassen sich dabei vier zentrale Begründungen für die Selbstevaluation in Schulen benennen (vgl. Rolff et al., 1998): Sie kann
1. ein Instrument zur Steuerung der Schulentwicklung,
2. eine Hilfe zur Selbstreflexion für Lehrkräfte,
3. eine Kontrolle und Rechenschaftslegung und

4. ein Instrument zur Beteiligung von Schülern, Lehrerinnen und Eltern an Schulentwicklung sein.

Die von Rolff et al. benannten Begründungen haben bis heute Gültigkeit, müssen aber ihrerseits in ein bestimmtes Bedingungsgefüge eingepasst werden, soll Selbstevaluation an Schulen nicht zu einem bloßen Selbstzweck reduziert werden. Der folgende Beitrag möchte hierfür einige Vorschläge machen.

2. Begriffsklärung

Der Begriff der „Evaluation" findet sich in den unterschiedlichsten Kontexten wieder und trägt entsprechend unterschiedliche Bedeutungen. Im Folgenden sollen einige zentrale Unterscheidungen vorgestellt werden, um im Anschluss daran die Funktion von Evaluation in Schule zu verdeutlichen. Zunächst kann zwischen Evaluation und Evaluationsforschung unterschieden werden. Eine Evaluation ist ganz allgemein der Prozess der Beurteilung des Wertes oder der Qualität eines Produktes, einer Maßnahme oder eines Programms. Dieser Prozess muss nicht notwendigerweise datenbasiert oder im wissenschaftlichen Sinne systematisch sein (vgl. Wottawa & Thierau, 2003). Jede Korrektur einer Klassenarbeit kann entsprechend dieser Begriffsbestimmung als Evaluation bezeichnet werden.

Evaluationsforschung fokussiert hingegen auf die Nutzung wissenschaftlich anerkannter Verfahren der Datenerhebung sowie auf die systematische Anwendung dieser Verfahren. Für die Evaluationsforschung gelten ganz allgemein die klassischen Gütekriterien sozialwissenschaftlicher Forschung, wie beispielsweise Objektivität, Reliabilität (Zuverlässigkeit) und Validität (Gültigkeit) (vgl. Diekmann, 1998). Diese Gütekriterien wurden in den Standards des „Joint Committee on Standards for Educational Evaluation" erweitert und für die spezielle Situation der Evaluationsforschung als Auftragsforschung konkretisiert (vgl. Joint Committee on Standards for Educational Evaluation, 2006). Hierbei wurden vier Klassen von Standards unterschieden: Nützlichkeitsstandards, Durchführbarkeitsstandards, Korrektheitsstandards und Genauigkeitsstandards. Diese finden ihren Niederschlag in nachstehender Checkliste (vgl. Tab. 1) und können so auch für kleinere Evaluationsprojekte eine hilfreiche Orientierung zur Planung und Reflexion bieten.

Tab. 1: Checkliste zur Anwendung der Standards

	Der Standard …			
	wurde beachtet	wurde teilweise beachtet	wurde nicht beachtet	war nicht anwendbar
N 1 Ermittlung der Beteiligten & Betroffenen				
N 2 Glaubwürdigkeit der EvaluatorIn				
N 3 Umfang und Auswahl der Informationen				
N 4 Feststellung von Werten				
N 5 Klarheit des Berichts				
N 6 Rechtzeitigkeit und Verbreitung des Berichts				
N 7 Wirkung der Evaluation				
D 1 Praktische Verfahren				
D 2 Politische Tragfähigkeit				
D 3 Kostenwirksamkeit				
K 1 Unterstützung der Dienstleistungsorientierung				
K 2 Formale Vereinbarungen				
K 3 Schutz individueller Menschenrechte				
K 4 Human gestaltete Interaktion				
K 5 Vollständige und faire Einschätzung				
K 6 Offenlegung der Ergebnisse				
K 7 Deklaration von Interessenkonflikten				
K 8 Finanzielle Verantwortlichkeit				
G 1 Programmdokumentation				
G 2 Kontextanalyse				
G 3 Beschreibung von Zielen und Vorgehen				
G 4 Verläßliche Informationsquellen				
G 5 Valide Informationen				
G 6 Reliable Informationen				
G 7 Systematische Informationsüberprüfung				
G 8 Analyse quantitativer Informationen				
G 9 Analyse qualitativer Informationen				
G 10 Begründete Schlussfolgerungen				
G 11 Unparteiische Berichterstattung				
G 12 Meta-Evaluation				

Quelle: Joint Committee on Standards for Educational Evaluation 2006, 46-47

Für die Begriffsklärung ist die Unterscheidung zwischen externer und interner Evaluation sowie Selbstevaluation ebenfalls wesentlich. Eine externe Evaluation ist durch die Nichtmitgliedschaft des Evaluators, der Evaluatorin in der zu evaluierenden Organisation gekennzeichnet. Eine interne Evaluation hingegen findet statt, wenn Kolleginnen andere Kollegen oder Programme anderer Kollegen beurteilen. Somit sind beide Evaluationsformen Verfahren der Fremdevaluation. Sie unterscheiden sich graduell in der Distanz der Evaluatoren zu den Evaluationsgegenständen. Eine Selbstevaluation liegt schließlich vor, wenn die Evaluatorin, der Evaluator zugleich der Produzent des zu evaluierenden Gegenstands ist.

In einem dritten Zugang können Evaluationsverfahren über die ihnen zu Grunde liegenden Wertesysteme unterschieden werden. Evaluationsforschung als wissenschaftliches Verfahren ist dabei an Wahrheit orientiert, da sich die Kommunikation innerhalb der Wissenschaft entlang des Codes wahr/unwahr orientiert. Eine andere Orientierungsmöglichkeit bietet die Praxis selbst und wird entsprechend als „angemessen" bezeichnet (vgl. Dewe et al., 1992). Ein professioneller Umgang mit Evaluationsverfahren wird sich an einer Mischung dieser beiden Orientierungswerte zeigen, da so ein Reflexionspotenzial erzeugt wird, das im alltäglichen Handeln handhabbar bleibt. Lehrkräfte können und sollen eben keine Wissenschaft betreiben, sie können jedoch professionelle Reflexionsfolien erarbeiten und einsetzen. Abbildung 1 stellt einige Evaluationsverfahren im Spannungsgefüge externer/interner Ausrichtung sowie zwischen den Polen Wahrheit/Angemessenheit dar.

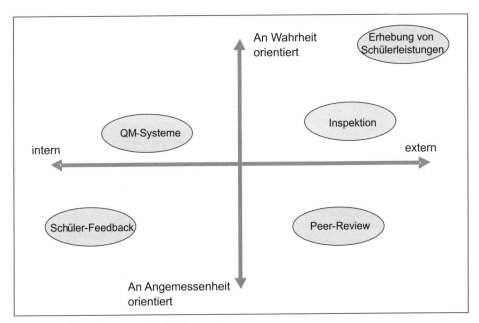

Abb. 1:   Dimensionen von Evaluationsverfahren

Vor dem Hintergrund dieser Differenzierungen können nun verschiedene Evaluationsverfahren gruppiert werden, wobei allerdings vorstellbar ist, dass beispielsweise ein Peer Review sowohl professionsgemäß, also unter Einbeziehung von wissenschaftlich relevanten Kriterien, als auch lediglich an Angemessenheit orientiert verlaufen kann. Insofern ist die nachstehende Tabelle eher ein Diskussionsanlass, um sich über Formen und Verfahren von Evaluation Klarheit zu verschaffen als eine trennscharfe, lehrbuchgemäße Einteilung der Verfahren. Letztlich muss jede Vorgehensweise auf die bereits benannten Gütekriterien (vgl. Tab. 1) hin neu bewertet werden.

Tab. 2: Beispiele für interne, externe Evaluation sowie Selbstevaluation

	An Wahrheit orientiert	Professionsgemäß	An Angemessenheit orientiert
Externe Evaluation	PISA, IGLU, Lernstands- erhebungen NRW, VERA	Schulinspektion	Peer Review
Interne Evaluation	Verbleibsstudien, Analyse der statistischen Schuldaten	Evaluation des Schulprogramms, Hospitation, Coaching, kollegiale Fallberatung, Supervision, Elternbefragung, Bestandsaufnahme	
Selbst- evaluation			Ad-hoc Schüler-Feedback (z. B. one-minute-paper; vgl. Altrichter et al., 2006)

3. Evaluation als Prozess

Ganz gleich, wie aufwendig ein Evaluationsverfahren ausgestaltet ist, es lässt sich immer als Prozess beschreiben. Solche Beschreibungen liegen in vielfältiger Form vor, unterscheiden sich im Kern aber nicht: Burkhard beschreibt diesen Prozess in zwölf Schritten über die „Evaluationsuhr" (Burkhard, zitiert nach Müller 2002). Bei Kempfert und Rolff (2005) findet sich der Prozess unter dem Titel „Zielkreislauf als Qualitätskreislauf" und Altrichter et al. (2006) sprechen vom „Aktions-Reflexions-Kreislauf". Leitend für den Evaluationsprozess sind im Wesentlichen folgende zentrale Schritte:

1. *Anlass*: Ohne einen echten Anlass wird es kein sinnvolles Evaluationsprojekt geben können. Anlässe sind beispielsweise kleinere Entwicklungsprojekte innerhalb der Schule, die Selbstvergewisserung über den Fortgang der Schulprogrammarbeit, ein externer Anstoß (z. B. Ergebnisse aus Lernstandserhebungen), etc.

2. *Zielklärung:* In der Phase der Zielklärung sollte einerseits spezifiziert werden, welche Ziele mit der zu evaluierenden Maßnahme verfolgt werden und andererseits, welche Ziele die Evaluation selbst hat. Insofern ist die Zielklärung refle-

xiv und sollte aus diesem Grund möglichst breit angelegt werden. Hier bietet sich eine gute Gelegenheit, Evaluation als Instrument zur Partizipation zu nutzen.

3. *Festlegung von Kriterien und Indikatoren*: Ziele zu formulieren ist wichtig, häufig sind sie aber so allgemein und abstrakt formuliert, dass sie für die konkrete Nutzung in Evaluationsprozessen nur einen orientierenden Charakter haben können. Darum ist es zumeist notwendig, Ziele der Maßnahme sowie der Evaluation zu operationalisieren. Dabei verweisen Kriterien auf unterschiedliche Dimensionen eines Ziels. Indikatoren sollten als konkret beobachtbare Ereignisse oder Verhaltensweisen formuliert werden (vgl. Burkard & Eikenbusch, 2000, 97). Hierbei sollte darauf geachtet werden, dass die Operationalisierung auf theoretisches Wissen zurückgreift. Die Frage, was sich als Kriterium oder Indikator eignet, kann so sinnvoller entschieden werden. Zudem stößt man durch diese Arbeit gegebenenfalls auf bereits bestehende Instrumente, die genutzt werden können.

4. *Methoden auswählen*: Hierbei ist die Frage leitend, welche Methode die festgelegten Indikatoren erfassen kann. Bonsen und Büchter formulieren hierzu: „Nach der Auswahl einer konkreten Methode/eines konkreten Instruments, sollte man sich immer die Frage stellen, ob diese Methode/dieses Instrument besser geeignet ist als eine andere Methode/ein anderes Instrument" (Bonsen & Büchter 2005, 67).

5. *Daten erheben*: Der Prozess der Datenerhebung sollte unbedingt rechtzeitig bekannt gegeben werden, so dass sich alle Beteiligten hierauf einstellen können. Zudem ist eine rechtzeitige Planung notwendig, um die Organisation der Datenerhebung hinreichend berücksichtigen zu können (Sind am Erhebungstag alle relevanten Personen anwesend? Gibt es Ereignisse, die die Erhebung stören könnten?).

6. *Daten auswerten und interpretieren*: Zunächst sollten die erhobenen Daten beschrieben werden, das heißt, dass in diesem ersten Schritt auf Interpretationen verzichtet werden sollte. Erst im Anschluss können Interpretationen erarbeitet werden, wobei wiederum möglichst viele Gruppen und somit Perspektiven einbezogen werden sollten. Falls möglich, sollten Interpretationen entlang bereits bestehenden Wissens vollzogen werden. Dinge die bekannt sind, müssen nicht neu interpretiert werden (vgl. Punkt 4).

7. *Datenfeedback:* Es gehört zum ethischen Standard einer jeden Evaluation, dass die Daten an alle Beteiligten zurückgemeldet werden. Ein Datenfeedback kann schriftlich oder mündlich erfolgen oder bei größeren Projekten auch im Rahmen eines pädagogischen Tages.

8. *Maßnahmen beschließen*: Ein Evaluationskreislauf ist erst abgeschlossen und auch nur dann sinnvoll, wenn aufgrund der gesammelten Daten Entscheidungen über künftige Maßnahmen und Arbeitsschritte getroffen werden. Für die Maßnahmenplanung gelten dann die Prinzipien des Projektmanagements (vgl. Jäger & Reese in diesem Band).

Fallbeispiel 1:

Im Rahmen eines breit angelegten Organisationsentwicklungsprozesses an einer Schweizer Berufsschule wurde verabredet, einen sogenannten „Instrumentenkoffer" mit sieben Instrumenten zum Schüler-Lehrer-Feedback sowie allgemeingültige Gesprächsnormen und Verfahrensregeln zur Durchführung von Feedbacks zu entwickeln und zu implementieren. Der Grad der Implementation sowie mögliche Auswirkungen sollten nun mit Hilfe des Organisationsentwicklungsberaters evaluiert werden. Die Evaluationsinstrumente wurden mit Eltern-, Schülern- und Lehrervertretern abgestimmt. Es wurde entsprechend des Beschlusses der Schulkonferenz eine standardisierte Befragung bei Schülern und Lehrern sowie einige Interviews durch den OE-Berater durchgeführt. Nachfolgend sind einige Ergebnisse aus dem Evaluationsbericht dokumentiert (vgl. Berkemeyer & Gläser 2004):

Die Mehrheit des Kollegiums bewertet die Gesprächsnormen als positiv. Die Mitarbeitenden betonten hierbei, dass diese klar, seriös und kompetent seien, den gegenseitigen Respekt förderten und eine große Verbindlichkeit inne hätten.

Von einigen Lehrkräften wurde kritisch angemerkt, dass die Entwicklung der Feedbackinstrumente ohne Anbindung an bereits vorhandene Erfahrungen mit Feedbacks stattgefunden habe. Dies – so weiter – habe mitunter zu Enttäuschungen geführt, weil bereits genutzte Verfahren nicht formal anerkannt worden seien.

Das Lehrer-Schüler-Feedback erzielte in der quantitativen Befragung der Mitarbeitenden bei allen Items überragende Werte. So gaben fast 95% der Lehrkräfte an, bereits mindestens ein Schüler-Lehrer-Feedback durchgeführt zu haben und über 90% der Lehrpersonen waren der Meinung, dass das Feedback fester Bestandteil des Unterrichts sein sollte. Dies kann als deutliches Signal für die Bereitschaft zur Institutionalisierung des Feedbacks gewertet werden.

Die Interviews konnten diese Zustimmung differenzieren. So war für die meisten befragten Lehrpersonen die Nachbesprechung der entscheidende Punkt des Feedbacks. Selbst wenn von Komplikationen bei der Durchführung berichtet wurde, sah man die Erfahrung der Feedbackreflexion mit den Schülern als gewichtiger an. Auch aus Schülersicht kann das Feedback als Erfolg beschrieben werden. So äußerte sich zum Beispiel ein Schüler:

> „Ich fand's ne gute Sache, weil man auch Sachen aufschreiben konnte, die man nicht gerade sagen wollte."

Während sich aus dem Umstand der Durchführung von Feedbacks natürlich noch keine hinreichenden Schlüsse über deren Qualität ziehen lassen, geben die Aussagen zur Rückkopplung der Feedbacks in den Unterricht nähere Auskunft.

So geben 95% der Lehrkräfte, die ein Feedback durchgeführt haben, an, die Ergebnisse auch mit ihren Schülern diskutiert zu haben. Dies konnte durch den Schüler-Fragebogen validiert werden; denn 80% der Schüler bestätigten die Durchführung des Feedbacks und 75% die Rückmeldung der Ergebnisse. Die Einschätzungen zum Lehrer-Lehrer-Feedback – dieses wurde im dritten OE-Jahr eingeführt – sind fast ebenso positiv wie diejenigen zum Lehrer-Schüler-Feedback. Zum Zeitpunkt der Befragung hatten drei Viertel des Kollegiums ein solches durchgeführt und fast 90% der Befragten gaben an, dass das Lehrer-Lehrer-Feedback für sie eine sinnvolle Unterstützung sei.

Hier gab es jedoch auch kritische Stimmen, die sich überwiegend auf den mit der Durchführung des Feedbacks verbundenen Belastungsfaktor „Zeit" bezogen. Man habe – so einige Meinungen – sowieso wenig Zeit und sei zudem schon zum Schüler-Lehrer-Feedback verpflichtet. Da sei – so weiter – das Lehrer-Lehrer-Feedback einfach zu viel.

Dieses Beispiel verdeutlicht wie ein ganzer Entwicklungsprozess in eine Evaluationsstudie überführt werden kann, ohne dabei die Entscheidungshoheit über den Evaluationsprozess zu verlieren.

4. Evaluation von Unterricht

Die Entwicklung des Unterrichts gilt als eine der größten Herausforderungen für Schulen in Deutschland (vgl. Kiper in diesem Band). Die Entwicklungsperspektiven sind vielfältig, die möglichen Entwicklungsschritte sind u.a. von Rahmenvoraussetzungen der Schule so wie des zu entwickelnden Unterrichts (Fach, Jahrgangsstufe, etc.) abhängig. Eine Gemeinsamkeit aller Formen der Unterrichtsentwicklung sollte aber die Evaluation der je initiierten Maßnahme sein. Die Evaluation der Unterrichtsentwicklung ist unbedingt notwendig, um sich über Fortschritte und Erfolge zu vergewissern.

4.1 Unterrichtsqualität – wissenschaftliche Befunde

Die Frage „Was ist guter Unterricht?" ist keineswegs neu und schon lange ein zentraler Gegenstandsbereich der Bildungsforschung. In den letzten Jahren konnten einige wichtige Befunde vorgelegt werden, die diese Frage empirisch fundierter und nicht programmatisch zu beantworten ermöglichen. Bekannt sind vor allem die Bände „Unterrichtsqualität" von Helmke (2003) und „Was ist guter Unterricht?" von Meyer (2005). Sie bieten einen hilfreichen Überblick über allgemeine Merkmale guten Unterrichts, die sich als relevant für die Frage nach der Unterrichtsqualität erwiesen haben. Solche fachübergreifenden Merkmale können zur Zielsetzung von Entwicklungsprojekten und später auch als Kriterien für Evaluationsprojekte zur Orientierung genutzt werden. Eine fachdidaktische Auseinandersetzung ersetzen diese Bände jedoch nicht (vgl. Blatt et al. sowie Hussmann in diesem Band), diese sollte ergänzend erfolgen.

Dennoch bieten die Merkmale guten Unterrichts hinreichend Anregungspotential, um sich fundiert mit dem eigenen Unterricht auseinanderzusetzen. Für das von Helmke vorgestellte Angebots-Nutzungs-Modell trifft dies in besonderer Weise zu (vgl. Abb. 2).

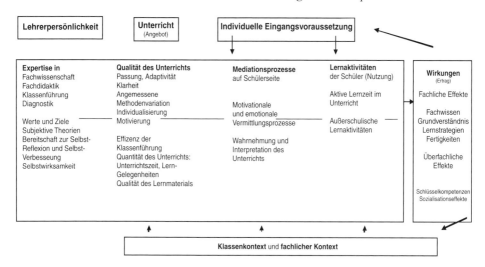

Abb. 2:   Ein Angebots-Nutzungs-Modell der Wirkungsweise des Unterrichts
(Helmke 2003, S. 42)

Das Modell zeigt, wie ausgehend von der Lehrkraft oder auch einem Team von Lehrkräften Merkmale der Lehrerpersönlichkeit wie beispielsweise fachliches Wissen oder Klassenführung auf die Gestaltung des Unterrichts wirkt und somit die Lernmöglichkeiten von Schülern mitbestimmen. Jede Entwicklungsmaßnahme kann in dieses Modell eingepasst werden. Dabei kann das Modell durchaus erweitert oder verändert werden, indem man sich auf zentrale Aspekte der geplanten Maßnahme beschränkt. Wichtig ist, dass es eine Referenzgröße darstellt, die wichtige Aspekte guten Unterrichts in einem systematischen Zusammenhang abbildet.

Eine ebenfalls instruktive Sammlung von Qualitätsmerkmalen stammt aus der sogenannten Forschung über Optimalklassen. Eine zusammenfassende Darstellung findet sich bei Kempfert und Rolff (2005, 119-121).

Schließlich ist noch auf eine bemerkenswerte Studie von Clausen (2002) hinzuweisen, der zeigen konnte, dass zwischen Videoanalysen sowie Lehrer- und Schülereinschätzungen zur Unterrichtsqualität nur bedingt Überschneidungen auftreten, so dass Unterrichtsqualität auch eine Frage der Perspektive zu sein scheint. Schüler beispielsweise beurteilen Unterricht oftmals generalisierend, dies liegt daran, dass sie kaum über fachdidaktische Expertise oder eine Vorstellung von Unterricht als sequentielles Geschehen haben. Dafür können sie relativ zuverlässig leicht beobachtbare Ereignisse wie zum Beispiel das Unterrichtsmerkmal repetitives Üben einschätzen. Lehrkräften hingegen fällt es schwer, eigenes Verhalten im Unterricht relational zutreffend zu berichten. Insgesamt sind die Befunde von Clausen auch als Plädoyer für den Einsatz unterschiedlicher Verfahren sowie der Befragung unterschiedlicher Personengruppen zur Beurteilung des Unterrichts zu begreifen (vgl. hierzu auch Kiper & Mischke, 2006).

4.2 Verfahren und Methoden der Unterrichtsevaluation

Die Evaluation des Unterrichts kann entsprechend den bisherigen Ausführungen sehr unterschiedliche Formen annehmen. Eine Evaluation des Unterrichtoutputs in Form von erbrachten Schülerleistungen wird derzeit in den meisten Bundesländern durch Testverfahren durchgeführt. Die Daten können für die Entwicklung des Unterrichts sicherlich wichtige Impulse geben, sie verraten allerdings eher wenig über die Prozessbedingungen des Unterrichtens. Zudem bleiben bestimmte Fähigkeiten von Schülern bei diesen Testverfahren unberücksichtigt. Hierzu können beispielsweise die Fähigkeit zur Selbstorganisation oder die Fähigkeit zur Unterstützung anderer bei Lernprozessen oder sozialer Interaktion zählen. Solche Fähigkeiten bleiben natürlich hoch bedeutsam und sollten in einem erziehenden Unterricht systematisch und bewusst entwickelt und gepflegt werden.

Feedback

Die Nutzung von Feedback kann in Form von Schüler-Schüler-, Lehrer-Lehrer- oder Schüler-Lehrer-Feedbacks erfolgen. Ein Feedback erhält evaluativen Charakter, wenn gemeinsam festgelegte Zielsetzungen, die im und mit dem Unterricht verfolgt werden, Berücksichtigung finden. Die Frage „Wie hat es euch heute gefallen?" und die damit häufig verbundene Antwort „gut!" ist zwar ein Feedback, aber kein evaluatives Feedback. Darum sollten Feedbackinstrumente gut vorbereitet werden und nicht zu global ausfallen. Die Nutzung von Feedbackverfahren (vgl. Bastian et al., 2001) setzt neben inhaltlichen Konkretisierungen auch die Berücksichtigung spezifischer Feedbackregeln voraus wie sie beispielsweise bei Bastian et al. (2005, 109) berichtet werden.

Experimentelle Verfahren

Vor allem in der Zusammenarbeit mit Kollegen können Möglichkeiten entstehen, experimentelle Verfahren zur Evalaution des Unterrichts einzusetzen. Dabei geht es nicht darum, die Qualitätskriterien und –maßstäbe zu erreichen, die für psychologische oder gar naturwissenschaftliche Experimente Gültigkeit haben. Wenn hier von experimentellen Verfahren gesprochen wird, dann meint dies eher ein geplantes und reflektiertes Ausprobieren. Das nachfolgende Beispiel soll diesen Ansatz weiter verdeutlichen:

Fallbeispiel 2:

Eine Realschule hat zur Entwicklung ihres Unterrichts das Projekt „Das Lernen lernen" ins Leben gerufen (Anlass). Bestandteil dieses Projekts war die Teilnahme des Kollegiums an einem systematischen Methodentraining, die Implementation des Methodentrainings in den Schuljahresplan sowie die Anwendung der Methoden in ausgewählten Jahrgängen und Fächern. Die Schule hatte das Gefühl, dass das Projekt gut gelungen sei, wollte sich aber weiter versichern und plante die Evaluation des Projekts mit dem Ziel, die Wirksamkeit bzw. Nachhaltigkeit des Methodentrainings zu überprüfen (Zielklärung). Zur Planung der Evaluation zog sie einen externen Berater hinzu, der die Schule bei der Planung und vor allem Durchführung der Evaluation unterstützen sollte. Die Schule entschied sich für ein experimentelles Design, wobei insgesamt zwei Klassen beobachtet wurden (Auswahl der Methoden, darin enthalten Bestimmung von Kriterien und Indikatoren, die beobachtet werden sollten). Um Klasseneffekte zu vermeiden, wurden klassenübergreifende Lerngruppen gebildet. Alle Gruppen bekamen eine Aufgabe aus dem Bereich Erdkunde, wobei ein Text zu lesen war und in eine Präsentation überführt werden sollte. Die Hälfte der gebildeten Gruppen bekamen detaillierte Arbeitsanweisungen, die auch Angaben zum methodischen Vorgehen enthielten (z.B. Markiere die wichtigsten Textstellen, erstelle eine Mindmap, etc.), während die andere Hälfte der Gruppen nur den inhaltlichen Arbeitsauftrag erhielt. So wollten die Lehrkräfte herausfinden, ob sich das Methodentraining in den Köpfen der Schülerinnen und Schüler schon festgesetzt hat. Die Frage lautete einerseits: Greifen Schülerinnen und Schüler auf die gelernten Methoden zurück, auch wenn sie nicht dazu aufgefordert werden? Und andererseits sollte beobachtet werden, ob sich die Ergebnisse der beiden Gruppen voneinander unterscheiden.

Folgende Beobachtungen konnte gemacht werden (Datenerhebung und -auswertung; hier mit externer Unterstützung):
- Die Gruppen mit detaillierter Arbeitsanweisung wenden alle Modulkenntnisse (Markieren, Mindmap, Präsentation) problemlos an.
- Bei einer der Gruppen ohne Detailanweisung wird keine Mindmap erstellt. Alle anderen Elemente werden problemlos angewendet.
- Die meisten Schülerinnen und Schüler markieren sinnvoll, dies spiegelt sich dann auch in den Mindmaps wieder.
- Die erstellten Mindmaps sind als Präsentationsunterstützung verwendbar und werden von den meisten Schülerinnen und Schülern auch so genutzt.
- Mindmaps erzeugen eine Ziel- und Produktorientierung
- Insgesamt ist die Anwendung der Module bei allen Gruppen beobachtbar.
- Die Qualität der Anwendung ist vor allem im Bereich Mindmap und Präsentation sehr hoch.
- Eine leistungsheterogene und somit gezielte Zusammensetzung der Arbeitsgruppen hat sich als positiv erwiesen.
- In einem gemeinsamen Auswertungsgespräch wurden folgende künftige Arbeitsbereiche vereinbart (Datenfeedback und Maßnahmenplanung):
- Weitere Pflege der Module
- Anbindung an geeignete curriculare Bausteine
- Weiterentwicklung der Module
- Markieren, aber was?: strengere Kriterien erarbeiten
- Markieren von Sachtexten vs. Prosa
- Markieren und Argumentieren
- Gelingensbedingungen von Gruppenarbeit erarbeiten und integrieren

Das Beispiel zeigt, wie man selbst gewählte Anlässe in ein Evaluationsprojekt überführen kann und so eine geeignete Datengrundlage zur Planung weiterer Schritte erhält. Die Hinzuziehung eines externen Beraters in diesem Beispiel ändert nichts daran, dass es sich um eine Selbstevaluation handelt, da die Ziele, Kriterien und Indikatoren durch die für das Projekt verantwortlichen Lehrkräfte festgelegt worden sind.

Vergleichsarbeiten sind im Übrigen eine spezielle Variante eines experimentellen Verfahrens, das aber zumeist die Bedingungen der Leistungserbringung erst rekonstruktiv und nicht präskriptiv beschreibt. Vergleichsarbeiten können aber genutzt werden, um im Kontext eines experimentellen Verfahrens eine objektive Kontrolle einzubauen.

Monitoring

Abschließend soll noch auf ein Verfahren hingewiesen werden, dass nicht punktuell eingesetzt werden kann, sondern im Prinzip den diagnostischen und somit evaluativen Teil von Unterrichtsentwicklung ausmacht. Kiper et al. (2003) bezeichnen dies als Monitoring. Ein umfassendes Monitoring-System für den Unterricht enthält Verfahren zur Bestimmung der Lernausgangslage genauso wie Verfahren zur Reflexion von Lernprozessen und Lernerfolgen. Zentral ist, dass das Monitoring-System selbst durch die Schüler und Lehrer reflektiert wird. Erfassen die gewählten Verfahren tatsächlich die Lernausgangslage, ermöglichen sie eine gewinnbringende Reflexion von Lernprozessen? Ein Monitoring-System basiert sowohl auf Feedback-Methoden als auch auf einfachen Tests, die eine Diagnostik der Lernausgangslage ermöglichen. Zielsetzung des Unterrichts-Monitoring ist die bessere Beantwortung zentraler Fragen wie: Was können und wissen meine Schüler? Welche Fortschritte haben sie in welchen Bereichen erzielt? Was hat ihnen beim Lernen geholfen? Was war für das Lernen weniger hilfreich?

5. Fazit

Die Evaluation der eigenen Arbeit birgt zweifelsohne Risiken. Einerseits kann sie zur Überforderung werden, dies gilt sowohl hinsichtlich des gewählten Umfangs des Evaluationsprojekts als auch im Hinblick auf die methodischen Anforderungen, die mit dem gewählten Evaluationsdesign einhergehen. Andererseits besteht die Gefahr sich auf eine Pseudoevaluation einzulassen, die im Grunde nur eine Alibifunktion hat. Dies geschieht, wenn Evaluationsziele nicht durch Indikatoren bestimmt sind und Methoden nicht zur Zielüberprüfung geeignet sind. Der Arbeitsaufwand für solch eine Evaluation kann ohne weiteres eingespart werden. Gefahren können aber auch im Umgang mit den Ergebnissen entstehen. Wie gehen die Kollegen mit den von mir selbst aufgedeckten Schwächen meines Unterrichts um? Solche und ähnliche Gefahren können durch die Berücksichtigung der entsprechenden Standards für Evaluation im Vorfeld thematisiert und reduziert werden, ganz ausschließen kann man sie allerdings wohl nicht.

Trotz solcher Risiken bleibt die Anwendung verschiedener Formen der Evaluation ein entscheidendes Professionsmerkmal, da die Selbstvergewisserung über die eigene Arbeit durch intersubjektiv prüfbare Kriterien, also eine kriterienbezogenen Selbstreflexion, eine der zentralen Möglichkeiten bietet die eigene Praxis kritisch zu hinterfragen. Insofern gilt es Evaluationsprojekte sorgfältig auszuwählen, auf ihre Durchführbarkeit hin zu überprüfen und letztlich im Falle der Durchführung die entsprechenden Konsequenzen zu ziehen. Eine solche viel beschworene Evaluationskultur steht freilich noch am Anfang. Im Bezug zum Kontext dieses Sammelbandes lässt sich abschließend postulieren, dass die gemeinsame Arbeit verschiedener Schulen am Unterricht auch eine Entfaltung der Evaluationskultur erleichtern dürfte. Dies ist einerseits auf die offensichtlichen Synergien bei der Planung und Durchführung gemeinsamer Projekte zurückzuführen und außerdem in dem bereits in der gemeinsamen Entwicklungsarbeit formulierten Vertrauen zueinander begründet.

Literatur

Altrichter, H., Messner, E. & Posch, P. (2006). *Schulen evaluieren sich selbst. Ein Leitfaden.* Seelze: Kallmeyer.

Bastian, J., Combe, A. & Langer, R. (2001). Durch Schülerrückmeldungen der Unterricht verbessern. *Pädagogik, 5 (53)*, 6-9.

Bastian, J., Combe, A. & Langer, R. (2005). *Feedback-Methoden* (2. Aufl.). Weinheim und Basel: Beltz.

Bonsen, M., Büchter, A. (2005). *Sozialwissenschaftliche Forschungsmethoden für Schulevaluation.* Studienbrief. Kaiserslautern.

Burkard, C. & Eikenbusch, G. (2000). *Praxishandbuch Evaluation in der Schule.* Berlin: Cornelsen.

Clausen, M. (2002). *Unterrichtsqualität: Eine Frage der Perspektive?* Münster: Waxmann.

Dewe, B., Ferchoff, W. & Radtke, F.-O. (1992). Das „Professionswissen" von Pädagogen. Ein wissenstheoretischer Rekonstruktionsversuch. In B. Dewe, W. Ferchoff & F.-O. Radtke (Hrsg.), *Erziehen als Profession. Zur Logik professionellen Handelns in pädagogischen Feldern* (S. 70-91). Opladen: Leske u. Budrich

Diekmann, A. (1998). *Empirische Sozialforschung* (4. Aufl.). Reinbeck bei Hamburg: Rowolth.

Helmke, A. (2003). *Unterrichtsqualität. Erfassen, Bewerten, Verbessern.* Seelze: Kallmeyer.

Sanders, J.R. (Hrsg.) (2006). *Handbuch der Evaluationsstandards. Die Standards des „Joint Committee on Standards for Educational Evaluation".* Wiesbaden: VS Verlag.

Kempfert, G. & Rolff, H.-G. (2005). *Qualität und Evaluation.* Weinheim und Basel: Beltz.

Kiper, H., Meyer, H., Mischke, W. & Wester, F. (2003). *Qualitätsentwicklung in Unterricht und Schule. Das Oldenburger Konzept.* Oldenburg: DIS.

Kiper, H. & Mischke, W. (2006). *Theorie des Unterrichts.* Weinheim und Basel: Beltz.

Lander, R. & Ekholm, M. (2005). School Evaluation and Improvement: A Scandinavian View. In D. Hopkins (Hrsg.), *The Practice and Theory of School Improvement. International Handbook of Educational Change* (S. 85-100). Berlin: Springer.

Meyer, H. (2005). *Was ist guter Unterricht?* Berlin: Cornelsen.

Müller, S. (2002). *Schulinterne Evaluation – Gelingensbedingungen und Wirkungen.* Dortmund: IFS-Verlag.

Wetzel, R., Aderhold, J., Baitsch, C. & Keiser, S. (2001). Moderation in Netzwerken – Theoretische, didaktische und handlungsorientierte Betrachtungen aus einer internen Perspektive. In C. Baitsch & B. Müller (Hrsg.), *Moderation in regionalen Netzwerken* (S. 7-122). München: Rainer Hampp.

Wottawa, H. & Thierau, H. (2003). *Lehrbuch Evaluation.* Bern/Göttingen: Hans Huber.

Nils Berkemeyer

Transfer von Innovationen – eine organisationstheoretische Reflexion

1. Einleitung

Die Forderung an Schulen, innovative Wege zu gehen, um die Qualität der Arbeit zu steigern, ist ebenso plausibel wie problematisch, da mit diesem Anspruch zumindest zwei Implikationen verbunden sind, die nicht immer hinreichend reflektiert werden: Zum einen geht es dabei um die Frage, was eine Innovation eigentlich kennzeichnet, und zum anderen darum, wie sie in der Breite wirksam werden kann. Der Beitrag möchte sich genau mit diesen beiden Aspekten beschäftigen, wobei das Hauptaugenmerk auf die Frage gerichtet wird, wie die Organisation Schule den Transfer von Innovationen unterstützen kann.

2. Innovation und Transfer – Begriffsklärungen

Für den Bereich der Erziehungswissenschaft liegen bislang nur wenige Studien vor, die sich konkret mit dem Transfer von Innovationen beschäftigen (vgl. Jäger, 2004). Hingegen finden sich eine Vielzahl von Berichten und Befunden über die Implementierung von Projekten im Schulbereich (vgl. Fey et al., 2004; Gräsel & Parchmann, 2004; Holtappels, 2004). Implementation im Schulbereich bezeichnet dabei die Einbindung eines bestimmten, zumeist extern angeregten oder vorgegebenen Programms in den Organisationsablauf und -alltag der Schule (vgl. Clement & Wissinger, 2004). Der Transferbegriff bezieht sich demgegenüber auf die Ausweitung dieser Implementation auf weitere Teile der Organisation oder auf weitere Organisationen. Somit kann der Vorgang der Implementation als notwendige Voraussetzung für einen Transfer angesehen werden.

Euler (2001, 1) definiert Transfer „als die Anwendung von erprobten Problemlösungen, die in einem spezifischen institutionellen und personellen Kontext entwickelt wurden, auf Problemlagen in ähnlich strukturierten Bereichen". Ein Transfer findet also dann statt, wenn Dritte eine zuvor erarbeitete Problemlösung in ihrem Kontext zur Anwendung bringen. Bezogen auf das Projekt „Schulen im Team" (vgl. Abschnitt A in diesem Band) könnte dies bedeuten, dass durch die Arbeit der Netzwerkkoordinatorinnen und -koordinatoren erprobte Problemlösungen in einer bestimmten Domäne durch die Fachlehrkräfte der beteiligten Netzwerkschulen ebenfalls angewendet werden. Eine weitere Form des Transfers würde die Nutzung solcher Problemlösungen durch andere Netzwerke bzw. Schulteams des Projekts darstellen.

Eine Übertragung auf Schulen außerhalb des eigentlichen Projekts könnte dann als Diffusion oder Dissemination bezeichnet werden. Mit der Diffusion von Problemlösungen wird eine eher zufällige, naturwüchsige oder evolutionäre, mit der Dissemination eine geplante und gesteuerte Verbreitung bezeichnet (vgl. hierzu ausführlich Jäger, 2004; Nickolaus & Gräsel, 2006).

Was ist aber nun das Transferwürdige, was ist eine Innovation (vgl. ausführlich Fischer, 2006)? Eine allzu allgemeine Bedeutung des Begriffs bietet Deitmer (2004) an, der ihn einfach mit Veränderung übersetzt. Dieser Vorschlag ist m.E. wenig hilfreich, da er das Bedeutungsproblem nur verschiebt. Eine pragmatische Antwort auf die Frage nach der Bedeutung des Begriffs „Innovation" ist bereits weiter oben gegeben; innovieren meint Probleme lösen. Das Wort Problemlösung ist nun aber ebenso positiv konnotiert wie dasjenige der Innovation, schließlich möchte niemand Probleme nicht lösen (zumindest würde man dies nie offensiv artikulieren) und Popper (1994) ist gar der Auffassung: Alles Leben ist Problemlösen. Doch ist die Diskussion über Innovation und im weiteren Sinne Wandel, insbesondere hinsichtlich des fast inflationären Gebrauchs, auch kritisch zu betrachten. So formuliert beispielsweise Gronemeyer (2000, 118) (wenn auch sehr zugespitzt): „Innovation' ist ein Begriff, der eine steile Karriere gemacht hat in den letzten anderthalb Dezennien. […] Ohne auf ihn zu rekurrieren, lässt sich kaum noch etwas Positives über Mensch, Material und Projekt sagen. […] Mit dem Begriff der Innovation wird die unabweisbare Überlegenheit, ja Verehrungswürdigkeit des Neuen gegenüber dem Alten deklariert."

Unter Rückgriff auf dieses Zitat wäre somit einzuräumen, dass es im Kontext von Schulentwicklungsprojekten nicht allein, vielleicht auch gar nicht, um die Entdeckung des grundsätzlich Neuen geht, sondern um hilfreiche Verfahren, die bei der Lösung aktueller Problemlagen von Nutzen sein können. Dabei ist davon auszugehen, dass ähnliche Lösungen an verschiedenen Orten entdeckt werden, ohne dass dies jedoch bekannt wird, also gewusst werden kann. Insofern ist die Frage nach dem Innovativen immer auch eine Frage nach dem, was gewusst wird. Dies verweist dann auf das Problem, dass es nicht nur gilt, Lösungen für Probleme zu entdecken (durch eigenes Tun oder durch Auffinden anderer Lösungen), sondern parallel das Problem mitzubearbeiten, wie die Problemlösung als Wissen zur Verfügung gestellt werden kann. Insofern hängen Innovation und Transfer sehr eng zusammen, da eine nicht gewusste (nicht transferierte) Innovation als einzelnes Ereignis vergessen wird und ihr Gegenstand entsprechend immer wieder neu als Innovation bezeichnet werden wird. Erst der Transfer, der durch systematische Wissensbereitstellung stimuliert werden kann, macht die Innovation zu einer (optional nachhaltigen) Problemlösung.

3. Innovationen schaffen in Netzwerken

Die Verwendung des Netzwerkbegriffs boomt, genau wie die Bildung realer Netzwerke auch: „Netzwerke sind zum Inbegriff flexibler und wettbewerbsfähiger Organisationsformen geworden" (Osterloh & Weibel, 2000, 88). Dabei ist trotz dieser Karriere des Netzwerkbegriffs immer noch relativ unklar, was ein Netzwerk nun genau ist. Worin unterscheidet sich beispielsweise ein Netzwerk von einem Qualitätszirkel, einem Arbeitskreis oder ähnlichem? Auf eine begriffssystematische Klärung soll an dieser Stelle jedoch verzichtet werden (vgl. hierzu Kappelhoff, 2000), vielmehr wird sich im Folgenden einem besonderen Netzwerktyp näher zugewandt, dem Innovationsnetzwerk.

In Innovationsnetzwerken (vgl. Jansen, 2006) sind unterschiedliche Akteure (Organisationen, Verbände, Vereine, etc.) miteinander verbunden, um sich mit wahrgenommenen Veränderungen in ihrer Umwelt auseinanderzusetzen und möglichst geeignete Lösungen für eine adäquate Anpassung an die neuen Bedingungen zu erarbeiten (vgl. Pyka & Küppers, 2002). Somit spielt für Innovationsnetzwerke das Lernen von- und miteinander eine wesentliche Rolle. Dieser Aspekt soll nachstehend entlang der Idee der Begegnung von Praxisgemeinschaften am Beispiel von Schulen vorgestellt werden.

Unter Rückgriff auf den Ansatz des situierten Lernens können, so formulierte es Baitsch (1999), Netzwerke ein besonderes Lernarrangement darstellen: Ausgehend von der Annahme, dass es sich bei Netzwerken um ein Zusammentreffen von Vertreter/innen von entsendenden Praxisgemeinschaften (wie z.B. die entsendende Einzelschule) handelt, begegnen sich die Entsandten im Netzwerk nun auf Augenhöhe, die aufgrund desselben formalen Status der Einzelnen und ihrer automatisch zugewiesenen Domänenexpertise unterstellt wird. Diese Begegnung von „Gleichen mit Gleichen" ermöglicht eine wechselseitige Rolleneinnahme sowohl des Lerners (bezüglich der ihm zumindest partiell unbekannten Praxisgemeinschaften) und des Experten (hinsichtlich seiner eigenen Praxisgemeinschaft), wobei eben die zeitweilige Positionseinnahme des Lerners innerhalb des Netzwerkes eher ohne Angst vor Statusverlust möglich ist, als es vielleicht die eigene Institution erlaubt.

Netzwerke als ein so verstandenes Lernsetting stellen also die Partizipation an fremden Praxen als Lernpotential bereit, zugleich wird in ihnen aber auch die leichtere Konfrontation mit „Entselbstverständlichungen" (Baitsch, 1999, 259) ermöglicht, ohne dass diese direkt mit Ablehnung erwidert werden. Konkret kann durch die geschützte Begegnung im Netzwerk auf Augenhöhe eher eine Infragestellung von eigenen Handlungs- und Deutungsmustern initiiert werden, als es in der heimischen Praxisgemeinschaft sonst vielleicht möglich ist.

4. Rahmenbedingungen für Transfer – empirische Befunde

Jäger (2004) entwickelt in seiner Dissertation „Transfer in Schulentwicklungsprojekten" ein theoriebasiertes Wellenmodell für Transfer, das er zudem empirisch prüft. Die nachfolgende Darstellung orientiert sich an diesen Ausführungen (vgl. ebd., 119ff. sowie 278ff.).

Ausgehend von der oben getroffenen Annahme, dass ein Transfer die Übernahme einer Problemlösung von einem Kontext A in einen Kontext B meint, entwirft Jäger ein Wellenmodell, das über die Dimensionen Person, Inhalt und Struktur gegliedert ist. Zu diesen drei Kerndimensionen werden dann theoriebasiert Prozesse zugeordnet, die für den Transfer bedeutsam sind (vgl. Abb. 1).

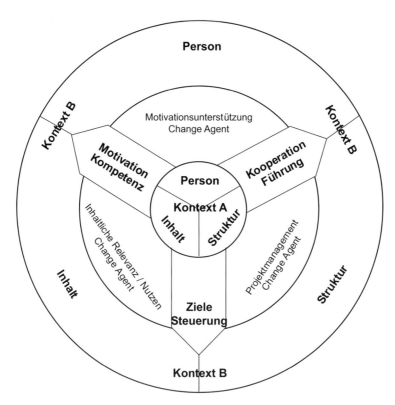

Abb. 1:   Das Wellenmodell des Transfers (aus: Jäger, 2004, 124)

Das Modell lässt sich zusammengefasst auf folgende normative Formel bringen: Transferprozesse werden begünstigt, wenn die Personen aus Kontext A und B motiviert sind und die Fähigkeiten besitzen, den Transfer durchzuführen. Dies drückt sich in Kooperationsformen aus und wird durch zielgerichtete Führung (z.B. der Schulleitung) unterstützt. Transferprozesse sind zudem erfolgreich, wenn sie eine klare Zielorientierung haben und über eine geeignete Steuerungsstruktur (Projektmanagement) verfügen.

Jäger kann in seiner Untersuchung zeigen, dass klar definierte Projektziele zur objektiven Beurteilung eines Projekts geeignet sind, allerdings geben sie keinen Aufschluss über die Wahrscheinlichkeit eines gelingenden Transfers. Dennoch ist davon auszugehen, dass klare Projektziele dafür sorgen, dass konkrete Erwartungshaltungen im Transferprozess erzeugt werden. Zudem wird darauf hingewiesen, dass der persönlich erwartete Nutzen ein entscheidendes Kriterium für den Transfererfolg darstellt.

Erwartungsgemäß wird die Kooperation der Lehrkräfte sowie die Führung (auch im Sinne von Unterstützung und Motivation) als bedeutsames Kriterium für den Erfolg von Transferprozessen berichtet. Hoch bedeutsam ist ebenfalls die von Jäger bereits theoretisch postulierte Motivation der Lehrkräfte für den Transferprozess. Dabei werden Autonomieunterstützung, Kompetenzförderung, Verbesserung der sozialen Einbindung sowie Verdeutlichung der inhaltlichen Relevanz als motivationsförderlich angenommen.

5. Organisation und Transfer

Ausgehend von der positiven Annahme, dass Netzwerke einen angemessenen strukturellen Rahmen zur Erzeugung sinnvoller Problemlösungen darstellen, sollen nun einige Überlegungen hinsichtlich des Transfers dieser Problemlösungen in die entsprechende Herkunftsinstitution (also die eigene Schule) angestellt werden. Dabei wird von der These ausgegangen, dass es drei organisationale Strukturationsmerkmale gibt (vgl. Giddens, 1997; Ortmann et al., 2000), die Transferleistungen begünstigen können: Schulleitung, Steuergruppen und Professionelle Lerngemeinschaften.

5.1 Schulleitung

Der Schulleitung wird derzeit vielleicht die bedeutsamste Rolle in Veränderungsprozessen zugewiesen (vgl. hierzu ausführlich Bonsen in diesem Band). Dabei wird allerdings nicht selten eine Überforderung der Schulleitung – wenn auch unbewusst – verlangt. Vorrangig ist jedoch der Aussage, dass die Schulleitung wichtiges Moment im Schulentwicklungsprozess ist, zuzustimmen. Hierfür lassen sich einige plausible Gründe angeben: Die Schulleitung kann Reformen begünstigen, indem sie strukturell angemessen auf Veränderungen reagiert, beispielsweise durch Rücksichtnahme bei der Stundenplankoordination auf eine Entwicklungsgruppe, wenn eine Stunde verlegt wird, um eine Fortbildung zu ermöglichen, u.v.m. Die Schulleitung spielt auch in motivationaler Hinsicht eine bedeutsame Rolle: Eine aufmunternde Unterstützung, Interesse am Verlauf des Projekts und ernstgemeintes Lob freut den Großteil der Lehrkräfte und bestärkt diese in ihren zusätzlichen Bemühungen. Hingegen ist die schlichte Einräumung eines Handlungsspielraums ohne weitere Begleitung durch die Schulleitung problematisch. Schulleitungen, die signalisieren, dass sie einem Projekt keinen entsprechenden Stellenwert einräumen, demotivieren auf mittelfristige Sicht die engagierten und stärken die unentschlossenen Lehrkräfte in ihrer der Reformbemühung gegenüber zurückhaltenden Einstellung.

Schulleitungen sind aber keineswegs – auch wenn dies mitunter suggeriert wird – allein für das Gelingen von Reformen verantwortlich. Insbesondere bei größeren Kollegien ist die Schulleitung gut beraten, eine Art mittleres Management zu etablieren, so dass vor allem operative Führungsaspekte delegiert werden können. Dabei geht es nicht nur um eine strukturelle Entlastung der Schulleitung, sondern auch um die Erzeugung begrenzter Rationalität innerhalb der Organisation Schule. Damit ist gemeint, dass durch den Aufbau verschiedener Funktionsstellen und -gremien, Entscheidungsprozesse in Organisationen aus bestehenden inkrementalen Routinen herausgenommen und so auf eine breitere rationale Basis gestellt werden können (vgl. hierzu Schimank, 2006; Berkemeyer, 2008). Mit der schulischen Steuergruppe und der Professionellen Lerngemeinschaft werden zwei solcher Gremien nachstehend vorgestellt.

5.2 Steuergruppen

Die Einrichtung schulischer Steuergruppen zielt seit den Anfängen Ende der 1980er Jahre auf die Initiierung schulischer Organisationsentwicklung ab. Folglich setzen sie nicht am Kerngeschäft der Profession, dem Unterricht, sondern an den den Unterricht rahmenden Strukturen und damit der Organisation an. Somit übernehmen schulische Steuergruppen zum Teil Managementfunktionen, die bislang im Wesentlichen im Zuständigkeits- und Verantwortungsbereich der Schulleitung lagen und noch liegen. Doch mit steigenden Anforderungen an die Organisation Schule (Leitbild- und Schulprogrammentwicklung, interne und externe Evaluation) werden Steuergruppen als „neue Organisationseinheit" immer bedeutsamer und gehören in vielen Schulen zum Standardrepertoire bei Schulentwicklungsprojekten. Das Spektrum ihrer Aufgaben erstreckt sich beispielsweise von der konkreten Schulprogrammarbeit bis hin zur Gesamtkoordinierung von Prozessen der Qualitätsentwicklung. Im Einzelnen lassen sich folgende Bereiche nennen:

1. die Entwicklung von Leitzielen für die eigene Arbeit
2. die Organisation und Moderation schulinterner Bestandsaufnahmen
3. die Initiierung und Begleitung einzelner Projekte zur Qualitätsentwicklung
4. die Unterstützung von Evaluationsverfahren
5. die Koordinierung des Qualifizierungsbedarfs zur Unterstützung des Schulentwicklungsprozesses
6. die Durchführung von Feedback-Konferenzen
7. die regelmäßige Information des gesamten Kollegiums über einzelne Entwicklungsfortschritte sowie
8. Rezeption und Verarbeitung von Außenanforderungen (z.B. Schulinspektion, Rückmeldung von Leistungsdaten, Weiterarbeit am Schulprogramm, etc.) und
9. Unterstützung bei innerschulischen wie interschulischen Transferprozessen

Solche Tätigkeiten weisen auf eine Veränderung der klassischen Berufsrolle hin. Neben das Unterrichten tritt zunehmend die Anforderung, Unterricht nicht nur zu halten, sondern auch zu entwickeln und hierzu die notwendigen personalen wie organisationalen Rahmenbedingungen zu schaffen. Dies kann sowohl die Initiierung geeigneter Fortbildungen wie auch die Veränderung der Stundentafel (60 Minuten-Rhythmus, Doppelstunden-Prinzip) oder die Einrichtung fester Arbeitskreise (Qualitätszirkel, Professionelle Lerngemeinschaften) betreffen. Dementsprechend kann man sagen: „Die Profession übernimmt ihr organisatorisches (Selbst-) Management" (Tacke, 2005, 184). Hieraus ergibt sich für Steuergruppen ein Spannungsverhältnis zwischen Profession einerseits und Organisation andererseits. Die vorliegende Skizze (vgl. Abb. 2) versteht sich als Versuch, dieses Spannungsverhältnis näher zu betrachten: nämlich Leistungen von Steuergruppen gerade im Aushalten, in der Vermittlung des Nebeneinanders bzw. der Spannungen zwischen Organisation und Profession und den damit jeweils verbundenen Vor- und Nachteilen innerhalb eines Systems zu sehen. In komprimierter Fassung lässt sich behaupten, dass die Stärke der Organisation in ihrer hierarchischen Ordnung sowie ihrer „nur" mittelbaren Themenbezogenheit liegt. Gegenläufig hierzu liegen ihre Schwächen und damit die Stärken der Profession: unmittelbarer Themenbezug und keine Hierarchie. Abbildung 2 veranschaulicht die Einpassung der Steuergruppe in dieses Spannungsgefüge, das es seitens der Steuergruppe positiv zu wenden gilt. Es wäre dann jeweils empirisch zu untersuchen, in welcher Intensität und in welchen thematischen Bereichen sich derartige Vermittlungsleistungen tatsächlich realisieren; hierbei würde in theoretischer Hinsicht ein jeweiliges Zurückfallen von Steuergruppen in entweder weitgehend Organisation oder weitgehend Profession ein Spektrum eröffnen, in das empirische Realisierungen durch Steuergruppen einzutragen wären.

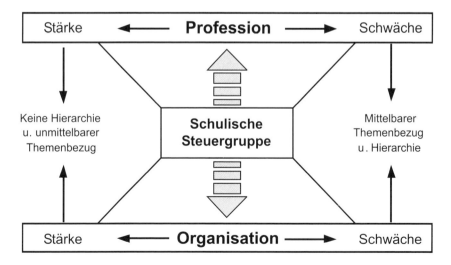

Abb. 2:   Konstitutionsmerkmal schulischer Steuergruppen (aus Berkemeyer et al., 2007, 80)

Solche Ausprägungen dürften dann auch einen Einfluss auf die Qualität von Transferprozessen haben. Die These dabei ist, dass gerade die Oszillation und somit die Duldung des Spannungsverhältnisses durch die Steuergruppe ihre Fähigkeit zur Aufnahme und Verbreitung neuer Inhalte begünstigt.

5.3 Professionelle Lerngemeinschaften

Während schulische Steuergruppen als Organisationseinheiten begriffen werden können, die sich vorwiegend um Aufgaben kümmern, die unter dem Stichwort Management subsumiert werden können, handelt es sich bei Professionellen Lerngemeinschaften explizit um Gruppen, die sich um die Entwicklung des Fachunterrichts bemühen. Kennzeichnend für Professionelle Lerngemeinschaften sind nach Bonsen (2005) fünf Merkmale:

- Geteilte Normen und Werte
- Unterrichtsbezogene Kooperation
- Gemeinsame Fokussierung auf den Lernerfolg von Schülerinnen und Schülern
- De-Privatisierung des Unterrichtshandelns
- Reflexiver Dialog

Diese Merkmalsbereiche verweisen darauf, dass Professionelle Lerngemeinschaften nicht eine beliebige Form der Lehrerkooperation darstellen, sondern hohen Anforderungen unterliegen. Das Besondere an Professionellen Lerngemeinschaften ist die eindeutige Ausrichtung der Kooperation auf den Unterricht und hier speziell auf die Schülerleistungen. Der Modus, in dem dies geschieht, wird mit Merkmal fünf als reflexiver Dialog bezeichnet: „Reflexiver Dialog bedeutet in der professionellen Lerngemeinschaft, Unterricht und das Unterrichtshandeln einzelner Lehrkräfte in Fachgruppen oder Jahrgangsteams zu analysieren und Unterrichtsmethoden zu diskutieren" (ebd., 194).

Aus dieser kurzen Darstellung lässt sich bereits die Relevanz professioneller Lerngemeinschaften für Prozesse des Problemlösens wie auch des Transfers erahnen. Einerseits sind professionelle Lerngemeinschaften selbst Ort für die Erzeugung von Problemlösungen, indem beispielsweise Unterrichtsmethoden erprobt werden und andererseits eignen sie sich, um importierte Problemlösungen für die schulischen Gegebenheiten anzupassen. Zentral hierbei ist die gemeinsame Erprobung, Beobachtung und Auswertung neuer Ansätze im Fachunterricht, wobei ein Fokus immer auf die Verbesserung der Schülerleistungen gelegt wird. Diese Fokussierung diszipliniert den professionellen Dialog, weil ein objektiv prüfbarer Effektivitätsmaßstab als Bewertungskriterium herangezogen wird.

5.4 Zusammenführung

Die drei organisatorischen Einheiten Schulleitung, Steuergruppe und Professionelle Lerngemeinschaft lassen sich nun abschließend vor dem Hintergrund der in Kapitel 4 dargestellten Ergebnisse betrachten.

Alle drei Organisationseinheiten können mehr oder weniger deutlich im Wellenmodell für Transfer verortet werden. Die Schulleitung taucht unter dem Aspekt der Führung ganz explizit auf. Dabei besteht der Führungsauftrag in Transferprozessen insbesondere in der Aufrechterhaltung bzw. Schaffung von Motivation. Die Schulleitung ist hierfür prädestiniert, da sie in der Lage ist, Autonomie innerhalb des organisationalen Kontextes zu gewähren und die Relevanz der Ziele aufgrund ihrer distuingierten Position hervorzuheben.

Die schulischen Steuergruppen können vor allem im strukturellen Teil des Wellenmodells verortet werden. Sie sind prädestiniert für Aufgaben des Projektmanagements. Zudem stellen sie selbst schon eine bestimmte Form der Lehrerkooperation dar, die allerdings weniger auf den Unterricht als vielmehr auf die Rahmenbedingungen von Unterricht ausgerichtet sind (vgl. Berkemeyer & Holtappels, 2007).

Schließlich kann die professionelle Lerngemeinschaft als besonders förderliche Organisationseinheit in Transferprozessen betrachtet werden, da sie sowohl persönliche Motivation aufgrund der durch das Fach bestimmten Bedeutsamkeit der Inhalte, als kompetenzfördernd (reflexiver Dialog), als besondere Kooperationsform sowie auch als Steuerungseinheit (für die Entwicklung des Fachunterrichts) betrachtet werden.

6. Fazit

Der Beitrag hat am Beispiel des im Kontext von Schulentwicklungsdiskursen häufig postulierten Innovationstransfers auf die im Schulsystem vorzufindende Mehrebenenproblematik hingewiesen. Dieser Sachverhalt wird auch als Implementationsproblem diskutiert. Durch die Etablierung von Innovationsnetzwerken wird – so eine abschließende These – die Mehrebenenproblematik aufgefangen, da der Beitritt zu solchen Netzwerken Bedingungen voraussetzt, die für Implementations- und die sich daran anschließenden Transferprozesse günstig sind. So beispielsweise Merkmale wie Freiwilligkeit, Innovationsbereitschaft und Interesse. In Netzwerkkonstellationen kommt es zudem zu einer Reduzierung bzw. gar Auflösung von Hierarchien und die Wahrnehmung der Netzwerkpartner als entsendende Praxisgemeinschaft stärkt eine auf Problemlösung ausgerichtete Kommunikation. Dabei soll nicht verschwiegen werden, dass verschiedene Störgrößen diese idealtypischen Annahmen irritieren können. So beispielsweise bei der Wahrnehmung ungerechter Tauschverhältnisse (nur nehmen und nicht geben) oder auch durch Pflege heimlicher Hierarchien.

Zudem wurde darauf hingewiesen, dass Transferprozesse innerhalb von Innovationsnetzwerken durch Organisationsstrukturen gestützt werden müssen. Hierbei dürften im schulischen Bereich vor allem die Schulleitung, schulische Steuergruppen und professionelle Lerngemeinschaften von Bedeutung sein. Während die Schulleitung durch eine klare zielbezogene Führung Prozesse des Transfers einfordern und somit die Bereitschaft im Kollegium fördern kann bieten die teamorientierten Strukturmerkmale einen organisationalen Kontext, der Professionalisierungsprozesse, die durch Innovationstransfer ja unterstützt werden sollen, unterstützt (vgl. Reh, 2004).

In schulischen Netzwerken wird es entsprechend darauf ankommen sowohl die Netzwerkstruktur selbst als auch die jeweiligen organisationalen Strukturen auf Innovationen und ihren Transfer einzustellen. Hinweise auf Gelingensbedingungen wurden beispielsweise unter Rückgriff auf das Wellenmodell des Transfers benannt.

Literatur

Baitsch, C. (1999). Interorganisationale Lehr- und Lernnetzwerke. In Arbeitsgemeinschaft (AG) Qualifikations-Entwicklungs-Management (QUEM) (Hrsg.), *Kompetenzentwicklung 99. Aspekte einer neuen Lernkultur. Argumente, Erfahrungen, Konsequenzen* (S. 253-274). Münster: Waxmann.

Berkemeyer, N. (2008). Schulleitung zwischen Evaluation und Organisation. In T. Brüsemeister & K.D. Eubel (Hrsg), *Evaluation, Wissen, Nichtwissen: Anschlussfragen an Evaluationsbasierte Steuerungen* (im Erscheinen). Wiesbaden: VS Verlag für Sozialwissenschaften.

Berkemeyer, N., Brüsemeister, T. & Feldhoff, T. (2007). Steuergruppen als intermediäre Akteure in Schulen. Ein Modell zur Verortung schulischer Steuergruppen zwischen Organisation und Profession. In N. Berkemeyer & H.G. Holtappels (Hrsg.), *Schulische Steuergruppen und Change Management* (S. 61-84). Weinheim/München: Juventa.

Berkemeyer, N. & Holtappels, H. G. (Hrsg.) (2007). *Schulische Steuergruppen und Change Management*. Weinheim und München: Juventa.

Bonsen, M. (2005). Professionelle Lerngemeinschaften in der Schule. In H. G. Holtappels & K. Höhmann (Hrsg.), *Schulentwicklung und Schulwirksamkeit* (S. 180-195). Weinheim/München: Juventa.

Clement, U. & Wissinger, J. (2004). Implementation von Eigenverantwortung an beruflichen Schulen in Baden-Württemberg. In W. Böttcher & E. Terhart (Hrsg.), *Organisationstheorie in pädagogischen Feldern* (S. 221-236).Wiesbaden: VS Verlag.

Deitmer, L. (2004). *Management regionaler Innovationsnetzwerke. Evaluation als Ansatz zur Effizienzsteigerung regionaler Innovationsprozesse*. Baden Baden: Nomos.

Euler, D. (2001). *Transferförderung in Modellversuchen: Dossier im rahmen des Programms „Kooperation der Lernorte in der beruflichen Bildung (KOLIBRI)"*. St. Gallen: Institut für Wirtschaftspädagogik.

Fey, A.Gräsel, C., Puhl, T. & Parchmann, I. (2004). Implementationsforschung – oder: ein steiniger Weg um Unterricht zu verändern. *Unterrichtswissenschaft*, 3 (32), 196-241.

Fischer, B. (2006). *Vertikale Innovationsnetzwerke. Eine theoretische und empirische Analyse*. Wiesbaden: Gabler.

Giddens, A. (1997). *Die Konstitution der Gesellschaft* (3. Aufl.). Frankfurt am Main: Campus.

Gräsel, C. & Parchmann, I. (2004). Die Entwicklung und Implementation von Konzepten situierten, selbstgesteuerten Lernens. *Zeitschrift für Erziehungswissenschaft*, 3 (7), 171-184.

Gronemeyer, M. (2000). *Immer wieder neu oder ewig das Gleiche? Innovationsfieber und Wiederholungswahn*. Darmstadt: WBG.

Holtappels, H.G. (2004). *Schulprogramme – Instrumente der Schulentwicklung: Konzeptionen, Forschungsergebnisse, Praxisempfehlungen*. Weinheim: Juventa

Jansen, D. (2006). Innovation durch Organisationen, Märkte oder Netzwerke? In R. Reith, R. Pichler & C. Dirninger (Hrsg.), *Innovationskultur in historischer und ökonomischer Perspektive. Modelle, Indikatoren und regionale Entwicklungslinien* (S. 77-100). Innsbruck: Studienverlag.

Jäger, M. (2004). *Transfer in Schulentwicklungsprojekten*. Wiesbaden: VS Verlag.

Kappelhoff, P. (2000). Der Netzwerkansatz als konzeptueller Rahmen für eine Theorie interorganisationaler Netzwerke. In J. Sydow & A. Windeler (Hrsg.), *Steuerung von Netzwerken* (S. 25-57). Wiesbaden: Westdeutscher Verlag.

Nickolaus, R. & Gräsel, C. (Hrsg.) (2006). *Innovation und Transfer – Expertisen zur Transferforschung*. Hohengehren: Schneider.

Ortmann, G., Sydow, J. & Türk, K. (Hrsg.) (2000). *Theorien der Organisation. Die Rückkehr der Gesellschaft* (2. Aufl.). Wiesbaden: Westdeutscher Verlag.

Osterloh, M. & Weibel, A. (2000). Ressourcensteuerung in Netzwerken: Eine Tragödie der Allmende? In J. Sydow & Windeler (Hrsg.), *Steuerung von Netzwerken*. Wiesbaden: Westdeutscher Verlag.

Popper, K. R. (1994). *Alles leben ist Problemlösen*. München: Piper.

Pyka, A. & Küppers, G. (2002). Complexity, Self-Organisation and Innovation Networks: A New Theoretical Approach. In A. Pyka & G. Küppers (Hrsg.), *Innovation Networks. Theory and Practice* (S. 22-54). Cheltenham, UK: Edward Elgar.

Reh, S. (2004). Abschied von der Profession, von Professionalität oder vom Professionellen? Theorien und Forschungen zur Lehrerprofessionalität. *Zeitschrift für Pädagogik*, 3 (50), 358-372.

Schimank, U. (2006). *Die Entscheidungsgesellschaft*. Wiesbaden: VS Verlag.

Tacke, V. (2005). Schulreform als aktive Deprofessionalisierung? Zur Semantik der lernenden Organisation im Kontext Erziehung. In T. Klatetzki & V. Tacke (Hrsg.), *Organisation und Profession* (S. 165-198). Wiesbaden: VS Verlag.

Teil D:
Forschungsbefunde zu
Unterrichtsentwicklung in Netzwerken

Kathrin Fußangel & Cornelia Gräsel

Unterrichtsentwicklung in Lerngemeinschaften: das Beispiel „Chemie im Kontext"

1. Die Ziele des Projekts „Chemie im Kontext"

„Chemie im Kontext" (CHiK)[1] stellt eine Unterrichtskonzeption dar, die die Anwendungsorientierung im Chemieunterricht und damit die Motivation und das Interesse der Schülerinnen und Schüler erhöhen soll. Chemie im Kontext zielt darauf ab, dass Schülerinnen und Schüler der Sekundarstufen I und II im Chemieunterricht Kompetenzen erwerben, die sie in ihrem Alltag anwenden und mit denen sie Phänomene ihrer Alltagswelt begreifen und erklären können. Dementsprechend ist der Ausgangspunkt und rote Faden einer jeden Unterrichtsreihe nach CHiK ein sog. Kontext, wobei sich die Kontexte sowohl auf Phänomene der Alltagswelt wie z. B. bei der Unterrichtseinheit „Ein Mund voller Chemie" oder aber auch auf gesellschaftliche und ökologische Fragestellungen beziehen können, wie etwa bei der Einheit „Mit Wasserstoff mobil in die Zukunft". Die Kontexte werden nicht nur als Aufhänger oder Einstieg für die Erarbeitung der chemischen Fachinhalte genutzt, sondern ziehen sich durch die gesamte Unterrichtseinheit. Theoretisch orientiert sich „Chemie im Kontext" dabei an den Ansätzen des situierten, selbstgesteuerten Lernens, bei denen die Einbettung der Lerninhalte in authentische Kontexte von zentraler Bedeutung ist. Zudem wird Lernen als ein sozialer Prozess verstanden, bei dem die gemeinsame Auseinandersetzung mit einem Lerngegenstand und die dabei stattfindenden Diskurse einen hohen Einfluss auf den individuellen Lernprozess nehmen (Brown et al., 1989; Resnick, 1991; Gräsel & Parchmann, 2004a).

Zu Beginn des Projekts stellte sich die Frage, wie diese Konzeption effektiv und vor allem nachhaltig in die schulische Praxis implementiert werden kann. Dabei sollte insbesondere der Gefahr der ‚Versandung' entgegen gewirkt werden, ein häufiges Phänomen, bei denen innovative Konzepte für den Zeitraum einer offiziellen Förderung erfolgreich sind, aber nicht nachhaltig in den Schulalltag und die Unterrichtspraxis implementiert werden können (Euler & Sloane, 1998; Mandl, 1998; Reinmann-Rothmeier & Mandl, 1998). Der Erfolg einer Innovation zeigt sich somit nicht nur in der Qualität der Grundkonzeption und den vorhandenen bzw. erarbeiteten Materialien, sondern auch in der der Implementation, also im Ausmaß, wie die Innovation verbreitet und nachhaltig in der schulischen Praxis verankert werden kann (Parchmann et al., 2006). Um eine solche nachhaltige

---

[1] Das Projekt „Chemie im Kontext" wird vom Bundesministerium für Bildung und Forschung und den teilnehmenden Ländern gefördert. An dem Projekt sind folgende Universitäten beteiligt: Institut für die Pädagogik der Naturwissenschaften (IPN) in Kiel (Prof. Dr. R. Demuth), Universität Oldenburg (Prof. Dr. Ilka Parchmann), Universität Wuppertal (Prof. Dr. Cornelia Gräsel) und Universität Dortmund (Prof. Dr. B. Ralle).

Verankerung zu erreichen, haben wir bei „Chemie im Kontext" eine Implementationsstrategie gewählt, die die beteiligten Lehrerinnen und Lehrer von Beginn an sehr stark in die Ausgestaltung und Umsetzung der Konzeption einbezogen hat. Es gab dabei – neben ein paar Beispieleinheiten zur Veranschaulichung – keine fertig ausgearbeiteten Unterrichtseinheiten und Materialien, die die Lehrkräfte in ihrem Unterricht hätten umsetzen können. Dieser Weg der Implementation („top-down") wurde bewusst nicht gewählt, da Lehrkräfte häufig mit dem Problem konfrontiert sind, dass solche vollständig ausgearbeiteten Konzepte nicht zu den alltäglichen Rahmenbedingungen in ihren Schulen passen (Mandl, 1998). Da dies häufig dazu führt, dass Innovationen nicht übernommen werden oder von den Lehrkräften noch einmal überarbeitet und an die jeweiligen Bedingungen in ihren Klassen angepasst werden müssen, haben die Chemielehrerinnen und -lehrer bei der Implementation von CHiK von vornherein eine aktive Rolle gespielt.

2. Die Netzwerke in CHiK: schulübergreifende Lerngemeinschaften

Wie genau sah nun die gewählte Implmentationsstrategie bei „Chemie im Kontext" aus? Die beteiligten Lehrkräfte haben zusammen mit Fachdidaktiker/-innen der Chemie kontextorientierte Unterrichtseinheiten entwickelt und konnten das neue Konzept von Beginn an so ausgestalten, dass es den Bedürfnissen ihrer Schülerinnen und Schüler und den Rahmenbedingungen an ihren Schulen entspricht. Die Entwicklung des Unterrichts hat also in kooperativer Weise zwischen Lehrkräften und Personen aus der Fachdidaktik stattgefunden, weshalb wir dieses Vorgehen als symbiotische Implementationsstrategie bezeichnet haben (Gräsel & Parchmann, 2004b; Parchmann et al., 2006). Symbiotisch soll in diesem Zusammenhang die kooperative Abhängigkeit der Lehrkräfte und der Fachdidaktiker-/innen zum Ausdruck bringen: Erstere waren insbesondere zu Beginn auf die fachdidaktische Hilfe und Unterstützung hinsichtlich der Kontext- und Anwendungsorientierung der Unterrichtsinhalte angewiesen und die beteiligten Fachdidaktiker-/innen wiederum hatten Interesse daran, die Lehrkräfte von dem neuen Konzept zu überzeugen, um so eine weitere Verbreitung von „Chemie im Kontext" zu ermöglichen.

Im Zuge der Realisierung der symbiotischen Implementationsstrategie wurden auf regionaler Ebene schulübergreifende Lehrernetzwerke gebildet, die sich aus ca. sechs bis maximal 12 Lehrkräften zusammengesetzt haben. Um die Zusammenarbeit innerhalb der beteiligten Schulen anzuregen, sollten sich aus jeder Schule mindestens zwei Personen beteiligen. Neben den Chemielehrkräften haben jeweils ein Wissenschaftler/eine Wissenschaftlerin aus der Chemiedidaktik und eine Person aus der Bildungsadministration an diesen Netzwerken teilgenommen (Fey et al., 2004; Demuth et al., 2005). Aufgrund dieser personellen Zusammensetzung der Arbeitsgruppen kamen verschiedene Perspektiven zusammen, die alle einen unterschiedlichen Beitrag zu der Entwicklung der Unterrichtskonzeption beigetragen haben.

Diese regionalen Netzwerke, die im Rahmen von „Chemie im Kontext" ‚Sets' heißen, haben sich alle sechs bis acht Wochen getroffen, um gemeinsam kontextorientierten Unterricht zu entwickeln und auszuarbeiten. Die Personen aus der Fachdidaktik, die Mitglieder der Projektgruppe waren, haben dabei mehrere Sets in verschiedenen Bundesländern betreut und sind zu den jeweiligen Treffen angereist, um so eine kontinuierliche Betreuung der Lehrernetzwerke zu gewährleisten. Die ersten Sets wurden im Schuljahr 2002/2003 gegründet; zu diesem Zeitpunkt hatten sich so viele Schulen um eine Teilnahme an „Chemie im Kontext" beworben, dass insgesamt 12 Sets in verschiedenen Bundesländern gegründet werden konnten. Bei der Bildung dieser Netzwerke bzw. Sets haben wir uns am Ansatz der Lerngemeinschaften orientiert, der im Folgenden kurz näher ausgeführt werden soll.

2.1 Exkurs: Lerngemeinschaften von Lehrerinnen und Lehrern

Der Ansatz der Lerngemeinschaften, der vorrangig im anglo-amerikanischen Raum entwickelt wurde, verfolgt das Ziel, Lehrkräfte darin zu unterstützen, ihren Unterricht kontinuierlich zu verbessern und den Bedürfnissen ihrer Schülerinnen und Schüler anzupassen (Putnam & Borko, 2000; McLaughlin & Talbert, 2006). In der Literatur lassen sich verschiedene Definitionen und Organisationsmöglichkeiten von Lerngemeinschaften finden, alle beschreiben jedoch eine Gruppe von Lehrerinnen und Lehrern, die ihre eigene Praxis reflektieren und die Beziehungen zwischen ihrem eigenen Lehrerhandeln und dem Lernen der Schülerinnen und Schüler in den Blick nehmen. Lerngemeinschaften nehmen eine langfristige Perspektive ein, da es um nachhaltige Veränderungen der eigenen Unterrichtspraxis geht und nicht um kurzfristige Anpassungen an auftretende Probleme. Solche langfristigen Veränderungen sind nur sehr schwierig zu initiieren, da sie eng an die Überzeugungen und Routinen von Lehrerinnen und Lehrern gebunden sind. Hier bieten Lerngemeinschaften durch kontinuierliche Reflexionsprozesse einen Ansatzpunkt, solche Veränderungen des Unterrichtshandelns herbeizuführen. Wenn Lehrerinnen und Lehrer in einer über Monate oder sogar Jahre gewachsenen Gemeinschaft ihre Unterrichtspraxis besprechen, Erfahrungen und Probleme austauschen und so ihre Praxis reflektieren, dann werden solche Veränderungen wahrscheinlicher (Thomas, Wineburg, Grossman et al., 1998). Aus diesem Grund werden Lerngemeinschaften häufig auch als Möglichkeit der Lehrerfort- und Weiterbildung bezeichnet bzw. genutzt, die – im Vergleich zu externen Fortbildungen – den Vorteil haben, dass sie langfristig stattfinden und die lokalen Gegebenheiten der Lehrerinnen und Lehrer berücksichtigen (Zech et al., 2000; Gräsel et al. 2006; McLaughlin & Talbert, 2006).

Es gibt verschiedene Möglichkeiten der Organisation von Lerngemeinschaften: Sie können schulintern oder schulübergreifend organisiert werden und sich innerhalb der Schule aus verschiedenen Gruppen von Lehrkräften zusammensetzen, wie z. B. den Lehrkräften eines Faches (Bonsen & Rolff, 2006). Die Frage der Organisation hängt immer mit den Zielen zusammen, die die Lerngemeinschaften in ihrer Arbeit verfolgen.

Im Rahmen von Innovationsprojekten – wie auch bei „Chemie im Kontext" – werden Lerngemeinschaften häufig schulübergreifend gebildet, um so die Kooperation zwischen verschiedenen Schulen anzuregen und damit das innovative Konzept zu verbreiten.

2.2 Dissemination und Transfer von CHiK: die Gründung neuer Sets

Nach einem Jahr Projektlaufzeit stellte sich insofern ein Erfolg der gewählten Implementationsstrategie ein, als im Schuljahr 2003/2004 neun weitere Sets gegründet werden konnten. Die Organisation dieser neuen, sogenannten ‚Sets 2' gestaltete sich etwas anders als bei den ursprünglichen Sets. Um ein nachhaltiges Bestehen der Lerngemeinschaften bzw. Sets zu gewährleisten, das auch über die Projektlaufzeit hinaus andauert, war es wichtig, die Betreuung durch die Fachdidaktiker/-innen zurückzufahren und die Selbstständigkeit der Sets zu erhöhen. Eine zu große Abhängigkeit von externen Personen birgt häufig die Gefahr, dass die Arbeit nicht fortgeführt wird, wenn diese externe Unterstützung wegfällt (vgl. Wood, 2007). Aus diesem Grund haben in den Disseminationssets (‚Sets 2') erfahrene Lehrkräfte aus dem ersten Projektjahr die Betreuung übernommen, wodurch die Eigenständigkeit der Arbeitsgruppen gesteigert werden konnte. Die Mitglieder der Projektgruppe haben sich somit mehr und mehr aus der Setarbeit zurückgezogen und haben nur in Notfällen Unterstützung gegeben. Ein Vorteil der Disseminationssets bestand darin, dass mit der Lehrkraft aus der ersten Phase bereits ein Jahr Erfahrung mit der Entwicklung von kontextorientiertem Unterricht und der Organisation eines solchen Sets vorlag. Zudem haben die ‚neuen' Lehrerinnen und Lehrer schon die Möglichkeit gehabt, Informationen über CHiK zu sammeln und sich ein Bild dieser Unterrichtskonzeption zu machen, so dass in den neuen Sets die Arbeit unmittelbar beginnen konnte und viele Startschwierigkeiten vermieden werden konnten.

Mit Beginn der Transferphase von CHiK, die die nachhaltige Verankerung des Konzeptes in den Länderstrukturen zum Ziel hat, wurden im Schuljahr 2005/2006 weitere Sets gegründet, so dass bundesweit nun insgesamt rund 350[2] Lehrkräfte an CHiK teilnehmen.

3. Unterrichtsentwicklung nach CHiK: Wie sieht die Arbeit der Sets aus?

Die Lehrerinnen und Lehrer, die in einem Set mitarbeiten, verfolgen das Ziel, ihren Chemieunterricht gemäß der Konzeption CHiK zu gestalten. Die Setarbeit besteht demnach zu einem großen Anteil in der gemeinsamen Entwicklung von Unterrichtseinheiten und der Erarbeitung von Materialien und Aufgaben. Dazu müssen

---

2 Stand: November 2007

die Lehrerinnen und Lehrer für die Fachinhalte, die sie ihren Schülerinnen und Schülern beibringen müssen, zunächst einen passenden Kontext finden, anhand dessen die Inhalte veranschaulicht und erarbeitet werden können. Anhand dieses Kontextes planen die Lehrkräfte dann die gesamte Unterrichtseinheit und setzen sie anschließend in ihren jeweiligen Klassen in die Praxis um. Durch die regelmäßige gemeinsame Arbeit im Set haben die Lehrerinnen und Lehrer die Möglichkeit, sich über ihre Erfahrungen mit der Kontexteinheit auszutauschen und Änderungen vorzunehmen, falls sie die Erfahrung gemacht haben, dass ihre Schülerinnen und Schüler mit bestimmten Elementen des Unterrichts nicht zurecht gekommen sind. Die Arbeit der Sets kann somit als ein ständiger Kreislauf von Aktivitäten des Planens, Ausprobierens und Evaluierens bezeichnet werden (vgl. Abb. 1).

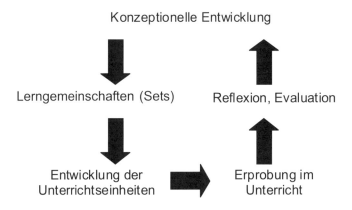

Abb. 1: Unterrichtsentwicklung in den Sets

Im Verlauf der Projektlaufzeit und der Neugründung von Sets haben sich die Aktivitäten der Sets etwas geändert. So beschäftigen sich nicht mehr alle Sets mit der Entwicklung von neuen Unterrichtseinheiten, sondern überarbeiten z.T. bereits bestehende Einheiten. Auf diese Weise können die vorhandenen Unterrichtseinheiten weiter optimiert werden und an unterschiedliche Lernvoraussetzungen der Schülerinnen und Schüler angepasst werden.

Andere Sets beschäftigen sich in ihrer Arbeit mit der Anpassung der Unterrichtseinheiten an die im Auftrag der KMK ausgearbeiteten Bildungsstandards, die verschiedene Kompetenzbereiche vorsehen, die im Unterricht abgedeckt werden sollen. In diesem Zusammenhang arbeiten einige Sets daran, Unterrichtseinheiten und Aufgaben so zu gestalten, dass sie die Entwicklung (und Diagnose) der verschiedenen in den Bildungsstandards enthaltenen Kompetenzen ermöglichen. Einige Sets sind in dieser Arbeit bereits so weit fortgeschritten, dass sie mit Hilfe von standardisierten Formularen bereits erprobte Unterrichtseinheiten hinsichtlich der angestrebten Bildungsstandards systematisch einordnen und bewerten können. Von dieser Arbeit können dann auch Lehrerinnen und Lehrer profitieren, die nicht mit der unmittelbaren CHiK-Arbeit vertraut sind.

Ein weiterer Aspekt, mit dem sich verschiedene Sets in ihrer Arbeit beschäftigen, ist die Ausarbeitung von Fortbildungen zu „Chemie im Kontext". Dies ist insbesondere für den Transfer von CHiK, also der nachhaltigen Verankerung und Ausbreitung, von besonderer Bedeutung, da Fortbildungen eine gute Möglichkeit darstellen, die Unterrichtskonzeption weiteren Lehrkräften nahe zu bringen und somit zu verbreiten. Die häufig bereits langjährige Erfahrung von einigen CHiK-Lehrkräften ist dabei für die Gestaltung der Fortbildung und die Ausarbeitung der Materialien besonders hilfreich. Zudem kann angenommen werden, dass Fortbildungsinhalte, die von erfahrenen Lehrkräften vermittelt werden, eher den Vorstellungen und Überzeugungen anderer Lehrkräfte entsprechen und somit authentisch vermittelt werden können. In ähnlicher Weise findet „Chemie im Kontext" auch Eingang in die Referendariatsausbildung.

Die vielfältigen Aktivitäten in den Sets zeigen, wie unterschiedlich Unterrichtsentwicklung ausgestaltet werden kann. Ausgehend von der Entwicklung kontextorientierter Unterrichtseinheiten haben die Sets im Laufe der Jahre ihre Arbeit immer weiter optimiert, an neue Anforderungen angepasst und weiteren Lehrerinnen und Lehrern nahe gebracht, deren Unterricht bisher nicht dem didaktischen Ansatz von CHiK folgte.

4. Einige empirische Befunde: Veränderungen des Unterrichts aus der Sicht der Lehrkräfte und der Schülerinnen und Schüler

Im Zuge der empirischen Forschungsarbeiten zu „Chemie im Kontext" haben wir uns dafür interessiert, ob die angestrebten Veränderungen der Unterrichtspraxis tatsächlich eingetreten sind. Diese Veränderungen können sich dabei auf verschiedenen Ebenen niederschlagen und sollten nicht nur von den Lehrkräften, sondern vor allem von den Schülerinnen und Schülern wahrgenommen werden. Aus diesem Grund haben wir im Rahmen der Evaluation zu vier Zeitpunkten Fragebögen an alle an CHiK beteiligten Lehrkräfte und deren Schülerinnen und Schüler verschickt und darin nach verschiedenen Unterrichtsvariablen sowie nach motivationalen und interessebezogenen Effekten von „Chemie im Kontext" gefragt. Sowohl für die Sets 1 (die von Beginn an dabei waren) als auch für die Sets 2 liegen uns somit Daten vor, mit denen wir die Entwicklung über einen Zeitraum von zwei Jahren beschreiben können.

Der Vergleich der unterschiedlichen Settypen ist für die Beurteilung des Erfolges der gewählten Disseminationsstrategie besonders wichtig: Nur wenn sich in den Disseminationssets, die von erfahrenen Lehrkräften der ersten Phase geleitet wurden, ähnliche Effekte einstellen wie in denjenigen Sets, die eng von uns (den Fachdidaktiker/-innen) betreut wurden, kann die Dissemination des CHiK-Konzeptes als erfolgreich bezeichnet werden. Dies gilt für die Sicht der Lehrkräfte und für die Unterrichtswahrnehmung durch die Schülerinnen und Schüler gleichermaßen. Im Folgenden soll anhand von einigen ausgewählten Variablen gezeigt werden, inwiefern die Lehrkräfte und die Schülerinnen und Schüler solche Veränderungen tatsächlich wahrgenommen haben.

Unterrichtsbeschreibung durch die Lehrkräfte

Neben der starken Kontextorientierung des Chemieunterrichts stellt die Methodenvielfalt eine zentrale Säule des Unterrichts nach CHiK dar. Neben diesen beiden Variablen haben wir die Lehrkräfte zudem danach gefragt, ob sich ihre eigene Kontrolle über das Unterrichtsgeschehen im Laufe der CHiK-Arbeit verändert hat. Zu Beginn des Projektes hatten viele Lehrkräfte die Befürchtung geäußert, dass sie durch dieses neue Unterrichtskonzept die Steuerung über die Ziele und den Verlauf des Unterrichts verlieren; durch die Erhebung der wahrgenommenen Kontrolle des Unterrichtsgeschehens wollten wir feststellen, ob sich diese Befürchtungen bewahrheiten.

Die Ergebnisse zeigen, dass sich in beiden Set-Typen sowohl die Methodenvielfalt als auch die Kontextorientierung deutlich erhöht haben (vgl. Abb. 2); diese Veränderungen von Beginn bis zum Ende des zweiten Jahres sind signifikant (Methodenvielfalt: $(F1,58)=20,47$; $p<.01$ und Kontextorientierung: $F(1,58)=30,64$; $p<.01$). Die Entwicklungen in den verschiedenen Set-Typen unterscheiden sich dabei nicht voneinander, d.h. dass die Lehrkräfte – unabhängig von der Betreuung durch die Projektgruppe – ähnliche Veränderungen des Unterrichts berichten. In Bezug auf die dritte Variable zeigen sich weder Veränderungen über die Zeit noch zwischen den Sets, woraus geschlossen werden kann, dass sich die geäußerten Befürchtungen der Lehrkräfte nicht bewahrheitet haben. Bei einem kontextorientierten Unterricht haben die Lehrerinnen und Lehrer demnach nicht das Gefühl, die Kontrolle über das Unterrichtsgeschehen zu verlieren.

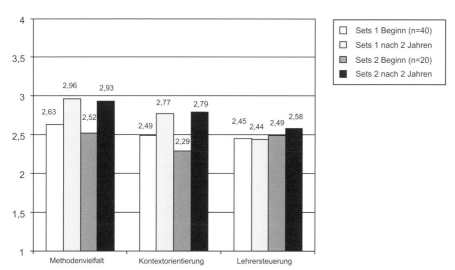

Abb. 2: Beschreibung des eigenen Unterrichts durch die Lehrkräfte am Beginn und am Ende des zweiten Projektjahres (Mittelwerte)

Insgesamt legen diese Ergebnisse nahe, dass die Lehrkräfte im Laufe von zwei Schuljahren zentrale Säulen der CHiK-Konzeption, die Kontextorientierung und die Methodenvielfalt, in ihren Unterricht integriert haben.

Unterrichtsbeschreibung durch die Schülerinnen und Schüler

Die Schülerinnen und Schüler sollten im Zuge ihrer Unterrichtsbeschreibung u.a. darüber Auskunft geben, inwieweit sie im Chemieunterricht eher Fachinhalte lernen oder Fähigkeiten erlernen, die sie in ihrem Alltag anwenden und auf andere Fragestellungen übertragen können. Im Zusammenhang mit dem anwendungsorientieren Wissen haben wir sie zusätzlich gefragt, inwieweit sie im Chemieunterricht sogenannte cross-curriculare Kompetenzen erwerben, also Arbeits- und Lernstrategien, die sie auch in anderen Fächern anwenden können. Beide Aspekte sind zentral für unser Verständnis von „Kontextorientierung".

Die Ergebnisse zeigen, dass die Schülerinnen und Schüler im Laufe der zwei Jahre einen signifikanten Rückgang der Dominanz fachsystematischen Wissens wahrnehmen ($F(1,784)=29,11$; $p<.01$). Insgesamt zeigen sich hier Unterschiede zwischen den Schülerinnen und Schülern der beiden Set-Typen ($F(1,784)=38,36$; $p<.01$): Die Schülerinnen und Schüler der ersten Sets beurteilen die Fachsystematik insgesamt als etwas bedeutsamer als diejenigen der zweiten Sets. In Bezug auf das Anwendungswissen nehmen alle Schülerinnen und Schüler – unabhängig vom Set-Typ – einen leichten Anstieg innerhalb der zwei Jahre wahr. Diese Ergebnisse zeigen insgesamt, dass auch die Schülerinnen und Schüler die Unterrichtsveränderungen, wie sie durch CHiK intendiert waren, wahrgenommen haben.

Die Wahrnehmung der cross-curricularen Kompetenzen unterscheiden sich leicht zwischen den Sets: Während die Schülerinnen und Schüler der ersten Sets hier sogar einen leichten Rückgang wahrnehmen, verzeichnen die Set-2-Schüler/

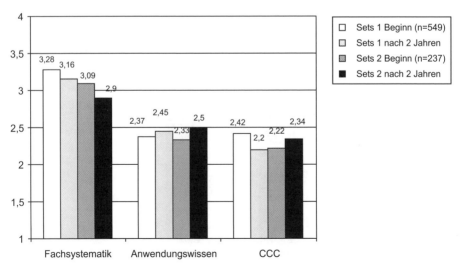

Abb. 3:   Beurteilung des Unterrichts durch die Schülerinnen und Schüler zu Beginn und nach zwei Jahren

-innen einen leichten Anstieg. Möglicherweise stellen hier die Erfahrungen der Lehrkräfte aus der ersten Phase, die die neuen Sets übernommen haben, einen Einflussfaktor dar, der sich in diesem Ergebnis niederschlägt.

4.1 Welchen Nutzen können die Lehrkräfte aus der Arbeit in den schulübergreifenden Netzwerken (den Sets) ziehen?

Im Rahmen einer Interviewstudie befragten wir eine Gruppe von CHiK-Lehrkräften (n=37) nach ihren Kooperationserfahrungen in den schulübergreifenden Sets, so dass uns neben den Fragebogenergebnissen auch eine Reihe qualitativer Daten zur Verfügung steht, durch die wir die Set-Arbeit genauer beschreiben können. In diesen Interviews sollten die Lehrkräfte schildern, was sie an der Zusammenarbeit mit den Kolleginnen und Kollegen besonders schätzen und welchen Nutzen sie aus der Kooperation ziehen können.

Die Ergebnisse der Interviewauswertung zeigen, dass die Lehrkräfte die enge Kooperation in Bezug auf verschiedene Aspekte positiv beurteilen: Ein besonders häufig genannter Punkt ist der fachliche Austausch, der sich in Diskussionen über Inhalte oder didaktische Fragen, in dem Austausch von Materialien oder auch in der gemeinsamen Arbeit an Experimenten niederschlägt (dies nennen 73% der Lehrpersonen). Des Weiteren ist die gemeinsame Unterrichtsvorbereitung ein positiver Aspekt, der von 40% der befragten Lehrerinnen und Lehrer genannt wird: „… Also zum einen glaube ich ist es sinnvoll, Unterricht gemeinsam vorzubereiten, dass man sich die Arbeit aufteilt. […] Je mehr Leute über Dinge nachdenken, dass da erstens eine viel größere Vielfalt zusammen kommt und zweitens auch die Qualität dessen, was man erarbeitet, wesentlich besser ist, als wenn ich da nur allein drüber nachdenke." (CHiK-Lehrperson, 10). Weitere positive Effekte, die die Lehrkräfte durch die Arbeit in den Sets erfahren, sind eine Arbeitsentlastung sowie eine emotionale Entlastung (dies nennen jeweils 40% und 23%); in Bezug auf die Arbeitsentlastung nennen die Lehrkräfte z.B. die gemeinsame Vorbereitung von Experimenten oder auch die Zeitersparnis, die jeder durch die Arbeitsaufteilung erfährt. Hinsichtlich der emotionalen Seite schätzen die Lehrpersonen vor allem die Möglichkeit, sich über frustrierende Unterrichtserlebnisse austauschen und ‚Dampf ablassen' zu können sowie den Austausch über konkrete didaktische Probleme und mögliche Lösungen. Darüber hinaus bewerten die Lehrkräfte die gemeinsame Abstimmung ihres Unterrichtshandelns positiv (24%); dadurch können sie dem Verhalten der Schülerinnen und Schülern gegenüber eine gemeinsame Linie entwickeln und ihre Methoden besser auf die Bedürfnisse der Schülerinnen und Schüler abstimmen. Insgesamt kann dadurch ein gemeinsames Verantwortungsgefühl für das Lernen Schülerinnen und Schülern entstehen. Zu guter letzt nennen 20% der Lehrkräfte den Aspekt des fächerübergreifenden Arbeitens, der durch die gemeinsame Arbeit an den kontextorientierten Unterrichtseinheiten erleichtert wird. Die Lehrkräfte können ihren Schülerinnen und Schülern durch die enge Zusammenarbeit eher Querverbindungen zu anderen Fächern aufzeigen. Dies spiegelt sich zum Beispiel in der Unterrichtseinheit „Parfüm" wieder, die mit

Kolleginnen und Kollegen des Faches Deutsch abgestimmt wurde, die parallel den Roman von Patrick Süskind im Unterricht durchgenommen haben.

Insgesamt machen diese Ergebnisse deutlich, dass die Lehrkräfte aus der engen Kooperation in der Lerngemeinschaft in vielfältiger Hinsicht einen Nutzen ziehen können. Auch wenn es durchaus kritische Punkte gibt, die sich z. B. auf eine unökonomische Organisation der Kooperation beziehen, so beurteilen die Lehrkräfte die Arbeit in den Lerngemeinschaften insgesamt positiv.

5. Zusammenfassung und Ausblick: Wie organisieren sich die Sets in der Zukunft?

Die bei „Chemie im Kontext" gewählte Strategie der schulübergreifenden Lehrernetzwerke zur Implementation der Unterrichtskonzeption kann nach fünf Jahren Projektlaufzeit als durchaus erfolgreich bezeichnet werden. Die Zusammenarbeit in den Lehrer-Sets und die dort stattfindende Unterrichtsentwicklung nach den Ideen von CHiK haben sowohl aus der Sicht der Lehrkräfte als auch der Schülerinnen und Schüler zu einer Veränderung des Unterrichts geführt. Durch die aktive Beteiligung der Lehrerinnen und Lehrer von Beginn an konnte die Konzeption in den vergangenen Jahren gut in der schulischen Praxis verankert werden und es konnten noch viele weitere Lehrkräfte für CHiK gewonnen werden. Mittlerweile haben die Sets eine sehr hohe Selbstständigkeit erreicht und die beteiligten Lehrkräfte haben bereits den Plan geäußert, dass sie auch nach dem Ende der offiziellen Projektlaufzeit die CHiK-Konzeption weiter verfolgen und in ihrem Unterricht umsetzen werden. Das hohe Engagement der Lehrerinnen und Lehrer zeigt, dass sie die erzielten Veränderungen ihres Unterrichts positiv bewerten und die enge Kooperation mit den Kolleginnen und Kollegen auch in Zukunft nicht missen möchten. Durch die Aufnahme der CHiK-Konzeption in die Fortbildungsprogramme verschiedener Bundesländer besteht zudem die begründete Hoffnung, dass die Ideen von CHiK auch in Zukunft noch weitere Lehrkräfte dazu anregen werden, ihren Chemie- oder naturwissenschaftlichen Unterricht hin zu einer verstärkten Kontextorientierung weiterzuentwickeln.

Literatur

Bonsen, M. & Rolff, H.-G. (2006). Professionelle Lerngemeinschaften von Lehrerinnen und Lehrern. *Zeitschrift für Pädagogik, 2* (52), 167-184.

Brown, J. S., Collins, A., & Duguid, P. (1989). Situated Cognition and the Culture of Learning. *Educational Researcher*, 1 (18), 32-42.

Demuth, R., Fussangel, K., Gräsel, C., Parchmann, I., Ralle, B. & Schellenbach-Zell, J. (2005). *Optimierung von Implementationsstrategien bei innovativen Unterrichtskonzeptionen am Beispiel von Chemie im Kontext. Abschlussbericht des Projektes.* Kiel: Leibniz-Institut für die Pädagogik der Naturwissenschaften.

Euler, D. & Sloane, P. F. E. (1998). Implementation als Problem der Modellversuchsforschung. *Unterrichtswissenschaft*, 26, 312-326.

Fey, A., Gräsel, C., Puhl, T. & Parchmann, I. (2004). Implementation einer kontextorientierten Unterrichtskonzeption für den Chemieunterricht. *Unterrichtswissenschaft,* 3 (28), 238-256.

Gräsel, C., Fussangel, K. & Parchmann, I. (2006). Lerngemeinschaften in der Lehrerfortbildung. Kooperationserfahrungen und -überzeugungen von Lehrkräften. *Zeitschrift für Erziehungswissenschaft,* 4 (9), 545-561.

Gräsel, C. & Parchmann, I. (2004a). Die Entwicklung und Implementation von Konzepten des situierten, selbstgesteuerten Lernens. *Zeitschrift für Erziehungswissenschaft, Sonderheft 2, PISA und die Folgen,* 169-182.

Gräsel, C. & Parchmann, I. (2004b). Implementationsforschung – oder: der steinige Weg, Unterricht zu verändern. *Unterrichtswissenschaft,* 32, 238-256.

Mandl, H. (1998). Implementationsforschung – Einführung in das Thema. *Unterrichtswissenschaft,* 4 (26), 290-291.

McLaughlin, W. M. & Talbert, J. E. (2006). *Building School-Based Teacher Learning Communities. Professional Strategies to Improve Student Achievement.* New York: Teachers College Press.

Parchmann, I., Gräsel, C., Baer, A., Nentwig, P., Demuth, R. & Ralle, B. (2006). „Chemie im Kontext": A symbiotic implementation of a context-based teaching and learning approach. *International Journal of Science Education,* 9 (28), 1041-1062.

Putnam, R. T. & Borko, H. (2000). What Do New Views of Knowledge and Thinking Have to Say About Research on Teacher Learning. *Educational Researcher,* 1 (29), 4-15.

Reinmann-Rothmeier, G. & Mandl, H. (1998). Wenn kreative Ansätze versanden: Implementation als verkannte Aufgabe. *Unterrichtswissenschaft,* 4 (26), 292-311.

Resnick, L. B. (1991). Shared Cognition: Thinking as a Social Practice. In L. B. J. Resnick, J. M. Levine & S. D. Teasley (Hrsg.), *Perspectives on Socially Shared Cognition* (S. 1-22). Washington: American Psychological Association.

Thomas, G., Wineburg, S., Grossman, P., Myhre, O. & Woolworth, S. (1998). In the company of colleagues: An interim report on the development of a community of teacher learners. *Teaching and Teacher Education,* 1 (14), 21-32.

Wood, D. (2007). Teachers' Learning Communities: Catalyst for Change or a New Infrastructure for the Status Quo? *Teachers College Record,* 109 (3), 699-739.

Zech, L. K., Gause-Vega, C. L., Bray, M. H., Secules, T. & Goldman, S. R. (2000). Content-Based Collaborative Inquiry: A Professional Development Model for Sustaining Educational Reform. *Educational Psychologist,* 35 (3), 207-217.

Imke Krebs & Manfred Prenzel

Unterrichtsentwicklung in Netzwerken: das Beispiel SINUS

Zusammenfassung

Nach neun Jahren Laufzeit in mehreren Phasen ging im Sommer 2007 ein bundesweit koordiniertes Programm zur Unterrichtsentwicklung in Netzwerken in die Hände der Länder über. Das Programm ist als BLK-Modellversuchsprogramm unter dem Kürzel SINUS (**S**teigerung der Eff**i**zienz des mathematisch-**n**aturwissenschaftlichen **U**nterricht**s**) gestartet und bekannt geworden. An den beteiligten Schulen wurde über eine Anzahl abgestimmter Maßnahmen, Vereinbarungen und Unterstützungen ein Modell für unterrichtsbezogene Qualitätsentwicklung und Professionalisierung eingeführt, das von den Lehrkräften getragen und als weiterführend empfunden wird. Im Modellversuch prüfte man die Realisierbarkeit und die Effekte eines entsprechenden Ansatzes der Unterrichtsentwicklung. Nach der fünfjährigen Modellphase begann die Erprobung einer systematischen Ausbreitung des Ansatzes mit dem Programm SINUS-Transfer mit zwei zweijährigen Erweiterungsphasen. Zum Ende entwickelten im Rahmen von SINUS-Transfer Gruppen von Lehrkräften an fast 1.800 Schulen in Deutschland (in 13 Ländern) ihren Unterricht in Mathematik und den Naturwissenschaften weiter. Die folgenden Kapitel skizzieren die Kernideen der Konzeption von SINUS und dem Disseminationsprogramm SINUS-Transfer, Konzepte und Befunde der Programmevaluation und schildern Erfahrungen bei der Implementierung und Verbreitung des SINUS-Ansatzes.

1. Das SINUS-Konzept – ein unterrichts- und schulnaher Implementierungsansatz

Die Ergebnisse verschiedener internationaler Vergleichsstudien der letzten Jahre weisen auf einige Problembereiche des mathematisch-naturwissenschaftlichen Unterrichts in Deutschland hin. Mittelmäßige Leistungsergebnisse in der internationalen Vergleichsstudie TIMSS offenbarten ausgeprägte Schwächen des deutschen Unterrichts im mathematisch-naturwissenschaftlichen Bereich. Die PISA-Untersuchungen bestätigten und erweiterten die TIMSS-Befunde hinsichtlich der Leistungsdefizite unserer Schülerinnen und Schüler. Hinweise auf Problembereiche des gängigen mathematisch-naturwissenschaftlichen Unterrichts ergaben sich ebenfalls aus dem PISA-Ländervergleich (Prenzel et al., 2005). In einer Gesellschaft in der sich Technologien rasend schnell entwickeln, müssen Maßnahmen ergriffen werden, um konkurrenzfähig zu bleiben (Prenzel, 1998). Einen Ansatzpunkt bietet der mathematisch-naturwissenschaftliche Unterricht (Baumert, 1998; BLK, 1997).

In Reaktion auf die Ergebnisse der Third International Mathematics and Science Study (TIMSS) wurde das BLK-Modellversuchsprogramm zur „Steigerung der Effizienz des mathematisch-naturwissenschaftlichen Unterrichts" konzipiert. 1998 startete der Modellversuch mit 180 Schulen. Die Laufzeit war auf fünf Jahre angelegt. In einem länderübergreifenden Netz von Schulen sollten typische Probleme des Mathematik- und Naturwissenschaftsunterrichts bearbeitet werden. Die Schulen machten sich mit Verfahren der Qualitätssicherung und Unterrichtsentwicklung vertraut um die Ergebnisse wie Erfahrungen dieser Arbeit in einem Netz von Schulen auszutauschen. Aufgabe der wissenschaftlichen Begleitung war die Koordinierung auf nationaler Ebene, Bereitstellung von Handreichungen, Materialien, Fortbildungen und einer Internetplattform sowie die Evaluation von Prozessen und Ergebnissen. Ziele von SINUS sind die Professionalisierung von Lehrkräften, die Etablierung einer kooperativen Qualitätssicherung an Schulen, die Weiterentwicklung des Unterrichts sowie eine Verbesserung der Lernprozesse und Lernergebnisse der Schülerinnen und Schüler.

Die in einem vorbereitenden Gutachten (BLK, 1997) analysierten Problembereiche des mathematisch-naturwissenschaftlichen Unterrichts wurden in Arbeitsschwerpunkten, sogenannten Modulen, für eine Bearbeitung umgesetzt.

1.1 Ein modularer Programmaufbau

Die Programmelemente sind modular entwickelt. Sie bieten Raum für Ergänzungen und individuelle Prozesse und sind zugleich eingebettet in ein Gesamtkonzept. Die Module erlauben es, an wenigen Stellen mit der Weiterentwicklung des Unterrichts zu beginnen und die Veränderungen nach und nach auszuweiten, angepasst an die jeweiligen lokalen, regionalen und länderspezifischen Bedingungen. Den Lehrerinnen und Lehrern werden keine fertigen Unterrichtseinheiten zur Verfügung gestellt, sondern ein Rahmen angeboten, in dem Unterrichtsideen, -konzepte und -materialien selbst erstellt und gemeinsam erprobt werden können. Die 11 Module bilden diesen inhaltlichen Rahmen indem sie einerseits einen Ausgangspunkt zum Beginn der Arbeit stellen und im Verlauf des Programms den unterrichtsbezogenen Austausch erleichtern, und andererseits indem sie eine gemeinsame Sprache und Ziele bereitstellen. Das Modul-Konzept erlaubt, bei der Qualitätsentwicklung auf die jeweils unterschiedlichen Probleme vor Ort einzugehen: Die Schulen wählen aus dem Angebot von 11 Modulen diejenigen aus, die ihnen für den Unterricht an ihrer Schule am wichtigsten und dringlichsten erscheinen und klären, mit welchem Aspekt begonnen werden soll. Durch den abgestimmten Gesamtzusammenhang, in dem die Module stehen, kann das Spektrum der bearbeiteten Themen frei erweitert und der Unterricht sukzessive weiter entwickelt werden. Mit der Kombination von Modulen wird eine langfristige Veränderung von Unterrichtsmustern möglich. Die Expertise zum Programm enthält Modulbeschreibungen, die im Laufe der Jahre um Handreichungen wie erläuternde Texte, viele Beispiele und Erfahrungen erweitert und jeweils dem aktuellen Stand der Forschung angepasst wurden. Die Modulerläuterungen enthalten theoretischen Hintergrund, erläutern Problembereiche und zeigen beispielhaft, wie Lösungen in der Praxis umgesetzt werden können.

Die Zusammenstellung der Module beruht auf dem Erkenntnisstand der allgemeinen und fachbezogenen Lehr-Lernforschung, unter besonderer Berücksichtigung des speziellen Entwicklungsbedarfs für den Unterricht in Deutschland. Bis heute haben sie nicht an Aktualität verloren und dienten deshalb auch weiter im Disseminationsprogramm als inhaltliches Gerüst bei der weiteren Verbreitung des Programms. Folgende Module werden im Programm bearbeitet:

M 1   Weiterentwicklung der Aufgabenkultur
M 2   Naturwissenschaftliches Arbeiten
M 3   Aus Fehlern lernen
M 4   Sicherung von Basiswissen – verständnisvolles Lernen auf unterschiedlichen Niveaus
M 5   Zuwachs von Kompetenz erfahrbar machen: kumulatives Lernen
M 6   Fächergrenzen erfahrbar machen – fachübergreifendes und fächerverbindendes Arbeiten
M 7   Förderung von Jungen und Mädchen
M 8   Entwicklung von Aufgaben für die Kooperation von Schülern
M 9   Verantwortung für das eigene Lernen stärken
M 10 Prüfen: Erfassen und Rückmelden von Kompetenzzuwachs
M 11 Qualitätssicherung innerhalb der Schule und Entwicklung schulübergreifender Standards

Zusammengenommen zielen die elf Bausteine auf die Entwicklung einer deutlich veränderten Kultur des mathematisch-naturwissenschaftlichen Unterrichts, die bedeutungsvolles Lernen, fachliches Verständnis und motivationale Regulierung stärker fördert und fordert. (Prenzel et al., 2002)

Die Expertengruppe zögert im Gutachten zur Vorbereitung des Programms das Ensemble der vorgeschlagenen Maßnahmen als Reform oder Innovation zu bezeichnen, die den Eindruck einer schnellen und abschließbaren Veränderung erwecken. *„Ihre Vorschläge setzen auf einen langfristigen, kontinuierlichen und letztlich professionellen Prozess der Optimierung, in dem Bewährtes zum Zwecke der Weiterentwicklung und Verbesserung thematisierbar wird. ... Wenn er* [der Optimierungsprozess] *erfolgreich verläuft, wird die Heterogenität von Schulen zunächst erhöht. ... Realistische Erwartungen sollten nach der Überzeugung der Expertengruppe Bestandteil des Modellprogramms sein."* (BLK, 1997). Knapp (1997) betont auch die Bedeutung der Wahrnehmung der Reformprozesse durch die Öffentlichkeit und weist ebenfalls auf ein nötiges Maß an Geduld und Zeit hin. Dem Problem, dass Erfolge nicht rasch ersichtlich werden und die Gefahr besteht, dass Förderung und Glaube an sie eingestellt werden zu begegnen, gilt es, ein Bewusstsein dafür zu schaffen, dass mit einer erfolgreichen Veränderung von Unterrichtsroutinen „über Nacht" nicht zu rechnen ist (Reusser, 1995). Auch Reinmann (2005) beschreibt, dass Neuerungen nach einem traditionellen oder modernen Innovationsverständnis ablaufen können. Schnelle Veränderungen mit dramatischen Effekten im Sinne einer Revolution beinhaltet das traditionelle Verständnis. In der Bildung haben indes Innovationen in diesem radikalen Sinne kaum eine Chance. Die bereits in der Expertise erläuterten Empfehlungen werden von Reinmann (2005) aufgegriffen: Im Rahmen von Bildungskontexten finden wir zunehmend evolutionäre Innovationen nach dem modernen Verständnis. Neuerungen verlaufen in kleinen Schritten, sind undramatisch und wenig auffällig.

Die Veränderung von Unterricht ist auch deswegen ein langwieriger Prozess, weil das Bildungssystem durch viele verschiedene Ebenen beeinflusst ist: Individuen, wie Lehrkräfte und Schulleitungen; Gruppen, wie Klassen und Fachkollegien; die Schule; das Schulsystem. Dem Zusammenwirken der Ebenen kommt bei der Implementation von Unterrichtskonzeptionen Bedeutung zu. Die Implementation kann verschiedenen Strategien folgen. Situationsabhängige Einzelmaßnahmen sind meist Bottom-up-Strategien, extern festgelegte Innovationen werden als top-down bezeichnet (Gräsel & Parchmann, 2004). In SINUS arbeiten Personen unterschiedlicher Expertisegrade und Ebenen gemeinsam an der Umsetzung einer Innovation und es findet sich eine Kombination dieser Strategien. Ein Gerüst ist durch den Programmträger vorgegeben, gleichzeitig werden bottom-up-Prozesse angestoßen.

Folgende Prinzipien bestimmen den Implementationsansatz des Programms:

Bearbeitung von Problembereichen durch Module. Die bereits erwähnten 11 Module bilden die Grundlage für die auf Schulebene ansetzende Unterrichtsentwicklung.

Kooperation und Netzwerke. Rückhalt bei dieser systematischen Entwicklungsarbeit gibt ein Team. Eine wichtige Säule im Konzept ist, dass die Lehrpersonen ihre Arbeitsbeziehungen in Richtung professionelle Kooperation innerhalb und zwischen Schulen verändern. Als kleinste Grundeinheit der Kooperation gilt die Fachgruppe an der beteiligten Schule. Die schulübergreifende Zusammenarbeit findet in sogenannten Schulsets statt. Der Austausch zwischen den Lehrkräften wird auf Schulset- und Landesebene sowie bundesweit durch Koordinatorinnen und Koordinatoren unterstützt. Auch heute wird es als wichtiges Prinzip wahrgenommen. Bastian (2007) spricht von einer *nicht hintergehbaren Voraussetzung.*

Qualitätsentwicklung und Qualitätssicherung. Mit der bewussten und angeleiteten Fokussierung auf das eigene Problem beginnt systematische Unterrichtsentwicklung und damit der Einstieg in die Qualitätssicherung. Die beteiligten Lehrkräfte werden mit Verfahren der Qualitätsentwicklung und Qualitätssicherung vertraut gemacht. Dies bedeutet beispielsweise, dass Kolleginnen und Kollegen im gemeinsamen Austausch unterrichtliche Problembereiche identifizieren, zu bearbeitende Ziele festlegen und mittels Selbstevaluation überprüfen, ob sie ihre Ziele erreicht haben.

Wissenschaftliche Anregung und Unterstützung. Die Arbeit der Lehrkräfte wird durch die konzeptionellen Leitlinien strukturiert und durch Materialien, Fortbildungen und Beratungen extern angeregt und unterstützt. Die wissenschaftliche Unterstützung orientiert sich an dem von den Modulen vorgezeichneten Rahmen. Das Leibniz-Institut für die Pädagogik der Naturwissenschaften (IPN) hat in Kooperation mit dem Staatsinstitut für Schulpädagogik und Bildungsforschung (ISB) in

München und dem Lehrstuhl für Mathematik und Didaktik der Universität Bayreuth die Programmträgerschaft übernommen, die Unterstützungsmaßnahmen koordiniert und Informationen und Materialien bereitgestellt. Wissenschaftliche Anregungen und Unterstützungen werden optimiert, indem auch die Beteiligung an der externen Evaluation mit den Beteiligten vereinbart wird.

Begleitforschung. Diese befasst sich mit konzeptionellen Fragen und umfasst formative wie summative Evaluationen. Weiterhin untersucht sie im Rahmen von Implementationsforschung Indikatoren und Bedingungen für das Gelingen des Programms und dessen Transfer.

2. SINUS-Transfer – systematische Vergrößerung der Netzwerke für Unterrichtsentwicklung

Eine Schlüsselfrage am Ende des Modellversuchsprogramms betrifft Möglichkeiten einer systematischen Ausbreitung des Programms. Es lagen keine Routinen vor, so dass die Dissemination selbst wiederum als Entwicklungs- und Forschungsproblem mit hoher genereller und bildungspolitischer Relevanz betrachtet wurde. In zwei Verbreitungsphasen (SINUS-Transfer „Erste Welle" und „Zweite Welle") sollte der bis dahin erfolgreiche Ansatz auf eine größere Anzahl von Schulen ausgeweitet werden, auch um Bedingungen eines „Transfers" zu untersuchen.

Auch wenn es inzwischen einige Beispiele für einen erfolgreichen Übergang von einer Pilotphase zu einer Ausbreitungsphase gibt, finden sich diese bisher nur für regional begrenzte Projekte in kleinerem Umfang oder begrenztem inhaltlichen Rahmen. In der Praxis ist es schwierig, angemessene Handlungen vorzunehmen, durch die man eine wirkliche Implementierung oder sogar Integration oder Institutionalisierung erlangen kann. Der Prozess ist oftmals sehr komplex, viele Faktoren und Beteiligte haben einen Einfluss auf diesen Prozess. Heute setzt sich die Forschung intensiver mit der Heterogenität der an einer Innovation beteiligten Personen auseinander. Fisser (2005) sieht in der Anzahl der verschiedenen Menschen, die am Implementierungsprozess beteiligt sind einen der Hauptfaktoren, kategorisiert sie und entwickelt ein deskriptives Modell, in dem die Beteiligten, ihre Rollen und ihre Handlungen aufgeführt sind und zu den Stufen im Prozess der Implementierung in Beziehung gebracht werden. Deutlich wird auch hier die Schlüsselrolle eines *middle managers. „An academic middle manager according to Kallenberg is the manager who is integratedly responsible for the education of the education program within the directives of the head of the department and the governing board of the institution. ... Through dialogue with top and bottom, they influence strategy in both ways."* (Fisser, 2005)

In der SINUS-Konzeption (BLK, 1997) ist diese Rolle bereits aufgeführt. Der Koordination auf Landes- und Schulsetebene wird große Bedeutung zugeschrieben. Landes- und auch Setkoordinatoren tragen starke Eigenverantwortung mit Freiräumen in der Ausgestaltung des durch die Expertise vorgegebenen Rahmens.

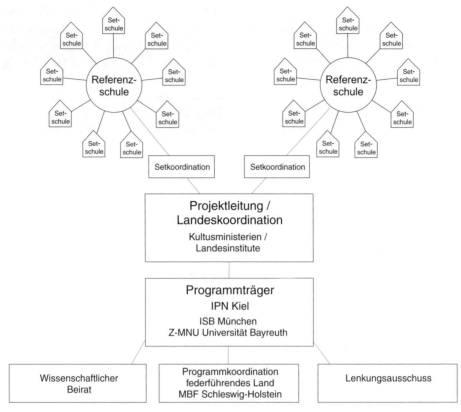

Abb. 1:   Organisationsstruktur der am Programm SINUS-Transfer beteiligten Personen bzw. Institutionen

Abbildung 1 stellt den organisatorischen Rahmen, wie er in der Expertise vorgesehen war, dar. Jede Lehrerin/jeder Lehrer arbeitet in ihrer/seiner Schule in der Fachgruppe. Diese Fachgruppe arbeitet evtl. mit einer weiteren Fachgruppe an der Schule zusammen. Fachgruppen kooperieren über die Schulgrenze hinaus mit andern Schulen im Set. Die Schule mit der meisten Erfahrung, also die, die schon im SINUS-Programm beteiligt war, sollte im Transferprogramm die Rolle einer Pilotschule übernehmen, die in gewisser Weise eine Vorreiterrolle innehat. Es zeigte sich im Laufe der Dissemination, dass diese Rolle eher personengebunden ist, die Setkoordination also meist der Pilotschule entstammt, die Schule selbst allerdings eher aus dem offiziellen Rahmen, womit am häufigsten die Evaluierung gleichgesetzt wurde, ausscheidet. Nächst höhere Ebene ist die Kooperation auf Landesebene, koordiniert durch eine Person mit Funktion der Landeskoordination. Eine weitere Kooperationsebene bezieht sich auf den Austausch der Lehrkräfte und/bzw. Sets über Bundesgrenzen hinweg. Hier von entscheidender Bedeutung ist die Unterstützung durch die zentrale Koordinierung.

Es gab jährlich zwei zentrale Tagungen für Setkoordinatorinnen und -koordinatoren. Hier nahmen auch die Landeskoordination aus allen beteiligten Ländern und

Mitarbeiterinnen und Mitarbeiter der Programmträger und der Projektleitung teil. Dennoch ist das Programm so angelegt, dass auf verschiedenen Ebenen Wahlmöglichkeiten vorhanden sind, die ein Eingehen auf lokale Besonderheiten erlauben. So lässt ein einheitliches Grundgerüst unterschiedliche Bedingungskonstellationen durch eingeräumte Freiheitsgrade, wie z. B. die Fächerzusammensetzung, verschiedenste Schulformen oder auch die Teilnahme mit oder ohne Beteiligung der Schulleitung zu.

Es lagen zum Start des Disseminationsprogramms SINUS-Transfer im Jahr 2003 in Deutschland praktisch keine Erfahrungen über die systematische Verbreitung komplexer Ansätze zu Qualitätsentwicklung an eine große Zahl von Schulen vor. Realisierbare Verfahren für eine weit reichende Verbreitung des Implementationsansatzes, der sich in der Pilotphase von SINUS bewährt hatte, mussten in SINUS-Transfer erarbeitet und erprobt werden. Dabei galt es, verfügbare Erfahrungen, Materialien oder Unterstützungssysteme optimal zu nutzen, um die Kosten gering zu halten und um Strukturen aufzubauen, die langfristig für eine flächendeckende Verbreitung notwendig sind. Mit Blick auf die spätere Eigenverantwortung der Länder sollten die länderspezifischen Ausgangsbedingungen in der Konzeption für die systematische Verbreitung einfließen. Für die systematische Verbreitung des Qualitätsentwicklungsansatzes in SINUS-Transfer wurde konsequent an der inhaltlichen und organisatorischen Konzeption des Pilotprogramms angeknüpft (Module, Kooperation und Netzwerke, Einstieg in Qualitätsentwicklung auf Schulebene, Anregung und Unterstützung sowie wissenschaftliche Begleitung). Es lagen im Vergleich zur fünfjährigen Pilotphase jedoch einige entscheidende Unterschiede vor. Zunächst in der geplanten Organisationsstruktur (Abbildung 1): Referenzschulen sollten als die erfahrenen Schulen aus dem Modellversuchsprogramm zusammen mit der Setkoordination für die Verknüpfung des Schulnetzes zum Ansatz von SINUS garantieren. Die Schulsets sollten mit 9 neu auszuwählenden Schulen größer sein, jedoch eine weitere Unterteilung in Schulgruppen von je 3 erfahren. Es sollte kein zentraler Programmträger eingerichtet werden, sondern die Verantwortung war bei den einzelnen Ländern vorgesehen. Allerdings war ein kontinuierlicher Austausch zwischen den Ländern, z. B. in Form eines Forums mit Vertretern aus den Bereichen der Praxis, Wissenschaft und Politik, gesichert worden.

Außerdem befanden sich die beteiligten Akteure (Lehrkräfte, Koordinatorinnen und Koordinatoren, etc.) insofern in einer besseren Ausgangslage, da ein reichhaltiges Angebot an Erfahrungen und Erkenntnissen aus dem Pilotprogramm vorhanden war. Die Materialbasis war im Vergleich zu den Anfängen im Jahr 1998 umfangreich, die Infrastruktur für die Betreuung der Schulen ausgebaut. So stand mit den Koordinatorinnen und Koordinatoren der Schulsets ein Netzwerk kompetenter Personen bereit, die in der Lage waren, Prozesse der Unterrichtsentwicklung schulnah anzuregen, zu begleiten und zu unterstützen. Allerdings standen den erwähnten inhaltlichen Vorteilen zu Beginn der Dissemination auch ein ungünstigerer zeitlich-organisatorischer Rahmen gegenüber. So nahm in einem deutlich knapperen Zeitraum von zwei Jahren pro Verbreitungswelle im Vergleich zu fünf Jahren im Pilotprogramm eine deutlich größere Anzahl an Schulen teil. Mit der

beschriebenen Vergrößerung der Schulsets verschlechterte sich der Betreuungs-
schlüssel durch die Setkoordination. Sogenannte Entlastungsstunden für die Lehrkräfte gab es nicht mehr. Doch der zunehmende Bekanntheitsgrad des Programms
SINUS-Transfer war mit genauerer Beobachtung und zunehmend hohen Erwartungen verbunden.

Auch in der Transferkonzeption ist die Abstimmung regionaler Entwicklungen
mit dem länderübergreifenden Konzept bewusst berücksichtigt worden. Regional unterschiedliche Ausgangsbedingungen sollten sich in den unterschiedlichen
Strategien der systematischen Verbreitung wiederfinden. Eine berichtete Strategie
bestand darin, die Programmstrukturen (z.B. Schulsets inkl. Koordination) an vorhandene Unterstützungsstrukturen im Land (Landesinstitute, Schulamtsbezirke)
anzubinden, um eine dauerhafte Verbreitung im Land wahrscheinlicher werden zu
lassen. Schon früh zeigte sich, dass das Programm auch in den großen Flächen-
ländern durchführbar war und eine systematische Verbreitung an eine sehr große
Anzahl von Schulen grundsätzlich machbar ist. In diesen Ländern hatte die Pro-
grammkoordination mit sehr großen Anzahlen beteiligter Schulen (300 bis 400) zu
tun.

Insgesamt hat sich die Verbreitung des SINUS-Ansatzes entwickelt: 180 Schulen arbeiteten im Modellprogramm. Nach etwa 800 Schulen in der ersten Welle
sind in der zweiten Welle über 1.800 Schulen in SINUS-Transfer beteiligt gewesen. Die Zahl der am Programm beteiligten Lehrkräfte liegt über 10.000. Die
durchschnittliche Beteiligung am SINUS-Transfer ist mit durchschnittlich 6 Lehrkräften pro Schule so hoch, dass man von einer für die Zusammenarbeit geeigneten Größe ausgehen und einen Effekt auf der Fachgruppenebene erwarten kann.

2.1 Weitere Verbreitung in den Ländern

Eine Verstetigung und weitere Verbreitung des SINUS-Ansatzes nach Auslaufen
der Programmförderung im Juli 2007 geschieht derzeit in den Ländern. Die diskutierten und zum Teil in der Umsetzung befindlichen Konzepte unterscheiden sich
in der Form der Weiterführung, in der Wahl der Schwerpunkte und stellenweise
auch in den gesetzten Zielen. Es gibt Länder, die die Struktur des Programms
weitgehend beibehalten, wobei das Wachsen des Programms unter Nutzung der
bisherigen Erfahrungen und die kontinuierliche Entwicklung der Schwerpunkte im
jeweiligen Land im Zentrum stehen. In anderen Ländern liegt der Schwerpunkt
in der Infizierung der Unterstützungssysteme. Die Erfahrungen aus der Programmarbeit sollen hier in die vorhandenen Strukturen (z.B. Lehrerfortbildung) übernommen werden. Dabei liegt die Herausforderung in der Integration der kooperativen Arbeitsform aus den SINUS-Programmen und der Erhaltung und weiteren
Nutzung der im Laufe der Jahre entwickelten Expertise der Koordinatorinnen und
Koordinatoren.

3. Evaluationskonzept

Die Evaluation des Programms fand auf vielen Ebenen statt und war nicht zuletzt auf der Schulebene Teil der Qualitätssicherung. Die wissenschaftliche Begleitung des Programms SINUS-Transfer geht insbesondere der Frage nach, unter welchen Bedingungen die in SINUS erfolgreich erprobten Prozesse der kooperativen Unterrichtsentwicklung an eine größere Zahl von Schulen weiter getragen werden können. Wichtige Indikatoren zur Beantwortung dieser Frage liefern die Aussagen der Hauptakteure im Programm, der Lehrerinnen und Lehrer. Aus diesem Grund wurden sie in regelmäßigen Abständen zu ihren Erfahrungen im Programm befragt und um Rückmeldung zu der angebotenen Unterstützung und Angabe weiterer Wünsche gebeten.

3.1 Die zeitliche Einordnung

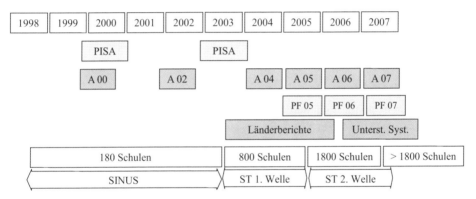

Abb. 2:   Chronologische Abfolge der einzelnen Untersuchungen im Rahmen der externen Evaluation durch den Programmträger

3.2 Das Konzept

Schwerpunkt der umfangreichen Evaluationsmaßnahmen bildet in diesem Kapitel die externe Evaluation durch den Programmträger IPN (Abbildung 2) und hierbei die Evaluation in SINUS-Transfer.

Formative Evaluation

Die prozessbegleitende Evaluation nahm die Arbeit im Programm und die Unterstützungsmaßnahmen und -strukturen in den Blick. Es stellte sich die Frage, wie die beteiligten Lehrkräfte den Ansatz akzeptieren und ob die Arbeit an den Schulen in Gang gekommen war und lief. Im Verlauf der zwei Transferwellen wurden auf Grundlage der Untersuchungen in SINUS insgesamt vier Befragungen in den Jahren 2004, 2005, 2006, 2007 (A 00 … A 07) durchgeführt, die längsschnittlich angelegt waren und bei denen die beteiligten Lehrkräfte sowie die Schulleitungen befragt worden sind. Die Erhebungen informieren über die Akzeptanz hinaus über Arbeitsschwerpunkte, Ziele, Kooperationsformen und -häufigkeiten. Als ein weiteres prozessbegleitendes Verfahren wurde das Fachgruppenportfolio zur gemeinsamen Reflexion eingeführt (Meentzen et al., 2005). Die beteiligten Fachgruppen der SINUS-Transfer-Schulen führten ein Portfolio, in denen Ziele und ausgewählte Entwicklungsschritte (in Form von Unterrichtsmaterialien) dokumentiert und reflektiert wurden. Vier Mal zog das IPN Stichproben in Form von Kopien der Portfolios ein (PF 04 … PF 07). Derzeit wird im Rahmen einer Dissertation untersucht, inwieweit sich das Potenzial des Portfolios im Rahmen des Programms entfaltet.

Summative Evaluation

Für die summative Evaluation des Programms SINUS wurde ein Untersuchungsdesign gewählt, das die in PISA getesteten Schulen in Deutschland gewissermaßen als Kontrollgruppe nutzte (Prenzel et al., 2005). Ein erster Vergleich zwischen SINUS-Schulen und dem nationalen PISA-Sample erfolgte bei PISA 2000. Ein entsprechender zweiter Vergleich mit den PISA-Schulen 2003 diente dazu, die besonderen Entwicklungen an den Programmschulen zu erfassen (Prenzel et al., 2005).

Zum Ende jedes Programmjahres berichteten die Landeskordinatorinnen und -koordinatoren ausführlich und angeleitet über die Entwicklungen auf Länderebene. Kurz vor Ablauf des Programms sind mit Hinblick auf die eigenverantwortliche Fortführung des Programms in den Ländern die jeweiligen Unterstützungssysteme in den Blick genommen worden (Jäger, 2006). Frage war, inwieweit das Programm bekannt war und wenn ja, an welchen Stellen es in Weiterentwicklungen bei der eigenen Arbeit Einfluss genommen hatte.

Beobachtet und ausgewertet wurden auch die Materialien, die von den Schulen für Veröffentlichungen zum Beispiel auf dem Server bereitgestellt wurden.

3.3 Akzeptanzbefragungen

Der Fokus liegt in diesem Werk auf Unterrichtsentwicklung in Netzwerken. Von Anfang an wurden die Netzwerkbildung und damit im Zusammenhang stehende Entwicklungen in Form von Akzeptanzbefragungen beleuchtet. Untersuchungen im Disseminationsprogramm fußten auf Ergebnissen aus dem Modellprogramm und sind entsprechend veränderten Rahmenbedingungen modifiziert worden. Ziel der regelmäßigen Rückmeldungen der Lehrerinnen und Lehrer mittels der Befragungen war es, eine empirische Grundlage für gezielte Verbesserungen zu liefern. Zweitens sollten die Einschätzungen der Lehrkräfte und Schulleitungen Indikatoren dafür liefern, unter welchen Bedingungen die Verbreitung des SINUS-Ansatzes gelingen kann. Aus der Implementationsperspektive aufschlussreich waren zum Beispiel Hinweise auf unterschiedliche Unterstützungs- und Anleitungserwartungen auf Seiten der Lehrkräfte. Fragen dazu bezogen sich auf die Fortbildungsaktivitäten, den zentralen Server und die Betreuung durch die Setkoordinatorinnen und Setkoordinatoren. Außerdem sollten Indikatoren für die Zufriedenheit der beteiligten Lehrpersonen mit der Arbeit im Programm beleuchtet werden. In den Blick genommen wurden allgemeine Wünsche zur Unterstützung und Zufriedenheit, wahrgenommene Entwicklungen im Programm sowie die Häufigkeit und Arten von Kooperation im Rahmen des Programms. In SINUS wurde untersucht, welche Indikatoren für Prozesse einer kooperativen Qualitätsentwicklung in Netzwerken sich im Verlauf des Programms rekonstruieren lassen (Ostermeier, 2004). Eine weitere Frage war, inwiefern sich Netzwerke zu Beginn und im Verlauf des Programms im Hinblick auf die kooperative Qualitätsentwicklung unterscheiden und inwiefern ausgewählte Bedingungen der Netzwerke diese Unterschiede erklären.

Die längsschnittlich angelegte Untersuchung erfolgte je einmal pro Programmjahr. Alle am Programm beteiligten Schulleitungen und Lehrpersonen waren zur Teilnahme aufgerufen. Die Rückmeldungen aus den Befragungen sollten zum einen eine empirische Grundlage zur gezielten Verbesserung ergeben. Zweitens sollen die Einschätzungen der Lehrkräfte Indikatoren dafür liefern, unter welchen Bedingungen die Verbreitung des SINUS Ansatzes gelingen kann.

Grundlage für die Erhebungen bildeten die Fragebögen, die bereits im Pilotprogramm entwickelt und eingesetzt worden waren. Die Instrumente wurden so überarbeitet, dass sie besser auf die Rahmenbedingungen bezogen und deutlicher auf die Fragenkomplexe ausgerichtet waren, die für die Umsetzung und Steuerung des Transfer-Programms relevant waren. Die Lehrkräfte gaben Einschätzungen zu Unterstützungswünschen, wahrgenommenen Entwicklungen, Zufriedenheit und Belastungen, Kooperation, Portfolio und anderen programmrelevanten Statements ab. Auch die Schulleitungen wurden seit Beginn (erstmals 2000) auf diese Weise befragt. Nach allgemeinen Angaben zur Schule und den beteiligten Lehrkräften wurden sie gebeten, Fragen, die einige Aspekte der Programmarbeit betreffen, zu beantworten und Aussagen zur Evaluation an der Schule zu treffen.

Der Rücklauf variierte von Land zu Land stark. Für die Kontrolle des Rücklaufs schwierig ist die dem Programmträger unbekannte Anzahl der beteiligten Kolleginnen und Kollegen an den Schulen. Genaue Angaben sind nur möglich in Bezug auf die generelle Beteiligung der Schule an der Befragung. Sie variiert von 40% bis fast 100%. Etwa drei Viertel aller Schulen machte jeweils Angaben.

4. Befunde

4.1 Ausgewählte Ergebnisse aus den Akzeptanzbefragungen

Das Programm SINUS und auch SINUS-Transfer wurde stets von der Mehrheit der beteiligten Lehrpersonen als Chance für die Verbesserung des Unterrichts eingeschätzt. In SINUS zeigte sich, dass Personen, die seit Beginn beteiligt waren signifikant mehr kooperierten. Die Einschätzungen zur Zufriedenheit stiegen im

Verlauf des Programms signifikant. Dabei wurden vor allem Aspekte positiv eingeschätzt, die sich auf das gemeinsame Entwickeln und Erproben von Neuem
beziehen (Ostermeier, 2004). Die Wahrnehmung der eigenen Weiterentwicklung
und der Reflexion fiel positiv aus. Lehrkräfte aus Pilotschulen schätzten zentrale
Aspekte kooperativer Qualitätsentwicklung zum ersten Messzeitpunkt positiver
ein als Kolleginnen und Kollegen an den Netzwerkschulen. Auch bei Kontrolle
der zur Verfügung gestellten Ressourcen, wie z. B. sogenannte Entlastungsstunden, hielt sich der Effekt, der allerdings zum zweiten Messzeitpunkt gegen Ende
des Modellprogramms verschwand. Geringe Effekte im Bereich der Zufriedenheit
und der Zusammenarbeit zeigten sich bei Berücksichtigung der Anzahl der beteiligten Lehrpersonen je Schule, der Schulformen und der Schulformmischung im
Schulset. Die Einschätzungen fachheterogener Sets lagen über denen fachhomo-
gener Sets. Auf den Start der Programmarbeit wirkte sich eine aktive Beteiligung
der Schulleitung positiv auf die Einschätzungen aus. Die wahrgenommene Unterstützung durch die Koordination ging systematisch mit positiver Einschätzung der
Zusammenarbeit einher. Eine ausführliche Darstellung der hier skizzierten Ergebnisse aus dem SINUS-Programm findet sich bei Ostermeier (2004).

   Den Schwerpunkt bilden anschließend die bisherigen Ergebnisse aus dem
Transferprogramm. Zunächst richtet sich der Blick auf die Beteiligten selbst, um
anschließend die von Ihnen vorgenommenen Einschätzungen zu programmrelevanten Aspekten auszuleuchten.

4.2 Deskriptives

Mit der Befragung verband sich auch das Ziel, ein Bild von den am Programm
engagierten Akteuren zu bekommen. Vorab interessierten einige persönliche Angaben, wie die Berufserfahrung, die sie aufweisen, welche Funktionen sie in der
Schule und im Programm haben und Aspekte wie Geschlecht und Alter.

   Die Verteilung der Lehrkräfte in Bezug auf deren verbrachte Jahre im Schuldienst deutet darauf hin, dass es sich bei den Teilnehmerinnen und Teilnehmern
des Programms um sehr erfahrene Lehrkräfte handelt. Die Vorerfahrungen der
befragten Gruppe bzgl. der Arbeit in einem Schulentwicklungsprogramm sind als
gering einzustufen. Auch wenn sie schon lange im Schuldienst stehen, scheint die
Arbeit in diesem Programm für die meisten Lehrkräfte eine neue Erfahrung zu
sein. Die Angaben verändern sich über die vier Jahre nicht. Es ist anzunehmen,
dass die Programmerfahrenen kaum auch in anderen Programmen arbeiten und
dass neu Hinzugekommene mit dem SINUS-Programm beginnen, ihren Unterricht
systematisch weiterzuentwickeln.

   Viele Lehrkräfte nehmen über ihr Engagement im Programm hinaus in der
Schule eine zusätzliche Funktion ein. Etwa ein Zehntel der Fragebögen für Lehrkräfte wurden von Schulleitungen ausgefüllt, mehr als ein Drittel der Teilnehmenden
haben Fachleitungen übernommen. Weitere hier nicht im Einzelnen aufzuführende
Ämter berichten fast drei Viertel aller Lehrpersonen. Auch vor dem Hintergrund
der Dauer ihres Schuldienstes wird deutlich, dass hier eine besonders engagierte

und verantwortungsbewusste Gruppe von Lehrkräften am Programm teilnimmt. Erwähnenswert ist die Verschiebung der Geschlechterverteilung im Laufe der zwei Transferwellen. Der Anteil weiblicher Lehrkräfte nimmt gegenläufig zu den Lehrern zu. Auffällig ist auch der vergleichsweise höhere Anteil an Lehrerinnen in den neuen Ländern. Während in den alten Ländern der Anteil der Lehrer leicht überwiegt, macht der Anteil der Lehrerinnen in den neuen Ländern etwa zwei Drittel aus. Noch deutlicher ist der Unterschied, wenn man nur einzelne Länder betrachtet: 2005 stand dem Verhältnis 83:17% (weiblich/männlich) in einem der teilnehmenden neuen Länder ein Verhältnis 38:62% (weiblich/männlich) in einem der alten Länder gegenüber (Ostermeier et al., 2006).

Das Vorgehen bei der Auswahl der bearbeiteten Module (Abbildung 3: Auswahl der Module) lag in der Verantwortung der Länder und unterschied sich. Teilweise wurden Schwerpunkte bereits durch die Landeskoordination gesetzt. Es gab aber auch Länder, in denen die einzelne Fachgruppe den Schwerpunkt selbst bestimmte. Wie häufig welche Module gewählt wurden, verdeutlicht die graphische Darstellung aus der letzten Befragung 2007.

Wie schon im Modellversuch berichteten die beteiligten Lehrkräfte auch in den Transferphasen eine hohe Akzeptanz des Programms. Obwohl für die Lehrkräfte die Programmbeteiligung zusätzliche Arbeit bedeutet, schien der persönliche Ertrag der Unterrichtsentwicklung den Zeitaufwand zu rechtfertigen. Die Vorteile durch die Zusammenarbeit mit den Kolleginnen und Kollegen und der Gewinn für den eigenen Unterricht wurden als so positiv bewertet, dass der zeitliche Mehraufwand besser akzeptiert werden konnte (Ostermeier et al., 2004).

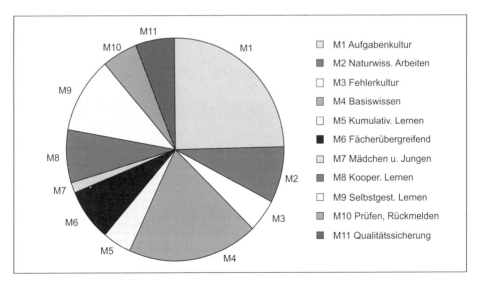

Abbildung 3: Auswahl der Module

4.3 Weitergehende Analysen

Mehrere Aussagen sprechen die Zusammenarbeit mit Kolleginnen und Kollegen an. Die Kooperation stellte ein grundlegendes Prinzip bei der Umsetzung des Programms dar. Erfreulich ist deshalb eine klare Zustimmung zu diesen Aussagen, die sich einerseits auf die Schul- bzw. Schulsetebene beziehen und andererseits die Art und Häufigkeit der Kooperation berücksichtigen. Nachdem der Austausch sich in den Anfangsjahren am häufigsten auf Materialien und Zielabsprachen innerhalb des Fachkollegiums an der Schule bezog, berichten die Lehrpersonen gegen Programmende zunehmend von gemeinsamer Reflexion auch über die Grenze der eigenen Schule hinweg in den Schulsets. Kooperation fand im Hinblick auf Fachinhalte und Vernetzung dieser, Didaktik und Qualität von Schule und Unterricht, Prüfungen und auch Lernverhalten und Elternarbeit statt. Das Gefühl, allein wesentlich effektiver zu arbeiten und sich gegenseitig zu behindern, das bei Einstieg in das Programm von 10–25 % der Beteiligten berichtet wurde, tritt bei Auslaufen des offiziellen Programms nicht mehr auf.

Schulsets vergrößerten sich auf unterschiedliche Art und Weise. Wuchsen sie gleichmäßig an, sprechen wir vom sukzessiven Typ. Demgegenüber gab es Sets, die seltener, dann aber durch Aufnahme größerer Gruppen neuer Lehrkräfte anwuchsen und es gab Sets, in denen nur Lehrkräfte zusammenarbeiten, die seit der 2. Welle SINUS-Transfer beteiligt waren. Unterschiede in den wahrgenommen Entwicklungen zeigten sich bei den jeweils neu hinzukommenden Lehrerinnen und Lehrern in den ersten beiden Settypen, je nachdem in welchem sie kooperierten. Wuchsen die Sets sukzessive, wurden durch neue Lehrkräfte mehr Entwicklungen wahrgenommen. Sie dachten häufiger über die Qualität Ihres Unterrichts nach und erkannten mehr und mehr die Stärken und Schwächen ihres Unterrichts.

Die Lehrkräfte unterschieden sich in ihren Unterstützungswünschen (Tabelle 1). Bei neu eingestiegenen Lehrkräften dominierte der Wunsch nach konkreter Anleitung und klaren Zielvorgaben für die Arbeit im Programm. Je länger die Beteiligten im Programm arbeiteten, desto geringer war der Wunsch nach Instruktion. Dieses entspricht der Programmidee, dass keine Vorgabe eines Curriculums vorgesehen ist, sondern zur Entwicklung eigener Herangehensweisen angeregt werden soll.

Tab. 1: Wunsch nach Unterstützung, prozentuale Zustimmung bzw. Ablehnung der beteiligten
Lehrkräfte (Akzeptanzbefragung 2007)

	Konkrete Anleitung		Klare Zielvorgaben	
dabei seit …	trifft zu	trifft nicht zu	trifft zu	trifft nicht zu
2001	21,7 %	78,3 %	17,4 %	82,6 %
2003	34.8 %	65,2 %	34,5 %	65,5 %
2005	42,3 %	57,7 %	40,1 %	59,9 %
2007	52,0 %	48,0 %	49,8 %	50,2 %

Die in den Transferphasen neu hinzugekommenen Schulen profitierten von den erfahrenen Schulen im Set. Die Sets unterschieden sich je nach ihrem Anteil an Erfahrenen. Neue Lehrkräfte unterschieden sich signifikant in ihren Angaben hinsichtlich der gewünschten Unterstützung. Sie bevorzugten eine programmentsprechende Unterstützung, wenn sie in einem Set mit mehr erfahrenen Kollegen kooperieren.

Ähnlich verhält es sich mit der subjektiv wahrgenommenen Belastung. In Sets mit einem hohen Anteil an Erfahrenen, das heißt mindestens 60 % der Lehrkräfte arbeiteten seit mehr als einem Jahr im Programm, berichteten alle weniger Belastung. In Sets mit einem niedrigeren Anteil an Erfahrenen wurde signifikant mehr Belastung wahrgenommen, hier sogar am meisten von den wenigen „alten SINUS-Hasen".

4.4 Derzeit bearbeitete Forschungsfragen:

Wie gelingt der Transfer eines Qualitätsentwicklungsansatzes für Unterricht? Aus Sicht des Programmträgers erscheint aufgrund der zahlreichen möglichen Einflussfaktoren ein zunächst pragmatisches Vorgehen sinnvoll. So erfolgen derzeit Untersuchungen zu Indikatoren für Gelingen und mögliche Bedingungen auf den unterschiedlichen Organisationsebenen im Programm. Fragen zu den Bedingungen sind: Wirken sie direkt oder indirekt? Wirken sie vielleicht unter Umständen entgegengesetzt? Und wenn sie zusammen wirken, wirken sie dabei additiv oder kumulativ? Können sie sich gegenseitig substituieren? In welcher Dosierung sind sie sinnvoll?

Außerdem erfolgt derzeit die Aufarbeitung des neu eingeführten Evaluationsinstrumentes Portfolio. Frage ist, wie die Lehrkräfte mit Portfolios arbeiten und wie sich der Umgang mit den Portfolios ändert. Außerdem wird das Instrument selbst hinsichtlich seiner Validität beschrieben.

5. Perspektiven

Die Erfahrungen aus SINUS und SINUS-Transfer zeigen, dass dieser Unterrichtsentwicklungsansatz zu Fortschritten und ermutigenden Ergebnissen führt.

Viele Lehrkräfte haben sich in ihren Schulen mit großem Engagement auf den Weg gemacht und innerhalb des problemorientierten Modulrahmens und mit Hilfe der aufgebauten Unterstützungsnetzwerke begonnen, ihren Unterricht weiterzuentwickeln. Erste Erfolge der Leistungen ermunterten und ermuntern den Einzelnen und die Fachgruppe erneut zur systematischen Weiterentwicklung ihres Unterrichts. Die Erfahrungen weisen auf einige Bedingungen erfolgreicher Arbeit hin. So schreitet, wie bereits in den theoretischen Überlegungen angenommen, die Weiterentwicklung des Unterrichts nur in kleinen Schritten voran. Unterricht stellt ein höchst komplexes Gefüge dar, das in hohem Maße durch Handlungsroutinen auf

Seiten der Lehrkräfte, aber auch auf Seiten der Schülerinnen und Schüler gestützt wird. Diese relativ stabilen Routinen sind schwer zu verändern. Eine wesentliche Voraussetzung für eine Änderung besteht darin, die Anforderungen in professioneller Kooperation bewusst zu machen. SINUS regt zu einer „evolutionären" Veränderung des komplexen Unterrichtsgeschehens an. Die Erfahrung aus neun Jahren SINUS und SINUS-Transfer zeigt, dass Lehrkräfte sich in Zusammenarbeit mit ihren Kolleginnen und Kollegen auf diesen Weg einlassen. Gleichzeitig bestätigte sich, dass Unterrichtsentwicklungsprozesse lange Zeiträume in Anspruch nehmen. Die beiden Transferphasen waren, im Unterschied zur fünfjährigen Pilotphase, auf jeweils zwei Jahre angelegt. In diesem Zeitraum sind stabile Arbeitsgruppen an den Schulen aufgebaut worden. Man hat mit einer zielbezogenen kooperativen Unterrichtsentwicklung begonnen. Indes benötigen die Entwicklungsprozesse für deutliche Qualitätsgewinne eine kontinuierliche Zusammenarbeit über längere Zeiträume. Desweiteren wünschen sich Schulen, die nach einer längeren Teilnahme am Programm nicht mehr vom SINUS-Unterstützungssystem profitieren können ausdrücklich weitere Anregungen und Unterstützungen. Schulen benötigen kontinuierlich Anregungen, aber auch Unterstützungen von außen, um ihren Unterricht konsequent und nachhaltig weiterzuentwickeln.

In SINUS und SINUS-Transfer haben viele Lehrkräfte inzwischen einen Weg zur Unterrichtsentwicklung im mathematisch-naturwissenschaftlichen Bereich erprobt, zahlreiche Schulen haben sich auf den Weg gemacht. Viele Ergebnisse und Erfahrungen sprechen dafür, diesen Weg auch in Zukunft weiterzuverfolgen und die Idee weiter zu tragen. Viele Länder versuchen, die in SINUS-Transfer aufgebauten Unterstützungsstrukturen auch nach dem offiziellen Ende des gemeinsam getragenen Programms zu erhalten und weiter für die Unterrichtsentwicklung zu nutzen. Auch aus Sicht des Programmträgers und der wissenschaftlichen Begleitung sprechen die Erfahrungen dafür, die bei SINUS erprobten Verfahren der Unterrichtsentwicklung auch in Zukunft weiter auszubreiten und sie gegebenenfalls auf weitere Fächer zu übertragen. Auf jeden Fall wurden mit dem SINUS- und SINUS-Transfer-Programm in den Ländern Strukturen und Kompetenzen aufgebaut, die in landesinternen Ansätzen zur Qualitätssicherung und Qualitätsentwicklung weiter genutzt werden können und sollten.

6.   Literatur

Bastian, J. (2007). *Einführung in die Unterrichtsentwicklung.* Weinheim: Beltz.

Baumert, J. (1998). Fachbezogenes-fachübergreifendes Lernen / Erweiterte Lern- und Denkstrategien. In Bayrisches Staatsministerium für Unterricht (Hrsg.), *Wissen und Werte für die Welt von morgen* (S. 213-231). München.

BLK. (1997). *Gutachten zur Vorbereitung des Programms „Steigerung der Effizienz des mathematisch-naturwissenschaftlichen Unterrichts".* Bonn: Bund-Länder-Kommission für Bildungsplanung und Forschungsförderung. Verfügbar unter: http://sinus-transfer.uni-bayreuth.de/fileadmin/MaterialienBT/heft60.pdf (9.10.2007).

Fisser, P. (2005). *Using ICT in Education: From Pilot to Implementation, Who are involved?* Paper presented at the 8th IFIP World Conference on Computers in Education. University of Stellenbosch (Cape Town – South Africa). July 4–7, 2005.

Gräsel, C. & Parchmann, I. (2004). Implementationsforschung – oder: der steinige Weg, Unterricht zu verändern. *Unterrichtswissenschaft*, 32 (3), 196-214.

Jäger, M. (2006). *Ist-Analyse der schulischen Unterstützungssysteme. Zwei Studien zur Verbreitung von SINUS-Transfer in den am Programm beteiligten Ländern.* Kiel: IPN.

Knapp, M.S. (1997). Between systemic reforms and the mathematics and science classroom: The dynamics of innovation, implementation, and professional learning. *Review of Educational Research*, 67 (2), 227-266.

Meentzen, U., Ostermeier, O., Prenzel, M. (2005). *Fachgruppenportfolios im BLK-Programm SINUS-Transfer: Erste Ergebnisse der Erhebung 2004.* Kiel: IPN.

Ostermeier, C. (2004). *Kooperative Qualitätsentwicklung in Schulnetzwerken.* Münster: Waxmann.

Ostermeier, C., Krebs, I. & Prenzel, M. (2004). *Befragung zur Akzeptanz im BLK-Programm SINUS-Transfer: Erste Ergebnisse der Erhebung 2004.* Kiel: IPN.

Ostermeier, C., Krebs, I. & Prenzel, M. (2006). *Untersuchung der Akzeptanz im BLK-Programm SINUS-Transfer (Erste Welle): Zentrale Ergebnisse der Befragung 2005 und Vergleich zu 2004.* Kiel: IPN.

Prenzel, M. (1998). Stärkung der mathematisch-naturwissenschaftlich-technischen Kompetenz/Technikakzeptanz. In *Wissen und Werte für die Welt von morgen* (S. 233-249). München: Bayrisches Staatsministerium für Unterricht, Kultur, Wissenschaft und Kunst.

Prenzel, M. (2000). Steigerung der Effizienz des mathematisch-naturwissenschaftlichen Unterrichts: Ein Modellversuchsprogramm von Bund und Ländern. *Unterrichtswissenschaft*, 28(2), 203-226.

Prenzel, M., Brackhahn, B. & Hertrampf, M. (2002). *Konzeption zur Dissemination des BLK-Modellversuchsprogramms „Steigerung der Effizienz des mathematisch-naturwissenschaftlichen Unterrichts".* Kiel: IPN.

Prenzel, M. & Ostermeier, C. (2003). Steigerung der Effizienz des mathematisch-naturwissenschaftlichen Unterrichts – Ein unterrichtsbezogenes Qualitätsentwicklungsprogramm. *Beiträge zur Lehrerbildung*, 21 (2), 265-276.

Prenzel, M., Baumert, J., Blum, W., Lehmann, R., Leutner, D., Neubrand, M., Pekrun, R., Rost, J. & Schiefele, U. [PISA-Konsortium Deutschland] (Hrsg.) (2005). *PISA 2003. Untersuchungen zur Kompetenzentwicklung im Verlauf eines Schuljahres.* Münster, Waxmann.

Prenzel, M., Carstensen, C.H., Senkbeil, M., Ostermeier, C. & Seidel, T. (2005). Wie schneiden SINUS-Schulen bei PISA ab? Ergebnisse der Evaluation eines Modellversuchsprogramms. *Zeitschrift für Erziehungswissenschaft*, 8 (4), 487-501.

Reinmann, G. (2005). Innovation ohne Forschung? Ein Plädoyer für den Designed-Based-Ansatz in der Lehr-Lernforschung. *Unterrichtswissenschaft*, 33 (1), 52-69.

Reusser, K. (1995). Lehr-Lernkultur im Wandel: Zur Neuorientierung in der kognitiven Lernforschung. In R. Dubs & D. Döring (Hrsg.), *Dialog Wissenschaft und Praxis* (S. 164-190). St. Gallen: IWP.

Dagmar Killus

Soziale Integration in Schulnetzwerken: empirische Ergebnisse und Konsequenzen für die Praxis

Es gibt kaum einen gesellschaftlichen Bereich, in dem die Kooperation in vernetzten Strukturen nicht als leitendes Prinzip postuliert wird. Das gilt insbesondere auch für den Bildungsbereich. Hier wird der Vernetzung mehrerer Schulen in Schulnetzwerken ein hohes Potenzial für die Bewältigung dringender Reformanforderungen zugeschrieben. Angesichts der Komplexität der anstehenden Aufgaben dürfte die Problemlösefähigkeit der einzelnen Schule nicht immer ausreichen. Schulnetzwerke können in diesem Zusammenhang als Unterstützungssysteme aufgefasst werden, die auf Gegenseitigkeit und Synergien setzen. Durch den Austausch von Wissen und Erfahrungen, durch gemeinsame Entwicklungsarbeit sowie durch gegenseitige Beratung können Schulnetzwerke somit wichtige Impulse für die Professionalisierung von Lehrkräften und darüber hinaus für die Entwicklung einer ganzen Schule geben (vgl. Czerwanski et al., 2002; Risse, 1998).

Solche Professionalisierungs- und Schulentwicklungsprozesse sind jedoch nicht zwangsläufig. Ihnen gehen vielmehr komplexe Prozesse der Vernetzung voraus. Auf dem Papier knüpfen sich solche Vernetzungen leicht. Kommen aber in der Realität immer produktive Beziehungen in einem Schulnetzwerk zustande, die es den beteiligten Akteuren ermöglichen, Interessen und Kompetenzen einzubringen und wechselseitig voneinander zu profitieren? Der vorliegende Beitrag greift diese Frage auf. Mit Hilfe einer soziometrisch verfahrenden Netzwerkanalyse soll die Struktur der sozialen Beziehungen in Schulnetzwerken näher untersucht werden. Die Netzwerkanalyse, die eine im Bereich der erziehungswissenschaftlichen Forschung bisher kaum angewandte Methode darstellt (vgl. Rehrl & Gruber, 2007), lässt z. B. Rückschlüsse zu auf den Grad der Vernetzung, die Bildung von Cliquen oder die Positionen der Akteure. Die Aufmerksamkeit soll im Folgenden auf Schulen gelenkt werden, die innerhalb des Beziehungsgeflechtes eine randständige Position in dem Sinne einnehmen, dass sie mit ihren Partnerschulen nur lose vernetzt sind. Dieses Problem wurde in der schulbezogenen Netzwerkforschung bislang nicht explizit thematisiert. Gestützt auf die Ergebnisse einer Netzwerkanalyse soll im Folgenden *erstens* illustriert werden, wie genau sich die Position randständiger Schule innerhalb eines Beziehungsgeflechtes darstellt. Mit Hilfe zusätzlicher vorwiegend schulbezogener Daten soll *zweitens* der Frage nachgegangen werden, woran es liegt, dass eine Schule innerhalb eines Schulnetzwerkes eher randständig ist.

Der Beitrag gliedert sich wie folgt: Zunächst sollen Schulnetzwerke definiert und deren Merkmale näher betrachtet werden. Daran anschließend werden – auf der Grundlage schulbezogener Netzwerk- und Transferforschung – „Gelingensbedingungen" für Netzwerkarbeit skizziert. Herausgearbeitet werden sollen hier insbesondere solche Merkmale, die für eine erfolgreiche Integration einzelner Schulen in ein schulübergreifendes Netzwerk bedeutsam sein könnten. Nach der

Vorstellung des untersuchten Schulnetzwerkes werden sodann die Fragestellungen
der Untersuchung präzisiert und die Erhebung der Daten sowie das Verfahren ihrer
Auswertung dargelegt. Im Weiteren werden die Ergebnisse einer Netzwerkanalyse sowie Ergebnisse zur Bedingtheit randständiger Positionen präsentiert. Diese
Ergebnisse werden abschließend im Hinblick auf die Möglichkeiten der Integration
aller Beteiligten in ein Schulnetzwerk diskutiert.

1. Schulnetzwerke: Definition und Merkmale

Schulnetzwerke basieren – wie alle anderen sozialen Netzwerke auch – auf sozialen Beziehungen. Die Aufnahme von Beziehungen kann dabei auf sehr unterschiedliche Ziele ausgerichtet sein: Auf den Austausch von Erfahrungen, Wissen,
Methoden und Instrumenten, die Identifizierung von Best Practice, gegenseitige
Beratung und Peer Reviews und gemeinsame Fortbildung. Vor diesem Hintergrund
definieren Czerwanski et al. (2002) Schulnetzwerke als „Unterstützungssysteme
auf Gegenseitigkeit. Die Beteiligten tauschen sich aus, kooperieren im Rahmen
gemeinsamer Angelegenheiten, Ziele, Schwerpunkte oder Projekte. Sie lernen voneinander und miteinander" (101f.)

Aber nicht alles, was irgendwie zusammenhängt, ist gleich ein Netzwerk. Idealerweise zeichnen sich Netzwerke durch verschiedene Merkmale aus. Czerwanski
(2003, S. 14) hat umfangreiche Merkmalslisten verdichtet, wie sie in der Literatur
zu sozialen Netzwerken zu finden sind. Sie hebt vier Merkmale hervor:

- gemeinsame Absichten bzw. Ziele
- Personenorientierung
- Freiwilligkeit der Teilnahme
- Tauschprinzip (Geben und Nehmen)

Danach richten Schulnetzwerke ihre Arbeit an gemeinsame Absichten und an vereinbarten Zielen aus. Durch unterschiedliche Rollen und Funktionen der Akteure
begründete Hierarchien spielen dabei keine Rolle. Die Akteure agieren vielmehr
freiwillig und gleichberechtigt in dem Sinne, dass alle ihre Interessen einbringen
und durchsetzen können. Dies trägt zu einem ausgeglichenen Geben und Nehmen
im Netzwerk bei, das wiederum Voraussetzung für gemeinsames Lernen ist.

Die angedeuteten Aspekte stellen jedoch keine leicht einzulösenden Voraussetzungen dar. Die Etablierung produktiver Kooperationsbeziehungen in einem
Netzwerk kann erschwert werden durch kontroverse und widersprüchliche Zielvorstellungen, Abwehr von Verantwortung, mangelndes Engagement oder ein unaus-
geglichenes Geben und Nehmen. Probleme können für einzelne Akteure weiterhin
auch daraus erwachsen, dass in einem Schulnetzwerk immer zwei Beziehung- bzw.
Arbeitsebenen tangiert sind (vgl. Czerwanski, 2003, 11, bezugnehmend auf Wetzel
et al., 2000): die Beziehungen zwischen den kooperierenden Akteuren im Schulnetzwerk und die Beziehungen, in welche die Akteure sonst noch eingebunden
sind. Die beteiligten Akteure müssen also sowohl die Beziehungen im schulübergreifenden Netzwerk als auch die in der eigenen Schule im Blick haben.

2. „Gelingensbedingungen" für Netzwerkarbeit

Schulnetzwerke waren bislang nur selten Gegenstand empirischer Forschung (vgl. Dedering, 2007, 74f.). Ausgehend von den wenigen vorliegenden empirischen Arbeiten lässt sich aber durchaus eine positive Bilanz ziehen. Ihre Ergebnisse deuten darauf hin, dass es sich bei Schulnetzwerkarbeit „unter bestimmten Voraussetzungen um eine sehr lohnenswerte Anstrengung ‚aus der Praxis für die Praxis' handelt, die bei den Beteiligten nachweislich ein Schulentwicklungspotenzial freisetzt, zu deren Professionalisierung beiträgt und Impulse gibt, die eigene Schule zu verändern." (Czerwanski et al., 2002, 127; ferner: Dedering, 2007; Haenisch, 2003; Fink & Burkard, 2001). Wie angedeutet hängt dies von unterschiedlichen Voraussetzungen bzw. „Gelingensbedingungen" ab. Die von den genannten Forschern bzw. Forscherteams identifizierten Bedingungen lassen sich grob danach einteilen, ob sie auf der Ebene des Schulnetzwerkes oder auf der Ebene der Einzelschule angesiedelt sind:

- Zu den Bedingungen auf der Ebene des Schulnetzwerkes gehören klare Ziele und Erwartungen, die Einrichtung einer schulübergreifenden Netzwerksteuergruppe, Beteiligung der Schulleitung, gemeinsame Arbeitstagungen und Fortbildungen, gegenseitige Hospitationen, die Koordination von Terminen und Aktivitäten durch einen Koordinator bzw. eine Koordinationsschule, externe Unterstützung in Form von Entlastungsstunden oder inhaltlich-fachlichem Input sowie ein ausgeglichenes Geben und Nehmen.
- Zu den Bedingungen auf der Ebene der Einzelschule gehören insbesondere Implementierungsstrategien, die dazu beitragen können, dass Innovationen auch von den bislang nicht aktiv beteiligten Kollegen wahrgenommen und umgesetzt werden. Dies sind die Verknüpfung des Netzwerkthemas mit der schulinternen Arbeitsplanung, Rückkopplung von Informationen ins Kollegium, Einrichtung einer Steuergruppe oder themenspezifischer Arbeitsgruppen sowie regelmäßige Fortbildungen.

Die Ergebnisse der schulbezogenen Netzwerkforschung passen gut zu den Ergebnissen der schulbezogenen Transferforschung. Der erfolgreiche Transfer von Innovationen hängt demnach von drei Aspekten ab (vgl. Gräsel et al., 2006, 500ff.): der wahrgenommenen Relevanz des Gegenstandes, den Einstellungen und Kompetenzen der beteiligten Personen (z. B. Motivation oder Wissen über das Netzwerkthema) sowie Systembedingungen. Zu den förderlichen Systembedingungen gehören – über Bedingungen des Schulsystems hinaus (z. B. politische und administrative Unterstützung) – eine Vielzahl von an der Einzelschule verorteten Bedingungen. Dies sind zunächst die bereits dargelegten Implementationsstrategien. Darüber hinaus hängt der erfolgreiche Innovationstransfer von der Intensität der aufgabenbezogenen Kooperation im Kollegium, der Innovationsbereitschaft sowie der Unterstützung durch die Schulleitung ab. Große Einigkeit besteht darüber, dass der Schulleitung im Rahmen von Innovationsprozessen ein Schlüsselrolle zukommt. Durch Visionen und pädagogische Ziele, durch Beteiligung der Lehrkräfte an Entscheidungen, durch Stärkung der Kommunikation und Kooperation sowie durch

Bereitstellung von Lerngelegenheiten – z. B. Freiräume für gemeinsame Entwicklungsarbeit – kann sie die Akzeptanz von Veränderungen in der ganzen Schule positiv beeinflussen (vgl. Gräsel et al., 2006, 518f.).

Nach dem derzeitigen Stand der Forschung haben die dargelegten Bedingungen günstige Auswirkungen auf das Gelingen von Netzwerkarbeit. Soweit man das den Untersuchungen aus dem Bereich der schulbezogenen Netzwerkforschung entnehmen kann, ist das Erfolgskriterium der von den Beteiligten wahrgenommene Nutzen der Netzwerkarbeit für Professionalisierung und Schulentwicklung. Danach würden die dargelegten Bedingungen direkt auf Professionalisierung und Schulentwicklung wirken. Plausibler ist jedoch die Annahme indirekter Wirkungen, was bedeutet, dass die verschiedenen Bedingungen vermittelt über Beziehungsstrukturen im Schulnetzwerk wirksam werden. Beziehungsstrukturen im Schulnetzwerk beeinflussen einerseits – zusammen mit anderen Bedingungen – das individuelle und organisationale Lernen, andererseits hängt ihre Entwicklung von bestimmten Bedingungen ab. Welche der herausgearbeiteten „Gelingensbedingungen" für die notwendige Vernetzung der Akteure in einem Schulnetzwerk bedeutsam sind, soll im Weiteren untersucht werden. Auch wenn hierzu noch explizite Forschungsergebnisse fehlen, kann angenommen werden, dass die auf der Ebene des Schulnetzwerkes angesiedelten Bedingungen die Vernetzung zwischen den Schulen bzw. den Akteuren der Schulen fördern. Was die Bedingungen auf der Ebene der Einzelschule angeht, so dürften Akteure einer Schule umso stärker in ein Schulnetzwerk eingebunden sein, je größer die Akzeptanz des Netzwerkthemas in einer Schule ist. Die Eingebundenheit der Akteure kann weiterhin mit deren Kompetenzen zusammenhängen, das heißt mit dem, was sie zu dem gemeinsamen Netzwerkthema beisteuern können. Geht man weiter davon aus, dass Netzwerkakteure neben der Ebene des Schulnetzwerkes auch die Ebene der eigenen Schule im Blick haben müssen, kann nicht ausgeschlossen werden, dass bestimmte Gegebenheiten an der Schule darüber entscheiden, wie Akteure im Schulnetzwerk auftreten und folglich wahrgenommen werden. Bedeutsamer als das Vorhandensein bestimmter Strukturen (im Sinne der dargelegten Implementationsstrategien) ist hier wahrscheinlich die wahrgenommene Innovationsbereitschaft, Lehrerkooperation sowie Unterstützung durch die Schulleitung.

3.   Das untersuchte Schulnetzwerk

Zu den aktuellen Netzwerkinitiativen zählt das Programm „Reformzeit – Schulentwicklung in Partnerschaft", das von der Robert Bosch Stiftung und der Deutschen Kinder- und Jugendstiftung initiiert wurde und seit Anfang 2006 läuft. Das Ziel dieses Netzwerkes besteht darin, Schulen anzuregen, durch Erfahrungstransfer und gemeinsame Entwicklungsarbeit tragfähige Konzepte für eine angemessene individuelle Förderung von Schülerinnen und Schülern zu entwickeln und zu erproben. In diesem Netzwerk engagieren sich insgesamt 28 Schulen aus Berlin, Brandenburg, Niedersachsen und Nordrhein-Westfalen. Darunter finden sich Hauptschulen, Gesamtschulen, Gymnasien, Kooperationsschulen sowie Förderschulen mit zum Teil sehr unterschiedlichen sozio-strukturellen Ausgangslagen. Konzeptgemäß arbeitet immer eine *Beraterschule*, die bereits Lösungen für die individuelle Förderung ihrer Schülerinnen und Schüler entwickelt und erprobt hat, mit drei *Projektschulen* zusammen, die ihre pädagogische Praxis verändern möchten. Jede Schule wird durch mehrere Akteure – darunter befindet sich meist auch mindestens ein Mitglied der Schulleitung – repräsentiert. Auf diese Weise sind sieben *Schulbündnisse* zustande gekommen, die regional oder überregional arbeiten, die aus einem Schultyp oder mehreren Schultypen bestehen, und die in Abhängigkeit von den jeweils spezifischen Ausgangslagen in ihrer Entwicklungsarbeit unterschiedliche Schwerpunkte setzen. Die Zusammenarbeit von Beraterschule und Projektschulen in einem Schulbündnis wird durch einen externen *Schulberater* begleitet, der Unterstützung gibt beim Prozess- und Konfliktmanagement, bei Selbstevaluation oder der Koordinierung von Aktivitäten oder Terminen. Darüber hinaus erhalten die Schulen vielfältige Unterstützung durch die Träger des Schulnetzwerkes: dazu gehört die Gesamtkoordination, die Organisation von regelmäßigen Treffen aller Reformzeitschulen, die Bereitstellung einer gemeinsamen virtuellen Arbeitsplattform sowie Fortbildungsangebote, deren Adressaten über die unmittelbar Beteiligten hinaus auch weitere Lehrer der teilnehmenden Schulen sind (vgl. zum Konzept: Deutsche Kinder- und Jugendstiftung, 2006). Die externe Evaluation wird von der Universität Potsdam durchgeführt. Daran beteiligt sind – neben der Autorin – Marianne Horstkemper und Corinna Gottmann.

4. Fragestellung und Methode

4.1 Fragestellung

Im Folgenden sollen die Beziehungsstrukturen in Schulnetzwerken näher betrachtet werden, die Professionalisierungs- und Schulentwicklungsprozesse mit beeinflussen, die im Bereich der schulbezogenen Netzwerkforschung bislang aber nicht angemessen thematisiert wurden. Der Fokus liegt dabei auf randständige Schulen, also Schulen, die mit den Partnerschulen eher lose vernetzt sind. Die Position dieser Schulen im Beziehungsgeflecht soll zunächst illustriert werden, bevor im Weiteren danach gefragt wird, wodurch eine bessere Integration verhindert wird. Potenziell spielen hier „Gelingensbedingungen" für erfolgreiche Netzwerkarbeit eine Rolle, wie sie weiter oben dargelegt worden sind. Die Beschreibung des Netzwerkes im vorhergehenden Abschnitt hat gezeigt, dass auf der Ebene des Schulnetzwerkes konzeptgemäß eine Vielzahl von Bedingungen gegeben ist, die günstige Auswirkungen auf die Vernetzung der Schulen haben sollten. Deshalb soll die Aufmerksamkeit auf solche Bedingungen gelenkt werden, die auf der Ebene der Einzelschule angesiedelt sind: die Akzeptanz des Projektes im Kollegium, die auf das Netzwerkthema bezogene Expertise, die Innovationsbereitschaft, den Konsens in pädagogischen Fragen, die aufgabenbezogene Kooperation im Kollegium sowie die Unterstützung durch die Schulleitung.

4.2 Erhebungsinstrument und Stichprobe

Um die formale Struktur des Beziehungsgeflechtes innerhalb der einzelnen Schulbündnisse abbilden zu können, wurden soziometrisch verfahrende Netzwerkanalysen durchgeführt. Dafür musste im Vorfeld der Datenerhebung zunächst eine Liste
mit den Akteuren erstellt werden, die in den Schulbündnissen aktiv mitarbeiten.
Die Erhebung der Netzwerkdaten erfolgte dann mit Hilfe eines standardisierten
Fragebogens, mit dem den Akteuren eine Liste mit den Namen der Akteure ihres
eigenen Schulbündnisses vorgelegt wurde. Der Fokus lag folglich auf der Kooperation im eigenen Schulbündnis, auf die sich die Akteure der Schulen auch konzentrieren. Für jede der aufgeführten Personen mussten sie drei Beziehungsdimen-
sionen (*Relationen*) auf der Grundlage eines vierstufigen Antwortformates einschätzen: Die *Wichtigkeit* der aufgeführten Personen für das Projekt, das Ausmaß
der *produktiven Zusammenarbeit*, die sich mit jeder Person ergeben hat, sowie das
Ausmaß der dabei aufgetretenen *Schwierigkeiten*. Zusätzlich hatten die Akteure die
Möglichkeit, die Art der produktiven Zusammenarbeit sowie der Schwierigkeiten
mit eigenen Worten zu beschreiben.

Auszug aus dem Fragebogen – Relation: „produktive Zusammenarbeit"

Inwieweit hat sich im Rahmen des Projektes Reformzeit mit den aufgeführten Kooperationspartnern aus Ihrem Schulbündnis eine produktive Zusammenarbeit ergeben? Beschreiben Sie bitte anschließend in Stichworten, worin die Zusammenarbeit besteht.					
Kooperationspartner	produktive Zusammenarbeit				Art der Zusammenarbeit
	keine	eher wenig	eher viel	sehr viel	(z. B. Austausch von Unterrichtsmaterialien, Hospitationen, gemeinsame Entwicklung von Konzepten)
Beraterschule					
Frau Blau (Schulleiterin)	O	O	O	O	
Frau Grün (Lehrerin)	O	O	O	O	
Frau Rot (Lehrerin)	O	O	O	O	
Frau Gelb (Lehrerin)	O	O	O	O	
Projektschule 1	O	O	O	O	
Herr Montag (Schulleiter)	O	O	O	O	
Frau Dienstag (Lehrerin)	O	O	O	O	
Frau Mittwoch (Lehrerin)	O	O	O	O	
Projektschule 2					
...	O	O	O	O	
Projektschule 3					
...	O	O	O	O	
Schulberater	O	O	O	O	

Die Erhebung der Netzwerkdaten wurde etwa ein Jahr nach Etablierung der Schulbündnisse durchgeführt. Zu diesem Zeitpunkt gab es an den einzelnen Schulen bis
zu acht Lehrkräfte, die sich aktiv an dem Schulbündnis beteiligten. Die Anzahl
aller Akteure in einem Schulbündnis lag zwischen 13 und 24 (über alle sieben
Schulbündnisse hinweg belief sich die Anzahl der Akteure auf N = 130, darunter auch sieben Schulberater). Wichtig ist hier die Feststellung, dass die vorliegenden Daten eine Momentaufnahme zu einem bestimmten Zeitpunkt widerspiegeln.
Um die Dynamik des Beziehungsgeflechtes innerhalb der einzelnen Schulbündnisse nachvollziehen zu können, soll die Erfassung der Netzwerkdaten zu einem
späteren Zeitpunkt noch einmal wiederholt werden.

Die Erhebung und Auswertung der Netzwerkdaten ist Teil eines komplexen
Evaluationsdesigns. Dazu gehört – neben der Netzwerkanalyse – eine *standardisierte Befragung von aktiven und einer zufälligen Auswahl von bislang nicht-akti-
ven Lehrkräften* zur pädagogischen Praxis an der Schule, zum Qualitätsmanagement und zur Wahrnehmung der Netzwerkarbeit. Diese Befragung wurde in der
Anfangsphase der Netzwerkarbeit durchgeführt und soll, um Veränderungen nach-
zeichnen zu können, zu einem späteren Zeitpunkt noch einmal wiederholt werden.
Darüber hinaus sind zu mehreren Zeitpunkten *Gruppendiskussionen mit aktiv am
Schulbündnis beteiligten Lehrern* zu den Prozessen und den Auswirkungen der
Netzwerkarbeit sowie *Gruppendiskussionen mit Schulberatern* zu denselben Themen geplant. Die Gruppendiskussionen mit aktiven Lehrkräften knüpfen unmittelbar an die Netzwerkanalyse an. Auf der Basis ihrer Ergebnisse sollen Fälle für
eine tiefer gehende Betrachtung ausgewählt werden.

Um die Position der Schulen im Schulbündnis im Kontext verschiedener schulinterner Bedingungen analysieren zu können, soll auf Daten aus der standardisierten Lehrerbefragung zurückgegriffen werden, die in der Anfangsphase der Netzwerkarbeit durchgeführt wurde (Tab. 1). Ingesamt wurden N = 338 Lehrkräfte
befragt, davon waren zum Zeitpunkt der Datenerhebung 89 in einem Schulbündnis
aktiv.

Tab. 1: Items bzw. Skalen der standardisierten Lehrerbefragung, die in die Auswertung einbezogen wurden

Item bzw. Skala	Anzahl Items	Cronbachs Alpha	Quelle
Akzeptanz des Projektes im Kollegium („Wie schätzen Sie die Akzeptanz des Projektes ,Reformzeit' in ihrem Kollegium zum jetzigen Zeitpunkt ein?")	1 [a]	–	Czerwanski et al. (2002)
Individualisierung im Unterricht (Beispiel: „Es gibt nach Thema, Interessensschwerpunkten und Leistungsvermögen je unterschiedliche Lehrbücher, Lernmaterialien und Arbeitshilfen.")	13 [b]	.76	entwickelt auf der Grundlage der Indikatoren von Meyer (2004)
Stellenwert von Fortbildung (Beispiel: „In unserer Schule ist man zu pädagogischen und didaktischen Fragen auf dem Laufenden.")	5 [b]	.70	Ditton (2001)
Innovationsbereitschaft der Schulleitung (Beispiel: „Die Schulleitung ist neuen Ideen gegenüber aufgeschlossen.")	4 [b]	.80	Ditton (2001)
Konsensorientierung der Lehrkräfte („An unserer Schule hat jeder Kollege seine eigene Vorstellung davon, wie der Schul- und Unterrichtsbetrieb zu gestalten wäre.")	4 [b]	.65	Ditton (2001)
Unterrichtskooperation (Beispiel: „Gegenseitige Unterrichtsbesuche sind ein selbstverständlicher Teil unserer Arbeit.")	10 [b]	.82	Steinert et al. (2003)

[a] vierstufiges Antwortformat: von *sehr gering* (1) bis *sehr hoch* (4)
[b] vierstufiges Antwortformat: von *trifft überhaupt nicht zu* (1) bis *trifft voll zu* (4)

4.3 Auswertung der Daten

In einem Schulbündnis kam es bei der Erhebung der Netzwerkdaten zu nicht mehr tolerierbaren Datenausfällen, weshalb die Struktur der sozialen Beziehungen nur für sechs Schulbündnisse rekonstruiert werden konnte. Im Rahmen der Datenauswertung wurden – mit Hilfe der Software UCINET (Borgatti et al., 1999) – Matrizen berechnet und davon ausgehend Soziogramme grafisch dargestellt. Grundlage für die Netzwerkanalysen bildete die Relation *produktive Zusammenarbeit*. Die beiden anderen Relationen waren dagegen für eine systematische Analyse wenig ergiebig: die Einschätzungen zur Relation *Wichtigkeit* korrelieren hoch mit denen zur Relation *produktive Zusammenarbeit* ($r = .77$, $p < .01$) und die Einschätzungen zur Relation *Schwierigkeiten* lassen darauf schließen, dass in der Wahrnehmung der Akteure Schwierigkeiten bislang so gut wie gar nicht aufgetreten sind. Geht man also von der Relation produktive Zusammenarbeit aus, zeigt sich, dass in drei von sechs Schulbündnissen jeweils eine randständige Schule deutlich zu erkennen ist.

Im Rahmen der Ergebnisdarstellung soll exemplarisch für ein Schulbündnis visualisiert werden, wie sich eine Beziehungsstruktur darstellt, die auch randständige Positionen aufweist. Von den drei in Frage kommenden Schulbündnissen wurde das ausgewählt, das einen vollständigen Datensatz aufweist.[3] In den beiden anderen Schulbündnissen haben jeweils einzelne Akteure den Fragebogen nicht zurückgegeben, weshalb nicht ausgeschlossen werden kann, dass die Struktur der sozialen Beziehungen dadurch leicht verzerrt widergegeben wird. Die Frage nach der Bedingtheit randständiger Schulen soll zunächst nur am Beispiel des ausgewählten Schulbündnisses untersucht werden. Dafür sollen zwei Datenquellen herangezogen werden: die Daten der standardisierten Lehrerbefragung, an der sich aktive und nicht-aktive Lehrkräfte beteiligt haben, sowie die wörtlichen Kommentare zur Zusammenarbeit und zu aufgetretenen Schwierigkeiten aus der Netzwerkanalyse. Um ein differenziertes Bild entwickeln zu können, sollen diese Ergebnisse abschließend um die Ergebnisse aus den beiden anderen Schulbündnissen ergänzt werden.

5. Ergebnisse

Wie stellt sich eine Beziehungsstruktur mit randständigen Positionen dar?

Das ausgewählte Schulbündnis setzte sich zum Zeitpunkt der Datenerhebung aus 18 Akteuren zusammen (darunter auch ein Schulberater). Die Akteure kommen aus vier Schulen desselben Bundeslandes, die größtenteils aber weit entfernt voneinander liegen. Drei Schulen lassen sich einem Schultyp zuordnen, die vierte Schule repräsentiert einen anderen Schultyp. Die Beziehungsstruktur in diesem Schulbündnis zeigt Abbildung 1. Sie besteht aus *Knoten* und aus *Verbindungslinien* bzw. Pfeilen. Jeder *Knoten* repräsentiert einen Akteur. Je größer der Knoten ist, desto mehr Akteure haben angegeben, mit dieser Person produktiv zusammenzuarbeiten. Man spricht auch von eingehenden Wahlen (*Indegree*). Die einzelnen Knoten sind durch Pfeile miteinander verbunden. Die stärkeren Pfeile, die zwei Pfeilspitzen haben, stehen für wechselseitige Beziehungen. Die schwächeren Pfeile mit nur einer Pfeilspitze stehen für einseitige Beziehungen.

Wie die Abbildung zu erkennen gibt, ist es in dem Schulbündnis zu einer Vernetzung der Akteure mit einer nennenswerten Menge sowohl wechselseitiger als auch einseitiger Beziehungen gekommen. Die Dichte für dieses Schulbündnis beträgt 0.487. Als Quotient aus der Gesamtzahl aller bestehenden Beziehungen und der Gesamtzahl aller grundsätzlich möglichen Beziehungen gibt die Dichte Aufschluss darüber, wie eng die Maschen im Netz geknüpft sind (1 bedeutet eine maximale und 0 überhaupt keine Vernetzung zwischen den Akteuren). Dabei gilt, dass bei Werten von ca. 0.4 und höher von einer hohen Dichte gesprochen werden kann (vgl. Jansen, 2000, 46f.).

---

3 Bei der Netzwerkanalyse sind fehlende Daten problematischer als bei anderen Methoden der sozialwissenschaftlichen Forschung. Mit einem Akteur, der die Angaben verweigert, fehlt nicht nur die Information über diesen spezifischen Akteur, sondern das gesamte Muster seiner Außenbeziehungen zu allen anderen Akteuren des Netzwerkes.

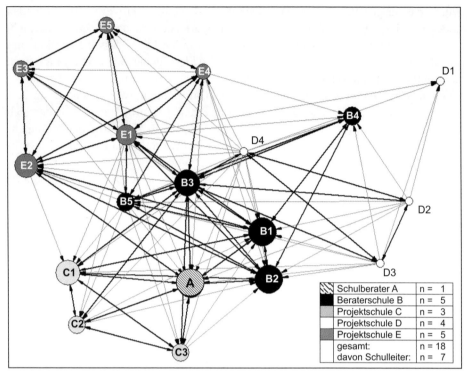

Abb. 1:   Visualisierung der Beziehungsstruktur in einem ausgewählten Schulbündnis –
          Relation: „produktive Zusammenarbeit"

Anmerkung: Als Pfeile dargestellt werden nur die beiden Skalenniveaus 3 und 4 („eher viel" und „sehr viel"), die indizieren, dass eine produktive Zusammenarbeit überhaupt zustande gekommen ist. Das ist bei den Skalenniveaus 1 und 2 („keine" und „eher wenig") eher nicht der Fall.

Die Vernetzung innerhalb des dargestellten Schulbündnisses ist zwar hoch, jedoch sind – wie an der unterschiedlichen Größe der Knoten zu erkennen ist – nicht alle Akteure gleich zentral[4]. Konzeptgemäß nehmen der Schulberater und die meisten Akteure der Beraterschule zentrale Positionen ein. Auch Schulleiter sind unter den zentralen Akteuren deutlich vertreten. Die genannten Akteure werden also von den übrigen Akteuren des Schulbündnisses als produktive Kooperationspartner wahrgenommen. Betrachtet man als Nächstes die übrigen Akteure, fällt auf, dass alle Akteure der Schule D randständige Position einnehmen. Sofern sie als produktive Kooperationspartner angegeben werden, handelt es sich zumeist um Wahlen, die von den Kollegen aus der eigenen Schule kommen. Die Akteure der Schule D werden insgesamt selten als produktive Kooperationspartner genannt, umgekehrt zeigt sich aber, dass sie nach ihrer eigenen Einschätzung von der Zusammenarbeit mit den Akteuren der anderen Schulen durchaus profitieren (siehe einseitige Pfeile, die von den Akteuren der Schule D weggehen). Das gilt übrigens auch für die randständigen Schulen in den anderen Schulbündnissen. Solche einseitigen Beziehun-

---

4   Siehe zur „Zentrum-Peripherie-Struktur" in Schulnetzwerken Killus & Gottmann (im Erscheinen).

gen lassen auf eine gewisse Eingebundenheit schließen, sie bergen aber Konflikt-
potenzial insofern, als sich Geben und Nehmen nicht die Waage halten.

Wodurch sind randständige Positionen im Schulbündnis bedingt?

Schule D gehört vom Schultyp her zu dem im Schulbündnis dominierenden Schultyp. Sehr unterschiedliche Ausgangslagen und damit zusammenhängende spezifische Interessen, wie sie in Schulen unterschiedlichen Schultyps vorkommen können, haben somit eher nicht zur randständigen Position dieser Schule beigetragen.
Entsprechende Hinweise lassen sich den zusammen mit den Netzwerkdaten erhobenen wörtlichen Kommentaren jedenfalls nicht entnehmen. Um besser verstehen
und erklären zu können, warum Schule D eine randständige Position im Schulbündnis einnimmt, sollen nun mehrere schulinterne Bedingungen in die Betrachtung einbezogen werden (Abb. 2). Für die Bildung der hier berücksichtigten Skalen wurde aus den Einzelwerten der inhaltlich zusammenhängenden Items ein Mittelwert berechnet, der wiederum Werte zwischen eins (*trifft überhaupt nicht zu*)
und vier (*trifft voll zu*) annehmen kann.

Wie die Ergebnisse zeigen, liegen die Werte für Schule D überwiegend mehr oder
weniger stark unterhalb des Durchschnitts. Am wenigsten unterscheidet sich diese
Schule von den anderen Schulen im Hinblick auf die Fortbildungsbereitschaft des
Kollegiums sowie die Innovationsbereitschaft der Schulleitung. Dass die Lehrer
dieser Schule tatsächlich etwas in die Netzwerkarbeit einbringen könnten, zeigt

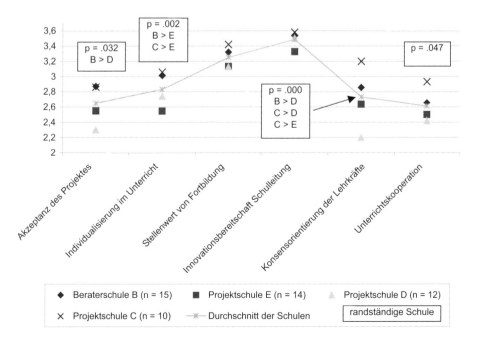

Abb. 2: Schulinterne Bedingungen differenziert nach Schulen des Schulbündnisses (Ergebnisse
von Varianzanalysen und von Post-Hoc Einzelvergleichen nach Bonferroni, p < .05)

sich daran, dass die pädagogische Praxis Ansätze individualisierten Lernens auf jeden Fall erkennen lässt. Vergleichsweise schwach ausgeprägt ist an dieser Schule dagegen die Akzeptanz des Projektes im Kollegium, die Konsensorientierung und – mit Abstrichen – die aufgabenbezogene Kooperation. Diese Gegebenheiten und damit verbunden die Aussicht, dass Innovationsimpulse aus dem Netzwerk vom Kollegium kaum wahrgenommen und aufgegriffen würden, könnte dazu beigetragen haben, dass die Akteure der Schule D im Schulbündnis eher zurückhaltend agieren und folglich nicht als produktive Kooperationspartner wahrgenommen werden. Wahrscheinlich hängt das auch mit der Schulleitung zusammen. Die Innovationsbereitschaft der gesamten Schulleitung ist zwar gegeben, jedoch scheint die aktive Unterstützung durch den Schulleiter zu fehlen. Wie sich den im Zusammenhang mit den Netzwerkdaten erfassten Kommentaren entnehmen lässt, kann das auf einen Schulleiterwechsel in der Anfangsphase des Projektes zurückgeführt werden. In der Folge hätten sich die zunächst noch fehlende Identifikation des neuen Schulleiters mit dem Projekt sowie fehlende Unterstützung auf den Aufbau von Beziehungen ungünstig ausgewirkt.

Im Falle der hier näher untersuchten Schule haben sich anscheinend mangelnde Akzeptanz des Projektes im Kollegium, eine generell niedrige Konsensorientierung sowie fehlende Unterstützung durch den Schulleiter ungünstig auf die Integration in das Schulbündnis ausgewirkt. Auch die zweite randständige Schule, die zu einem anderen Schulbündnis gehört, erzielt hier nur mäßige Werte (ohne Abbildung). Allerdings fällt auf, dass es in diesem Schulbündnis eine Schule mit noch niedrigeren Werten gibt, die dennoch keine randständige Position einnimmt. Für die dritte randständige Schule aus einem wiederum anderen Schulbündnis fehlen die Kontextdaten. Allerdings lassen die zusammen mit den Netzwerkdaten erhoben Kommentare vermuten, dass die Erwartungen nicht erfüllt wurden, welche die Schule an das Projekt geknüpft hat. Das schlägt sich letztlich in einem fehlenden Engagement der Akteure und hoher Fluktuation nieder. Zusammengenommen lässt sich also festhalten, dass auf der Ebene der Schule angesiedelte Bedingungen bereits für die Integration einer Schule in ein Schulbündnis bedeutsam sind. Über diese Bedingungen hinaus scheint es aber noch weitere Bedingungen zu geben, denn in den Schulbündnissen gibt es Schulen, die trotz ungünstiger Bedingungen auf Schulebene gut in die schulübergreifende Netzwerkarbeit integriert sind.

6. Zusammenfassung und Diskussion

Realistischerweise können Schulnetzwerke ihr Potenzial für Professionalisierung und Schulentwicklung nur entfalten, wenn zuvor eine Vernetzung der Schulen erfolgt ist. Am Beispiel eines Schulbündnisses konnte gezeigt werden, dass es den Akteuren der Schulen gelungen ist, ein dichtes Netz von Beziehungen aufzubauen. Dies gilt übrigens auch für alle anderen Schulbündnisse des vorgestellten Schulnetzwerkes, auf die in diesem Beitrag nicht näher eingegangen werden konnte. Bei einem komplexen Programmdesign und einer Laufzeit, die zum Zeitpunkt der Datenerhebung gerade einmal ein Jahr betrug, ist das keinesfalls selbstverständlich. Wahrscheinlich kommt hier zum Tragen, dass bereits bei der Konzeption des Projektes eine Vielzahl von „Gelingensbedingungen" berücksichtigt wurden, die eine Vernetzung der Schulen unterstützen können (z. B. Einrichtung einer schulübergreifenden Netzwerksteuergruppe, gemeinsame Arbeitstagungen und wechselseitige Hospitationen oder Einsatz eines Koordinators). Auch die Entscheidung für eine nach Schultypen heterogene Zusammensetzung der Schulbündnisse sowie für größere Entfernungen zwischen den Schulstandorten hat sich offensichtlich nicht negativ ausgewirkt.

Bei einer insgesamt guten Vernetzung gibt es aber auch einzelne Schulen, die eher randständige Positionen einnehmen. Die Akteure dieser Schulen werden einerseits kaum als produktive Kooperationspartner wahrgenommen, andererseits profitieren sie selber von der Zusammenarbeit mit den Akteuren aus anderen Schulen. Geben und Nehmen befinden sich hier in einem Ungleichgewicht, was ein Risiko für das Funktionieren des gesamten Netzwerkes darstellt. Die Gründe dafür, dass eine Schule mit den Partnerschulen eher lose vernetzt ist, können auf der Ebene der Einzelschule ausgemacht werden: dies sind Defizite hinsichtlich der Akzeptanz des Projektes im Kollegium, der Konsensorientierung und der Unterrichtskooperation sowie der Unterstützung durch den Schulleiter. All dies führt anscheinend dazu, dass Lehrkräfte in einem Schulnetzwerk zurückhaltend agieren. Die Bedingungen, die als hinderlich für die Wirksamkeit von Netzwerkarbeit gelten, können also bereits die Integration von Schulen in ein Schulnetzwerk zumindest erschweren. Über die genannten Bedingungen hinaus scheinen aber noch weitere Bedingungen bedeutsam zu sein, denn es gibt Schulen, die trotz ungünstiger schulinterner Voraussetzungen in das Schulnetzwerk integriert sind. Welche Rolle z. B. implizite Machtgefälle, fehlendes Vertrauen oder die Qualität der Netzwerkmoderation spielen, muss mit Hilfe der noch ausstehenden Gruppeninterviews mit Lehrkräften sowie mit Schulberatern geklärt werden.

Es besteht zwar weiterer Forschungsbedarf, aus den präsentierten Ergebnisse ergeben sich dennoch Anhaltspunkte, wie die Integration von Schulen in ein Schulnetzwerk wirksam unterstützt werden kann. Wichtig sind insbesondere Maßnahmen, die dazu beitragen können, die Akzeptanz des Projektes im Kollegium zu erhöhen: z. B. durch die Einrichtung einer Steuergruppe oder themenspezifischer Arbeitsgruppen, durch regelmäßige und gezielte Weitergabe von Informationen aus dem Netzwerk sowie durch Fortbildungen. Für die Stärkung der projektbezogenen Kommunikation und Kooperation sowie die Bereitstellung von Lerngelegenheiten spielt die Schulleitung eine Schlüsselrolle. Das setzt wiederum voraus, dass sie sich mit dem Projekt identifiziert und darüber gut informiert ist, weshalb sie in die schulübergreifende Netzwerksteuergruppe eingebunden sein sollte. Des Weiteren hat sich gezeigt, dass auch die weniger gut integrierten Schulen durchaus über Expertise im Bereich des Netzwerkthemas verfügen, die sie in die Netzwerkarbeit einbringen könnten. Daraus ergibt sich die Aufgabe, die Stärken der einzelnen Schulen zu erfassen (z. B. durch eine systematische „Stärken-Schwächen-Analyse") und für andere Schulen sichtbar zu machen. Schließlich müssen die Schulen, die aus dem Schulnetzwerk herauszufallen drohen, rechtzeitig erkannt werden, um gezielt gegensteuern zu können. Eine auf die Rekonstruktion der Beziehungsstrukturen zielende Netzwerkanalyse kann hier wertvolle Informationen liefern.

Literatur

Borgatti, S.P., Everett, M.G. & Freeman, L.C. (1999). UCINET 6.0 (Version 1.71). Natick: Analytic Technologies.

Czerwanski, A. (2003). Netzwerke als Praxisgemeinschaften. In A. Czerwanski (Hrsg.), *Schulentwicklung durch Netzwerkarbeit. Erfahrungen aus den Lernnetzwerken im „Netzwerk innovativer Schulen in Deutschland"* (S. 9-18). Gütersloh: Verlag Bertelsmann Stiftung.

Czerwanski, A., Hameyer, U. & Rolff, H.-G. (2002). Schulentwicklung im Netzwerk. Ergebnisse einer empirischen Nutzenanalyse von zwei Schulnetzwerken. In H.-G. Rolff, H.G. Holtappels, K. Klemm, H. Pfeiffer & R. Schulz-Zander (Hrsg.), *Jahrbuch der Schulentwicklung. Daten, Beispiele und Perspektiven. Band 12.* (S. 99-130). Weinheim, München: Juventa.

Dedering, K. (2007). *Schulische Qualitätsentwicklung durch Netzwerke. Das Internationale Netzwerk Innovativer Schulsysteme (INIS) der Bertelsmann Stiftung als Beispiel.* Wiesbaden: VS Verlag für Sozialwissenschaften.

Deutsche Kinder- und Jugendstiftung (2006). *Reformzeit – Schulentwicklung in Partnerschaft. Onlinedokument.* Verfügbar unter: http://www.reformzeit.de. Berlin: Deutsche Kinder- und Jugendstiftung.

Ditton, H. et al. (2001). *DFG-Projekt „Qualität von Schule und Unterricht". Skalenbildung Hauptuntersuchung.* Onlinedokument. Verfügbar unter: http://www.quassu.net/ SKALEN_1.pdf.

Fink, M. & Burkard, C. (2001). Lohnt sich Netzwerkarbeit? Ergebnisse einer Evaluation des „Lernnetzwerkes Hagen". *Pädagogische Führung*, 2, 76-79.

Gräsel, C., Jäger, M. & Wilke, H. (2006). Konzeption einer übergreifenden Transferforschung und Einbeziehung des internationalen Forschungsstandes. Expertise II zum Transferforschungsprogramm. In R. Nickolaus & C. Gräsel (Hrsg.), *Innovation und Transfer. Expertisen zur Transferforschung.* Hohengehren: Schneider Verlag, S. 445-566.

Haenisch, H. (2003). Wenn Schulen von anderen Schulen lernen. Gelingensbedingungen und Wirkungen schulischer Netzwerke. *Die Deutsche Schule*, 3 (95), 317-328.

Jansen, D. (2000). Netzwerke und soziales Kapital. Methoden zur Analyse struktureller Einbindung. In J. Weyer (Hrsg.), *Soziale Netzwerke. Konzepte und Methoden der sozialwissenschaftlichen Netzwerkforschung* (S. 35-62). München, Wien: Oldenbourg Verlag.

Killus, D. & Gottmann, C. (2008). *Innenansichten von Schulnetzwerken: Zur Struktur sozialer Beziehungen. Ergebnisse einer empirischen Netzwerkanalyse.* (erscheint demnächst in einem von M. Lüders und J. Wissinger herausgegebenen Sammelband)

Meyer, H. (2004). *Was ist guter Unterricht?* Berlin: Cornelsen.

Rehrl, M. & Gruber, H. (2007). Netzwerkanalysen in der Pädagogik. Ein Überblick über Methode und Anwendung. *Zeitschrift für Pädagogik*, 2 (53), 243-264.

Risse, E. (1998). Netzwerke im Schulentwicklungsprozess. In E. Risse (Hrsg.), *Schulprogramm – Entwicklung und Evaluation* (S. 284-299). Neuwied: Luchterhand.

Steinert, B., Gerecht, M., Klieme, E. & Döbrich, P. (2003). *Skalen zur Schulqualität: Dokumentation der Erhebungsinstrumente. ArbeitsPlatzUntersuchung (APU), Pädagogische EntwicklungsBilanzen (PEB). Materialien zur Bildungsforschung. Band 10.* Frankfurt a.M.: Deutsches Institut für Internationale Pädagogische Forschung.

Nils Berkemeyer, Veronika Manitius & Kathrin Müthing

„Schulen im Team": erste empirische Befunde

Die wissenschaftliche Begleitung des Projektes „Schulen im Team" (zur ausführlichen Projektvorstellung vgl. Teil A, Kap. 3) sieht die Evaluation des Projektes und die Grundlagenforschung über die Erhebung von Leistungsdaten von Schülerinnen und Schülern, über die Abfrage von Einschätzungsdaten der Lehrkräfte sowie über eine Reihe qualitativ erhobener Daten vor, wobei bei Letzteren von zentraler Bedeutung die Durchführung von regelmäßigen Interviews der Netzwerkkoordinatorinnen und Netzwerkkoordinatoren ist, in denen die unmittelbaren Netzwerkakteure zu relevanten Aspekten ihrer Arbeit im Netzwerk befragt werden. Aus der ersten Erhebung von insgesamt acht geplanten Interviewrunden werden im folgenden Beitrag erste Befunde berichtet. Zuvor erfolgt die theoretische Einrahmung der Begleitforschung und die Vorstellung des verwendeten Forschungsdesigns (quantitativ/qualitativ).

1. Theoretischer Hintergrund

Ausgehend von dem in Teil A, Kapitel 2 diskutierten Rahmenmodell netzwerkbasierter Unterrichtsentwicklung fokussiert die Begleitforschung im Projekt „Schulen im Team" die Untersuchung der im Netzwerk ablaufenden Prozesse, die erklärend für dieses Verständnis von Unterrichtsentwicklung sind.

In Anlehnung an theoretische Ansätze des Situierten Lernens begreift das Projekt Lernnetzwerke als eine Begegnung von unterschiedlichen Praxisgemeinschaften (vgl. Baitsch, 1999). Innerhalb dieses Lernarrangements „Netzwerk" wird die Teilhabe an anderen Praxen begünstigt, da sich die Beteiligten hier aufgrund desselben formalen Status und der zugewiesenen Domänenexpertise auf „Augenhöhe" begegnen können. Dies ermöglicht eine wechselseitige Rolleneinnahme sowohl des Experten als auch des Lerners, wobei gerade die lernende Position ohne Angst vor Statusverlust eingenommen werden kann. Damit wird das Potenzial geboten, internalisierte Handlungs- und Deutungsmuster zu hinterfragen und sich unter Teilhabe an anderen Praxen mit komplexen Inhalten auseinanderzusetzen, was schließlich zur Generierung neuen Wissens führen kann (vgl. Renzl, 2003). Als legitimes Medium für Lernprozesse lassen sich Netzwerke nur dann deklarieren, wenn das Lernen nicht nur als individueller Vorgang der unmittelbaren Netzwerkakteure erfolgt, sondern parallel dazu in die einzelnen Organisationen, also die Schulen, über den Transfer initiiert wird. Das verweist auf den Ansatz des organisationalen Lernens (vgl. z.B. Pautzke, 1989), wonach Organisationen als Wissenssysteme aufgefasst werden, die sich durch die Veränderung ihrer Wissensbasen kontinuierlich weiter entwickeln.

In der von Nonaka (1994) beschriebenen Wissensspirale lassen sich nun die Idee des organisationalen Lernens und der Ansatz des situierten Lernens zusammenführen und die Konversion von implizitem zu explizitem Wissen über vier Phasen zirkulär beschreiben: In der *Sozialisationsphase* findet ein erster Austausch von impliziten Wissensinhalten wie geteilten Erfahrungen über Beobachtung und Imitation statt. Die anschließende *Externalisierungsphase* fokussiert den inhaltsvollen Dialog, über den implizite Wissensinhalte artikuliert werden und so bereits neues Wissen kreiert wird. Nach der so erfolgten Externalisierung von implizitem Wissen gilt es in der *Kombinationsphase* das neu entstandene Wissen mit anderen expliziten Wissensstrukturen zu verbinden, konkret erfolgt eine Integration von Informationen in einen Praxiszusammenhang. Letztlich kommt es in der *Internalisierungsphase* zu einer Habitualisierung der neuen und kombinierten Wissensinhalte.

Eine anschließend beginnende neue Sozialisationsphase, in der die Netzwerkbeteiligten ihr neues Wissen in ihren Arbeitskontext zur erneuten Externalisierung transferieren, dokumentiert den Prozess des Weitertragens der im Netzwerk gewonnenen Wissensinhalte in die angehörige Schule. Somit werden Netzwerke als geeignete Organisationsform aufgefasst (vgl. auch Schulz, 2005), diese Wissenskonversionen im schulischen Kontext umzusetzen.

Die Nutzung eines qualitativen Designs verfolgt die Absicht, die skizzierten netzwerktheoretischen Elemente und konkret die Wissenskonversion zu rekonstruieren. Dabei ermöglicht es das Design, sowohl die Wissensformen zu ermitteln als auch die Identifizierung der Informationstypen, die entweder dominierend auf Unterrichtsqualität oder -entwicklung abzielen (vgl. Rahmenmodell netzwerkbasierte Unterrichtsentwicklung, Teil A, Kap. 2). So kann zum Beispiel perspektivisch der Frage nachgegangen werde, ob es durch die Nutzung von Informationstyp A oder B (Schulentwicklungs- bzw. Schuleffektivitätswissen) zu schnelleren und nachhaltigeren Implementationsprozessen kommt. Zuvor wird das quantitative Design der Untersuchung kurz vorgestellt, um einen Gesamteindruck der Begleitforschung des Projekts zu vermitteln.

2. Quantitatives Forschungsdesign

Um die Wirksamkeit der Unterrichtsentwicklung durch „Schulen im Team" abbilden zu können, sowie mögliche Veränderungen in den Einschätzungen der Lehrkräfte und Schülerinnen und Schüler in diesem Projekt abbilden zu können, werden quantitative Daten zu zwei Messzeitpunkten erhoben.

Das Forschungsdesign sieht die Erhebung von Daten der Lehrkräfte (befragt wird die gesamten Kollegien) im Dezember 2007 sowie im Dezember 2009 zu allgemeinen Schul- und Unterrichtseinstellungen und -auffassungen vor. Weiterhin werden Leistungsdaten der Schülerinnen und Schüler eines Jahrgangs erhoben. Eine erste Abfrage bezüglich der Leistungen wird im August 2008 in 2 Fachdomänen erfolgen. Die erhobenen Domänen setzen sich wie folgt zusammen:

1. Der Bereich, in dem die Schule eine Verbesserung durch Netzwerkarbeit anstrebt.
2. Eine Domäne, die ein anderes Netzwerk als Entwicklungsbereich gewählt hat.

Die Netzwerke dienen sich somit gegenseitig als Kontrollgruppe. Neben den Leistungsdaten werden zu beiden Zeitpunkten die schulspezifischen Einstellungen der Fachlehrkräfte und die der Schülerinnen und Schüler aus den entsprechenden Klassen erhoben.

Zudem wird in den Leitfadeninterviews mit den Netzwerkkoordinatoren (vgl. Abs. 3a) ein quantitativer Teil zu verschiedenen Aspekten der Netzwerkarbeit mitgeführt, der einen Überblick über die Stimmungslage im Netzwerk über die komplette Projektlaufzeit liefert. Die erhobenen Datensets ermöglichen eine fundierte Evaluation am Ende des Projekts. Als Ergebnisse der Evaluation sollen u.a. ein „Manual Vernetzung" sowie ein „Best-Practice-Band" bereitgestellt werden, die für zukünftige Vernetzungsvorhaben instruktiv sein können.

3. Qualitatives Forschungsdesign

Zur näheren Abbildung der Vernetzungsprozesse wird bei der Begleitforschung von „Schulen im Team" auf ein qualitatives Design zurückgegriffen, welches modularisiert aufgebaut ist und folgende Elemente enthält:

a) Interviews der Netzwerkkoordinatorinnen und Netzwerkkoordinatoren
Die Netzwerkkoordinatorinnen und Netzwerkkoordinatoren werden im regelmäßigen Abständen (alle 3 bis 4 Monate) über teilstrukturierte Interviews (telefonisch durchgeführt) zu relevanten Aspekten der Netzwerkarbeit befragt. Da in der gesamten Projektlaufzeit bis zu acht Erhebungen vorgesehen sind, zu denen mindestens bei drei Zeitpunkten dieselbe Person erneut befragt wird, kann hier von der Abbildung eines echten Längsschnitts ausgegangen werden. Eine vergleichbare Untersuchung zur Analyse von Lernnetzwerken ist bislang nicht bekannt, was sich darin begründet, dass insgesamt der Einsatz qualitativer Methoden zur Netzwerkanalyse im Vergleich zu der Verwendung quantitativer Verfahren noch selten erfolgt (vgl. Straus, 2002). Dabei wird die Notwendigkeit von qualitativen Längsschnittuntersuchungen als Rahmen für Netzwerkanalysen inzwischen als bedeutsam eingeschätzt, um insbesondere auch Entwicklungsdynamiken von Netzwerken sichtbar zu machen (vgl. Straus, 2006).

In der modularen Struktur des qualitativen Forschungsdesigns im Projekt „Schulen im Team" (vgl. Abb. 1) bilden die teilstrukturierten Interviews den Schwerpunkt. Dies begründet sich in der Absicht, über die Erfassung eines Längsschnitts auch Entwicklungsverläufe der einzelnen Netzwerke abbilden zu können, so werden beispielsweise mit Rückgriff auf die quantitativen Daten Netzwerkprofile erstellt. Gleichzeitig liegt der Vorteil in der qualitativen Befragung darin, mittels der erhobenen Daten die konkrete Praxis, die Interaktionen und Handlungsvollzüge der

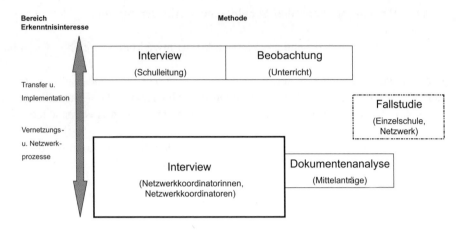

Abb. 1:   Qualitative Elemente im Forschungsdesign „Schulen im Team"

Subjekte in ihrem jeweiligen Kontext darzustellen, konkret die Vernetzungs- und Netzwerkarbeit im Projekt analytisch zu rekonstruieren.

Bei dem eingesetzten Instrument handelt es sich um einen Interviewleitfaden (vgl. Abb. 2), der mit Rückgriff auf eine Auseinandersetzung mit relevanten Theorien, die zur Analyse von Netzwerken herangezogen werden (z. B. Tauschtheorie, Strukturationstheorie, Transaktionskostenökonomie, zur Übersicht vgl. Bernecker, 2005) theoriegeleitet entwickelt wurde und auch quantitative Elemente aufweist: zu den relevanten Bereichen der Netzwerkarbeit sind Fragen formuliert, die über eine 5-stufige Antwortskala einzuschätzen sind (vgl. zu diesem Design auch Timperley & Parr, 2005). Die so ermittelten Werte können dann im Zeitverlauf für die Abbildung der einzelnen Netzwerkentwicklungen herangezogen werden. Gleichzeitig erfüllen diese quantitativen Bestandteile aber auch die wichtige Funktion eines Erzählstimulus, da die Interviewpartner ihre getroffene Einschätzung begründen und dies als Gesprächsanlass nehmen, um in freier Assoziation Beispiele und Ereignisse zum entsprechenden Themenbereich zu berichten. Gegebenenfalls wird dieses Eruieren von ausführlicherem Berichten auch seitens der Interviewer noch gestützt durch das Stellen von Stimulusfragen, ein solche könnte beispielsweise lauten: *„Können Sie mir die Kooperationsabläufe in Ihrem Netzwerk noch näher erläutern?"*. Dabei handelt es sich um offene Nachfragen, die in einer erforderlichen Balance einerseits das Problem der Differenz zwischen den Kontexten der Gesprächsteilnehmenden (vgl. Gläser & Laudel, 2004) lösen sollen, gleichzeitig aber andererseits in ihren Formulierungen der „Fremdheitsannahme" gerecht werden, also weitestgehend das Bezugssystem des Interviewers ausgrenzen müssen (vgl. Helfferich, 2004). Entsprechend ist auch das Verhältnis von quantitativen und qualitativen Elementen in diesem Design zu Gunsten der qualitativen Bestandteile zu werten, was sich in der Absicht begründet, einer starken Vorstrukturierung der Relevanzsysteme vorzubeugen.

Interviewleitfaden „Schulen im Team"

---

1)   Wie ist der **Stand der Dinge** in Ihrem Netzwerk?

2)   Anzahl der Treffen:

---

		trifft nicht zu	trifft eher nicht zu	trifft teils teils zu	trifft eher zu	trifft zu
3)	Die **Kooperation** in unserem Netzwerk verläuft effektiv.	❑	❑	❑	❑	❑
4)	In unserem Netzwerk gibt es eine deutliche **Rollenverteilung.**	❑	❑	❑	❑	❑
5)	Die **Arbeitsbelastung** durch das Projekt ist hoch.	❑	❑	❑	❑	❑
6)	Der **Nutzen** der Netzwerkarbeit für das Alltagshandeln im Unterricht ist hoch.	❑	❑	❑	❑	❑
7)	Ich **persönlich** bin **motiviert** im Netzwerk zu arbeiten.	❑	❑	❑	❑	❑
8)	Die **Motivation** des gesamten **Netzwerkes** ist hoch.	❑	❑	❑	❑	❑
9)	Die **Motivation** zur Unterstützung des Projekts ist in meiner **Schule** hoch.	❑	❑	❑	❑	❑
10)	**Inhalte** des Projekts „Schulen im Team" werden an meiner Schule in der gesamten Fachgruppe **übernommen.**	❑	❑	❑	❑	❑
11)	Die Arbeit im Projekt hatte bereits **Auswirkungen** auf meine **eigene Arbeit.**	❑	❑	❑	❑	❑
12)	Die **Rahmenbedingungen** in unserem **Netzwerk** sind insgesamt förderlich für die Netzwerkarbeit.	❑	❑	❑	❑	❑
13)	Insgesamt sind die **Rahmenbedingungen** im **Projekt** „Schulen im Team" gut.	❑	❑	❑	❑	❑
14)	**Weitere Aspekte** zur Netzwerkarbeit:					

Abb. 2:   Interviewleitfaden „Schulen im Team"

Im Sinne eines progressiven Designs wird dieser Leitfaden nach den Interview-phasen auf Funktionalität geprüft und gegebenenfalls weiterentwickelt und über-arbeitet, dies vornehmlich hinsichtlich der qualitativen Nachfragen, da für die Ver-gleichbarkeit im Längsschnitt die quantitativen Elemente erhalten bleiben.

b) Dokumentenanalyse

Die im Projekt vorgesehenen Dokumentenanalysen beziehen sich vorrangig auf die Analyse der von den Netzwerken eingereichten Mittelanträge (vgl. Teil A, Kap. 3 in diesem Band) und rekurrieren dabei, wie die Interviews der Netzwerkkoordinatorinnen und Netzwerkkoordinatoren, auf das Erkenntnisinteresse an der konkreten Vernetzung und der Netzwerkarbeit im Projekt „Schulen im Team". Dabei wird die Annahme verfolgt, dass sich aus den Anträgen auch einzelne Wissensorten herauslesen lassen oder sich Hinweise auf die Informationstypen der netzwerkbasierten Unterrichtsentwicklung (vgl. Teil A, Kap. 2) ergeben. Die Triangulation mit den aus den Interviews gewonnenen Daten erscheint sinnvoll, um so auch tiefer gehende Analysen zu einzelnen Aspekten durchführen zu können. Die unterschiedlichen Methoden dienen dabei nicht der Aufdeckung von Widersprüchen oder Bestätigungen, sondern der Vervollständigung des Gegenstandes, es geht also darum, „dass sich die Erkenntnisse ineinander fügen, sich ergänzen, auf einer Ebene liegen" (Lamnek, 1988, 236).

c) Interviews der Schulleitungen

Die Relevanz von Interviews mit den Schulleitungen der teilnehmenden Netzwerkschulen liegt zum einen in dem Umstand, dass das Führungsverhalten von Schulleitungen als bedeutsamer Einflussfaktor für den Transfer von schulentwicklungsförderlichen Innovationen gilt (vgl. Jäger, 2004). Zum anderen hat die erste Phase des Projektes bereits gezeigt, dass eine Einbindung der Schulleitung unerlässlich ist, da erstens spezifische schulorganisatorische Belange (z.B. übergeordnete Termine) berücksichtigt werden müssen und zweitens die Realisierung solcher Projekte ohne die Aktivitäten der Schulleitung kaum denkbar erscheint: Für das Erreichen der Projektziele müssen in den einzelnen Schulen funktionierende Informationskanäle geschaffen werden und wichtige schulorganisatorische Entscheidungen getroffen werden. Wie sich dieser Prozess genau gestaltet, wer in welcher Form beteiligt und noch nicht beteiligt ist, soll anhand der Schulleitungsinterviews ermittelt werden. So können auch Aussagen zum Transfer der Innovationen in der Einzelschule näher untersucht werden.

d) Unterrichtsbeobachtung

Mit der vereinzelten Durchführung von Unterrichtsbeobachtungen durch geschulte Personen soll exemplarisch die Implementation einzelner Maßnahmen, Interventionen etc. erfasst werden. Hierbei wird auf die systematische Beobachtung zurückgegriffen (vgl. Bortz & Döring, 2002), die sich bestimmte beobachtbare Ereignisse zum Gegenstand und mithilfe von Regeln den Beobachtungsprozess auch theoretisch nachvollziehbar macht. Das Einverständnis der beteiligten Schulen vorausgesetzt, werden hier nur exemplarische Beobachtungen durchgeführt, da es sich um ein zeit- und ressourcenintensives Verfahren handelt (vgl. Clausen, 2002).

e) Fallstudien (optional)

Einzelne Fallstudien, die sich der Untersuchung von Entwicklungsverläufen von Vernetzung und Transfer widmen, werden abhängig von Ressourcen und Erkenntnisinteresse im Projekt durchgeführt. Hierbei könnte sowohl eine einzelne Netzwerkschule als Fall interessieren, aber auch ein ganzes Netzwerk das Untersuchungsobjekt darstellen. Fallstudien können dabei im Projekt „Schulen im Team" die ihnen zugewiesene Doppelfunktion erfüllen: Einerseits können sie didaktisch und pädagogisch wertvolle verwertbare Fallgeschichten zur Veranschaulichung und Beratung von konzipierter Praxis bieten und andererseits bedienen sie im Sinne von wissenschaftlich kontrollierten Fallanalysen die Theoriebildung (vgl. Fatke, 1997).

Den hier vorgestellten qualitativen Verfahren im Design der wissenschaftlichen Begleitforschung des Projektes „Schulen im Team" können jeweils eine unterschiedliche Gewichtung der Erkenntnisinteressen, welche sich auf die Vernetzungsprozesse sowie den Bereich des Transfer beziehen, zugewiesen werden. Dabei stehen sie aber nicht losgelöst voneinander, sondern dienen triangulativ einem erwartbaren systematischeren Erkenntnisgewinn, als ihn lediglich die Einzelmethode hervorbringen kann (vgl. Flick, 2003). Ausführungen zur Verbindung zu den quantitativen Elementen der Begleitforschung werden an dieser Stelle aufgrund der fehlenden Relevanz für die hier vorgestellten Ergebnisse vernachlässigt (vgl. hierzu Berkemeyer et al., 2008). Gleichwohl soll zumindest auf das bestehende Potenzial einer Triangulation von qualitativen und quantitativen Daten hingewiesen werden, neben der Untersuchung von Strukturen und Effekten auch dahinter verborgene Strategien zu identifizieren, die zur Erklärung von Netzwerkeffekten und auch -dynamiken genutzt werden können (vgl. Franke & Wald, 2006).

3. Erste Ergebnisse: relevante Austauschprozesse für eine netzwerkbasierte Unterrichtsentwicklung

Bei den hier berichteten Ergebnissen handelt es sich um Befunde aus der ersten Interviewphase im Projekt „Schulen im Team". Mithilfe des vorgestellten teilstrukturierten Interviewleitfadens sind insgesamt 40 Netzwerkkoordinatorinnen und Netzwerkkoordinatoren befragt worden, so dass jeweils ein unmittelbarer Netzwerkakteur jeder beteiligten Einzelschule interviewt wurde. Folgend werden einige Ergebnisse exemplarisch vorgestellt, wobei als Erkenntnisinteresse die unterrichtsentwicklungsrelevanten Aspekte in dieser, noch frühen Phase des Projekts fokussiert werden.

Die Interviews wurden unmittelbar nach dem offiziellen Projektstart durchgeführt. Zu diesem Zeitpunkt waren alle Netzwerke endgültig konstituiert und mindestens einmal hatte bereits ein Treffen der Netzwerkpartner stattgefunden. Außerdem haben die Netzwerkkoordinatorinnen und Netzwerkkoordinatoren gemeinsam an einer von der Projektleitung initiierten Fortbildung zu Fragen des Projektmanagements teilgenommen.

3.1 Bewertungen in der Startphase (quantitative Auswertung)

Wie bereits beschrieben, beinhaltet das leitfadengestützte Interview neben den qualitativen Aspekten auch quantitative Elemente zu den relevanten Bereichen der Netzwerkarbeit. Diese werden dazu genutzt, die Entwicklungen und Stimmungslagen in den Netzwerken über die Projektlaufzeit abzubilden. Die hier dargestellten Ergebnisse (vgl. Abb. 3) bilden somit die Einschätzungen der Netzwerkkoordinatoren zu Beginn des Projektes ab, wobei die Einschätzungsskala von 1 = „trifft nicht zu" bis 5 = „trifft zu" (vgl. Interviewleitfaden, Abs. 3a) verläuft. Je größer also der Balken, desto stärker stimmen die Koordinatoren den vorgestellten Aussagen zu.

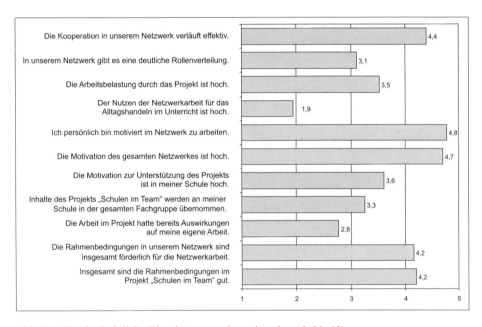

Abb. 3:   Durchschnittliche Einschätzungen Interviewphase I (N=40)

Besonders deutlich stechen hier die Motivation der Einzelpersonen und die wahrgenommene Motivation des gesamten Netzwerkes hervor. Mit Mittelwerten von $\bar{x}$ = 4,8 für die persönliche und $\bar{x}$ = 4,7 für die Motivation des Netzwerkes wird deutlich, dass sich die Netzwerkkoordinatoren durchschnittlich sehr motiviert für die Arbeit im Netzwerk sehen und eine solch hohe Motivation auch ihren Netzwerkpartnern zusprechen. Bis zu dem Zeitpunkt der Interviews sind außerdem keine Barrieren in der Zusammenarbeit zu verzeichnen, da angegeben wurde, dass die Kooperation im Netzwerk bislang effektiv verläuft ($\bar{x}$ = 4,4). Lediglich der Nutzen der Netzwerkarbeit für das Alltagshandeln wird noch nicht oder wenig gesehen ($\bar{x}$ = 1,9) und die Auswirkungen auf die eigene Arbeit wird als nur teilweise zutreffend eingestuft ($\bar{x}$ = 2,8), was bei einer so frühen Phase und bisher fehlender Umsetzung der gemeinsamen Konzepte nicht anders zu erwarten war. Die Arbeitsbelastung durch das Projekt wird als mittelmäßig bis ziemlich hoch ausgewiesen ($\bar{x}$ = 3,5), genauso wie die Unterstützung in der eigenen Schule

($\bar{x}$ = 3,6). Die Rahmenbedingungen werden sowohl innerhalb der Netzwerke als auch das gesamte Projekt betreffend als ziemlich zufriedenstellend bewertet (jeweils $\bar{x}$ = 4,2).

Insgesamt zeigt sich also ein sehr positives Bild zu Beginn des Projektes. Sowohl motivationale als auch organisationale Voraussetzungen werden als gegeben wahrgenommen, was einen positiven Start in die Netzwerkarbeit verspricht.

3.2 Wesentliche Kennzeichen der Netzwerkarbeit zum Projektbeginn (qualitative Auswertung)

Die erste Phase der Vernetzung ist nach Angaben der Befragten besonders gekennzeichnet durch Aktivitäten des Projektmanagements, welche zunächst noch von den Akteuren vorrangig als Oberflächenstruktur für die eigentliche Netzwerkarbeit verstanden und erlebt werden. Hierbei benennen die interviewten Netzwerkkoordinatorinnen und Netzwerkkoordinatoren als ihre ersten Schritte im Netzwerk das gegenseitige Kennenlernen, das gemeinsame Erarbeiten von Zielformulierungen und das Festlegen erster Handlungsmaßnahmen (z. B. die Recherche geeigneter Fortbildungsmaßnahmen). Damit einhergehend wird unter den Netzwerkpartnern als gemeinsamer Ansatzpunkt zur angestrebten Unterrichtsentwicklung sowohl für die Zielfindung als auch zur gemeinsamen Arbeitsgrundlage der Vergleich der unterschiedlichen Schulrealitäten hinsichtlich ihrer gemeinsamen Bedarfe zur Unterrichtsentwicklung als ein erster wichtiger Teil der Netzwerkarbeit gesehen und für notwendig erachtet. Dies wird in dem fehlenden Wissen zu den unbekannten Praxen der Netzwerkpartner begründet:

„Wir haben einfach mal geguckt, wie arbeiten die einzelnen Schulen und da wurde halt sehr deutlich, dass großes Interesse an der Arbeit des jeweils anderen besteht, aber auch eine große Unkenntnis. [...] Dann haben wir Wünsche, Ideen und erste Zielsetzungen gesammelt und dann haben wir herausgefunden, dass es erstmal notwendig ist, dass wir erstmal die andere Schule und auch die andere Schulform kennen lernen."

Dieses Zitat sowie das folgende verdeutlichen zudem, dass das theoretisch zugewiesene Potenzial in das Lernarrangement „Netzwerk", die Teilhabe an unbekannten Praxisgemeinschaften, erkannt wird und das Lernen auf derselben formalen Statusebene als vorteilhaft erachtet wird:

„Also es ist eine sehr angenehme Arbeit auf Augenhöhe, auf gegenseitiger Augenhöhe und das das nicht so hierarchisch strukturiert ist [...] empfinde ich als sehr angenehm und die Kollegen glaub ich auch."

Somit kann zu diesem Zeitpunkt die Hoffnung hinsichtlich der in den Netzwerken stattfindenden Lernprozesse formuliert werden, dass theoriegemäß die Voraussetzungen für das Durchlaufen der Wissensspirale geschaffen sind und im nun eröffneten Interaktionsfeld „Netzwerk" die Teilnehmenden über die soziale Begegnung mit den Netzwerkpartnern in der Sozialisationsphase mit dem Wissensaustausch beginnen.

Hierbei werden die in dieser frühen Phase der Vernetzung dominierenden Prozesse zur Vorbereitung auf die eigentliche inhaltliche Arbeit von den Befragten noch nicht als deklarierter Nutzen für die Unterrichtsentwicklung interpretiert. Demnach erleben die Koordinatorinnen und Koordinatoren die ersten formalen und überwiegend organisatorischen Schritte im Netzwerk nicht als unmittelbar zum Reformprozess dazugehörig. Vielmehr wird der Nutzen der Netzwerkarbeit erst als Erwartung an die bevorstehende Arbeit interpretiert:

„[...] im Moment noch nicht so sehr, weil wir ja noch keine konkrete Arbeit haben, im Moment gibt es noch gar keinen Nutzen, weil wir ja noch komplett in der Planung sind. Aber es wird ja kommen und es ist zu erwarten, dass der Nutzen hoch sein wird."

Wenngleich zu diesem Zeitpunkt noch kein Nutzen für den Unterricht aus dem vorbereitenden Handeln in dieser Netzwerkphase abgeleitet wird, so ist hinsichtlich der zukünftig anstehenden Transferarbeit der im Netzwerk erarbeiteten Innovationen in die Einzelschule bereits ein ausgeprägtes Bewusstsein zu konstatieren. Die Befragten erkennen bereits in dieser Vernetzungsphase die für einen unterrichtsentwicklungsförderlichen Transfer möglichen Gefahren und benennen auch explizit Bedarfe, denen für eine erfolgreiche Implementationsarbeit begegnet werden muss:

„Also, wo ich noch ein bisschen Bedarf sehe, dass ist tatsächlich diese Schwierigkeit, Leute, die von vorhinein jetzt nicht offen sind für Netzwerkarbeit, in irgendeiner Form mit ins Boot zu bekommen, da bin ich also etwas ratlos. Ich finde das sehr schwierig, wenn die Kollegen, die durchaus nett und kooperativ sind, wenn ich mit denen irgendwie zusammen arbeite, wenn ich denen aber dann mit einem neue Thema komme, die aber dann sagen, jetzt reicht es aber. [...] an die Leute ranzukommen finde ich sehr schwierig."

Damit kann als ein zentraler Befund festgehalten werden, dass die Netzwerkakteure bereits zu Beginn ihrer Arbeit nicht nur ihre eigene Netzwerkarbeit fokussieren, sondern sich auch bezüglich der bevorstehenden Transferarbeit orientieren. Gleichzeitig ist für die Projektleitung hieraus abzuleiten, dass Unterstützungsangebote zum Beginn der Vernetzung nicht nur auf das Projektmanagement abzielen sollten (wie sie im Projekt durch die Bereitstellung einer umfänglichen Fortbildungsveranstaltung erfolgte), sondern stärker auch Transferhilfen berücksichtigen müssen. Darüber hinaus ergeben sich so zwei zentrale Forschungsfragen, nämlich inwiefern Innovationen einerseits im Netzwerk entstehen können und wie sie sich zudem in die Einzelschule transferieren lassen.

Die Differenz zwischen dem theoriebasierten Verständnis von Unterrichtsentwicklung und der in den verschiedenen Schulkulturen vorherrschenden Vorstellung darüber, dass der Einstieg in die Netzwerkarbeit nicht zur Unterrichtsentwicklung dazugehörig addiert wird, erscheint aus Perspektive der Lehrkräfte, die sich praxisnah am Unterricht orientieren, nachvollziehbar. Aus der wissenschaftlichen Sichtweise hingegen kann dieses Ergebnis für bedenklich erachtet werden, da so die Gefahr besteht, dass die für die Unterrichtsentwicklung notwendigen Vorarbeiten eher als Belastung empfunden werden. Hingegen würde eine Wahrnehmung, dass Vorbereitung, Durchführung und Nachbereitung Bestandteile ein und desselben zielführenden Prozesses sind, vermutlich ein anderes Erleben der beginnenden Netzwerktätigkeit hervorrufen.

Im Sinne des proklamierten progressiven Designs (s.o.) wurde im Rahmen dieser Interviews abschließend nach der Einschätzung der Befragten zur Interviewform und -durchführung gefragt. Ein aus Sicht der Projektleitung spannendes und so nicht erwartetes Ergebnis ist, dass das telefonisch durchgeführte Interview (Dauer ca. eine halbe Stunde) durchweg nicht als belastend empfunden wurde. Vielmehr wird insbesondere die Möglichkeit positiv bewertet, sich durch die Zusendung des Interviewleitfadens vorab auf die Befragung vorbereiten zu können und dies als Anlass zur Reflexion der eigenen Arbeit zu nehmen:

„[...]für mich würde ich schon so sagen, ist ein Stück Reflexion der bisherigen Arbeit, um auch zu gucken, ich habe meine Kreuzchen, da wo ich sie gesetzt habe, mit den anderen auch noch mal zu kommunizieren, wo ich denke wo wir was anders machen müssen. Wo wir im Moment stehen und wo wir tatsächlich auch noch Mängel hätten und Veränderungen bräuchten."

Somit trägt das verwendete Instrument auch zur Selbststeuerung der Netzwerkverbünde bei, allerdings nicht im Sinne einer Controllingfunktion, sondern vielmehr als Angebot, es zur Selbstvergewisserung zu nutzen. Die Netzwerkakteure können sich dadurch, dass sie den Leitfaden im Vorfeld erhalten haben, bereits auf das Interview vorbereiten und dabei überprüfen, wo sie sich derzeit hinsichtlich des Stands der Netzwerkarbeit befinden und erste Erfolge bzw. Bedürfnisse identifizieren. Dies erscheint aus Sicht der Projektleitung als ein erfreulicher Befund, da somit die Interviews für die Netzwerkakteure nicht nur die Funktion haben, ins Gespräch mit der Projektleitung zu gelangen, sondern es offensichtlich auch als Steuerungsinstrument genutzt wird.

4. Fazit

Der Beitrag hat zum einen in das umfängliche Forschungsdesign der Begleitforschung eingeführt und insbesondere das qualitative Design vorgestellt. Zum anderen wurden erste Ergebnisse berichtet, die den Telefoninterviews mit den Netzwerkkoordinatorinnen und Netzwerkkoordinatoren entstammen. Hieraus konnten erste Eindrücke von der Arbeit in den Netzwerken gewonnen werden. Die quantitativen Daten deuten darauf hin, dass die Startphase angesichts hoher Motivationswerte, guter Kooperationsbeziehungen und als förderlich wahrgenommen Rahmenbedingungen positiv erlebt worden ist. Ein wichtiger Befund, der lediglich das Risiko mit sich bringt, dass nach anfänglichem Enthusiasmus auch in Entwicklungsprojekten Alltag einkehrt und damit verbunden Motivationslacks, etc. auftreten können.

Ferner kann aus obigen Ergebnissen bilanziert werden, dass sich in der Wahrnehmung der befragten Netzwerkakteure die theoretische Konzeption des Lernarrangements „Netzwerk" sowie die damit einhergehenden postulierten Potenziale widerspiegeln und damit die Annahme plausibel erscheint, dass die zur netzwerkbasierten Unterrichtsentwicklung förderlichen Lernprozesse der Wissenskonversion, wie im theoretischen Rahmenmodell verankert (vgl. Teil A in diesem Band) nun einsetzen.

Aus der Sicht des Projektmanagements erscheint der Befund, dass die Interviews als Form der Selbstvergewisserung und Selbstreflexion eine wichtige Funktion für die Arbeit im Netzwerk haben, ebenfalls ein erstes bedeutsames Ergebnis.

Weitergehend wird zu untersuchen sein, inwiefern sich nun beispielsweise Informationstypen (Schulentwicklung und Schuleffektivität) identifizieren lassen und in welcher Weise diese gegebenenfalls unterschiedlich zur Entwicklung des Unterrichts beitragen. Damit verbunden scheinen insbesondere auch solche Untersuchungen interessant, die auf das verwendete Vokabular und die Entwicklung ausdrückenden Kausalverknüpfungen indizierenden Äußerungen stärker in den Blick nehmen, um so auch Entwicklungen subjektiver Theorien und womöglich dann auch unterschiedlich verlaufender Professionalisierungsprozesse zu rekonstruieren.

Literatur

Baitsch, C. (1999). Interorganisationale Lehr- und Lernnetzwerke. In Arbeitsgemeinschaft Qualifikation-Entwicklungs-Management Berlin (Hrsg.), *Kompetenzentwicklung '99. Aspekte einer neuen Lernkultur. Argumente, Erfahrungen, Konsequenzen* (S. 253-274). Münster: Waxmann.

Berkemeyer, N., Bos, W., Manitius, V. & Müthing, K. (2008). Professionalisierung durch interschulische Kooperation in Netzwerken. In J. Wissinger & M. Lüders (Hrsg.), *Schulentwicklung und Professionalisierung*. Münster: Waxmann. Im Erscheinen.

Bernecker, T. (2005). *Entwicklungsdynamik organisatorischer Netzwerke. Konzeption, Muster und Gestaltung*. Wiesbaden: Deutscher Universitäts-Verlag/GWV Fachverlag GmbH.

Bortz, J. & Döring, N. (2002). *Forschungsmethoden und Evaluation. Für Human- und Sozialwissenschaftler,* (3., überarbeitete Auflage). Berlin: Springer.

Clausen, M. (2002). *Unterrichtsqualität: Eine Frage der Perspektive? Empirische Analysen zur Übereinstimmung, Konstrukt- und Kriteriumsvalidität*. Münster: Waxmann.

Fatke, R. (1997). Fallstudien in der Erziehungswissenschaft. In B. Friebertshäuser & A. Prengel (Hrsg.), *Handbuch qualitative Forschungsmethoden in der Erziehungswissenschaft* (S. 56-68). Weinheim, München: Juventa.

Flick, U. (2003). Triangulation in der qualitativen Forschung. In U. Flick, E. von Kardoff & I. Steinke (Hrsg.), *Qualitative Forschung. Ein Handbuch* (S. 309-318). Reinbek: Rowohlt.

Franke, K. & Wald, A. (2006). Triangulation. In B. Hollstein & F. Straus (Hrsg.), *Qualitative Netzwerkanalyse. Konzepte, Methoden, Anwendungen* (S. 153-175). Wiesbaden: VS Verlag.

Gläser, J. & Laudel, G. (2004). *Experteninterviews und qualitative Inhaltsanalyse. Wiesbaden.* VS Verlag (UTB).

Helfferich, C. (2004). *Die Qualität qualitativer Daten. Manual für die Durchführung qualitativer Interviews.* Wiesbaden: VS Verlag.

Jäger, M. (2004). *Transfer in Schulentwicklungsprojekten.* Wiesbaden: VS-Verlag.

Lamnek, S. (1988). Qualitative Sozialforschung. Weinheim: Beltz Psychologie Verlags Union.

Nonaka, I. (1994). A dynamic theory of organizational knowledge creation. *Organization Science*, 5 (1), 14-37.

Pautzke, G. (1989). *Die Evolution der organisatorischen Wissensbasis. Bausteine zu einer Theorie des organisationalen Lernens.* München: Barbara Kirsch.

Renzl, B. (2003). *Wissensbasierte Interaktion. Selbstevaluierende Wissensströme in Unternehmen.* Wiesbaden: Deutscher Universitätsverlag.

Schulz, K. P. (2005). Lernen und Reflexion in Netzwerken. In J. Aderhold, M. Meyer & R. Wetzel (Hrsg.), *Modernes Netzwerkmanagement: Anforderungen – Methoden – Anwendungsfelder* (S. 213-234). Wiesbaden: Gabler.

Straus, F. (2002). *Netzwerkanalysen. Gemeindepsychologische Perspektiven für Forschung und Praxis.* Wiesbaden: Deutscher Universitätsverlag.

Straus, F. (2006). Entwicklungslabor qualitative Netzwerkforschung. In B. Hollstein & F. Straus (Hrsg.), *Qualitative Netzwerkanalyse. Konzepte, Methoden, Anwendungen* (S. 481-494). Wiesbaden: VS Verlag.

Timperley, H. & Parr, J. M. (2005). Theory competition and the progress of change. *Journal of Educational Change*, 3 (6), 227-251.

Autorinnen und Autoren

Bergweiler-Priester, Iris, Jg. 1962, Oberstudienrätin; Pädagogische Mitarbeiterin im MSW im Bereich Grundsatzfragen des Bildungswesens. Arbeitsschwerpunkte: Entwicklung, Darstellung und Evaluation von Qualitätsprozessen in Schulen. Zusammenarbeit mit europäischen Partnern im Bereich Qualitätssicherung, Mitarbeit im Projekt Schulverwaltungsassistenz.

Berkemeyer, Nils, Jg. 1975, Diplom-Pädagoge, 1. und 2. Staatsexamen für das Lehramt für die Primarstufe, Projektleiter „Schulen im Team" am Institut für Schulentwicklungsforschung. Arbeitsschwerpunkte: Steuerungsprozesse im Schulsystem, Evaluation von Schulentwicklungsverläufen, Regionalisierung, Netzwerkarbeit sowie Lehrerbildungsforschung.

Blatt, Inge, Prof. Dr. (em.) für die Didaktik der deutschen Sprache und Literatur am Fachbereich Erziehungswissenschaft der Universität Hamburg. Forschungsgebiete und -schwerpunkte: Erwerb und Ausbau von Schriftkompetenz, Schriftmedien, Entwicklung und Evaluation sprachdidaktischer Unterrichts- und Förderkonzepte, empirische Unterrichtsforschung im Primar- und Sekundarstufenbereich, sprachdidaktische Grundlagen bei der Kompetenzmessung und Testentwicklung.

Bonsen, Martin, Dr. phil., Dipl.-Päd., wiss. Assistent am Institut für Schulentwicklungsforschung. Arbeitsschwerpunkte: Vergleichende Schulleistungsforschung, Qualitätsentwicklung und -sicherung im Bildungsbereich, Schulleitungsforschung und Bildungsmanagement.

Bos, Wilfried, Prof. Dr., Direktor des Instituts für Schulentwicklungsforschung. Arbeitsschwerpunkte: Empirische Forschungsmethoden, Qualitätssicherung im Bildungswesen, Internationale Bildungsforschung, Pädagogische Chinaforschung, Sozialisationsprozesse ethnischer Minoritäten unter den Aspekten einer europäischen Integration.

Faulstich, Robert, Geschäftsführer der Stiftung Mercator GmbH, Essen.

Fußangel, Kathrin, Jg. 1976, Diplom-Psychologin, wissenschaftliche Mitarbeiterin am Zentrum für Bildungsforschung und Lehrerbildung (Arbeitsbereich Lehr-, Lern- und Unterrichtsforschung), Bergische Universität Wuppertal.

Gärtner, Holger, Dr., Institut für Schulqualität der Länder Berlin und Brandenburg (ISQ)

Gebauer, Miriam M., Jg. 1977, Diplom-Pädagogin, Doktorandin am Institut für Schulentwicklungsforschung im Arbeitsbereich von Prof. Bos und Dr. Voss.

Gräsel, Cornelia, Prof. Dr., Jg. 1966, Professorin für Lehr-, Lern- und Unterrichtsforschung am Zentrum für Bildungsforschung und Lehrerbildung, Bergische Universität Wuppertal.

Habeck, Heinfried, Dr., Jg. 1949, Diplom-Pädagoge; Leitender Ministerialrat und Leiter des Arbeitsstabes Grundsatzfragen des Bildungswesens im MSW. Arbeitsschwerpunkte: Eigenverantwortliche Schule, Weiterentwicklung der Schulaufsicht, Qualitätsanalyse an Schulen, Qualitätsentwicklung, Aufgabenplanung und Controlling, Bildungsberichterstattung, Bildungsdialog.

Höfer, Christoph, Dezernent für Hauptschulen im Regierungsbezirk Detmold, zuständig für die Projekte „Schule & Co", „Selbstständige Schule / Korrespondenzschule" sowie die Entwicklung von Bildungsregionen. Arbeitsschwerpunkte: Konzept und Praxis von Unterrichtsentwicklung und Schulentwicklungsmanagement in Einzelschulen und regionalen Bildungslandschaften.

Hußmann, Stephan, Prof. Dr., forscht am Lehrstuhl für Entwicklung und Erforschung des Mathematikunterrichts der Universität Dortmund zu konstruktivistischen Lernarrangements in Schule und Hochschule, Eigenproduktionen von Schülerinnen und Schülern, epistemologische, soziale und affektive Aspekte der Begriffsbildung, Neue Medien im Mathematikunterricht und beschäftigt sich zudem mit methodologischen Fragen der Unterrichtsforschung.

Jäger, Michael, Dr., Jg. 1969, Diplom-Psychologe; Promotion zum Dr. phil. 2004 am Leibniz-Institut für die Pädagogik der Naturwissenschaften (IPN) in Kiel mit dem Thema „Transfer in Schulentwicklungsprojekten". Freiberuflicher Berater und Trainer in den Bereichen Schulentwicklung und Evaluation sowie Personalbeurteilung und -entwicklung in Unternehmen. Lehraufträge an den Universitäten Erlangen-Nürnberg, Jena und Kiel.

Killus, Dagmar, Dr., Jg. 1965, seit 2000 wissenschaftliche Assistentin am Lehrstuhl für „Allgemeine Didaktik, Empirische Unterrichtsforschung" der Universität Potsdam, zuvor wissenschaftliche Mitarbeiterin am Institut für Schulentwicklungsforschung der Universität Dortmund und am Max-Planck-Institut für Bildungsforschung in Berlin.

Kiper, Hanna, Jg. 1954, Prof. Dr. phil. habil., Lehrstuhl für Schulpädagogik und Allgemeine Didaktik an der Carl von Ossietzky-Universität Oldenburg. Arbeitsschwerpunkte: Theorie der Schule und des Unterrichts, Qualitätsentwicklung, Lehrerbildung.

Kowalski, Kerstin, Jg. 1982, Diplom-Pädagogin, seit 2007 Doktorandin am Institut für Schulentwicklungsforschung. Mitarbeit in der nationalen IGLU Ergänzungsstudie Orthographie (IGLU-E 2006) und wissenschaftliche Begleitung des Projektes „Diagnose- und Fördersystem zur Früherkennung von rechtschreibschwächeren Kindern".

Krebs, Imke, Diplom-Psychologin, Jg. 1971, IPN Kiel, Arbeitsschwerpunkte Evaluationsforschung (Schwerpunkt Implementationsforschung) und Bildungsforschung (Schwerpunkt Unterrichtsentwicklung).

Kreimeyer, Julia, Diplom-Pädagogin, Jugend- und Erwachsenenbildnerin; Referentin bei der Stiftung Mercator GmbH, Essen: Leitung Förderbereich „Kinder und Jugendliche fördern".

Krom, Ronald, Jg. 1947. Psychologe (Psycholinguistik); Entwickler von Tests für Leseverständniss und Hörverstehen Niederländisch für Evaluationsinstrumente und nationalen Lernstandserhebungen (PPON).
Koordinator Untersuchungs- und Entwicklungsgruppe Niederländisch; Projektleiter Schüler und Unterrichtsmonitoring Systems, Niederländisch; am Cito, dem niederländischen Institut für Testentwicklung.

Madelung, Petra, Mitglied der Projektleitung des Projekts „Selbstständige Schule"; bis 2003 Mitglied der erweiterten Schulleitung und Steuergruppensprecherin an einem Gymnasium sowie Fachberaterin in der Regionalen Steuergruppe Leverkusen im Rahmen des Projektes „Schule & Co."; 25 Jahre Unterrichtserfahrung. Arbeitsschwerpunkte: Konzept und Praxis von Unterrichtsentwicklung und Schulentwicklungsmanagement in Einzelschulen und regionalen Bildungslandschaften.

Manitius, Veronika, Jg. 1976, Diplom-Pädagogin, Doktorandin am Institut für Schulentwicklungsforschung, wissenschaftliche Mitarbeit im Projekt „Schulen im Team", Schulentwicklungsforschung, Formen qualitativer Evaluation.

Marona, Friedrich, Jg. 1943, Schulleiter a.D., Lehrer für Physik und Deutsch.

Müthing, Kathrin, Diplom-Psychologin, Jg. 1979, Doktorandin am Institut für Schulentwicklungsforschung, wissenschaftliche Mitarbeiterin im Projekt „Schulen im Team", Schulentwicklungsforschung, Formen quantitativer Evaluation.

Reese, Maike, Dr., Erziehungswissenschaftlerin und freiberufliche Schulentwicklungsberaterin, Projektkoordinatorin eines Aktionsprogramms für Schulen in kritischer Lage (Senatorin für Bildung, Bremen); Arbeitsschwerpunkte: schulinternes Qualitätsmanagement, Evaluation, Prozessberatung für Schulleitungen und Steuergruppen

Rolff, Hans-Günter, Prof. Dr. (em.), ist emeritierter Professor am „Institut für Schulentwicklungsforschung" der Uni-Dortmund, das er 1973 gegründet hat. Vorsitzender des Akademierates der Dortmunder Akademie für Pädagogische Führungskräfte und wissenschaftlicher Leiter des Fernstudiengangs Schulmanagement der Universität Kaiserslautern.

Prenzel, Manfred; Prof. Dr., Jg. 1952, IPN Kiel, Geschäftsführender Direktor, Forschungsgebiete: Konzeptionen naturwissenschaftlicher Bildung und Erfassung naturwissenschaftlicher Kompetenz, Lernmotivation und Interesse, Lerntransfer und Wissensanwendung, Unterrichtsmuster und Lernprozesse, Qualitätssicherung und Qualitätsentwicklung.

Schwebel, Sabine, Jg. 1970, M. A., studierte Komparatistik, Publizistik und Geschichte. Sie ist seit 2003 bei der Stiftung Mercator in Essen tätig und dort für die Öffentlichkeitsarbeit zuständig.

Staphorsius, Gerrit, Dr., Jg. 1945, Unitdirektor Primair en Voortgezetonderwijs am Cito, dem niederländischen Institut für Testentwicklung.

Voss, Andreas, Dr., Jg. 1969, Mitarbeiter am Institut für Schulentwicklungsforschung in Dortmund (IFS). Wissenschaftliche Mitarbeiten in der Internationalen Grundschul-Lese-Untersuchung IGLU in Hamburg (2001–2004) und in der wissenschaftlichen Begleitforschung zum Projekt ‚Selbstständige Schule' in Dortmund (2004–2008). Seine Forschungsgebiete liegen in den Bereichen Bildungs-, Schulentwicklungs- und Unterrichtsforschung. Forschungsinteressen sind die Kompetenzmessung, Testentwicklung.

Waxmann

MÜNSTER · NEW YORK · MÜNCHEN · BERLIN

Sigrid Blömeke, Gabriele Kaiser, Rainer Lehmann (Hrsg.)

Professionelle Kompetenz angehender Lehrerinnen und Lehrer

Wissen, Überzeugungen und Lerngelegenheiten deutscher Mathematikstudierender und -referendare – Erste Ergebnisse zur Wirksamkeit der Lehrerausbildung

2008, 520 Seiten, br., 39,00 €, ISBN 978-3-8309-1940-7

Dieser Band präsentiert die grundlegenden Ergebnisse der Studie „Mathematics Teaching in the 21st Century *MT21*", in der erstmals in Deutschland das fachbezogene und fächerübergreifende Wissen angehender Lehrerinnen und Lehrer getestet wurde. Als Teil einer internationalen Vergleichsstudie zur Wirksamkeit der Mathematiklehrerausbildung erlaubt *MT21* zudem Einsichten in Stärken und Schwächen der deutschen Lehrerausbildung.

Analysen zur Dimensionalität professioneller Kompetenz und deskriptive Ergebnisse zum Wissensniveau sowie zu den Überzeugungen der Studierenden und Referendare am Ende der Ausbildung werden durch Detailanalysen zu den beiden untersuchten Ausbildungsgängen – angehende Mathematiklehrkräfte der Grund-, Haupt- und Realschule sowie des Gymnasiums und der Gesamtschule – und Mehrebenenanalysen ergänzt.

Die Ergebnisse sind repräsentativ für vier Ausbildungsregionen in Deutschland, in denen die jeweiligen Universitäten und die umliegenden Studienseminare teilgenommen haben und die das vorhandene Spektrum an Lehrerausbildungssystemen weitgehend abdecken. Ein internationaler Vergleich der deutschen Ergebnisse mit *MT21*-Ergebnissen aus Bulgarien, Mexiko, Südkorea, Taiwan und den USA ermöglicht die Herausarbeitung und Einordnung spezifischer Stärken und Schwächen der deutschen Stichprobe.

Waxmann

MÜNSTER · NEW YORK · MÜNCHEN · BERLIN

Christian Kraler, Michael Schratz (Hrsg.)

Wissen erwerben,
Kompetenzen entwickeln

Modelle zur kompetenzorientierten Lehrerbildung

2008, 200 Seiten, br., 29,90 €, ISBN 978-3-8309-1916-2

Wie sollen Lehrerkräfte aus- und weitergebildet werden, um Schülerinnen und Schülern das Rüstzeug für ein erfolgreiches persönliches und berufliches Bestehen mitgeben zu können? Eine Antwort auf diese zentrale Frage spiegelt sich in den berufsspezifischen Anforderungsprofilen wider, die derzeit über den Kompetenzansatz, meist verbunden mit einer Orientierung an spezifischen Standards, umgesetzt werden. Inhaltlich lassen sich noch keine einheitlichen Trends identifizieren – zu viel ist in Bewegung, wird in lokalen Modellen erprobt, befindet sich in der Phase einer Suchbewegung.

Anliegen dieses Sammelbands ist es, innovative Ansätze der kompetenzorientierten Lehrerbildung zu präsentieren und reflektieren, um in der Phase der gegenwärtigen Diskussionen Orientierungs- und Steuerungswissen anzubieten. Die Beiträge zeigen theoriebasierte, heterogene Zugänge, Möglichkeiten und Wege auf und eröffnen neue Perspektiven zur Professionalisierung im Lehrerberuf. Über das Exemplarische hinaus spielt dabei die Reflexion des kompetenzorientierten Zugangs insbesondere in verschiedenen Phasen und auf unterschiedlichen Ebenen eine zentrale Rolle. Der Bogen der behandelten Themen reicht von grundlegenden Fragen zum Kompetenzkonzept über curriculare bzw. ausbildungsspezifische Aspekte, den Transfer in den Berufsalltag bis hin zu organisationalen und systembezogenen Fragen der Implementation kompetenzorientierter Curricula.

Waxmann

Oliver Böhm-Kasper, Claudia Schuchart,
Ursula Schulzeck (Hrsg.)

Kontexte von Bildung

Erweiterte Perspektiven in der Bildungsforschung

2007, 260 Seiten, br., 24,90 €, ISBN 978-3-8309-1906-3

Regionalspezifische Fragestellungen, vor allem zur Bildungsteilhabe und zum Bildungsangebot, wurden in der Bildungsforschung in den 1970er und frühen 1980er Jahren systematisch verfolgt. Nach einer längeren Phase der Stagnation gewinnt in jüngerer Zeit die Einsicht, dass Bedingungen und Ergebnisse von Bildungsprozessen im weiteren Sinne kontextuellen Einflüssen unterliegen, wieder zunehmend an Bedeutung. Entsprechende Erkenntnisse, bspw. zum Einfluss der Schul- und Klassenzusammensetzung auf den Lernerfolg, finden in steigendem Maße auch Eingang in die Bildungspolitik, was sich u. a. an der Diskussion um eine indikatorisierte Mittelzuweisung an Schulen verfolgen lässt.

Der Band möchte diesbezügliche Tendenzen in der Bildungsforschung und Bildungspolitik aufgreifen und zusammenführen. In insgesamt 15 überwiegend empirischen Beiträgen wird der Einfluss von Kontextbedingungen auf die Aspekte Lernentwicklung, Bildungsteilhabe und Bildungsfinanzierung verfolgt (Teil 1 und 2) und dahingehend befragt, welche Anregungen sich daraus für die schul- und bildungspolitische Steuerung ergeben (Teil 3). Insgesamt soll mit diesem Band die Aufmerksamkeit auf Studien der empirischen Bildungsforschung gelenkt werden, die jenseits der bekannten Large-Scale-Assessments neue und diskussionswürdige Befunde liefern.

MÜNSTER · NEW YORK · MÜNCHEN · BERLIN

Waxmann

MÜNSTER · NEW YORK · MÜNCHEN · BERLIN

Josef Thonhauser (Hrsg.)

Aufgaben als Katalysatoren von Lernprozessen

Eine zentrale Komponente organisierten Lehrens und Lernens aus der Sicht von Schul- und Lernforschung, Allgemeiner Didaktik und Fachdidaktik

2008, 326 Seiten, geb., 39,90 €, ISBN 978-3-8309-1914-8

Mit den in diesem Band versammelten Beiträgen wird in Summe ein Thema, das bisher trotz des mit ihm angesprochenen didaktischen Potenzials weder in der einschlägigen Forschung noch in der Praxis genügend beachtet wurde, von vielen Seiten beleuchtet. Damit sollen sowohl vielfältige theoretische Implikationen erhellt als auch praktisch relevante Hinweise geliefert werden. Diese zeigen, wo sich ein Hebel befindet, mit dem im schulisch organisierten Lernen mit großer Wahrscheinlichkeit eine beträchtliche, gewünschte Wirkung erzielt werden kann.

Den Entscheidungsträgern in der Bildungspolitik sollte damit vor Augen geführt werden, dass die (notwendige, wenn auch längst nicht immer fruchtbringend geführte) Debatte um Strukturreformen – verpflichtendes Vorschuljahr, Senkung der Klassenschülerhöchstzahlen, gesamtschulartige Organisation der Sekundarstufe I, Vorbereitung auf pädagogische Berufe an einer tertiären Ausbildungsstätte mit entsprechenden Differenzierungen innerhalb eines umfassenden organisatorischen Rahmens, Änderungen im Dienstrecht der Lehrer/innen etc. – um die folgende, vielschichtige Frage ergänzt werden muss: Auf welchem Wege vermag das Kerngeschäft der Schule, nämlich der Unterricht, den Ertrag zu steigern, und zwar sowohl hinsichtlich seiner in Curricula objektiv zu begründenden als auch von den Lernenden subjektiv wahrgenommenen Bedeutsamkeit, seiner Effizienz und seiner Nachhaltigkeit?

Das Buch richtet sich an alle, die an der Qualität von Unterricht politisch, theoretisch oder praktisch interessiert sind: Entscheidungsträger in der Bildungspolitik, Hochschullehrerinnen und Hochschullehrer sowie Studierende einschlägiger Fachrichtungen. Ein ausführliches Sachregister beschließt diesen grundlegenden Band.

Waxmann

Günter Dresselhaus

Netzwerkarbeit und neue Lernkultur

Theoretische Grundlagen und praktische Hinweise für
eine zukunftsfähige Bildungsregion

2006, 348 Seiten, br., 24,90 €, ISBN 978-3-8309-1638-3

Um Orientierung in der Informationsvielfalt zu gewährleisten, sind
Bildung und Weiterbildung unverzichtbar geworden, und zwar nicht
nur im Jugend- und frühen Erwachsenenalter, sondern ebenso berufs-
begleitend und immer häufiger auch nach Ende des Erwerbslebens.
Für Weiterbildungseinrichtungen bedeutet dies, dass ihre primäre
Aufgabe nicht länger darin bestehen darf, Wissen gewissermaßen auf
Vorrat zu vermitteln, sondern die Fähigkeit zu fördern, sich Wissen
selbstgesteuert anzueignen. Es geht darum, Lernprozesse – u. a. mit
Hilfe von Lerntypentests – so zu gestalten, dass Lernende die für sie
optimale Lernsituation eigenverantwortlich schaffen können.

Ein breites Angebot zur Weiterbildung kann von einzelnen Instituten
in der Regel nicht vorgehalten werden. Um dennoch ein überschauba-
res und flexibles Lernangebot machen zu können, bedarf es regionaler
Netzwerke und der Kooperation der beteiligten Einrichtungen. Das
übergeordnete Forschungsziel der vorliegenden Arbeit besteht darin,
die besonderen Herausforderungen von regionalen Netzwerken und
ihre Bedeutung für die Verbreitung neuer Lernkulturen am Beispiel
des BLK-Projektes LernEN im Ennepe-Ruhr-Kreis zu untersuchen.

MÜNSTER · NEW YORK · MÜNCHEN · BERLIN